Teoria das Normas Coletivas

Pluralismo Jurídico no Direito do Trabalho

1ª edição — 2007
2ª edição — 2009
3ª edição — 2014
4ª edição — 2023

Teoria das Normas Coletivas

Pluralismo Jurídico no Direito do Trabalho

Ronaldo Lima dos Santos

Professor Doutor da Faculdade de Direito da Universidade de São Paulo (USP). Departamento de Direito do Trabalho e da Seguridade Social. Procurador Regional do Ministério Público do Trabalho — Procuradoria Regional do Trabalho da 2ª Região/São Paulo. Coordenador Nacional da Coordenadoria Nacional de Promoção da Liberdade Sindical e do Diálogo Social — CONALIS/MPT. Ex-Procurador do INSS. Mestre e Doutor em Direito do Trabalho pela Faculdade de Direito da Universidade de São Paulo (USP). Psicanalista pelo Instituto *Sedes Sapientiae* — São Paulo.

LACIER

LACIER
Lacier Livraria e Editora
www.livrarialacier.com.br

Rua Doutor Quirino, 808 – Centro
CEP 13015-081 – Campinas, SP – Brasil

Julho, 2023.

Diretor: *Lacier José de Rezende*
Diretor assistente: *Eduardo Soares Aureliano*
Projeto de capa: *Eduardo Soares Aureliano*
Projeto gráfico e editoração eletrônica: *Peter Fritz Strotbek – The Best Page*

Ficha Catalográfica

Dados Internacionais de Catalogação na Publicação (CIP)
(Câmara Brasileira do Livro, SP, Brasil)

S237t Santos, Ronaldo Lima dos
Teoria das normas coletivas : pluralismo jurídico no direito do trabalho / Ronaldo Lima dos Santos. — 4. ed. — Campinas, SP : Lacier Editora, 2023.
386 p. ; 17 x 24 cm.

ISBN 978-65-88805-58-9

1. Direito do trabalho — Brasil. 2. Convenção coletiva de trabalho. 3. Negociação coletiva de trabalho. I. Título.

CDU 34:331(81)

Índices para catálogo sistemático:

1. Convenção coletiva de trabalho

Angela Schmidt da Rosa – Bibliotecária – CRB-14/1171

Sumário

Nota do Autor à 4ª Edição

À presente edição de *TEORIA DAS NORMAS COLETIVAS*, devidamente revista, atualizada e ampliada, foi acrescentado o subtítulo "Pluralismo Jurídico do Direito do Trabalho", pois, consideramos que, devido à dimensão do estudo do pluralismo jurídico na presente obra justificava-se a concessão de um maior destaque ao tema já em epígrafe. De fato, se o pluralismo é a marca principal dos ordenamentos jurídicos contemporâneos, ele é da própria essência do Direito do Trabalho, sendo o fundamento primordial da autonomia privada coletiva e das normas coletivas neste ramo específico do direito. Por esta razão, um estudo da normatização coletiva do trabalho deve estar pautado na concepção pluralista de sociedade, com ênfase para o pluralismo jurídico, paralelamente às mais diversas formas de pluralismo (político, partidário, cultural, religioso, etc.). Com a introdução do subtítulo, possibilitamos ao leitor uma maior pregnância do trabalho a partir da sua nomeação.

Por outro lado, a atual edição, vem a lume após a promulgação e entrada em vigência da Lei n. 13.467, de 13 de Julho de 2017, que alterou a Consolidação das Leis do Trabalho (Decreto n. 5.452/1943), Lei n. 6.019/1974, Lei n. 8.036/1990 e Lei n. 8.212/1991.

A denominada "Reforma Trabalhista", na realidade, a Lei n. 13.467/2017, não foi precedida do necessário diálogo social, de caráter tripartite (trabalhadores, empregadores e representantes do Estado), preconizado pela Organização Internacional do Trabalho, como critério imprescindível para a legitimação das alterações da legislação trabalhista dos países membros da OIT. Referida legislação fora aprovada na efervescência social, política e econômica que seguiu durante e após o processo de afastamento da Presidente Dilma Rousseff, o qual resultou em seu "*impeachment*" no dia 31 de agosto de 2016. Foi assim resultado da coalizão das forças econômicas e políticas preponderantes no contexto da sua aprovação.

Pela Lei n. 13.467/2017 foram alterados mais de 100 (cem) artigos da Consolidação das Leis do Trabalho, com modificações em praticamente todos os campos do Direito do Trabalho (parte geral, direito individual, direito coletivo e direito processual do trabalho), tendo aberto sua aprovação gerado uma ampla discussão a respeito da legitimidade, legalidade, constitucionalidade e convencionalidade das alterações legislativas perpetradas.

Assim, como no direito individual, no campo do direito coletivo do trabalho foram introduzidas alterações pretensamente substanciais, pertinentes às bases principiológicas e estruturais do sindicalismo brasileiro, as quais envolvem, entre outras, as temáticas: a) do financiamento sindical; b) da hierarquia normativa, com previsão literal de prevalência do negociado sobre o legislado e do acordo coletivo sobre a convenção e acordo coletivo; c) da negativa de ultranormatividade das normas coletivas; d) da previsão do princípio da intervenção mínima; e) estabelecimento de limites à discussão em juízo da nulidade de cláusulas coletivas em ações anulatórias; e) da equiparação de armas entre empregado e empregador, com previsão de "negocial individual", por trabalhador qualificado e com salário superior a determinado patamar salarial, com força de negociação coletiva.

Em se tratando de direito sindical, deve-se registrar que este se estrutura em um conjunto sistematizado de normas que concedem estrutura, organização, coesão, coerência e harmonia a todo um regime sindical. Assim, as alterações perpetradas pela Lei n. 13.467/2017, para além de sua literalidade, devem implacavelmente ser analisadas em cotejo com todas as demais normas, nacionais e internacionais, constitucionais e infraconstitucionais, que delineiam o sistema sindical brasileiro, passando pelos crivos da sua constitucionalidade, legalidade, convencionalidade, compatibilidade sistemática e eficácia. Este é o desafio que se apresenta neste momento.

Por fim, devo agradecer à comunidade acadêmica pelo reconhecimento do trabalho, o qual tem sido adotado em diversos campos de atuação e níveis de ensino, como cursos de graduação, pós-graduação e preparatórios para concurso, apresentamos esta nova edição, mantendo a conciliação entre didatismo e a análise profunda, com vistas a continuar colaborando para a compreensão do fenômeno das relações coletivas de trabalho e merecendo o acolhimento que foi dado à edição anterior.

Apresentação

Finalizei a apresentação da primeira edição afirmando que a obra "Teoria das Normas Coletivas" era sucesso garantido, tanto pelo ineditismo do tema quanto pela qualidade do texto. Dito e feito! A comunidade acadêmica confirmou todos os prognósticos e esgotou os exemplares da primeira edição em pouco mais de um ano e meio.

O autor e amigo, Ronaldo Lima dos Santos, honra-me ao convidar-me para manter a praxe de apresentação da obra, resultado de trabalho e estudo constantes, além de sua capacidade inata de compreender e traduzir em linguagem simples os sinuosos caminhos do direito coletivo do trabalho.

Pesquisador incansável, sagaz e inteligente, esmiuçou, com profundidade, o complexo mundo das normas coletivas no Direito do Trabalho para, de maneira didática, auxiliar os leitores a compreender temas áridos, tais como, a natureza jurídica da autonomia privada coletiva e a interpretação das normas coletivas. Aliás, este é o perfil do autor: doutrinador que, une sua experiência no magistério em cursos superiores e de pós-graduação à arte de escrever, amenizando o percurso daqueles que pretendem aprofundar seus estudos na esfera do direito coletivo do trabalho.

A obra encontra-se estruturada em sete capítulos, sendo que o primeiro deles apresenta aos leitores uma visão, ao mesmo tempo ampla e densa sobre o pluralismo jurídico, seu conceito, sua evolução doutrinária e as técnicas para adoção de uma ou outra norma jurídica dentro de um universo em que convivem simultaneamente diversas regras nascidas tanto da vontade dos particulares como da vontade do Estado. Enfrentou com mestria a teoria da autopoiese do direito, assunto dos mais intrincados, mas que o autor consegue transmitir a seus leitores de maneira tal a facilitar-lhes o entendimento.

No capítulo seguinte, afunilou o tema do pluralismo jurídico ao discutir como este se processa no modelo democrático adotado pela Constituição da República de 1988, passando pelo papel dos corpos intermediários na formação do direito e culminando com um estudo panorâmico e crítico das fontes do direito do trabalho.

No terceiro capítulo, é tratado com ineditismo o fenômeno da autonomia privada coletiva. Por meio de uma técnica indutiva, o autor examinou e aprofundou a questão da autonomia privada coletiva no direito do trabalho, partindo da filosofia e do direito civil e findando por dissertar sobre os principais aspectos da temática, como o conceito, a natureza jurídica, as diferenças de outras figuras e o papel que a Constituição Federal vigente lhe reservou no Brasil.

Em seguida, passou a analisar as convenções e acordos coletivos, ocasião em que frisou a importância da negociação coletiva e da concertação social para o desenvolvimento não só da economia, mas, primordialmente, dos direitos sociais, dentre os quais o direito do consumidor e do trabalho. Apontou, ainda, a visão da Organização Internacional do Trabalho a respeito do tema, demonstrando que o fomento às formas participativas nas relações coletivas de labor, como instrumento de melhoria das condições sociais dos trabalhadores, é uma preocupação mundial.

Já no capítulo subsequente, especificou o tratamento dado às convenções e acordos coletivos do trabalho no direito pátrio, oportunidade na qual analisou não apenas as teorias que tratam da matéria, mas também o ordenamento jurídico correspondente, tendo estudado, nesta nova edição, também o problema relativo à inconstitucionalidade de cláusulas obrigatórias não essenciais e de cláusulas com previsão de multa para os empregados e a polêmica existente acerca da retroatividade e irretroatividade das normas coletivas.

No capítulo sexto, enfrentou a questão de como promover a interação entre as convenções e acordos coletivos com outras fontes normativas, dentre as quais o regulamento de empresa (acréscimo feito nesta edição). Como alicerce para a defesa de seu ponto de vista, utilizou o princípio da norma mais favorável, tendo abordado as teorias da acumulação e do conglobamento. Ademais, tratou de mencionado princípio no plano dos direitos humanos e dos interesses transindividuais trabalhistas.

No último capítulo, cuidou da interpretação das normas coletivas. Apontou e classificou alguns métodos e técnicas e discorreu dialeticamente sobre as correntes contratualista, normativa e mista, demonstrando o quão tais teorias encontram-se obsoletas, concluindo que a melhor forma de interpretação das convenções e acordos coletivos é por meio da autonomia privada coletiva.

Em tempos de globalização, o triunfo da manutenção dos direitos sociais até então conquistados coletivamente pelos trabalhadores sobre as questões econômicas está no fortalecimento dos corpos intermediários e este ideal só se concretizará se compreendermos o exato alcance da importância das negociações coletivas e dos instrumentos delas decorrentes. Portanto, a leitura da presente obra é de suma importância não apenas aos operadores do direito, mas para todos aqueles que acreditam que o princípio constitucional da dignidade humana não pode ser aviltado pelos percalços pelos quais passa a economia.

Ganhamos todos nós com mais uma obra excepcional deste extraordinário escritor. Livro de conteúdo indispensável para aqueles que atuam no âmbito do direito do trabalho. Boa leitura!

Erotilde Ribeiro dos Santos Minharro

Prefácio

Como afirmei na 1ª edição de "Teoria das Normas Coletivas", Ronaldo Lima dos Santos não somente me conferiu a grande honra de prefaciar sua obra, como me prestou uma homenagem, a qual se confirma com esta nova edição; resultado do reconhecimento pela comunidade jurídica da grandeza da obra.

E por que se tratava (e ainda se trata) de uma homenagem? Porque, como havia vaticinado, a obra que o leitor estava prestes a ter contato tornar-se-ia um marco na história do Direito do Trabalho brasileiro e, portanto, ter a oportunidade de inserir algumas linhas no seu início era (e ainda é) de uma importância acadêmica inestimável.

Mas, em que medida podíamos e podemos continuar dizendo que a obra em questão é um marco histórico? Afinal, toda obra não tem sua importância?

Sim, toda obra, principalmente a que é fruto de uma pesquisa acadêmica, é muito, muito mesmo, importante para a evolução do conhecimento jurídico.

Atendendo a todos os requisitos da seriedade, honestidade e responsabilidade científica (que é fruto, também, de uma característica de ordem pessoal do autor), o que a obra do Ronaldo tem de especial é a formulação de uma autêntica teoria sobre as normas trabalhistas de índole coletiva, fornecendo as bases para a compreensão do Direito Coletivo do Trabalho a partir dele mesmo.

Explico-me: o denominado Direito Coletivo do Trabalho sempre fora tratado como uma parte especial do Direito do Trabalho, posto em oposição ao chamado Direito Individual do Trabalho. No entanto, os estudos do Direito do Trabalho sempre foram mais voltados ao Direito Individual, relegando-se a um segundo plano o Direito Coletivo. Isto provocou uma grande deficiência quanto ao tratamento científico do Direito Coletivo.

Faltava ao Direito Coletivo uma construção teórica, que possibilitasse uma melhor compreensão de sua lógica, gerando o enorme benefício da facilitação da correta aplicação de suas normas, sobretudo por conta dos contatos permanentes que estas possuem com outras dos diversos ramos do direito.

O conhecimento do Direito Coletivo era muito dependente dos precedentes normativos e estes, por sua vez, devido à sua natureza dinâmica, estabelecidos, em grande medida, a partir de situações específicas, não atendiam a postulados, ou pressupostos, generalizantes.

A visão estrutural do Direito Coletivo, fornecida pelo Ronaldo, supre uma deficiência na área, permitindo que se alcancem soluções fundamentadas sobre diversos problemas que se apresentam na vivência prática da aplicação das normas coletivas, especialmente no que tange à eliminação das antinomias.

Trata-se, por conseguinte, de obra cuja leitura é essencial para todos que se vejam envolvidos, profissionalmente, com a construção e aplicação de instrumentos normativos de caráter trabalhista. Isto não sou mais eu que digo, mas sim a comunidade acadêmica que, em pouco tempo, esgotou a 1ª edição da obra.

A comunidade jurídica, que já agraciou o trabalho do Ronaldo, recebe uma nova edição, devidamente atualizada e ampliada, com a inserção de diversas outras questões sobre as temáticas apresentadas, trazendo ao leitor maiores subsídios doutrinários e jurisprudenciais que, certamente, contribuirão ainda mais para a compreensão da dinâmica do Direito Coletivo do Trabalho no Brasil.

Nós, operadores do direito, como um todo, temos que continuar agradecendo ao Ronaldo, principalmente pelas inovações desta nova edição. Eu, unicamente, continuo sendo o portador deste agradecimento.

Jorge Luiz Souto Maior

Introdução

Teoria das normas coletivas contraria os ensinamentos de Arthur Schopenhauer. Na sua obra, *Sobre o ofício de escritor*, o filósofo alemão ensina que o título de uma obra precisa ser característico, naturalmente breve, conciso, lacônico e, se possível, um monograma do conteúdo. Até esse ponto, o título da obra preenche as qualidades apontadas pelo filósofo; porém, em virtude da densidade do conteúdo, não havia uma expressão que preenchesse a necessária "pregnância" que deveria conter o seu título.

Embora a obra apresente um estudo aprofundado sobre o pluralismo jurídico no Direito do Trabalho e o instituto da autonomia privada coletiva, a escolha do título baseou-se no fato de que a análise desses dois fenômenos do mundo jurídico do trabalho é pressuposto para uma compreensão verdadeira da dinâmica das normas coletivas. Fundamentos das normas coletivas, pluralismo e autonomia privada coletiva constituem sempre um conteúdo do continente Direito Coletivo do Trabalho.

Somente uma compreensão acentuada e detalhada do desenvolvimento do pluralismo jurídico no Direito do Trabalho e da autonomia privada coletiva possibilita ao operador do direito apreender a dinâmica real das normas coletivas, com vistas à formação de um juízo crítico sobre as posições doutrinárias e jurisprudenciais em torno dessa normatividade, mais especificamente, dos acordos e convenções coletivas de trabalho.

Diversos equívocos constatados nos estudos sobre as normas coletivas originam-se da falta de compreensão das raízes e dos fundamentos desses instrumentos privados coletivos de composição de interesses: a autonomia privada coletiva e o pluralismo jurídico.

A autonomia privada coletiva constitui uma verdadeira fonte de criação de normas jurídicas, sendo um dos símbolos do pluralismo jurídico e do poder dos grupos sociais na sociedade moderna, tendo se desenvolvido principalmente no Direito do Trabalho. Ela surgiu a partir do fenômeno social do unionismo, da formação da consciência de classe e da concepção de interesse coletivo, cujas origens remontam às repercussões sociais, políticas e econômicas da Revolução Industrial.

Embora praticamente presente em quase todos os ordenamentos jurídicos trabalhistas, a autonomia privada coletiva adquiriu diversas formas e matizes, como fonte do Direito do Trabalho, apresentando-se diferentemente em cada ordem jurídica, em conformidade com as características sociais, econômicas e culturais de cada Estado-nação.

No Brasil, a autonomia privada coletiva, embora seja uma fonte originária de Direito, possui dinâmica diversa de outros ordenamento jurídicos, como do próprio direito italiano, no qual a autonomia privada coletiva se firmou , no no período de redemocratização, como uma fonte normativa originária e paralela ao ordenamento estatal.

Por outro lado, constata-se, outrossim, de diversos posicionamentos doutrinários e jurisprudenciais, que a autonomia privada coletiva, equivocadamente, por vezes, é considerada um atributo das pessoas jurídicas dos sindicatos, descurando-se de que estes são meros representantes da vontade da coletividade. A coletividade, representada ou não em sindicatos, é a verdadeira detentora da autonomia privada coletiva. Sem esta chave de leitura não há possibilidade de compreensão deste peculiar instituto jurídico do mundo do direito coletivo do trabalho.

Além dos fatores decorrentes da estrutura sindical corporativista, cujas linhas mestras foram delineadas na década de 1930, no período do Estado Novo, e praticamente mantidas pela Carta Constitucional de 1988 — que impede a ratificação da Convenção n. 87 da Organização Internacional do Trabalho, sobre liberdade sindical —, muitos outros elementos contribuem para que a autonomia privada coletiva tenha uma configuração peculiar no ordenamento jurídico brasileiro, entre os quais podemos destacar o grau de desigualdade social no Brasil, que invoca uma maior tutela estatal, norteada pelos princípios da dignidade da pessoa humana, do valor social do trabalho e da vedação do retrocesso social, entre outros, esculpidos na Constituição Federal de 1988. A autonomia privada coletiva encontra assim nítidos limites nas normas consagradoras dos direitos humanos fundamentais dos trabalhadores, bem como em disposições cogentes ou de ordem pública que tutelam estes direitos, como aquelas voltadas para os direitos da personalidade e do meio ambiente do trabalho.

Por outro lado, há um movimento que objetiva transformar a autonomia privada coletiva em mero instrumento de sustentação jurídico-formal da prevalência do capital sobre o trabalho, como se observa das disposições da Lei n. 13.467/2017, que, concomitantemente à tentativa de enfraquecimento das entidades sindicais, visa, paradoxalmente, a conceder-lhes maior poderes para, por meio das normas coletivas, regulamentar *in pejus* determinadas condições de trabalho, de forma a tornar a autonomia privada coletiva um instituto e inteiramente submisso aos interesses do capital. As alterações legislativas da citada lei não foram precedidas do necessário diálogo social, tal como preconizado pela Organização Internacional do Trabalho. Não se verificou, outrossim, a implementação de uma legislação de fomento da atividade sindical e da negociação coletiva, de garantia de sustentação financeira das entidades sindicais, de proscrição dos atos antissindicais e de implementação de um sistema adequado de resolução de conflitos coletivos do trabalho, pressupostos para o exercício de uma autêntica autonomia privada coletiva.

Diante desta dicotomia, do modelo corporativista de organização sindical e da estreiteza com que são interpretados os institutos de Direito Coletivo do Trabalho, diversas tentativas de reelaboração de conceitos e institutos do Direito Coletivo do Trabalho encontram as mais diversas ordens de obstáculos. À guisa de exemplificação, citamos a possível reinterpretação sistemática do art. 8º, III, da Constituição Federal de 1988, para garantir aos sindicatos a tutela de interesses outros que não se limitam ao conceito jurídico-formal de categoria, como a atuação sindical na tutela dos interesses difusos, cujas barreiras para uma redefinição da ação sindical, para abranger outras searas de interesses, são impostas tanto por doutrinas conservadoras quanto por doutrinas que se apresentam como progressivas, ambas apegadas ao conceito histórico de categoria extraído da experiência corporativista italiana.

Constitui uma concepção jurídico-normativa que, marcada por forte influência psicológica do sindicalismo corporativista italiano, por um lado, do qual não consegue emancipar-se, e pelo positivismo de cunho liberal, por outro, que nos lega uma legislação e entendimentos doutrinários e jurisprudenciais incongruentes, antagônicos nas suas formulações e resultados e até mesmo ilógicos, como se observa, v.g., em torno do dissídio coletivo do trabalho (art. 114, §§ 2º e 3º, CRFB/1988) e nas relações hierárquicas entre as normas coletivas, na clássica discussão do negociado versus legislado. Com isso, verifica-se uma quebra da homeostase do sistema sindical brasileiro.

Tal estado de coisas, tipifica-se pelo seu caráter abstrato, genérico e institucionalizado dos conflitos coletivos que tende para a harmonização dos diversos interesses conflitantes no seio da disciplina estatal, obstando o desenvolvimento das práticas negociadoras intersindicais para a inclusão de novas pautas e temáticas, ampliação dos níveis de negociação para esferas mais amplas, como negociações intercategoriais, e adoção de estratégias de luta coletiva mais condizentes com a complexidade social e do atual mundo do trabalho.

Não se pode descurar, que há a prevalência de um pensamento jurídico-trabalhista predominantemente formal-dogmático assentado sob os postulados da teoria do ordenamento jurídico *kelseniana*, em que a norma estatal é a norma jurídica por excelência, à qual estão submetidas todas as demais fontes do Direito, entre as quais se inclui o produto da autonomia privada coletiva, isto é, as normas coletivas, representadas, em nosso país, pelos acordos e convenções coletivas de trabalho.

O pensamento dogmático norteia a doutrina trabalhista como um todo, envolvendo tanto as correntes reacionárias quanto as progressistas, que, embora se apresentem com feições diversas, partem de concepções juspositivistas para fornecerem resultados aparentemente diferentes aos mesmos problemas do Direito Coletivo do Trabalho. Por outro lado, o mesmo dogmatismo positivista é utilizado para incrementar alterações pontuais na legislação sindical, sem qualquer preocupação com o equilíbrio sistêmico deste ramo do ordenamento jurídico.

Esse fenômeno é notado na concepção de pluralismo jurídico prevalente na doutrina jurídico-trabalhista, fortemente marcado pela teoria da graduação da positividade jurídica. Não é desarrazoado afirmar que as barreiras jurídico-doutrinárias para a construção de um sistema sindical autêntico são mais determinantes que as decorrentes da estrutura sindical delineada pela Constituição de 1988 e, muitas delas continuariam a existir mesmo com a adoção da Convenção n. 87 da Organização Internacional do Trabalho, ou apareceriam com nova roupagem, relacionadas com outros aspectos da atuação sindical.

Embora a doutrina do pluralismo jurídico tenha evoluído gradativamente, com a superação do monismo jurídico, e se consolidado no âmbito do direito, nota-se que, no embate entre o poder social e o poder estatal, tão presente nas diversas doutrinas pluralistas, que ora pendiam para o privilegiamento de um, ora para a supremacia do outro, a doutrina que mais influência tem nas modernas teorias pluralistas adotadas em nosso país é a da graduação da positividade jurídica, na qual a ordem jurídica estatal se apresenta num grau de supremacia em relação às demais fontes do direito, de cunho não estatal, à qual estão subordinadas.

A influência da teoria da graduação da positividade jurídica faz-se sentir na concepção da supremacia da legislação estatal sobre as demais fontes do Direito do Trabalho, explicitamente observável nas discussões em torno da hierarquia das fontes do Direito do Trabalho, onde os acordos e convenções coletivas de trabalho são comumente enquadrados num patamar inferior que o das normas estatais ou, até mesmo, das sentenças normativas. Se por um lado, a positividade da norma estatal, numa sociedade marcada por grandes desigualdades econômicas, é fundamental para a garantia dos direitos dos trabalhadores, por outro lado, não se pode descurar das diversas normas que reduzem a liberdade sindical e a autonomia coletiva, como aquelas que limitam o direito de greve e o direito de autodeterminação individual e coletiva dos trabalhadores.

Tal ambivalência, tem se acentuado com a inserção do debate político-ideológico sobre a flexibilização dos direitos trabalhistas, diante do processo de globalização, o que fez com que a doutrina, preocupada com a manutenção desses direitos, passasse a defender a supremacia da ordem estatal sobre a autonomia privada coletiva. Se, por um lado, essa postura atua como fator de proteção dos interesses trabalhistas contra as ideologias flexibilizatórias, por outro, ela pode se apresentar nefasta, por engessar a autonomia coletiva dos particulares e fechar a porta da doutrina trabalhista para teorias jurídicas mais modernas que, sem ingressar na discussão político-ideológica da flexibilização, propiciem novos canais de tutela dos interesses trabalhistas e dos direitos humanos por meio da autonomia privada coletiva autenticamente exercida pelas coletividades de trabalhadores.

A estagnação do Direito Coletivo do Trabalho no Brasil expressa a decadência de uma doutrina dogmático-formalista que se apresente inepta para a solução de conflitos numa sociedade altamente complexa e plural, que suscita uma prática jurídico-judicial emancipadora. A redefinição do Direito Sindical requer a adoção de uma visão crítica do direito; visão que vem se delineando em diversas correntes jurídicas antidogmáticas, como a crítica de natureza sistêmica, a crítica imanente de perspectiva materialista-dialética, a crítica decorrente do pluralismo e do humanismo dialético, a crítica instrumental-política da transformação, a crítica normativista fenomenológica, a crítica de perspectiva semiológica, a crítica de perspectiva psicanalítica, a teoria crítica do direito, os métodos estruturalista e pós-estruturalista.

A multiplicidade de aspectos relacionados com a redefinição do Direito Coletivo do Trabalho pressupõe uma diversidade de postura solucionadora para os problemas decorrentes de cada plano normativo. A presença da visão sindical corporativista, *v. g.*, suscita uma crítica jurídica de perspectiva psicanalítica para a reinterpretação da intertextualidade do Direito do Trabalho, para destacar os motivos pelos quais os conceitos corporativistas não se desenraizam da organização sindical brasileira. No plano das fontes do Direito do Trabalho e do lugar ocupado pela autonomia privada coletiva na sociedade moderna, o que inclui a redefinição da sua relação com o ordenamento jurídico estatal, tal como concebido pelo positivismo, a crítica jurídica de natureza sistêmica exerce papel fundamental como alternativa às correntes dogmáticas, entre as quais se inclui a teoria da graduação da positividade jurídica, marcantemente presente no Direito do Trabalho brasileiro. No campo das ações emancipatórias, a crítica da forma jurídica, de natureza materialista-dialética, possibilita desvelar o direito como elemento ideológico de dominação, bem como articular práticas emancipatórias para a luta social.

A teoria da graduação da positividade jurídica é fruto de uma ideologia conservadora do *status quo* e do domínio estatal sobre a sociedade, evidentemente enquanto este se apresentar apto a satisfazer os anseios representados pelos interesses dominantes. Em contraposição a uma teoria justificadora da supremacia do poder estatal sobre a sociedade, vêm se formando modernas correntes pluralistas sistêmicas, que consideram o sistema jurídico como um sistema aberto, em que as normas estatais concorrem com normas decorrentes de outros centros de produção jurídica, nos limites e nos moldes definidos pelas regras do sistema. Teoria sistêmica que, ao abandonar a concepção de sistema formal, do tipo kelseniano, presente na dogmática analítica, e sem acolher a teoria luhmanniana do sistema jurídico autopoiético, autorreferencial, com clausura operativa, concebe o sistema jurídico estatal como mais um elemento do sistema; sistema este que é regido pelos princípios da globalidade, não somatividade, retroalimentação, circularidade e da equifinalidade; onde a temática do poder é tratada pelo seu caráter relacional e complexo, como prática social difusa de exercício em rede, e não verticalmente, como nas teorias dogmáticas.

É incipiente o desenvolvimento de uma teoria sistêmica do direito na doutrina do Direito do Trabalho, cujo delineamento ainda é permeado pelos postulados da teoria do ordenamento jurídico kelseniana e pela corrente pluralista da graduação da positividade jurídica. A teoria do sistema jurídico recebeu novos contornos com os trabalhos de Niklas Luhmann, em que o sistema jurídico é concebido como um sistema do tipo fechado, autopoiético e autorreferencial, e vem se aprimorando com as correntes sistêmicas pluralistas em que o sistema jurídico é tido como um sistema aberto, autorreferente e dotado de autonomia relativa, inserido num sistema maior representado pelo sistema social.

Dentro desse contexto, convidamos ao estudo dos diversos aspectos das normas coletivas (natureza jurídica, fundamentos, formação, processos de extinção e prorrogação e suspensão, efeitos da sua extinção sobre os contratos individuais de trabalho, interação com as demais fontes do Direito do Trabalho, interpretação), a partir de uma análise de toda a dinâmica do Direito Coletivo do Trabalho, com ênfase nos problemas enfrentados pelos operadores do direito no Brasil, razão pela qual o enfoque do presente trabalho é teórico, científico e pragmático, pois tem como objetivo principal a resolução de problemáticas referentes aos acordos e convenções coletivas em nosso país.

Capítulo I

Pluralismo Jurídico

1. Estado e direito

A problemática da relação entre direito e Estado situa-se entre as mais complexas da filosofia jurídica. Como observa *Giorgio Del Vecchio*, após acalmadas, mas não cessadas, as controvérsias sobre a existência do direito natural e a sua validade nas relações com o direito positivo, os jusfilósofos centraram grande parte de suas atenções nas relações entre Estado e direito[(1)].

A relação entre direito e Estado pode ser analisada sob diferentes aspectos. A questão se coloca já no momento do nascimento do Estado: haveria direito antes do Estado? Em existindo, como este se relaciona com o Estado? Após o surgimento do Estado, compete exclusivamente a este o poder de criar normas jurídicas ou existirão outros centros de positivação? Na admissão de outras fontes de direito não estatais, como estas se relacionam com o direito estatal?

À primeira questão, por exemplo, Gustav Radbruch identificou, no mínimo, três modalidades de resposta. Uma primeira, que afirma a anterioridade do Estado em relação ao direito, à qual foi oposta a objeção de que o Estado não seria somente uma fonte de direito, porque sua existência já seria também um produto do direito. Uma segunda, que afirma a anterioridade do direito em relação ao Estado, tese que recebeu objeções, como a que considerou que a admissão de um direito anterior e superior ao Estado corresponderia à aceitação da existência de um direito natural ou de um Estado fundado no costume. Por fim, aponta uma terceira, que identifica direito e Estado, sem que um tenha antecedido ao outro. Para Kelsen, por exemplo, o Estado ganha existência somente quando se exprime na lei, sendo o somatório e o complexo das suas próprias leis[(2)].

Para as demais questões surgiu uma plêiade de doutrinas e teorias, cujas linhas mestras fundamentais encontram-se representadas pelas correntes monistas e pluralistas do direito, ora privilegiando o Estado em detrimento do social, ora privilegiando a sociedade em detrimento do poder estatal. O binômio, autoridade/liberdade, marca as diversas concepções da relação entre direito e Estado, conforme se pretenda privilegiar a liberdade em prol da autoridade ou vice-versa.

(1) DEL VECCHIO, Giorgio. *Direito, Estado e filosofia*. Trad. Luiz Luiggi. Rio de Janeiro: Livraria Ed. Politécnica, 1952. p. 65.

(2) RADBRUCH, Gustav. *Filosofia do direito*. Trad Prof. L. Cabral de Moncada. Coimbra: Arménio Amado de Moncada, 1997. p. 348.

O debate acerca da relação entre Estado e Direito pressupõe considerações sobre o conteúdo de cada um desses conceitos, isto é, sobre o que se entende por Estado e direito. Essa definição é fundamental para a questão do monismo e do pluralismo. Não raras vezes, a consideração de uma determinada tese como monista ou pluralista é decorrente mais dos conceitos de Estado e de direito por ela acolhidos do que do próprio conteúdo da tese. Por exemplo, quanto mais amplo o conceito de Estado, como aquele que o identifica com toda a "convivência social", maior será a sua identificação com o direito, pois o Estado engloba o direito como fato social(3). Quanto mais restrita a concepção de Estado, menor se torna a sua identificação com o direito e, consequentemente, mais excluído estará o direito da esfera estatal, em virtude do maior espaço conferido à sociedade.

Do ponto de vista histórico, as teorias a respeito dos fins do Estado tiveram particular influência sobre o desenvolvimento das teses sobre a relação entre direito e Estado, como as teorias monistas e pluralistas. Segundo Del Vecchio, essas teorias são derivadas de dois pensamentos fundamentais: o primeiro, com origem na filosofia grega clássica, conforme a qual os fins do Estado são ilimitados, abrangendo o bem e o mal em todas as suas formas, devendo garantir a felicidade universal e amparar a vida individual em todas as suas manifestações, não devendo existir esfera alguma fora do Estado; o segundo, tendência que se iniciou com o Renascimento, marca um retorno do individualismo e, portanto, uma afirmação da liberdade; o que ensejou a questão a respeito dos limites da autoridade do Estado, com vistas à preservação da esfera individual dos cidadãos(4). A adesão a uma teoria ou outra e, consequentemente, uma tomada de posição sobre os limites das finalidades do Estado, pode definir, per si, uma tese como monista ou pluralista.

Antes, porém, da análise de algumas das teorias a respeito dessa relação entre direito e Estado, devemos considerar que toda teoria pode, e deve, ser considerada tanto pelo prisma do seu significado histórico quanto pelo seu valor científico, os quais podem coincidir ou não. Historicamente, como ideologia, uma teoria tende à afirmação de certos valores e à promoção de determinados comportamentos; como doutrina científica, o seu objetivo é a compreensão de uma certa realidade e a busca de sua explicação(5).

Encontra-se, por isso, sempre atual a colocação do jusfilósofo Miguel Reale de que *"As filosofias, ou por melhor dizer, as correntes filosóficas, não surgem por acaso, nem constituem produto de elucubrações mentais solitárias, divorciadas da sociedade, livres de atrito, dos valores humanos. Toda autêntica corrente filosófica deve refletir as exigências essenciais de sua época, sendo certo que as doutrinas somente possuem universalidade e concretude na medida em*

(3) REALE, Miguel. *Teoria do Direito e do Estado*. São Paulo: Saraiva, 2000. p. 316.

(4) DEL VECCHIO, Giorgio. *Lições de filosofia do direito*. Trad. Antonio José Brandão. Coimbra: Armênio Amado Editor, 1951. p. 356-357.

(5) BOBBIO, Norberto. *Teoria da norma jurídica*. Trad. Fernando Pavan Baptista e Ariani Bueno Sudatti. São Paulo: Edipro, 2003. p. 33.

que logram traduzir algo de substancial nos horizontes de nosso ser histórico. É fato que, uma vez constituídos, os sistemas filosóficos adquirem uma significação perene, mas isto não invalida a circunstancialidade histórico-sociológica de sua gênese, mesmo porque um dos signos da universalidade é haver possibilidade de renovadas interpretações para obras como as de Platão, Descartes ou Hegel"[(6)].

O inglês Thomas Hobbes, por exemplo, comumente enquadrado como um dos expoentes da doutrina do monismo jurídico estatal, presenciou um período turbulento da história da sua nação, agitada por conflitos internos; fatos que vieram a repercutir na sua obra *Leviatã* (1651), onde se mostrou adepto do poder absoluto do soberano, no qual via a salvação do Estado[(7)]. Nicolau Maquiavel, por sua vez, estava preocupado com o momento histórico da formação do Estado unitário italiano, o que refletiu na sua obra O príncipe (1513), figura na qual ele depositava a função de realizar a grande missão da unificação[(8)].

Em razão disso, todo estudo jurídico-filosófico não deve se olvidar dos acontecimentos que marcaram a época e a vida do filósofo, embora muitas das filosofias acabaram por adquirir uma existência significativa perene, desvinculando-se dos fatores históricos do período em que surgiram e das condições pessoais dos seus criadores.

Devemos, por isso, considerar que, em verdade, há diversas concepções coletivizadas do Direito, como diferentes tipos de pluralismo. As posições são tão díspares que se tornou comum encontrar-se em uma ou outra esfera juristas de formação e pensamento completamente diferentes. Assim, por exemplo, a mesma tese da estatalidade do direito é adotada por democratas como Hans Kelsen, como por numerosos juristas de concepções fascistas ou totalitárias. Do mesmo modo, do lado do pluralismo, encontramos juristas de posições diversas como Santi Romano, Georges Renard e Leon Duguit[(9)]. Há teóricos pluralistas das mais diferentes correntes políticas e orientações filosóficas; eles estão presentes no corporativismo fascista, nas fileiras do neoliberalismo, no institucionalismo católico, no sindicalismo revolucionário etc.[(10)].

Há doutrinas monistas e pluralistas puras, mas, entre essas duas tendências, que se podem considerar fundamentais — a da estatalidade do direito e a da absoluta socialidade do direito —, existe uma miríade de posições intermediárias, algumas ecléticas, pois acolhem preceitos de uma e de outra doutrina sem revisão dos seus pressupostos, efetuando uma simples justaposição de elementos[(11)].

---

(6) REALE, Miguel. *Pluralismo e liberdade*. Rio de Janeiro: Expressão e Cultura, 1998. p. 32.

(7) DEL VECCHIO, Giorgio. *Lições de filosofia do direito...*, p. 81.

(8) *Id. ibid.*, p. 72.

(9) REALE, Miguel. *Teoria do Direito e do Estado...*, p. 218.

(10) *Id. ibid.*, p. 265.

(11) *Id. ibid.*, p. 220.

Essa miscelânea deriva, também, da solução que cada jurista aponta para o problema consistente em saber se todo direito se reduz ao direito positivo e se há equivalência entre todas as expressões da positividade do direito. Essa solução passa pela problemática da organização do poder, pressuposto do direito positivo. Assim, são diversas as questões como "*saber se há direito sem positividade; se a positividade só resulta do Estado; se existindo pluralidade de direito positivo, há equivalência ou hierarquia entre os diversos ordenamentos*"[12].

A variabilidade de respostas a estas questões e a outras decorrentes da temática levou à existência de diversos tipos de monismo e de pluralismo, conforme a posição adotada pelo jurista, a partir das suas concepções ideológicas, políticas, econômicas, ou simplesmente da diversidade de métodos científicos adotados na resolução de cada uma dessas questões. Assim, discorreremos sobre as linhas mestras de cada doutrina; método que adotamos para o fornecimento de uma visão, ao mesmo tempo, panorâmica e essencial de cada teoria.

2. Monismo jurídico

2.1. Monismo jurídico universal

Tornou lugar-comum afirmar-se que o monismo corresponde à doutrina jurídica que identifica direito com a ordem jurídica estatal. Embora essa tenha sido a concepção mais forte do monismo jurídico, é certo que ela constitui apenas uma de suas modalidades. O monismo, em si, identifica-se com a teoria que considera como válida apenas uma ordem jurídica, seja o direito natural ou universal (monismo jurídico universal), seja o direito estatal (monismo jurídico estatal).

A primeira forma adquirida pela doutrina monista foi o denominado "monismo jurídico universal". Sua concepção baseia-se na existência de um único direito universal, de caráter absoluto, comum a todos os povos e nações. Sua principal sede de elaboração foi a teoria do direito natural, cujo ápice doutrinário deu-se nos séculos XVII e XVIII, com a exacerbada expressão, nesse período, do racionalismo e do iluminismo, que forneceram as bases para o esplendor dos grandes sistemas de direito natural.

A característica mais marcante dos sistemas de direito natural dessa época foi a sua natureza secular, não teológica. O direito natural tornou-se a filosofia prática de todo esse período histórico, dominando o pensamento não apenas nos estudos jurídicos e na filosofia moral, como também na economia e na política[13]. Entre as figuras do racionalismo, destacam-se os nomes de Hugo Grócio, Baruch Spinoza, Samuel Pufendort, Christian Thomasius, Jean Barbeyrac e Christian Wolff.

(12) REALE, Miguel. *Teoria do Direito e do Estado...*, p. 219.

(13) ROSS, Alf. *Direito e justiça*. Trad. Edson Bini. São Paulo: Edipro, 2003. p. 287.

O fator crucial para essa forma de desenvolvimento do direito natural foi, nos dizeres de Alf Ross, "*a confiança de se ter descoberto um método científico incontroverso para substituir o remendo semiteológico e semiempírico dos tempos passados*". Este método inspirou-se no procedimento dedutivo ou geométrico de René Descartes, trazendo a consideração que se havia descoberto os meios de elevar a filosofia ao mesmo nível científico das matemáticas. Acreditou-se, no âmbito da filosofia jurídica, que se poderia deduzir um sistema jurídico completo a partir de alguns poucos princípios que se considerava de absolutas clareza e evidência, apreendidos por meio da meditação sobre a natureza humana(14).

Entre outros postulados, a "*ideia central do direito natural foi que a retidão do direito positivo depende de sua concordância com um padrão ou um ideal que se encontra na natureza ou na razão do ser humano. O direito positivo não é julgado pelos efeitos que produz na comunidade. As considerações de utilidade não são destituídas de importância, mas não se confundem com a exigência da justiça. O direito tem sua meta dentro de si mesmo: realizar o ideal de justiça*"(15).

O monismo jurídico universal do direito natural, no século XVIII, foi particularmente determinado pela presença da doutrina iluminista e do seu pensamento a favor da liberdade individual diante da opressão do governo central e da tradição feudal com o seu sistema de privilégios. Assim, embora tenha se tornado comum associar-se o monismo estatal com a doutrina iluminista, não é menos apropriado identificar esta doutrina com o desenvolvimento do monismo universal. Nessa fase, o jusnaturalismo se preocupava em garantir a mínima interferência do Estado na vida dos cidadãos, limitando sua ação à preservação da paz, à garantia da propriedade e da liberdade contratual(16).

Evidentemente que não se pode falar na existência de uma única doutrina do direito natural, posto que o seu conteúdo varia de acordo com o fundamento que se conceda a esse sistema em cada época e lugar, e de acordo com cada teórico. Assim, como exemplificação e, seguindo a linha de pensamento de Alf Ross, as primeiras manifestações de um direito natural fundamentavam-no na existência de leis mágico-religiosas que sobrepunham uma vontade mítico-divina sobre as leis dos homens; as leis ou decorriam de uma vontade divina ou deveriam com ela conformar-se, sob pena de castigo, culpa etc.(17).

Não faltaram fundamentações da existência de um direito natural embasadas: a) numa lei cósmica universal que rege as leis humanas (Heráclito), pela qual a justiça era vista como algo relacionado à própria natureza humana, em contraposição às leis dos

---

(14) ROSS, Alf. *Op. cit.*, p. 288.

(15) *Id. ibid.*, p. 335.

(16) *Id. ibid.*, p. 290.

(17) *Id. ibid.*, p. 267-270.

homens [sofistas (resumido na clássica frase de Protágoras — *"o ser humano é a medida de todas as coisas")]*; b) no absoluto e no eterno extraído de uma filosofia metafísica (Aristóteles, Platão); c) na razão eterna e universal, a razão cósmico-divina, que a tudo governa no mundo e da qual a razão individual é apenas uma centelha (estoicos); d) na sabedoria divina, na vontade revelada de Deus, como nas leis mosaicas e no Evangelho (estoicos, Santo Tomás de Aquino); e) na razão humana (racionalismo, Hugo Grócio)[18].

São diversas as concepções a respeito da existência de um direito universal ou natural, como também são distintas as construções com referência ao relacionamento desse direito com o direito positivo, indo de concepções que negavam totalmente a existência deste até aquelas que viam uma relação de coordenação entre os dois ordenamentos.

Em suma, caracteriza-se o monismo universal tanto pela doutrina que considera somente a existência de um direito, o direito natural, com a negação do direito positivo dos homens, como também pelas doutrinas que consideram o direito positivo como mera emanação do direito natural, ou que colocam a validade daquele na sua concordância com este. Como assinala Norberto Bobbio, não faltaram manifestações daqueles que viam os direitos particulares como meras especificações históricas do direito universal[19].

Gustav Radbruch assinalou alguns traços que considera característicos nas diversas doutrinas do direito natural: a) todas elas fornecem determinados "juízos de valor" jurídicos com um certo conteúdo; b) esses "juízos de valor" se fundamentam na natureza, na revelação ou na razão, universais e imutáveis; c) aludidos juízos são acessíveis ao conhecimento racional; d) tais juízos devem preferir às leis positivas que lhe forem contrárias; o direito natural tem prevalência sobre o direito positivo[20].

Como veremos adiante, foi com o advento da escola histórica do direito que o monismo jurídico universal iniciou um processo de retração doutrinária, embora tenha continuado presente em menor ou maior grau no pensamento jusfilosófico moderno, mesmo em juristas positivistas, até reavivando-se em determinados momentos históricos.

Por isso, não causa surpresa que a doutrina do direito natural tenha renascido e voltado a prosperar e a se expandir em princípios do século XX. Como bem ressaltou Alf Ross, *"Os abalos tremendos da política e da economia que caracterizam este século têm fomentado a ânsia de descobrir algo absoluto num mundo em dissolução e mergulhado no caos. Pareceria que a realidade brutal fortaleceu o impulso de afirmar os ideais de justiça. A Primeira Guerra Mundial estimulou poderosamente o direito natural absolutista. O idealismo francês foi colocado em contraposição à doutrina alemã do poder e as doutrinas jusnaturalistas usadas*

(18) ROSS, Alf. *Op. cit., passim.*

(19) BOBBIO, Norberto. *Teoria do ordenamento jurídico.* Trad. Maria Celeste Cordeiro Leite dos Santos. Brasília: Ed. da UnB, 1990, p. 161.

(20) RADBRUCH, Gustav. *Op. cit.*, p. 62.

para justificar os fins bélicos dos aliados e para robustecer a força de resistência da população. Da mesma maneira, as atrocidades de Hitler contribuíram certamente para promover o crescente desejo de confirmar a crença nos direitos humanos, tal como o regime de violência alemão nos países ocupados estimulou a ânsia de afirmar em termos absolutos a diferença entre o direito e o poder e fundamentar o direito numa ideia absoluta"[21].

Norberto Bobbio esclarece que a retomada da tese do direito universal no século XX aponta que o universalismo jurídico não havia morrido como exigência moral ou tendência prático-política, revivescendo-se e acentuando-se sobretudo após a Segunda Guerra Mundial, e após a criação da Organização das Nações Unidas, ressurgindo como uma crença, não num direito natural, mas na possibilidade de criação de um direito positivo único, que recolha em unidade todos os direitos positivos existentes, sendo produto da história e não da natureza. A ideia-limite do universalismo jurídico contemporâneo é a ideia de um Estado mundial único[22].

O direito natural que predomina na porção majoritária da filosofia jurídica atual difere da versão anterior do racionalismo-iluminista, por duas razões básicas: primeiro por que não parte da dedução de princípios *a priori* de regras específicas (sobre mútuo, penhor etc.), mas postula apenas certos princípios fundamentais, cuja complementação vem de suas adaptações às circunstâncias, de acordo com as tradições históricas, condições técnicas e econômicas e as necessidades práticas de cada Estado, de forma que se tornou usual falar-se em um direito natural com variação de conteúdo. Embora certos princípios superiores ou critérios formais sejam considerados eternos e invariáveis, por vezes, a relatividade também os alcança. Em segundo lugar, o liberalismo individualista do iluminismo deu lugar a uma ideologia social e coletivista[23].

2.2. Monismo jurídico estatal

O monismo jurídico estatal é produto histórico da formação dos grandes Estados na Era Moderna, nascidos sobre a dissolução da sociedade medieval. A sociedade que lhe antecedeu era eminentemente pluralista, pois era composta por vários ordenamentos jurídicos que se opunham ou se integravam. Havia ordenamentos jurídicos tidos como universais (Igreja e Império), e acima daqueles que hoje são os Estados nacionais, e ordenamentos particulares, abaixo do nacional como os que regiam os feudos, as corporações, as comunas e mesmo a família, considerada, em si mesma, um ordenamento pela tradição cristã, que a tinha como uma *societas naturalis*[24].

(21) ROSS, Alf. *Op. cit.*, p. 296.

(22) BOBBIO, Norberto. *Teoria do ordenamento...*, p. 164-165.

(23) ROSS, Alf. *Op. cit.*, p. 297.

(24) BOBBIO, Norberto. *Teoria da norma jurídica...*, p. 31.

A Idade Média foi marcada por intensa descentralização política, econômica, territorial e jurídica em decorrência do seu regime feudal. Cada feudo praticamente possuía seu próprio regime de normas. Também vigia um direito eclesiástico, além do direito real e daquele praticado nas vilas. Era, assim, um pluralismo jurídico marcado pela existência de centros de positivação jurídica que se distribuíam em esferas inferiores e superiores, mas sem unitariedade. Cada senhor era soberano no seu território; cada centro possuía algum grau de espaço próprio que não se comunicava com os demais.

O nascimento do Estado foi uma necessidade do regime capitalista e da nova organização política e social que se formava a partir do Renascimento, com o crescimento das atividades mercantis, das grandes navegações e das cidades, cuja emergência deu forma a novas relações entre os indivíduos, distintas da relação de posse da terra que caracterizava a sociedade medieval.

O Estado moderno foi marcado, desde o início, pela formação de uma organização própria (o Estado, o organismo burocrático) e pela concepção de uma "ideia de grandeza superior" (o Estado, a soberania). Esta noção de grandeza superior — soberania — nas teorizações de Maquiavel e Bodin — marcou o Estado como *"um poder-força*, garantido pelo direito de soberania e pela afirmação de um poder central e unitário que se postava contra os poderes setoriais e particulares"[(25)].

Os Estados modernos — surgidos a partir da consolidação de uma economia capitalista e de ideologia liberal — foram se formando por meio da extinção ou da absorção dos ordenamentos jurídicos anteriores, tanto daqueles tidos como superiores como dos considerados inferiores, que passaram a se concentrar na sociedade nacional, mediante um processo de monopolização da produção jurídica[(26)]. O poder de emanar normas jurídicas passou a centralizar-se nas mãos do Estado, com a paulatina e sucessiva supressão dos centros de poder inferiores e superiores, até a extirpação de qualquer centro de produção jurídica que não se identificasse com o Estado[(27)].

Tão forte tornou-se a presença do Estado que a impressão que se tinha era de que todo direito derivava do Estado. Nesse contexto, elevou-se a tese da estatalidade absoluta do direito, com a concepção da supremacia jurídica do Estado e da extensão cada vez maior da sua atuação jurídica, em evidente contraste com as pregações liberalistas sobre o Estado mínimo, também vigentes à época[(28)].

Em linhas gerais, pode-se definir o monismo estatal como a filosofia jurídica que identifica o Direito com o direito positivo de origem estatal. Entre seus teóricos, destacam-se Nicolau Maquiavel (*O príncipe*, 1513), Giovanni Bodin (*Da República*, 1577),

---

(25) FERRAZ JÚNIOR, Tercio Sampaio. *Introdução ao estudo do direito*. São Paulo: Atlas, 1991. p. 167.

(26) BOBBIO, Norberto. *Teoria da norma jurídica...*, p. 31.

(27) *Id. ibid.*, p. 32.

(28) REALE, Miguel. *Teoria do Direito e do Estado...*, p. 221-222.

Thomas Hobbes (*Leviatã*, 1651), Benedito Spinoza (*Tratado teológico-político*, 1670), Jean-Jacques Rousseau (*O contrato social*, 1762), Immanuel Kant (*Metafísica dos Costumes*, 1797), Friedrich Hegel (*Princípios de filosofia do direito*), Rudolf von Ihering (*O fim do direito*), George Jellinek (*Teoria Geral do Estado*), Hans Kelsen (*Teoria pura do direito*), John Austin (*The province of jurisprudence determined*, 1832)(29).

As primeiras manifestações do monismo jurídico são encontradas nos séculos XVI e XVII. Nesse primeiro momento, o monismo caracterizou-se por considerar a vontade do soberano como a única que deveria imperar(30). A sistematização da doutrina monista ocorre a partir da Revolução Francesa e estende-se até as primeiras codificações do século XIX, fortalecendo-se com a consolidação das teorias do contratualismo e com a estabilização do direito burguês, também chamado de civil, ocidental ou do Estado. Nesse ciclo, observou-se a ligação do direito estatal ao direito positivo e a consagração da interpretação de que todo o direito somente é direito enquanto produzido pelo Estado, e que somente o direito positivo é verdadeiro direito(31).

Na tradição ocidental, com a Revolução Francesa, que simbolicamente representa a maioridade do Estado moderno, e que levou às últimas consequências o princípio do primado do Direito estatal, o direito positivo retirou-se da esfera de enunciação privada do poder pessoal do rei para se despersonalizar, convertendo-se na expressão da universalidade da decisão de um povo organizado(32).

Nesse contexto, toda a sociedade assume uma estrutura monista, o que significa dizer que o Estado concentra em si todos os poderes, estando em primeiro lugar aquele de criar o direito, não se conformando em apenas concorrer para a sua criação. O Estado autoproclama-se como o único centro de produção jurídica, seja diretamente por intermédio da lei ou, indiretamente, por meio do reconhecimento e do controle das normas de formação consuetudinária. Assiste-se, assim, ao *processo de monopolização da produção jurídica por parte do Estado*(33). Esse processo de exclusiva positivação do direito pelo

---

(29) *Id. ibid.*, p. 217-264.

(30) MANNRICH, Nelson. Pluralismo jurídico e direito do trabalho. *Revista do Advogado*, São Paulo, n. 66, ano 22, p. 8, jun. 2002.

(31) MANNRICH, Nelson. *Op. cit.*, p. 8-9. Como elucidou Norberto Bobbio, *"o positivismo jurídico é uma concepção do direito que nasce quando "direito positivo" e "direito natural" não mais são considerados direito no mesmo sentido, mas o direito positivo passa a ser considerado como direito em sentido próprio. Por obra do positivismo jurídico ocorre a redução de todo o direito a direito positivo, e o direito natural é excluído das categorias do direito: o direito positivo é direito, o direito natural não é direito. A partir deste momento o acréscimo do adjetivo "positivo" ao termo "direito" torna-se um pleonasmo mesmo porque, se quisermos usar a fórmula sintética, o positivismo jurídico é aquela doutrina segundo a qual não existe outro direito senão o positivo"* (BOBBIO, Norberto. *O positivismo jurídico*: lições de filosofia de direito. Trad. Márcio Pugliesi, Edson Bini, Carlos E. Rodrigues. São Paulo: Ícone, 1999. p. 26).

(32) LAFER, Celso. *A reconstrução dos direitos humanos:* um diálogo com o pensamento de Hannah Arendt. São Paulo: Companhia das Letras, 1999. p. 69.

(33) BOBBIO, Norberto. *O positivismo jurídico...*, p. 27.

Estado viu-se justificado pela retórica de uma legitimidade centrípeta, que afirmou uma concepção unitária e arquitetônica da ordem social[(34)].

Esse progresso, como ordem, exigia a obediência e a garantia do princípio da legalidade, dando, desse modo, ensejo à elaboração das grandes declarações de direitos, ao controle do Executivo pelo Legislativo, e aos processos de legitimação por meio da constitucionalização, tudo como representação da crescente positivação e, assim, da superação das aspirações do paradigma do Direito Natural de limitação do poder de soberania, anteriormente encarnada no soberano absoluto. Nasce daí a concepção da justiça como legalidade[(35)].

A soberania, que no regime feudal afirmava-se na relação externa entre o senhor e o súdito, adquire o modelo de um exercício interno de comando e de organização, burocratizando-se com a multiplicação dos órgãos. O direito de soberania transforma-se igualmente num direito de sistematização centralizada das normas de exercício do poder de gestão[(36)].

É chamado de monismo porque admite um único sistema de direito, aquele emanado da soberania estatal. Seus partidários não concebem direito que não seja o decorrente unicamente do Estado. Como elucida Miguel Reale, todos os seus partidários têm como denominador comum a concepção puramente jurídica de soberania, e estão "*acordes em declarar soberano apenas aquele poder que é capaz de autodeterminação e de auto-obrigação jurídica, ou seja, o poder capaz de modificar e orientar o próprio ordenamento jurídico sem empecilhos de espécie alguma, externos ou internos*". Concebem a soberania como o "*poder originário e exclusivo de produzir Direito Positivo*". Adotam o sistema de direito único da soberania estatal[(37)]. Só se pode chamar de direito o direito estatal; o direito é criação exclusiva do Estado, ele só pode existir a partir do momento em que um Estado o formulou ou sancionou[(38)].

Nem toda tese da estatalidade do direito deve ser tida como monista, pois o monismo se confunde com a concepção do estatalismo absoluto do direito. Muitos juristas adotam a estatalidade do direito, mas nem por isso são concordes com a doutrina de que só há direito como emanação do poder soberano estatal. Para o monismo, somente o sistema legal posto pelos órgãos estatais constitui direito positivo, não existindo positividade fora do Estado e sem o Estado[(39)].

---

(34) LAFER, Celso. *Op. cit.*, p. 69.

(35) *Id.*, p. 69-70.

(36) FERRAZ JÚNIOR, Tercio Sampaio. *Op. cit.*, p. 168.

(37) REALE, Miguel. *Teoria do Direito e do Estado...*, p. 247-248.

(38) DUGUIT, Leon. *Fundamentos do direito*. Trad. Eduardo Salgueiro. Lisboa: Editorial Inquérito, 1939.

(39) REALE, Miguel. *Teoria do Direito e do Estado...*, p. 248.

O Estado monista não reconhece nenhum outro centro de produção jurídica; ele detém o monopólio do poder normativo, isto é, o poder de dizer o que é o direito. Desse modo, sob os auspícios da concepção monista do direito, centrada no direito estatal, firmou-se o dogma da completude do ordenamento jurídico. Como o Estado não reconhecia outras fontes de produção jurídica, além da lei e do comando do soberano, a concepção de onipotência do Estado recaiu sobre o direito de origem estatal. A existência somente do direito estatal pressupunha a sua onipresença em todas as situações da vida social. A admissão de que o ordenamento jurídico não era completo significaria introduzir a figura de um direito concorrente, o que quebraria a tese do monopólio da produção jurídica estatal(40).

As grandes codificações do século XIX (Código Civil francês de 1804, Código Civil italiano de 1865 e Código alemão de 1900) foram o símbolo maior do dogma da completude do ordenamento jurídico estatal; com elas, firmou-se a exigência de que o juiz deveria julgar de forma a permanecer sempre dentro do sistema posto pelo Estado. Na França, por exemplo, após a codificação, a escola da exegese foi-se impondo como a principal escola jurídica, tendo como peculiaridade a admiração incondicional pela obra realizada pelo legislador por meio da codificação, com uma confiança cega na suficiência das leis. Criou-se no dogma da completude jurídica, o qual se reafirmava com a crença de que com a promulgação do código, este se bastava completamente a si próprio, sem lacunas. Surgiram escolas da exegese também na Itália, na Alemanha etc.(41).

Por outro lado, na teoria monista, o negócio jurídico não encontra sustentação como fonte de normas jurídicas; "*somente a vontade do Estado é fonte de direitos subjetivos; os efeitos jurídicos se produzem por obra do ordenamento jurídico, entendido no sentido estrito como conjunto de normas criadas pelo Estado e por outras pessoas públicas. Ao negócio jurídico atribui-se somente a função de dar existência ao fato hipotético a que a norma (estatal, se sobreentende) liga o efeito jurídico ou — como têm dito os alemães com expressão imaginativa — a exclusiva função de liberar o "desatar"* (auflösen) *dos efeitos jurídicos já fixados pela lei*"(42).

Sendo o Estado a única fonte de direito, a autonomia, exercida de fato por quaisquer associações e organizações, que se postassem ao seu lado, tinha seu fundamento jurídico concebido como uma concessão ou tolerância tácita do Estado, na medida em que toda norma não existiria por si mesma, mas decorreria de delegação estatal(43).

(40) BOBBIO, Norberto. *Teoria do ordenamento jurídico...*, p. 120-121.

(41) BOBBIO, Norberto. *Teoria do ordenamento jurídico...*, p. 121.

(42) FERRI, Luigi. *La autonomía privada.* Granada: Editorial Comares, 2001. p. 18.

(43) MAGANO, Octavio Bueno. *Manual de direito do trabalho*: direito coletivo do trabalho. 3. ed. São Paulo: LTr, 1993. v. 3, p. 15.

3. Pluralismo jurídico

3.1. Conceito

As diversas correntes de pensamento que nortearam a doutrina monista tiveram como principais críticos os teóricos adeptos do pluralismo jurídico. Foram diversos os fatores políticos, ideológicos, filosóficos, econômicos e sociais que balizaram o surgimento da doutrina pluralista do direito. Essa diversidade de fatores subjacentes ao nascimento do pluralismo trouxe como consequência um plexo de correntes pluralistas, cada qual com uma concepção de pluralismo. Assim, traçaremos as linhas gerais do pluralismo e, em seguida, as vigas mestras de algumas das principais doutrinas pluralistas.

Vale ressaltar que o reconhecimento da existência de uma pluralidade normativa, em tempos históricos, não é recente; o Império Romano já reconhecia a validade das instituições e do conjunto normativo das nações conquistadas, o que possibilitou a criação do *jus gentium* e a sua aplicação pelo *praetor peregrinus*(44). A Idade Média vivenciou uma pluralidade de esferas normativas. Como vimos, ela era constituída pela presença de vários ordenamentos que se opunham ou se integravam, como o da Igreja, o do Império, o dos feudos, o das corporações, o das comunas etc.

É, todavia, na Idade Moderna que o pluralismo deixa de ser uma situação fática para tornar-se uma doutrina política, jurídica e filosófica. No entanto, a dificuldade em sintetizar os princípios do pluralismo está em que há tantas formas desse fenômeno quantos são os seus autores, de modo a variar de sistema para sistema os seus elementos considerados fundamentais.

O denominador comum a estas correntes consiste na negação do Estado como fonte única e exclusiva do direito positivo e a da tese da existência de uma hierarquia qualitativa entre os diversos ordenamentos(45). Uma doutrina pluralista afirma a existência de outros centros de produção jurídica além do Estado, cujas normas estão num mesmo plano de igualdade, admitindo-se, apenas, diferenças quanto à extensão da validade dos preceitos(46).

O pluralismo consistiu numa reação das forças vivas da sociedade contra o Estado centralizado, marcado pela função exclusiva de editar leis, fazendo do direito e do seu ordenamento mecanismos destinados à simples tutela da ordem e das liberdades individuais. Ao pluralismo, aderiram os afirmadores dos direitos dos grupos e das coletividades sociais (grupos econômicos, associações, sindicatos), ressurgidos por imperiosas exigências das necessidades do mundo contemporâneo(47).

---

(44) GEMIGNANI, Tereza Aparecida Asta. Autonomia privada coletiva e intervenção estatal. *Revista do Tribunal Regional do Trabalho*, n. 12, p. 29, 2000.

(45) Com exceção da teoria da graduação da positividade jurídica, que considera o ordenamento jurídico estatal dotado de maior positividade que as normas decorrentes das demais fontes do direito.

(46) REALE, Miguel. *Teoria do Direito e do Estado...*, p. 273.

(47) *Id. ibid.*, p. 266.

O florescimento da concepção pluralista do direito pode ser explicado a partir da conjugação de diversos fatores: a) o envelhecimento das codificações, que fazia emergir suas insuficiências e minava a confiança na onisciência do legislador; b) ao processo natural de envelhecimento dos códigos, acresceu-se a rápida e profunda transformação da sociedade com o advento da revolução industrial, o que fez com que as primeiras codificações, que refletiam uma sociedade ainda predominantemente agrícola e escassamente industrializada, parecessem anacrônicas; c) o desenvolvimento da Filosofia Social e das Ciências Sociais, cujo ponto comum era seu posicionamento contra o monismo estatal e a descoberta de uma sociedade abaixo do Estado; além do fornecimento de novas armas críticas aos juristas, que propiciaram a formação da Sociologia Jurídica, e a concepção do direito como um produto social e não somente do Estado; d) o surgimento da Escola do Direito Livre(48).

O pluralismo não representa somente a coexistência de diversos centros de positivação jurídica numa mesma sociedade política, com a consequente existência de normas que não as emanadas apenas do Estado. A concepção pluralista do direito pressupõe, outrossim, a possibilidade dos mesmos indivíduos estarem submetidos a ordens jurídicas autônomas e interdependentes.

Entre os primeiros teóricos do pluralismo, Otto Von Gierke se inspirou no estudo das comunidades medievais para deduzir que cada associação possui uma personalidade real, natural e originária que ganha vida independentemente do Estado — que não as cria, apenas as reconhece —, possuindo um sistema de direito próprio. O Estado não é a única fonte de direito. Cada organismo social pode formular direito(49). Há uma harmonização das ordens estatal e jurídica, não uma fusão de ambas(50). Para Gierke, toda comunidade orgânica possui a capacidade de produção do direito. Assim, ele nega o monopólio estatal do direito(51).

A partir daí, uma série de teorias e doutrinas pluralistas nasceram e desenvolveram-se, acrescentando diversos matizes ao pensamento político e jusfilosófico sobre a questão. As teses pluralistas são encontradas nas obras de sindicalistas reformistas como Maxime Leroy e Paul Boncour; no anarcossindicalismo de Georges Sorel, Piron, Lagardelle, Leone e Labriola; no corporativismo de Mihail Manoïlesco, Heinrich e Spann; na teoria da instituição de Maurice Hauriou, Georges Renard, Santi Romano e Maggiore(52); no normativismo de Norberto Bobbio; na positividade jurídica de Giorgio Del Vecchio e Miguel Reale.

(48) BOBBIO, Norberto. *Teoria do ordenamento jurídico...*, p. 122-127.

(49) TELLES JÚNIOR, Goffredo. *A criação do direito*. São Paulo: Calil, 1953. v. 2, p. 431.

(50) REALE, Miguel. *Teoria do Direito e do Estado...*, p. 272.

(51) GOMES, Orlando; GOTTSCHALK, Elson. *Curso de direito do trabalho*. 14. ed. Rio de Janeiro: Forense, 1998. p. 605.

(52) TELLES JÚNIOR, Goffredo. *Op. cit.*, p. 431.

Entre as diversas concepções, cuja análise conjunta propicia uma visão panorâmica a respeito da evolução da concepção pluralista, destacamos, dentre outras possibilidades, as seguintes teorias: a) historicismo jurídico; b) teoria funcional; c) doutrinas sindicalistas; d) corporativismo pluralista; e) teoria da instituição; f) teoria normativista; e g) teoria da graduação da positividade jurídica. Sobre essas teorias, teceremos considerações a respeito dos seus fundamentos principais.

3.2. Evolução doutrinária

3.2.1. Historicismo jurídico

Após a Revolução Francesa e a reação conservadora que a seguiu, a doutrina do direito natural sofreu um relativo declínio, posto que não foram desenvolvidos novos sistemas de direito natural como outrora se verificou[53].

Está na reação às concepções políticas, jurídicas e filosóficas, advindas com a Revolução Francesa o surgimento da Escola Histórica do Direito, que teve como um de seus inspiradores, Edmundo Burke, com a obra *Reflexões sobre a Revolução Francesa de 1790*, na qual apresentou seu pensamento de oposição ao jusnaturalismo rousseaniano, que tinha inspirado a obra do Constituinte francês. Burke sustentou o princípio da continuidade histórica; segundo ele, as instituições políticas baseiam-se na história e na tradição dos povos, não se lastreando em raciocínios de caráter abstrato e universal como pregado pela doutrina do direito natural[54].

Na Alemanha, por obra de fundação de Friedrich Carl Von Savigny e Georg Friedrich Puchta, surgiu uma filosofia da história romântico-conservadora que, em reação ao abstracionismo especulativo da doutrina do direito natural, centrou seu pensamento na evolução histórica das instituições sociais. Denominada de escola histórica ou romântica, sua formulação principal consistiu na afirmação de que o direito não é criado conscientemente por deliberações racionais, mas desenvolve-se como expressão do espírito do povo e da consciência jurídica popular[55]. Constituem expoentes do historicismo desse período Gustavo Hugo, Friedrich Carl Von Savigny, Georg Friedrich Puchta, Friedrich Wilhelm e Joseph Schelling, na Alemanha; Edmundo Burke e Jeremy Bentham, na Inglaterra, John Langshaw Austin, nos Estados Unidos; e Vincenzo Cuoco, na Itália.

Sua hostilidade ao direito natural, além da diferença de perspectiva jurídico-filosófica, centrou-se na circunstância de o direito natural ser identificado com as tendências que haviam prevalecido nos dois séculos anteriores. A reação da escola histórica, desse modo, não foi somente contra o direito natural, mas também contra o racionalismo, o

(53) ROSS, Alf. *Op. cit.*, p. 291.

(54) DEL VECCHIO, Giorgio. *Lições de filosofia do direito...*, p. 129.

(55) ROSS, Alf. *Op. cit.*, p. 291.

individualismo e o liberalismo que haviam caracterizado a filosofia do direito natural até então[56].

A escola histórica do direito nega a construção *a priori* do direito, a partir de conceitos abstratos e racionais. Ela baseou-se em dois princípios máximos: historicidade e relatividade, em contraposição aos princípios jusnaturalistas da universalidade e da imutabilidade. Duas ideias fundamentais dominaram e caracterizaram a escola histórica do direito. A primeira, de que o direito é produto da consciência nacional e do espírito comum de cada povo; a segunda, de que o direito está sujeito a uma evolução natural[57].

Conforme a escola histórica, cada povo possui um espírito e uma alma próprios, que se manifestam de diversas formas na moral, na arte, na linguagem, no direito, decorrentes do espírito popular. O direito é fruto da consciência jurídica de cada povo; esta é a única fonte autêntica e genuína do direito[58]. À semelhança da diversidade de línguas, existem tantos direitos quanto forem os povos. O direito desenvolve-se espontaneamente em cada povo e, somente posteriormente, é submetido à elaboração reflexiva dos jurisconsultos.

A primeira fase da teorização do pluralismo jurídico corresponde ao do historicismo jurídico. Trata-se de um pluralismo de cunho estatalista baseado na concepção de que a um direito natural único contrapõem-se diversos ordenamentos jurídicos nacionais, existindo tantos Direitos quantos são os povos ou as nações[59]. Nega, a escola histórica, a existência de um monismo que se caracterizaria pela presença de um único ordenamento jurídico natural ou universal, para afirmar a existência de inúmeros ordenamentos jurídicos estatais.

As ideias difundidas pelo pluralismo estatal com relação à existência de uma fragmentação do direito universal em diversos ordenamentos particulares e interdependentes foram confirmadas e teorizadas pela corrente do positivismo jurídico, cuja ideia fundamental é a da não existência de outro direito além do direito positivo posto por um poder soberano. Cada poder soberano dá origem a um direito e, em sendo o poder soberano independente, cada ordenamento jurídico constitui um ordenamento autônomo[60].

Pedro Lessa bem resumiu as concepções da escola histórica do direito. Segundo suas palavras, para o historicismo *"As normas jurídicas não assentam em leis revestidas sobrenaturalmente e impostas por um ente superior à vontade dos homens, como pretendem as doutrinas filosóficas de origem teológica. Também não têm por fundamento ideias abstratas, conceitos da razão, princípios ou ideias inatas, reveladas naturalmente pela razão humana,*

(56) *Id. ibid.*, p. 292.

(57) LESSA, Pedro. *Estudos de filosofia do direito*. Rio de Janeiro: Tip. do Jornal do Commercio, 1912. p. 317.

(58) DEL VECCHIO, Giorgio. *Lições de filosofia do direito...*, p. 130-131.

(59) BOBBIO, Norberto. *Teoria do ordenamento jurídico...*, p. 162.

(60) BOBBIO, Norberto. *Teoria do ordenamento jurídico...*, p. 162.

como ensinam as escolas racionalistas, baseadas na mera observação subjetiva. O direito é expressão da consciência jurídica de um povo determinado. Não depende das circunstâncias, nem do acaso, nem da ciência dos homens. Há uma consciência jurídica coletiva, que é fonte donde procede todo o direito por uma eclosão natural, espontânea e lenta. A princípio o direito se manifesta pelos usos e costumes, depois pela jurisprudência, no sentido técnico do termo"[(61)].

Para os historicistas, são os costumes, e não as leis, as fontes supremas do direito[(62)]. A jurisprudência e a legislação ocupam posição secundária no papel de formação do direito. À proporção que a vida social vai se tornando mais complicada e complexa, e, por conseguinte, menos clara, vai se mostrando a consciência jurídica comum, de modo que paulatinamente a conformação do direito vai sendo confiada aos juristas e legisladores[(63)]. Uma segunda função da jurisprudência e da legislação, para a escola histórica do direito, é representar as modificações perpetradas na consciência jurídica popular.

Observa-se claramente que a primeira forma de teorização do pluralismo jurídico ergue-se em oposição ao monismo jurídico universal pregado por algumas doutrinas do direito natural. Ao jusnaturalismo único e universal, opôs a escola histórica um pluralismo fragmentado, proporcionalmente aos vários povos e nações. O direito não é fruto de ideias abstratas concebidas *a priori*, mas produto concreto da consciência jurídico-coletiva de cada povo.

Além da fragmentação do antigo direito natural universal, a escola histórica, ao fortalecer a concepção positivista do direito, consagrou a cisão dualista do direito em natural e positivo, dando ensejo às diversas e novas doutrinas daí advindas, cuja preocupação centrou-se na resolução dos problemas dentro das fronteiras do direito positivo.

Atualmente, o pluralismo contemporâneo possui uma conformação relativamente definida. Ele não deve ser confundido com qualquer doutrina que admite a existência de direito fora do Estado, pois para os pluralistas vale a admissão da existência de direito positivo além do Estado; esse direito não é, no entanto, dotado de garantias extrajurídicas ou metajurídicas, como definido no estatalismo relativo de Jellinek. É, por isso, um direito que não apresenta diferença qualitativa em relação ao direito estatal[(64)].

3.2.2. Teoria funcional

A teoria funcional nasce da concepção de Estado funcional de Leon Duguit, cuja influência se fez notar como ponto de partida para o desenvolvimento de outras correntes pluralistas. A partir do reconhecimento da força presente na maioria numérica

(61) LESSA, Pedro. *Op. cit.*, p. 317-318.

(62) ROSS, Alf. *Op. cit.*, p. 291.

(63) LESSA, Pedro. *Op. cit.*, p. 318.

(64) REALE, Miguel. *Teoria do Direito e do Estado...*, p. 269.

dos cidadãos ativos e nos sindicatos profissionais, Duguit não admite que o Estado tenha uma personalidade jurídica dotada de soberania(65).

Na sua concepção, não existe poder público, devendo esta noção ser substituída pela de função pública, visto que o Estado somente exerce a função de empregar a força para garantir a organização da sociedade e o funcionamento dos serviços públicos(66).

Para Duguit, ainda que não se pudesse demonstrar a existência de um direito anterior e superior ao Estado, tal assertiva deveria ser acolhida como um postulado, pois além da consciência moderna sentir a necessidade de uma normatividade que se imponha com a mesma força sobre o Estado e os súditos, pode-se também demonstrar que o direito tem um fundamento sólido anterior ao Estado: a solidariedade social ou interdependência social(67).

A regra de direito não decorre do Estado, posto que ele (Estado) não está acima dos indivíduos ou da sociedade; ela decorre da solidariedade social, e impõe-se a governantes e governados, o que inclui o próprio Estado. A formação das regras jurídicas advém da totalidade do corpo social. Em sua doutrina, Duguit admite implicitamente uma pluralidade de fontes de direito(68). Ele nega tanto o caráter absoluto do dogma da autonomia da vontade quanto o monopólio estatal de produção do direito.

Em sua teoria, a sociedade é um fato primário e social que se impõe aos homens independentemente do produto da vontade humana. Mas a vida em sociedade não retira do homem a consciência da sua individualidade, esfera da vida cujas necessidades também são satisfeitas pela vida em comum. Assim, o homem transita entre a sociabilidade e a individualidade, ele se vincula aos outros homens pelos laços da solidariedade social (interdependência social).

A subsistência da sociedade dá-se pela solidariedade que une os indivíduos que a compõem. Por conseguinte, uma regra de conduta impõe-se ao homem social pela própria força das circunstâncias. A lei positiva para ser legítima deve expressar-se, desenvolver-se e executar-se segundo o seguinte princípio: *"nada fazer que atente contra a solidariedade social sob qualquer das suas duas formas e fazer tudo o que for de natureza a realizar e a desenvolver a solidariedade social mecânica e orgânica."*(69)

Duguit, como em geral ocorre com as doutrinas pluralistas, não admite a ideia de um direito imutável e absoluto, preconcebido pela razão ou por outro fundamento, que se imponha a todos os homens de modo universal e uniforme. A regra de conduta

(65) *Id.*, p. 274-277.

(66) *Id. ibid.*, p. 275.

(67) DUGUIT, Leon. *Op. cit.*, p. 11.

(68) REALE, Miguel. *Teoria do Direito e do Estado...*, p. 277.

(69) DUGUIT, Leon. *Op. cit.*, p. 23-24.

decorrente da solidariedade social é, ao mesmo tempo, individual e social, permanente e mutável. Ela diversifica-se em conformidade com a variação da própria solidariedade social. O papel do jurisconsulto é apenas o de verificar qual regra de direito adapta-se exatamente à estrutura de determinada sociedade(70).

O poder político não encontra uma fundamentação filosófica em ideias teocráticas ou metafísicas. O Estado é um fato (Estado-fato); um resultado natural da evolução sociológica que nasce da imposição da vontade dos mais fortes aos restantes, cujos atos só podem ser impostos aos outros quando se conformam com as normas de direito. O Estado não tem poderes, mas funções (função legislativa, função jurisdicional e função administrativa). O Estado não detém nenhum poder de soberania ou vontade superior aos demais; os governantes devem se submeter às regras existentes, em virtude da interdependência social(71).

3.2.3. Doutrinas sindicalistas

Diversas foram as doutrinas jurídicas de cunho sindicalista sobre a pluralidade do direito. Entre seus idealizadores, destacaram-se as teorias pluralistas de Maxime Leroy (*Les transformations de la puissance publique*, 1907; *Syndicats et services publics*, 1909); de Paul Boncour (*Le fédéralisme économique*, 1900); de Georges Sorel e de Piron; de Lagardelle (*Grève générale et le socialisme*, 1905); de Enrico Leone (*Sindicalismo*, 1910); de Arturo Labriola (État et la crise, 1933); de Roger Bonnard (*Syndicalisme, corporatisme et état corporatif*, 1937)(72).

O grande mérito das teorias pluralistas sindicalistas foi a concepção da ideia de associação ou organização sindical como centro de positivação jurídica. Embora elaboradas em derredor da noção de sindicato, essas doutrinas trouxeram fundamentos essenciais para o desenvolvimento da teoria institucional e da teorização das organizações sociais como centros geradores de direito.

Do mesmo modo que a teoria funcional reduz a importância do papel do Estado, privilegiando a solidariedade social, as doutrinas sindicalistas, ao conceberem a ordem social como produto de imperativos econômicos, exaltam as associações econômicas como as instituições de maior importância na organização social.

Por esse prisma, as atividades políticas são produzidas e orientadas pelas forças econômicas, concebendo-se a existência de dois Estados: um econômico, composto por um conjunto de associações econômicas, poderosamente constituídas; e um político, sem força, personalidade ou poderes(73).

---

(70) *Id. ibid.*, p. 24-25.

(71) *Id. ibid., passim.*

(72) REALE, Miguel. *Teoria do Direito e do Estado..., passim.*

(73) REALE, Miguel. *Teoria do Direito e do Estado...*, p. 279.

O reducionismo do poder estatal está presente no pensamento de vários expoentes do pluralismo sindicalista: para Paul Boncour, por exemplo, a "soberania econômica" dos grupos profissionais não é inferior à soberania nacional; Maxime Leroy reduz as funções do Estado a uma atividade puramente administrativa de coordenação dos interesses grupalistas; segundo os anarcossindicalistas como Sorel, Piron, Lagardelle, Leone e Labriola, o Estado deve ser retirado da federação econômica, por representar um instrumento de dominação a serviço de uma classe em detrimento das outras[74].

No sindicalismo pluralista, o sindicato constitui a ordem fundamental de todo o sistema, devendo ser dotado da mais ampla autonomia para a regulamentação de seus interesses. Uma federação de sindicatos dá origem a uma república profissional. O conjunto de repúblicas profissionais coordenadas pelo Estado compõe a federação econômica[75].

Na federação econômica idealizada por Paul Boncour (*O federalismo econômico*, 1900), os grupos profissionais não se limitam à defesa dos interesses particulares dos seus associados, pois cada associação constitui uma verdadeira instituição de ordem pública, com interesses coletivos que estabelecem relações necessárias e obrigatórias para seus membros[76].

O Estado não possui soberania nem tem exclusividade para a revelação do direito; cabe-lhe o simples papel de órgão de coordenação dos interesses gerais da sociedade, sendo estes interesses constantemente atualizados pelas convenções dos cidadãos e pelas associações econômicas. A função estatal não consiste na tutela de direitos, mas na coordenação de interesses, tendo os sindicatos o direito objetivo dos serviços públicos, cuja natureza é de simples atividade administrativa subordinada às exigências dos interesses dos grupos[77].

No Estado econômico, os grupos detêm a soberania econômica, isto é, o primado das determinações jurídico-políticas, sendo os sindicatos os seus principais expoentes. O Estado técnico é formado pelas associações profissionais, sendo que cada grupo corporativo constitui uma fonte autônoma de normas jurídicas[78].

A concepção da associação profissional como ente representante de interesses que extrapolam o círculo subjetivo dos seus associados, posteriormente, levou ao reconhecimento pelo Estado da eficácia normativa das convenções coletivas de trabalho para além da esfera de seus associados, sem que as entidades sindicais fossem transformadas em pessoas de direito público[79].

---

(74) TELLES JÚNIOR, Goffredo. *Op. cit.*, p. 432.

(75) *Id. ibid.*, p. 432.

(76) REALE, Miguel. *Teoria do Direito e do Estado...*, p. 280.

(77) *Id. ibid.*, p. 279.

(78) *Id. ibid.*, p. 280.

(79) REALE, Miguel. *Teoria do Direito e do Estado...*, p. 281.

Em elevada síntese, Miguel Reale elencou os pontos fundamentais da teoria pluralista de fundo essencialmente econômico: *"1º) os sindicatos são os sujeitos da soberania econômica; 2º) os sindicatos possuem, tanto como o Estado, o poder de editar normas juridicamente obrigatórias; 3º) as 'soberanias' dos grupos devem ser coordenadas tendo em vista a 'soberania dos consumidores'; 4º) deve existir um órgão destinado a coordenar as soberanias particulares e a garanti-las em seu exercício; 5º) as leis dos sindicatos valem na esfera econômica, assim como a lei do Estado é soberana na esfera política; 6º) os sindicatos desempenham funções administrativas; 7º) as funções políticas devem ser cuidadosamente separadas das funções econômicas."*[(80)]

3.2.4. Doutrina corporativista

Ao lado das doutrinas pluralistas sindicalistas, desenvolveu-se o denominado "pluralismo corporativista". Embora não haja uma diferença substancial do ponto de vista jurídico entre as duas teorias, sob as óticas políticas e sociológicas, o corporativismo distingue-se pela não aceitação do primado da economia, como concebido pelos sindicalistas, e destaca-se por estender a todos os setores sociais o princípio da corporação. Há nessa concepção um predomínio do sociológico sobre o econômico conjugado com uma compreensão mais elevada das funções estatais[(81)].

Outra diferença marcante entre as duas teorias consiste no fato de no pluralismo sindicalista a organização sindical constituir o centro, por excelência, da produção normativa, ao passo que no corporativismo as associações profissionais são apenas uma das espécies de corporações. O direito corporativo engloba o direito sindical.

No corporativismo, as corporações não abrangem somente as formações de natureza econômica, compreendendo os órgãos de todas as forças e atividades sociais e culturais de uma nação, sendo consideradas como corporações a igreja, o exército, a magistratura, o corpo de educadores, os entes ligados à saúde, às ciências e às artes. No corporativismo, as corporações constituem a base única e legítima sobre a qual devem ser estabelecidos o poder político e a autoridade legislativa. São elas as únicas fontes de onde procede todo o poder do Estado.

Entre os expoentes do pluralismo corporativista, destacam-se Sergio Panunzio (*Il sentimento dello Stato)*; Walter Heinrich (*Staat und Wirtschaft*, 1931), *François Perroux* ("Capitalisme et communauté de travail", 1937), Mihail Manoïlesco (*Le siècle du corporatisme,* 1938), Othmar Spann (*Filosofía de la sociedad*, 1933), Guido Bortolotto (*Diritto corporativo*, 1934). No Brasil, destacou-se a concepção corporativista de Oliveira Vianna

(80) *Id. ibid.*, p. 281.

(81) *Id. ibid.*, p. 283.

(*Problemas de Direito Corporativo*, 1938; *O idealismo da Constituição*, 1939; *Instituições políticas brasileiras*, 1949)[(82)] e a de *Tasso Silveira* (*Estado corporativo*, 1937).

Mihail Manoïlesco é o expoente-mor do corporativismo. Na sua definição, a corporação é *"uma organização coletiva e pública, composta pela totalidade de pessoas (físicas ou jurídicas) que desempenham em conjunto a mesma função nacional, e tendo por objetivo assegurar o exercício desta no interesse supremo da nação, por meio de regras de direito impostas aos seus membros"*[(83)].

O aspecto público da corporação, entretanto, não a identifica como órgão do Estado, pois o seu caráter de entidade pública, não equivale a retirar a sua natureza de ente autônomo e distinto do Estado[(84)].

Na doutrina do corporativismo pluralista, cada corporação é considerada um centro autônomo de produção do direito, com soberania não derivada do Estado. Cada corporação possui uma soberania própria e originária, paralela à do Estado, sendo este organizado sob a forma de uma federação de corporações soberanas, equivale a dizer: o Estado seria uma supercorporação[(85)].

Prevalece a ideia da equivalência dos ordenamentos jurídicos, pois um dos traços fundamentais da doutrina corporativista é a organização autônoma das forças sociais, denominada de "descentralização do Estado" ou de "pluralidade do poder público".

Na doutrina de Mihail Manoïlesco, a fonte do poder legislativo supremo consiste nas corporações. O Estado é uma corporação entre as corporações. *"É a expressão suprema da coletividade nacional"*. A ele são atribuídas duas categorias de funções: uma particular, onde atua como uma corporação propriamente dita, e uma de coordenação, em que se apresenta como uma supercorporação[(86)]. As corporações figuram como órgãos de expressão e manifestação da vida nacional. *"São instrumentos secundários a serviço do Estado, que por seu turno é o instrumento de primeira ordem, destinado a servir um ideal superior da coletividade nacional"*[(87)].

A nação organiza-se funcionalmente por meio das corporações, que são os órgãos que executam funções. A organização da nação é um imperativo. Esta organização se realiza pelo conjunto de atividades necessárias à nação, que a põem em funcionamento

---

(82) Sobre o pensamento corporativista de Oliveira Vianna e o corporativismo em geral, há a obra de Evaldo Amaro de Vieira, intitulada *Oliveira Vianna e & o Estado corporativo*: um estudo sobre corporativismo e autoritarismo. São Paulo: Grijalbo, 1978.

(83) MANOÏLESCO, Mihail. *O século do corporativismo*. Trad. Azevedo Amaral. Rio de Janeiro: José Olympio Ed., 1938. p. 126.

(84) *Id., loc. cit.*

(85) REALE, Miguel. *Teoria do Direito e do Estado...*, p. 284-287.

(86) MANOÏLESCO, Mihail. *Op. cit., passim.*

(87) MANOÏLESCO, Mihail. *Op. cit.*, p. 45.

e mobilizam-na[88]. O imperativo da organização implica a observância de certos "subimperativos", como os da unidade (pela coordenação), da competência e da hierarquia.

Cada corporação constitui uma fonte normativa, uma nascente de poder. O Estado corporativo abrange, assim, uma pluralidade de fontes de poder público representadas pelas corporações. Estas agem sempre no interesse maior da nação, não estando atreladas a qualquer tipo de representação ou tutela de interesses grupais. Seus objetivos são determinados conforme o seu papel funcional na nação[89].

A competência normativa das corporações é determinada pela sua funcionalidade social, isto é, pela função exercida por elas na sociedade; é por esta função que são definidas as matérias sobre as quais cada corporação pode emitir normas e o seu campo de aplicação. Por isso, a corporação tem autonomia para instituir suas regras de funcionamento e as regras para o cumprimento das suas funções. Essa competência normativa não provém de qualquer assentimento dos indivíduos, pois as corporações estão acima deles, inclusive os precedendo historicamente, de modo que cada indivíduo, desde o nascimento, já se encontra vinculado a corporações que lhe são preexistentes.

A corporação surge automática e naturalmente das suas funções sociais. A cada função corresponde uma corporação, e vice-versa. Seu poder normativo não deriva do Estado, como um poder delegado; trata-se de um poder que se origina autonomamente das forças sociais, tal como o próprio poder estatal, posto que é inerente ao exercício das funções corporativas. A função social da corporação é a fonte de todo o seu poder normativo.

3.2.5. Teoria institucional

A principal corrente pluralista, cuja influência ainda se faz presente nas doutrinas jurídicas mais modernas, é o institucionalismo ou teoria da instituição. Ela representou uma forte reação à doutrina do monismo jurídico estatal.

O institucionalismo deita raízes na França, com Maurice Hauriou (*La théorie de l'institution et de la fondation*, 1925), Georges Renard (*La philosophie de l'institution*, 1939; *Théorie de l'institution*, 1931) e Leon Le Fur (*Droit individuel et droit social*, 1931)[90] e, na Itália, com Santi Romano (*L' ordinamento giuridico*, 1917).

Foram inúmeras as correntes teóricas que influenciaram a formação da teoria da instituição. Ela originou-se tanto a partir da revaloração das teorias jurídicas de tradição cristã (Georges Renard), como por influência das correntes socialistas libertárias (Proudhon) ou das anárquicas ou sindicalistas (Georges Gurvitch), convertendo-se em teoria do direito na França, com Maurice Hauriou, e na Itália com Santi Romano[91].

---

(88) MANOÏLESCO, Mihail. *Op. cit.*, p. 45.

(89) *Id., loc. cit.*

(90) REALE, Miguel. *Teoria do Direito e do Estado...*, p. 288-302.

(91) BOBBIO, Norberto. *Teoria da norma jurídica...*, p. 32.

Como ressaltou Leon Le Fur, o conteúdo positivo da teoria da instituição, representado pela tentativa de reabilitação das concepções fundamentais do direito, é fruto das próprias negações por ela concebidas. Entre essas negações, encontram-se suas reações às teorias que a precederam, como as voluntaristas e subjetivas, que fundamentaram todo o direito sobre o contrato, as da personalidade fictícia das instituições e, principalmente, ao pensamento que exaltava o caráter demasiado estático do direito(92).

Constitui mérito da teoria institucionalista do direito o alargamento dos horizontes da experiência jurídica para além das fronteiras do Estado(93); no entanto, essa abertura se diferencia das demais doutrinas pluralistas por colocar o problema da soberania do Estado no plano da análise das fontes do direito, e não como algo destacado ou acima destas, bem como pelo fato desta teoria intentar resolver a crucial questão referente à formação espontânea ou voluntária do direito. Seus adeptos não adotaram o pluralismo de soberania e sim o pluralismo das fontes de positividade jurídica(94).

A teoria da instituição rompeu com o círculo fechado da teoria estatalista do direito, que considerava direito somente o proveniente do Estado(95). Ao criar a noção de ordenamento jurídico, esta teoria combateu o monismo jurídico, reconhecendo que o direito não é monopólio estatal, mas um fenômeno também resultante da atividade criadora das forças sociais organizadas(96).

Seu ponto central é a instituição. Tem como premissa três elementos: sociedade, ordem e organização. Existe direito onde houver uma sociedade ordenada e organizada. Como elucida Norberto Bobbio, *"Isto significa que o direito nasce no momento em que um grupo social passa de uma fase de grupo inorgânico ou não organizado para a fase de grupo organizado"*(97). A passagem da fase inorgânica para a orgânica chama-se institucionalização. As instituições criam as regras de direito.

Para Maurice Hauriou, o Estado é *"uma instituição entre as instituições"*. Ele é a mais eminente instituição; a instituição fundamental. O renomado institucionalista francês põe-se contrariamente à teoria do contrato social de Rousseau e ao desprezo deste pelas instituições, pois o autor de "O Contrato Social" as considerava nocivas para a formação da vontade geral. Já para Hauriou, as instituições são o fundamento da sociedade e do Estado, e são fruto do vínculo social necessário, firmado sobre o consentimento.

---

(92) LE FUR, Leon, *apud* TELLES JÚNIOR, Goffredo. *Op. cit.*, p. 505.

(93) BOBBIO, Norberto. *Teoria da norma jurídica...*. p. 30.

(94) REALE, Miguel. *Teoria do Direito e do Estado...*, p. 290.

(95) BOBBIO, Norberto. *Teoria da norma jurídica...*. p. 30.

(96) SILVA, Walküre Lopes Ribeiro da. Autonomia privada coletiva e o Direito do Trabalho. *Revista de Direito do Trabalho*, São Paulo, p. 28, jan./mar. 2000.

(97) BOBBIO, Norberto. *Teoria da norma jurídica...*. p. 30.

São as instituições que dão origem às regras de direito e não estas àquelas, posto que o meio social, por si só, não possui o poder de criação de normas jurídicas[(98)].

Na sua doutrina, toda instituição compreende uma ideia de obra ou de empresa que se realiza e dura juridicamente num meio social, em torno da qual há a organização de um poder que institui os órgãos estruturadores, e enseja a manifestação de comunhão dos membros do grupo social; manifestações dirigidas pelo órgão do poder e regradas por procedimentos[(99)].

As instituições podem ser personificadas (Estados, associações, sindicatos etc.) e despersonificadas (instituições-coisas), a diferença está em que estas últimas não se aperfeiçoam em derredor da ideia de obra. As instituições personificadas ou corporativas são constituídas pelos seguintes elementos: a) a ideia de obra a realizar em um grupo social; b) o poder organizado e posto a serviço da realização desta ideia; c) as manifestações de comunhão que se produzem no grupo social em derredor da ideia de obra a realizar. Por meio do processo de incorporação, isto é, da interiorização das manifestações de comunhão, é que a instituição personifica-se, tornando-se um *"corpo espiritualizado"*[(100)]. É esse tríplice processo de interiorização, incorporação e personificação que lhe concede personalidade[(101)].

Coube a Santi Romano a formulação de uma concepção mais "pura" do pluralismo jurídico, afastando a confusão que poderia advir entre a ciência social e a ordem jurídica. Ele não admite outro direito além do positivo, mas também não identifica direito positivo com o direito estatal. Na sua teoria, cada instituição constitui um mundo jurídico subsistente, um ordenamento. Surge uma instituição quando uma ideia diretora impõe-se de forma objetiva a um grupo de indivíduos, e as suas atividades se autolimitam reciprocamente em conformidade com as regras sociais imprescindíveis à consecução do fim em torno do qual o todo se constitui e se exerce[(102)].

Para Santi Romano, o conceito de direito possui os seguintes elementos constitutivos: a) a sociedade; elemento cuja existência pressupõe a manifestação do fenômeno jurídico (*ubi societas ibi ius*) e sobre o qual o direito tem existência *(ubi ius ibi societas)*; representando uma entidade formal e extrinsecamente distinta dos indivíduos que a compõem; e b) a ordem social entre os membros, que supera e avança em relação à

(98) HAURIOU, Maurice. *La teoría de la institución y de la fundación*. Trad. Arturo Enrique Sampay. Buenos Aires: Abeledo-Perrot, 1968. p. 31-37.

(99) *Id. ibid.*, p. 39-40.

(100) HAURIOU, Maurice. *Op. cit.*, p. 40-41.

(101) *Id. ibid.*, p. 50.

(102) REALE, Miguel. *Teoria do Direito e do Estado..., passim.*

ordem social originária que disciplina as meras relações sociais[(103)]. Toda sociedade ordenada e organizada caracteriza-se como uma instituição e expressa a existência de um ordenamento jurídico.

Como delineou o próprio Santi Romano, *"o direito, antes de ser norma, antes de concernir a uma simples relação ou uma série de relações sociais, é organização, estrutura, posição da mesma sociedade na qual se desenvolve e que a constitui como unidade, como ente que é"*[(104)]. Nessa passagem do *L'ordinamento giuridico,* observamos a crítica do sistematizador da teoria da instituição às teorias normativa e da relação jurídica. Para Romano, o conceito que se apresenta necessário e suficiente para caracterizar o direito como ordenamento jurídico, considerado complessiva e unitariamente, é o de instituição[(105)].

Como bem elucida Miguel Reale, a respeito desta teoria, *"Toda instituição é uma formação natural, um produto de atividades coordenadas em virtude do fim que todas procuram alcançar. A instituição se estabelece pela harmonia ou correspondência de fatores subjetivos e objetivos, uma vez que resulta tanto da ideia objetiva a realizar como do consentimento de todos relativamente à comunhão, elementos esses que sintetizam ou se integram na regra social garantida pelo poder inerente ao corpo social. Embora haja fatores subjetivos representados pelo consenso na instituição estatal, pelo consenso costumeiro, o certo é que instituição é objetiva, mas a regra de direito não o* é"[(106)].

Qualquer coletividade organizada, com regras estruturais e funcionais, que mantenha a ordem entre seus membros para a consecução da finalidade para a qual o todo se constituiu representa uma instituição e, consequentemente, um ordenamento jurídico, ainda que se coloque em oposição ao ordenamento jurídico estatal, como uma associação de delinquentes.

Além da sua forte influência sobre as demais teorias pluralistas, a teoria institucional destacou-se por conceber a existência do direito, não a partir da presença de normas jurídicas singulares, mas como um conjunto coordenado de normas, de modo que somente se pode falar em direito onde exista um complexo de normas formando um ordenamento. A noção de ordenamento jurídico, desenvolvida pelos institucionalistas, forneceu à teoria geral do direito as bases para o desenvolvimento do pensamento em torno do conceito de ordenamento, como aqueles conexos à formação, à coordenação e à integração de um sistema normativo[(107)].

---

(103) ROMANO, Santi. *L'ordinamento giuridico*. Firenze: Sansoni, 1951. p. 25-27.

(104) ROMANO, Santi. *L'ordinamento giuridico*. Firenze: Sansoni, 1951. p. 27.

(105) ROMANO, Santi. *Op. cit.*, p. 27.

(106) REALE, Miguel. *Teoria do Direito e do Estado...*, p. 291.

(107) BOBBIO, Norberto. *Teoria da norma jurídica...*, p. 37.

Para Miguel Reale, a importância fundamental da teoria da instituição consistiu na colocação da problemática pertinente à soberania estatal no plano das teorias das fontes do direito, demonstrando a impossibilidade da concepção de uma teoria a respeito do poder do Estado sem a elaboração prévia de um exame das fontes de positividade jurídica. Além disso, o institucionalismo objetivou levantar o véu que pairava sobre a solução para a controvérsia entre objetivistas e subjetivistas em relação à formação espontânea ou voluntária do direito[108].

Ao se acolher a doutrina pluralista da instituição, a problemática do relacionamento entre os ordenamentos não fica restrita ao tradicional embate entre ordenamentos estatais, mas também envolve as relações entre estes e ordenamentos não estatais. Nesse sentido, por exemplo, Norberto Bobbio (embora não seja institucionalista) identifica quatro tipos de ordenamentos não estatais: a) ordenamentos acima do Estado (internacional ou, conforme o entendimento, também o da Igreja Católica); b) ordenamentos abaixo do Estado (sociais); c) ordenamentos paralelos ao Estado (como o internacional, segundo a concepção dualística, ou o da Igreja, conforme o entendimento da posição desse ordenamento perante o estatal); d) ordenamentos contra o Estado (associações de malandros, seitas secretas etc.)[109].

3.2.6. Teoria normativa

A teoria normativa considera a regra de conduta o pressuposto de todo fenômeno jurídico. Como afirmou o normativista Norberto Bobbio, *"a experiência jurídica é uma experiência normativa"*. Para Bobbio, a vida do ser humano se desenvolve num mundo de normas, estando envolta em uma espessa rede de regras de conduta, que atuam como placas indicativas do sentido que devemos observar em nossas vidas, sendo as regras de direito somente uma espécie dessas placas indicativas (regras de conduta) — ao lado das regras de conduta morais, sociais, religiosas, costumeiras, éticas etc. —, sendo, talvez, as mais visíveis regras de conduta. Assim, as normas jurídicas constituem tão somente uma parte da experiência normativa[110].

As diversas regras de conduta da experiência normativa diferenciam-se pelas finalidades que perseguem, pelos seus conteúdos, pelos tipos de obrigações que determinam, pelos âmbitos de validade e pelos sujeitos a quem se dirigem. Seu núcleo comum é serem proposições cuja finalidade é influenciar o comportamento dos indivíduos e dos grupos e dirigir suas ações a determinados objetivos[111].

---

(108) REALE, Miguel. *Teoria do Direito e do Estado...*, p. 289-290.

(109) BOBBIO, Norberto. *Teoria do ordenamento jurídico...*, p. 164.

(110) *Id. ibid.*, p. 23-25.

(111) BOBBIO, Norberto. *Teoria do ordenamento jurídico...*, p. 26.

Pelo fato de se encontrar entre os normativistas tanto juristas monistas do direito quanto pluralistas, muitos confundiram o normativismo — e os seus diversos teóricos — com a teoria estatalista do direito (estatalismo).

A teoria da instituição, por exemplo, acreditou estar combatendo a teoria normativa do direito ao atacar o monismo estatal. Pressupunham os institucionalistas que a teoria normativa coincidia com a doutrina estatalista do direito. Mas, embora haja juristas estatalistas que são normativistas e vice-versa, o normativismo, em si, não se confunde com o estatalismo(112).

De fato, normativismo e estatalismo não se confundem. A teoria normativa tem como premissa a assertiva de que o fenômeno originário da experiência jurídica é a regra de conduta, ao passo que a teoria estatalista corresponde a uma espécie de teoria normativa restrita, que considera o direito como um conjunto de regras com características particulares, como a circunstância de serem coativas e somente impostas pelo ente estatal e, por isso, distintas de qualquer outro tipo de regra de conduta. A teoria normativa não se restringe ao estatalismo, sendo inclusive compatível com o pluralismo(113).

O principal fundamento da teoria normativa não conduz à dicotomia monismo/pluralismo, como pretenderam fazer entender os institucionalistas. O ponto de vista do normativismo consiste em considerar o direito como um conjunto de normas, sendo este entendido como a melhor maneira de apreensão integral da experiência jurídica e dos seus traços característicos.

Para os normativistas a experiência jurídica é uma experiência normativa; por isso, o normativismo difere-se do institucionalismo em pontos centrais, como na questão referente ao momento do nascimento do direito.

Norberto Bobbio, por exemplo, critica o pensamento de Santi Romano segundo o qual antes de ser norma, o direito é organização. Para Bobbio, toda organização pressupõe sua constituição à existência de regras de conduta definidoras de capacidades e competências, de forma que as normas vêm antes da organização e não o oposto, isto é, a organização antes das normas. O processo de institucionalização se desenvolve por meio da fixação dos fins, dos meios e das funções específicas dos indivíduos, cuja determinação é elaborada por meio de normas jurídicas. A regra é o fenômeno originário, mas não exclusivo, para a formação de uma instituição. Assim, onde há organização, há um complexo de regras de conduta, de modo que, para o autor, a teoria da instituição não exclui, mas, ao contrário, inclui a teoria normativa do direito(114).

---

(112) *Id. ibid.*, p. 34.

(113) BOBBIO, Norberto. *Teoria do ordenamento jurídico...*, p. 35.

(114) *Id. ibid*, p. 35-37.

Giorgio Del Vecchio já havia denunciado o surgimento concomitante do fenômeno jurídico e da própria instituição ao assinalar que qualquer agrupamento social cuja tendência natural é gerar o seu direito privativo, em verdade, já tem no seu próprio corpo a forma lógica do direito, pois não é possível a convivência entre indivíduos sem a determinação tácita ou expressa do círculo de atividades de cada um deles, das suas obrigações e das suas faculdades correlativas[(115)].

Para Bobbio, a teoria normativa não se contrapõe nem à teoria da instituição e nem à teoria da relação jurídica[(116)], mas constitui o pressuposto de validade destas últimas. As três teorias não se excluem, mas se integram utilmente a partir do fato que cada uma representa um aspecto da experiência jurídica. A teoria da relação, a intersubjetividade; o institucionalismo, a organização social; o normativismo, o aspecto da regularidade, sendo este considerado o mais relevante para o autor italiano. Como resume: *"a experiência jurídica nos coloca frente a um mundo de relações entre sujeitos humanos organizados estavelmente em sociedade mediante o uso de regras de conduta."*[(117)]

Para a teoria normativista, a normatização não pressupõe a organização, tal como sustentado pelos institucionalistas; pode haver normatização sem organização, como as regras sociais (regras de conduta) presentes em determinada classe social (grupo social não organizado). Mas o contrário não é verdadeiro, isto é, não pode haver organização sem normatização, de forma que a produção de regras é um fenômeno originário, ainda que não exclusivo, para a constituição de uma instituição[(118)].

3.2.7. Teoria da graduação da positividade jurídica

Após a apresentação das teorias monista e pluralista, como sói acontecer, quando dois termos se contrapõem, surge particularmente uma terceira via, que, no nosso estudo, pode ser representada pela teoria da graduação da positividade jurídica. Não se trata propriamente de uma teoria puramente monista ou pluralista, mas de uma doutrina que integra elementos destas duas em uma nova unidade; para determinados autores, sequer pode ser chamada de "nova escola" ou "terceira teoria", pois seu conteúdo é elaborado a partir de conceitos do monismo e do pluralismo.

---

(115) DEL VECCHIO, Giorgio. *Lições de filosofia do direito...*, p. 349-350.

(116) A teoria da relação jurídica considera o elemento característico da experiência jurídica a relação intersubjetiva. A relação jurídica está para a teoria da relação jurídica no mesmo patamar que a instituição para a teoria institucional e a norma para a teoria normativa. Para a teoria em comento, a relação jurídica intersubjetiva constitui o conceito fundamental do ordenamento jurídico, a pilastra sobre a qual ele erige a sua construção. Para os seus teóricos, a relação intersubjetiva — isto é, a relação entre dois sujeitos, pela qual um é titular de um direito e o outro de uma obrigação — exprime o fenômeno jurídico. Para Bobbio, a relação intersubjetiva só pode ser considerada jurídica por ser regulada por uma norma jurídica que a precede, ao passo que para os teóricos da relação jurídica, uma norma é jurídica porque regula uma relação jurídica (BOBBIO, Norberto. *Teoria da norma jurídica...*, p. 40-43).

(117) BOBBIO, Norberto. *Teoria da norma jurídica...*, p. 44.

(118) *Id. ibid*, p. 36-37.

O monismo e o pluralismo refletem duas tendências de observação da realidade estatal. Os que veem esta realidade sob o ângulo social e político, isto é, da expressão daquilo que a sociedade considera indispensável para a existência da ordem, da justiça e da paz, geralmente privilegiam a tutela da liberdade e adotam o pluralismo, pois o fenômeno jurídico é visto sob múltiplas formas, já que as normas nasceriam na sociedade e depois se concretizariam como regras de direito positivo estatal ou não estatal. Os que focalizam o aspecto jurídico, com enfoque no momento de autoridade, para a garantia da ordem social, geralmente adotam o monismo, pois a unidade da ordem, da justiça e da paz corresponde à unidade do ordenamento jurídico. Desse modo, monismo e pluralismo constituiriam as constantes da evolução jurídica, porque ora salienta o aspecto liberdade com a exacerbação do pluralismo, ora predomina a ideia de autoridade, com a acentuação do monismo(119).

Uma terceira posição intenta sintetizar liberdade e autoridade e, consequentemente, monismo e pluralismo, em uma concepção concomitantemente una e múltipla de Estado, que encerraria a virtude do meio-termo. Essa concepção estaria representada pela teoria da graduação da positividade jurídica(120).

Como ilustra *Miguel Reale*, "*O Estado, como realidade cultural que é, é uma unidade de ordem ou integração, síntese de uno e multíplice, assim como é, ao mesmo tempo, fim e meio: meio para a realização dos fins particulares de cada indivíduo; fim para a realização dos fins intersubjetivos ou sociais; multíplice como expressão de diferentes formas da liberdade; uno como expressão da ordem e da paz que a autoridade deve realizar segundo os imperativos da justiça*"(121).

Essa conciliação entre o uno e o multíplice, entre monismo e pluralismo, aparece também em alguns pensamentos de juristas monistas e pluralistas. Expoentes do monismo, como Jellinek e Ranelletti, reconhecem a existência de uma pluralidade de fontes de revelação do direito, com atribuição exclusiva ao Estado de garantir tão somente a forma jurídica e, assim, a característica da positividade jurídica. Há pluralistas, como Santi Romano e Del Vecchio, que reconhecem o primado do Estado sobre os demais ordenamentos ou instituições. Há, outrossim, escolas intermédias representadas por juristas da alçada de Ravà, Guidotti, Ferri, Pergolesi, Cesarini Sforza(122), Réglade, Orlando e R. Bornardi(123).

Giorgio Del Vecchio já alertava para os diversos esquemas de solução da relação entre Estado e direito. Em alguns, o ordenamento estatal afirma a sua supremacia sobre

(119) REALE, Miguel. *Teoria do Direito e do Estado...*, p. 304.

(120) *Id., loc. cit.*

(121) REALE, Miguel. *Teoria do Direito e do Estado...*, p. 305.

(122) *Id. ibid.*, p. 305-306.

(123) *Id. ibid.*, p. 220.

os outros, com o poder de destruí-los ou dissolvê-los; em outros, o ordenamento social (*Del Vecchio* denomina-o de ordenamento corporativo) sobrepõe-se ao estatal, transformando-se ele (ordenamento social), a partir daí, no próprio ordenamento estatal (como na Revolução Francesa); como ainda pode, em determinados sistemas, haver um envolvimento dos ordenamentos sociais pelo Estado, com subordinação a seu poder efetivo, de forma a conciliar autonomia e soberania, com a harmonização da atividade normativa daquelas organizações(124).

Consoante a teoria da graduação da positividade jurídica, as diferenças entre os diversos ordenamentos jurídicos — estatais e não estatais — não seriam quantitativas ou referentes à extensão socioespacial da eficácia das normas, mas sim de positividade. Há muitos ordenamentos possíveis, mas nem todos possuem o mesmo grau de positividade, entendida esta como *"a eficácia maior ou menor que detém, num certo momento, uma norma ou um complexo de normas"*(125).

À coexistência de ordenamentos jurídicos sucede uma disposição segundo uma ordem e hierarquia, sendo que o direito positivo ou o Estado corresponderia ao ordenamento jurídico com maior grau relativo de positividade(126). O Estado se torna o "lugar geométrico da positividade do Direito". Por esse prisma, o Estado não cria o Direito, ele representa o momento da plena positividade do Direito, o instante em que o Direito pode exprimir-se e concretizar-se em um sistema coerente de normas como comandos abstratos válidos para uma multiplicidade de casos particulares, em face do seu grau de integração social(127). O Estado possui a soberania, os demais ordenamentos, a autonomia.

Giorgio Del Vecchio constituiu um dos grandes nomes dessa teoria. Segundo o jusfilósofo, a circunstância de um centro de determinações jurídicas aparecer, desenvolver-se e estabilizar-se fora do campo estatal, não o impede de ser atraído pelo ordenamento estatal. Ambos os centros de produção jurídica possuem a mesma natureza, *"a diferença entre elas resulta somente do grau e da amplitude da positividade das normas emanadas. Damos o nome de Estado àquelas normas que, entre todas, adquiriram mais alto grau de positividade, ou atingiram a mais alta e firme organização unitária"*(128).

Em síntese, a teoria da graduação da positividade jurídica admite a existência de uma pluralidade de ordenamentos, mas não aceita a tese segundo a qual esses ordenamentos estejam todos em um mesmo grau, sem diferenças qualitativas, e em relação de coordenação, pois o ordenamento jurídico estatal, uma vez que decorrente da soberania

(124) DEL VECCHIO, Giorgio. *Lições de filosofia do direito...*, p. 349-353.

(125) REALE, Miguel. *Teoria do Direito e do Estado...*, p. 309-310.

(126) *Id. ibid.*, p. 310.

(127) REALE, Miguel. *Teoria do Direito e do Estado...*, p. 317-319.

(128) DEL VECCHIO, Giorgio. *Lições de filosofia do direito...*, p. 352-353.

do Estado, tem supremacia sobre os demais ordenamentos do ponto de vista da positividade do direito.

Entre os juslaboralistas, há adeptos da teoria da positividade. Octavio Bueno Magano, por exemplo, concebe o pluralismo jurídico como a coexistência, na sociedade civil, de centros autônomos de produção jurídica, cujas normas possuem a mesma natureza daquelas emanadas pelo Estado, mas que se diferenciam pelo maior grau de positividade destas últimas. Cada centro de poder desenvolve o seu sistema normativo, com a predominância do ordenamento estatal. Os grupos gozam de autonomia, enquanto o Estado detém a soberania(129).

4. Pluralismo jurídico e unidade do ordenamento jurídico no pensamento positivista

O pluralismo jurídico, à medida que admite a existência de diversos centros de positivação jurídica, afasta o dogma da completude do ordenamento jurídico estatal que norteara a teoria monista. Como elucida Tercio Sampaio Ferraz Júnior, ao admitir-se que as normas ingressam no sistema jurídico por diferentes canais e se admite lacunas, é porque se aceita que o sistema, tido como composto por um único centro produtor unificado, não cobre todo o universo de comportamentos, de modo a exigir outros centros normativos(130).

Por sua oposição ao dogma da estatalidade jurídica absoluta, adotado pelo monismo, muitos passaram a considerar o pluralismo um perigo para a unidade do ordenamento jurídico e à própria unidade da Ciência do Direito. Uma das principais preocupações suscitadas pelas teorias pluralistas foi o espectro da possibilidade de ruptura da unidade do ordenamento jurídico, tendo em vista a aceitação da existência de uma pluralidade de centros normativos.

Entretanto, segundo a teoria positivista da construção escalonada do ordenamento jurídico, elaborada por Kelsen, tem-se que a unidade de um ordenamento jurídico complexo — em que as normas não estão num mesmo plano hierárquico, com a presença de normas inferiores e superiores, onde as primeiras dependem das segundas — dá-se pela presença de uma norma suprema, que não depende de nenhuma norma superior, sobre a qual repousa a unidade do ordenamento jurídico. A presença de uma norma fundamental com caráter unificador define a existência de um ordenamento jurídico(131).

Para o juspositivismo, de um modo geral, a presença da norma fundamental constitui o termo de unificação das normas que compõem um ordenamento jurídico. A norma

(129) MAGANO, Octavio Bueno. *Op. cit.*, p. 15-16.

(130) FERRAZ JÚNIOR, Tercio Sampaio. *Op. cit.*, p. 200.

(131) BOBBIO, Norberto. *Teoria do ordenamento jurídico...*, p. 49.

fundamental é o critério que permite estabelecer se uma norma pertence a determinado ordenamento. Ela consiste no *fundamento de validade de todas as normas do sistema*. Sem uma norma fundamental, as diversas normas constituiriam um simples amontoado, não um ordenamento. Por mais numerosas que sejam as fontes do direito num ordenamento complexo, a unidade deste reside no fato de que, direta ou indiretamente, todas as fontes do direito podem ser direcionadas a uma única norma. A presença, num ordenamento jurídico, de normas superiores e inferiores, concede-lhe uma estrutura hierárquica e possibilita a sua unidade(132).

A diversidade de centros de produção normativa, que compõe um ordenamento de normas com procedências diversas, não impossibilita que estas sejam unificadas sob um único fundamento. Não é a origem da norma que define se ela pertence ou não ao ordenamento jurídico e à sua unidade. É o direcionamento de todas elas a um fundamento único que lhes garante o ingresso no sistema e a manutenção da unidade deste último. De acordo com a teoria da norma fundamental, essa unidade é representada pela presença de uma norma única no ápice do sistema, na qual todas as outras, direta ou indiretamente, encontram o fundamento da sua validade.

O mundo jurídico composto por diversos ordenamentos — estatal e não estatais — não constitui um caos de ordenamentos singularmente isolados, pois adquire o caráter de um ordenamento maior em que cada ordenamento menor encontra acolhimento e significação, num todo ordenado que permite uma interação mútua entre eles. É essa unidade em torno da norma fundamental que possibilita compreender a existência desse ordenamento, predizer a existência de um todo coerente de significado e motivação, bem como compreender os limites de cada ordenamento particularizado.

A pluralidade normativa cristaliza-se num conjunto de normas que se apoiam numa norma comum, a norma fundamental. Assim, apesar de ter origens distintas e encontrar-se em diferentes níveis hierárquicos, destinando-se cada uma delas à resolução de variados casos da vida social, estas normas não estão postas a esmo no ordenamento, pois guardam entre si íntima relação. Trata-se de uma integração formal e orgânica, apesar das suas diferentes procedências e da diversidade das suas características(133).

Por esse prisma, segundo o juspositivismo, as teorias pluralistas do direito não esvaeceram a concepção da unidade do ordenamento jurídico; elas simplesmente acabaram por derrubar o dogma da estatalidade do direito e dos seus corolários doutrinários, como os dogmas da completude do ordenamento jurídico estatal e da onipresença legislativa. A lei estatal não se confunde com o próprio direito, mas consiste num direito dentro

(132) *Id. ibid.*, p. 49-62.

(133) CAMINHA, Marco Aurélio Lustosa. Um estudo crítico sobre as fontes do Direito do Trabalho no Brasil e sua aplicação. *Revista do Tribunal Regional do Trabalho da 22ª Região*, Teresina, PI, v. 2, n. 1, p. 57-58, dez. 1998/ dez. 2000.

do mundo jurídico, sendo este muito mais amplo e complexo que a normatividade do Estado.

Atualmente, uma multiplicidade de ordens jurídicas diversas, lastreadas numa variedade de manifestações heterogêneas da própria sociedade, impõe-se como uma evidência cuja negação tornou-se impossível. Na brilhante síntese de Georges Gurvitch, *"A unidade real da vida jurídica é uma unidade na multiplicidade, unidade se harmonizando com a variedade. Não é a unidade abstrata e absorvente de uma proposição do direito, mas a unidade concreta e complexa das instituições, das realidades jurídicas objetivas, integradas, por sua vez, numa totalidade mais vasta, como a comunidade nacional e internacional; esse processo de integração não pode jamais ser encerrado. A unidade do direito é uma unidade de integração dinâmica, fundando-se sobre a variedade e a pluralidade como sobre elementos indispensáveis"*(134).

5. Teoria sistêmica do direito

5.1. A necessidade de uma concepção sistêmica do direito: crítica à teoria da graduação da positividade jurídica

A constatação e aceitação do pluralismo jurídico, isto é, da existência de uma multiplicidade de centros de produção normativa, estatais e não estatais, levaram, como vimos, ao debate a respeito do relacionamento do ordenamento estatal com as demais fontes normativas. As doutrinas pluralistas geralmente diferenciam-se em virtude da diversidade quantitativa e qualitativa das fontes do direito e em razão da relação entre esses "diversos direitos" e o ordenamento jurídico estatal.

Assim, no embate entre o ordenamento estatal e as demais fontes de direito, essas doutrinas pluralistas diferem-se com relação ao grau de importância conferida ao ordenamento estatal em face dos demais ordenamentos, variando desde a concepção de supremacia total do ordenamento estatal sobre os outros conjuntos normativos até a compreensão pela supremacia das fontes não estatais sobre o ordenamento estatal.

Apesar da larga influência das teorias pluralistas sociais sobre o fenômeno jurídico, a teoria da graduação da positividade jurídica, de cunho positivista, ganhou grande dimensão, influenciando as concepções e construções jurídicas em torno do pluralismo, com o modelamento de ordens jurídicas em que o ordenamento estatal ocupa lugar central e preponderante, como centro geométrico da positividade do direito.

Sem negar o pluralismo e, consequentemente, distanciando-se do monismo, a teoria da graduação da positividade jurídica concede ao ordenamento estatal um lugar soberano, no qual ele se coloca de forma suprema sobre os demais ordenamentos jurídicos, que estariam localizados em grau inferior na escala hierárquica, e apresentar-se-iam

(134) GURVITCH, Georges *apud* TELLES JÚNIOR, Goffredo. *Op. cit.*, p. 518-519.

dotados de uma qualidade inferior de positividade em comparação com o ordenamento estatal.

O fortalecimento da teoria da graduação da positividade jurídica, embora não tenha resgatado o monismo jurídico, reforçou a concepção de supremacia do ordenamento estatal sobre as demais fontes do direito, relegando a um plano infinitamente inferior as normas decorrentes destas outras fontes e sujeitando-as ao poder estatal. Conquanto não negasse o pluralismo, suas ideias centrais, concretamente, reduzem o direito àquilo que o Estado reconhece, recepciona ou delega, tornando-o o ponto de convergência de toda a ordem jurídica.

Um exemplo ilustrativo desse pensamento reside na teoria do ordenamento jurídico de Norberto Bobbio. Após anotar que as relações entre os ordenamentos podem ser de coordenação e subordinação (ou supremacia), Bobbio insere no primeiro caso os relacionamentos entre Estados soberanos; no segundo, isto é, das relações de subordinação ou de supremacia, cita as relações entre o ordenamento estatal e os ordenamentos sociais (decorrentes de associações, sindicatos, partidos, igrejas etc.), cuja validade destes últimos, para o autor, depende do reconhecimento do Estado. Em momento anterior de sua obra, o autor italiano diferenciava entre fontes reconhecidas (produzidas por ordenamentos diversos e precedentes) e delegadas pelo Estado, que nada mais significam do que um controle, uma filtragem das fontes pelo Estado, uma vez que a inserção destas fontes no mundo jurídico depende ou de reconhecimento ou de delegação do poder de criação pelo Estado[135].

Um verdadeiro pluralismo jurídico, no entanto, resolve-se por uma harmonização dos diversos centros de produção jurídica, na qual as normas mantêm intercâmbio por meio de diferentes formas de relacionamento e encontram mecanismos estruturadores das suas relações de coordenação, de integração, de complementação, de suplementação e de subordinação, numa dinâmica de fluxos e influxos, em que o ordenamento estatal figura como um centro especial de produção jurídica, em interação com as demais fontes normativas, num ciclo relativo de interação contínua, interdependência e autolimitação.

A grande problemática da harmonização normativa dos diversos centros de produção jurídica com o ordenamento estatal, no entanto, consiste na dificuldade em admitir-se uma interdependência entre essas diversas fontes do direito, sem a perda da referência do ordenamento jurídico como um todo, da sua autoridade e da operacionalidade de todo o sistema jurídico. Dessa conjuntura, surgiram as concepções sistêmicas do direito.

---

(135) BOBBIO, Norberto. *Teoria do ordenamento jurídico..., passim.*

5.2. Teoria sistêmica e conceito de sistema

A ideia de sistema ingressou no conteúdo de diversas disciplinas por meio da denominada "teoria geral dos sistemas". Essa teoria se desenvolveu a partir da biologia organísmica de Ludwig von Bertalanffy, com o estudo dos sistemas biológicos. A teoria geral dos sistemas está presente no estruturalismo linguístico de Ferdinand de Saussure, na teoria psicológica da forma e da estrutura e nas investigações biológicas de Paul A. Weiss, mestre de Ludwig von Bertalanffy. A teoria dos sistemas encontrou amplo espaço na cibernética, que contribuiu valiosamente para o seu desenvolvimento por meio dos estudos cibernéticos de Norbert Winer e da teoria da informação[(136)].

A primeira geração de teorias sistêmicas reconduzia os sistemas naturais a sistemas artificiais. O modelo cibernético, elaborado por engenheiros e físicos como T. Ashby e N. Wiener, era tributário de uma ciência da pilotagem, isto é, uma ciência de concepção, comando e regulação de sistemas complexos. Seu símbolo são as máquinas de *inputs/outputs*, que revelam um sistemismo preocupado com o processo de conversão de demandas exógenas que ingressavam no interior de uma caixa negra da política e do político, cujo mecanismo interior permanecia à sombra, sinalizando apenas por meio de respostas tornadas possíveis pelos seus circuitos de informação e retroação. Esse modelo sistêmico não adentrava no interior do próprio sistema, contentando-se com as influências recíprocas sistema/ambiente e com o mecanismo de *feedbacks*[(137)].

A teoria geral dos sistemas não se tornou somente uma teoria dos sistemas biológico, econômico ou mecânico; apesar dos inúmeros setores em que se verificam e das suas peculiaridades, os sistemas particulares possuem tantas características comuns que suscitou o surgimento de uma teoria mais universal, desenvolvida para a estruturação das semelhanças isomorfas formais, sendo Ludwig von Bertalanffy, um dos pioneiros nessa empreitada[(138)]. Por isso, Immanuel Kant denominava de "arquitetônica" a arte de construir sistemas[(139)].

A teoria geral dos sistemas, como as concepções organísmicas, opôs-se a qualquer forma de atomismo ou reducionismo, concedendo grande ênfase à noção de "todo" e às ideias de totalidade, estrutura de funções e finalidade, principalmente sob o modo de autorregulação. O conceito de sistema, por esse prisma, consiste num novo paradigma, destinado à substituição de outros conceitos, principalmente a outrora concepção de

(136) MORA, J. Ferrater. *Dicionário de filosofia*. São Paulo: Edições Loyola, 2001. v. 2, p. 2707.

(137) CANOTILHO, J. J. Gomes. *Direito constitucional e teoria da Constituição*. 6. ed. Coimbra: Almedina, 2002. p. 1.367.

(138) WATZLAWICK, Paul; BEAVIN, Janet Helmick; JACKSON, Don D. *Pragmática da comunicação humana*. Trad. Álvaro Cabral. 8. ed. São Paulo: Cultrix, 1996. p. 108.

(139) KANT, Immanuel. *Crítica da razão pura*. Trad. Manuel Pinto dos Santos e Alexandre Fradique Morujão. 5. ed. Lisboa: Fundação Calouste Gulbenkian, 2001. p. 657.

estruturas organizadas em que a soma ou o composto é analisável pelos seus elementos simples, mas eles próprios não analisáveis[(140)].

A teoria geral dos sistemas, também denominada de teoria sistêmica ou sistemismo, apresenta uma vocação ao globalismo, opondo-se a toda filosofia do tipo analítico, a todo mecanicismo e a todo reducionismo. O termo sistêmico é empregado para se fazer referência a qualquer sistema ou a qualquer estudo relativo a sistemas; ele é utilizado no tratamento dos sistemas dentro da teoria geral dos sistemas. Esse vocábulo possui uma aplicação geral, pois todo sistema tem um caráter sistêmico e toda consideração de sistemas pela teoria geral dos sistemas é considerada sistêmica[(141)].

Os sistemas são de muitas classes e tipos. Entre as classes, Bertalanffy distingue os sistemas naturais (no sentido de real ou ontológico) dos sistemas cognoscitivos (em sentido metodológico e conceitual). Entre a multiplicidade de tipos, pode-se mencionar sistemas físicos, sistemas orgânicos, sistemas sociais, sistemas biológicos, sistemas filosóficos[(142)].

O conceito de sistema encontrou o seu tratamento filosófico em Kant, que por sistema entende *"a unidade de conhecimentos diversos sob uma ideia"*, sendo a ideia o conceito dado pela razão. Para Kant, a unidade sistemática é o que converte o conhecimento vulgar em ciência, ou seja, o que transforma a simples aglutinação de conhecimentos em sistema[(143)].

Para Immanuel Kant, um sistema é composto por um todo ordenado segundo princípios, onde se apresentam o fim e a forma do todo, de modo que *"A unidade do fim a que se reportam as partes, ao mesmo tempo que se reportam umas às outras na ideia desse fim, faz com que cada parte não possa faltar no conhecimento das restantes e que não possa ter lugar nenhuma adição acidental, ou nenhuma grandeza indeterminada da perfeição, que não tenha os seus limites determinados* a priori. *O todo é, portanto, um sistema organizado* (articulatio) *e não um conjunto desordenado (*coacervatio); *pode crescer internamente* (per intussusceptionem), *mas não externamente* (per oppositionem), *tal como o corpo de um animal, cujo crescimento não acrescenta nenhum membro, mas, sem alterar a proporção, torna cada um deles mais forte e mais apropriado aos seus fins"*[(144)].

Para Ferrater Mora, uma definição geral de sistema pode ser enunciada como o *"Conjunto de elementos relacionados entre si funcionalmente, de modo que cada elemento do sistema é função de algum outro elemento, não havendo nenhum elemento isolado"*. O termo

---

(140) MORA, J. Ferrater. *Op. cit.*, v. 2, p. 2.707.

(141) *Id. ibid.*, p. 2707-2709.

(142) *Id. ibid.*, p. 2707.

(143) KANT, Immanuel. *Op. cit.*, p. 657.

(144) KANT, Immanuel. *Op. cit.*, p. 657.

elemento é empregado no sentido amplo, compreendendo uma entidade, uma coisa, um processo, um conceito ou um enunciado(145).

A. D. Hall e R. E. Fagen definem sistema como "*um conjunto de objetos com as relações entre os objetos e entre os atributos*", sendo os objetos os componentes do sistema, os atributos as propriedades dos objetos e as relações os fatores que dão coesão ao sistema como um todo. Segundo os autores, para compreensão de um sistema é relevante a determinação do seu meio, pois, como apontam, "*Para um dado sistema, o meio é o conjunto de todos os objetos em cujos atributos uma mudança afeta o sistema e também aqueles objetos cujos atributos são mudados pelo comportamento do sistema*"(146).

5.2.1. Sistemas abertos e fechados

De acordo com a possibilidade de interação com o seu meio, os sistemas são classificados em abertos e fechados. Os primeiros consistem naqueles sistemas que permitem a troca de materiais, energia ou informação com os seus meios, como os sistemas orgânicos; ao passo que os segundos caracterizam-se pela não importação ou exportação de energia, em qualquer de suas espécies (informação, calor, materiais físicos), não havendo qualquer permuta de componentes com o seu meio, como ocorre numa reação química que se sucede num recipiente isolado e estanque(147).

A importância da distinção entre sistemas abertos e fechados reside na circunstância de que a apresentação dos sistemas abertos emancipou as ciências dedicadas aos fenômenos da vida dos grilhões de um modelo teórico que, concebido a partir da Física e da Química clássicas, embasou-se essencialmente num modelo de sistemas exclusivamente fechados(148).

Os sistemas vivos jamais podem ser concebidos como sistemas fechados, porque todos eles efetuam trocas com os seus meios, com os quais se ajustam significativamente, dentro da mesma estrutura teórica. O desenvolvimento da teoria dos subsistemas abertos e hierarquicamente ordenados demonstrou a impropriedade de se isolar o sistema do seu meio, como ocorre com os modelos de análise apropriados às coisas que podem ser inseridas num recipiente isolado e estanque, como nas análises químicas. Esses métodos geravam equívocos e obstruíam os sistemas vivos(149).

---

(145) MORA, J. Ferrater. *Op. cit.*, v. 2, p. 2.703.

(146) HALL, A. D.; FAGEN, R. E. *Definition of System*. General Systems Yearbook, 1:18-28, 1956, p. 18 *apud* WATZLAWICK, Paul; BEAVIN, Janet Helmick; JACKSON, Don D. *Op. cit.*, p. 109-110.

(147) HALL, A. D.; FAGEN, R. E. *Definition of System*. General Systems Yearbook, 1:18-28, 1956, p. 23 *apud* WATZLAWICK, Paul; BEAVIN, Janet Helmick; JACKSON, Don D. *Op. cit.*, p. 111.

(148) *Id., loc. cit.*

(149) *Id., loc. cit.*

Os sistemas abertos são regidos pelas seguintes propriedades: a) globalidade; todas as partes do sistema estão interrelacionadas, de forma que a mudança numa delas provocará uma alteração em todas as partes e no sistema total; o sistema opera como um todo coeso e inseparável (não somatividade), e não como uma mera soma ou agregação de elementos independentes; em virtude da globalidade, num sistema não se perfazem relações unilaterais entre elementos (A pode afetar B, mas não o inverso), pois há uma cadeia interdependente de respostas sequenciais e circulares; b) retroalimentação (*feedback*), propriedade pela qual o modelo causal (causas e efeitos) dentro do sistema dá-se por meio de um círculo retroalimentador e circular, em contradição com os esquemas causais determinísticos e teleológicos; c) equifinalidade, pela qual os mesmos resultados podem resultar de diferentes origens, porque o sistema é fundado sobre a circularidade e a automodificação(150).

5.3. Sistema de direito

5.3.1. Sistema de direito na doutrina positivista: sistema fechado

A concepção do ordenamento como sistema jurídico deita raízes na doutrina positivista. Ela é consentânea com o surgimento do Estado moderno e com o desenvolvimento do capitalismo. A noção de ordenamento como sistema se originou da necessidade de certeza e segurança da sociedade burguesa. Ela é, assim, localizada historicamente na Era Moderna, e decorre das exigências de organização e eficiência do Estado que se formava, no qual já se fazia presente uma organização administrativa própria e uma ideia de grandeza superior — o Estado ou a soberania(151).

Na doutrina positivista, a ideia de sistema está vinculada à noção de ordenamento como um conjunto de normas e de elementos não normativos (as regras de estrutura que determinam as relações entre os elementos). O ordenamento como sistema contém um repertório, que é constituído por elementos normativos (as normas) e não normativos (definições, critérios classificatórios, preâmbulos etc.), e uma estrutura, composta por um conjunto de regras que determinam as relações entre os ordenamentos(152).

O ordenamento é para a dogmática jurídica um conceito operacional que permite a integração das normas num conjunto, onde elas possam ser identificadas como normas jurídicas válidas. Paralelamente à ideia de sistema, deu-se o surgimento do problema das lacunas do direito, intimamente ligado ao domínio sistemático da produção normativa pelo Estado e ao dogma da onipresença estatal, ambos concebidos pela doutrina positivista(153).

---

(150) WATZLAWICK, Paul; BEAVIN, Janet Helmick; JACKSON, Don D. *Op. cit., passim.*

(151) FERRAZ JÚNIOR, Tercio Sampaio. *Op. cit., passim.*

(152) *Id. ibid.*, p. 164-166.

(153) *Id. ibid., passim.*

Reside em Hans Kelsen a concepção do ordenamento como um sistema unitário, marcado por um princípio que organiza e mantém o conjunto como um todo homogêneo, que o próprio jurista denomina de norma fundamental(154). A partir dessa formulação, Kelsen identifica dois tipos de sistemas normativos: um estático e um dinâmico.

Segundo Kelsen, no sistema estático, as normas encontram-se articuladas por seu conteúdo. Elas se relacionam umas com as outras por meio de um processo dedutivo, delineado por uma escala de produção que parte das normas gerais para a elaboração das normas particulares, a partir da norma fundamental. As normas do sistema são logicamente deduzíveis da norma fundamental, pressuposto necessário para a sua validade(155).

No sistema dinâmico, as normas são decorrentes de um processo delegativo de poder, isto é, as normas derivam umas das outras por meio de sucessivas delegações de poder. As normas são obtidas a partir de relações de autoridade, em que a norma fundamental apenas estabelece certa autoridade que, por sua vez, tende à delegação do poder de criação de normas a outras autoridades. No sistema dinâmico, as normas não são determinadas por seu conteúdo, como ocorre no sistema estático, nem tampouco podem ser deduzidas por operações lógicas. A norma ingressa no sistema por ato de autoridade(156).

A relação entre as normas no sistema dinâmico é do tipo formal, e não material como no sistema estático(157). Kelsen concebe o ordenamento jurídico como um sistema dinâmico, no qual a validade da norma decorre de uma relação de caráter formal, independentemente do conteúdo. Uma norma torna-se uma norma jurídica válida pelo fato de a sua criação ter-se dado segundo uma regra definida. A norma fundamental de um sistema jurídico nada mais representa que a regra básica com que as diversas normas do sistema devam ser criadas. A validade de uma norma jurídica não depende do seu conteúdo; ela poderá ser válida ainda que seu conteúdo seja questionável à luz dos valores morais ou políticos(158).

A tese kelseniana, como as de Rodolf Stammler e Hans Nawiasky, repousa sobre uma concepção de sistema de "puros conceitos fundamentais"; estruturado em categorias puramente formais, subjacentes a qualquer ordem jurídica imaginável, relegando que a unidade valorativa é sempre do tipo material e somente se realiza numa ordem jurídica historicamente determinada(159).

---

(154) FERRAZ JÚNIOR, Tercio Sampaio. *Op. cit.*, p. 166.

(155) KELSEN, Hans. *Teoria geral do direito e do Estado*. Trad. Luís Carlos Borges. São Paulo: Martins Fontes, 2000. p. 164.

(156) *Id. ibid.*, p. 165.

(157) BOBBIO, Norberto. *Teoria do ordenamento jurídico...*, p. 72.

(158) KELSEN, Hans. *Op. cit.*, p. 165-167.

(159) CANARIS, Claus-Wilhelm. *Pensamento sistemático e conceito de sistema na ciência do direito*. Trad. Antonio Menezes Cordeiro. 3. ed. Lisboa: Fundação Calouste Gulbenkian, 2002. p. 28-29.

Na doutrina positivista, o sistema jurídico apresenta-se como um sistema do tipo fechado. Como anota Custódio P. U. Miranda, a ideia de sistema jurídico fechado nos remonta à noção do monismo jurídico em que a lei é a única fonte de produção jurídica, sendo as demais fontes (sentença judicial, negócio jurídico), meras derivações da ordem estatal(160).

A ideologia positivista pauta-se por um tecnicismo formalista. O direito é explicado por sua própria materialidade coercitiva e concreta, na qual toda a sua validade e imputação se fundamentam na existência de uma ordem normativa hierarquizada. Essa construção tipifica-se pelo seu caráter abstrato, genérico e institucionalizado, pelo qual busca-se a harmonização dos diversos interesses conflitantes no seio da organização sociopolítica, disciplinando as diversas funções do aparelho estatal(161).

Na ideologia do positivismo jurídico, a ordem jurídica estatal sempre tem prevalência sobre as demais fontes do direito, pois, como se observa das três acepções do positivismo jurídico delineadas por Roberto Lyra Filho, e abaixo enunciadas, a supremacia do ordenamento estatal sobre as demais ordens jurídicas é sempre constante nesses pensamentos.

Para o positivismo lógico, há um ordenamento único, pleno e hermético, consolidado sob a égide estatal. As ordens sociais, a dinâmica dos grupos e das classes, ou não ingressam no sistema oficial ou são sujeitas ou limitadas à ordem estatal, de modo que não há direito anteriormente ao Estado ou que paire acima deste. A incorporação de qualquer norma dá-se na condição de sua subordinação à lei estatal, que tudo determina, de forma que, *v. g.*, não é permitido invocar um costume contra a lei(162).

O positivismo historicista ou sociologista considera a existência de formações pré-legislativas, isto é, anteriores à lei, admitindo os produtos espontâneos decorrentes do "espírito do povo". No entanto, constitui uma concepção classística, caracterizada pela supremacia dos grupos que encarnam a ordem (classe dominante), onde a presença de outros projetos e instituições vindas de outra classe ou grupos (não dominantes) são desprezadas. A ordem estatal estabelecida somente pode ser alterada dentro das próprias regras do jogo, por ela mesma estabelecidas, que são modificadas conforme a necessidade de empacotamento de outras ordens sociais(163).

O positivismo psicológico resolve-se pela encarnação da ideologia jurídica dominante pelo intérprete, engessando qualquer tentativa de crítica real e profunda dos

(160) MIRANDA, Custódio da Piedade U. *Teoria geral do direito privado*. Belo Horizonte: Del Rey, 2003. p. 117.

(161) WOLKMER, Antônio Carlos. *Ideologia, Estado e Direito*. 4. ed. São Paulo: Revista dos Tribunais, 2003. p. 161.

(162) LYRA FILHO, Roberto. *O que é direito*. São Paulo: Brasiliense, p. 41-45, *apud* WOLKMER, Antônio Carlos. *Op. cit.*, p. 161.

(163) LYRA FILHO, Roberto. *O que é direito*. São Paulo: Brasiliense, p. 41-45, *apud* WOLKMER, Antônio Carlos. *Op. cit.*, p. 161-162.

pressupostos estabelecidos pela ordem dominante. Em verdade, os operadores do direito procuram servi-la para manter a estrutura em funcionamento[(164)].

Como pondera Roberto Lyra Filho, todas essas formas do positivismo (as quais acrescentamos, *sponte propria,* as suas concepções de sistema) andam em círculos, para, a partir do legalismo, percorrer diversas dimensões do mundo jurídico e findar-se num mesmo ponto de chegada: a ordem jurídica estatal[(165)]. As concepções das ordens jurídicas como sistema aberto (Philipp Heck); como sistema de puros conceitos fundamentais (Stamller, Kelsen e Nawiasky); como sistema lógico-formal (o sistema lógico da jurisprudência de conceitos e o sistema axiomático-dedutivo da logística); como sistema de conexão de problemas (Max Salomon e Fritz von Hippel); como sistema de relações de vida; como o sistema de decisões de conflitos (jurisprudência de interesses), apresentaram-se inadequadas para a elucidação do problema do direito como sistema[(166)].

5.3.2. O direito como sistema autopoiético

5.3.2.1. Teoria da autopoiese

A teoria da *autopoiesis* nasceu no domínio das ciências biológicas, em meados dos anos 1970, a partir dos estudos neurofisiológicos de Humberto Maturana e Francisco Varela. O potencial heurístico das suas hipóteses transformou-a em instrumento de investigação e construção teorética de aplicabilidade em diversos campos do conhecimento. Ela se originou da tentativa de resolução pelas ciências biológicas do problema desenvolvido pela História e pela Filosofia sobre o que é a vida. *O que define um sistema vivo? O que permanece inalterado em cada organismo (vegetal ou animal) durante o curso da sua existência? Qual a característica estrutural e universal responsável pela possibilidade e identidade próprias de cada sistema vivo, para lá das suas contingências espácio-temporais*[(167)]?

A teoria da autopoiese inclui-se na geração dos sistemas auto-organizativos. A teoria sistêmica auto-organizativa, diversamente do modelo cibernético que não adentrava ao interior do sistema, tem o propósito de compreender como os sistemas se organizam a partir do seu interior. Ela apoia-se na transferência da autopoiese biológico-natural, desenvolvida primeiramente pela Escola de Santiago, por meio dos estudos de Maturana e Varela, para os sistemas sociais, mediante as atividades de cientistas sociais como Niklas Luhmann e Gunther Teubner[(168)].

---

(164) *Id. ibid.,* p. 162.

(165) LYRA FILHO, Roberto. *O que é direito.* São Paulo: Brasiliense, p. 41-45, *apud* WOLKMER, Antônio Carlos. *Op. cit.,* p. 163.

(166) CANARIS, Claus-Wilhelm. *Op. cit., passim.*

(167) ANTUNES, José Engrácia. Prefácio. In: GUNTHER, Teubner. *O direito como sistema autopoiético.* Trad. José Engrácia Antunes. Lisboa: Fundação Calouste Gulbenkian, 1993. p. I-II.

(168) CANOTILHO, J. J. Gomes. *Direito constitucional...,* 2002. p. 1367-8.

Para a teoria da autopoiese, a definição de cada sistema vivo individual decorre da autonomia e constância de uma certa organização das relações entre os elementos constitutivos do sistema. Essa organização é autorreferencial, isto é, sua ordem interna é gerada pela interação dos seus próprios elementos, e autorreprodutiva, à medida que os elementos são produzidos por essa mesma rede de interações circulares e recursivas[(169)]. Um sistema autopoiético é aquele que tem a capacidade de gerar a si próprio.

A presença desse circuito fechado, circular e autorreferencial é o que garante a existência de cada ser vivo como uma unidade espacial determinada e a sua autonomia em relação ao ambiente. São sistemas caracterizados por uma unidade e clausura organizacional radicais. Cada organismo biológico resolve-se na unidade da sua própria organização autorreferencial que vive em clausura operativa. A autopoiese é o pressuposto geral da emergência de todo sistema vivo e da manutenção da sua individualidade como sistema unitário e autônomo[(170)].

Num segundo momento, a teoria da autopoiese, inicialmente de cunho biológico, adotou uma postura epistemológica original, onde a dinâmica biológica é tida como ponto de partida para a seguinte questão: "são os processos cognitivos dos organismos animais e humanos determinados por uma realidade exterior objetiva e independente, ou, pelo contrário, a *'actividade do sistema nervoso é determinada pelo próprio sistema nervoso, não pelo mundo exterior*'? Para Humberto Maturana e Francisco Varela, todo e qualquer organismo biológico constitui um sistema organizacionalmente fechado, isto é, opera segundo uma lógica circular e autorreferencial, indiferente e inacessível à lógica específica dos sistemas envolventes[(171)].

5.3.2.2. A autopoiese do direito

Nos anos 1980, a teoria da autopoiese foi transportada para o domínio das ciências sociais, tendo recebido uma nova e autônoma dimensão com os trabalhos de Niklas Luhmann, adquirindo o *status* de um modelo teórico aplicável aos fenômenos sociais. A autopoiese assumiu o estatuto de modelo explicativo de todo e qualquer sistema: biológico, psíquico e social[(172)].

Luhmann considera os sistemas sociais dotados de uma autopoiese própria e particular; os indivíduos são sistemas biológicos; os sistemas sociais constituem sistemas noéticos, cuja base constitutiva são as comunicações. O sistema social reside num sistema

---

(169) CANOTILHO, J. J. Gomes. *Direito constitucional...*, 2002. p. I-III.

(170) *Id. ibid.*, p. IV-V.

(171) *Id. ibid.*, p. VII-VIII.

(172) ANTUNES, José Engrácia. *Op. cit.*, p. X.

autopoiético de comunicação, isto é, com um *perpetuum mobile* autorreprodutivo e circular, em que atos de comunicação geram novos atos de comunicação[173].

Na teoria luhmanniana, no âmbito do sistema social, novos e específicos códigos comunicativos vão se desenvolvendo, sendo que, ao atingirem um determinado grau de complexidade e perficiência na sua própria auto-organização autorreprodutiva, autonomizam-se do sistema social geral[174], tal como o direito, que se tornou um subsistema social funcionalmente diferenciado, com um código binário próprio, que opera como um centro de gravidade de uma rede circular e fechada de operações sistêmicas, autorreprodutivas a partir dos seus próprios elementos, e com autonomia em relação aos demais subsistemas sociais. O direito, como a economia e a política, constitui um sistema autopoiético de segundo grau[175].

O sistema jurídico adquire a sua clausura ou autonomia autorreferencial por meio da criação do ato jurídico, que se reproduz e gera novos atos jurídicos[176]. Na teoria autopoiética luhmanniana, um subsistema não interfere na autopoiese do outro, *"apenas o sistema econômico pode definir e mudar a economia, apenas o sistema jurídico pode definir e mudar o direito ..."*[177]. Os sistemas são autorreferencialmente fechados, cada um com a sua própria forma de se autorreproduzir: um sistema social não pode pensar, mas um sistema psíquico não pode se comunicar; eles coexistem apenas por estímulos externos. O direito agrega as expectativas normativas para o seu funcionamento; são as expectativas normativas que são reguladas e não o comportamento; o direito, inicialmente, prevê expectativas, não considerando a materialidade do fato, pois é pelo código binário que o sistema jurídico delimita o limite da sua atuação[178].

O próprio Luhmann expressou e repetidamente confessou que a sua teoria representou uma radical *"alteração de paradigma"* no domínio das ciências sociais em geral[179]. Sua teoria trouxe novos horizontes ao ultrapassar as dicotomias "aberto-fechado" e "sistema-envolvimento"[180]. O grande mérito da teoria luhmanniana é o seu caráter

---

(173) *Id. ibid.*, p. XII-XIII.

(174) *Id. ibid.*, p. XIII.

(175) LUHMANN, Niklas. Die Codierung des Rechtssystems. In: *17 Rechtstheorie* (1986), 171 e segs., *apud* ANTUNES, José Engrácia. *Op. cit.*, p. XIII-XIV.

(176) LUHMANN, Niklas. Die Codierung des Rechtssystems. In: *17 Rechtstheorie* (1986), 171 e segs., *apud* ANTUNES, José Engrácia. *Op. cit.*, p. 57.

(177) BRATEN, Stein. *Paradigms of Autonomy:* Dialogical or Monological. In: Teubner, G./Febrajo, A. (eds.), "State, Law, and Economy as Autopoietic Systems", 42, 42. Giuffrè, Milano, 1992 *apud Id. ibid.*, p. XIV.

(178) LUHMANN, Niklas. *Qué es Comunicación apud* LOPES JR., Dalmir. Introdução. In: ARNAUD, André-Jean; LOPES JUNIOR, Dalmir (Orgs.). *Niklas Luhmann*: do sistema social à sociologia jurídica. Trad. Dalmir Lopes Jr., Daniele Andreia da Silva Manão, Flávio Elias Riche. Rio de Janeiro: Lumen Juris, 2004. p. 15-19.

(179) LUHMANN, Niklas. *Soziale Systeme.* GrundriB einer allgemeinen Theorie, p. 4-19 *apud* ANTUNES, José Engrácia. *Op. cit.*, p. XIV-XV.

(180) ANTUNES, José Engrácia. *Op. cit.*, p. XV.

operacional e funcional do sistema jurídico. Para Luhmann, a diferenciação funcional cria sistemas sociais parciais para a resolução de problemas específicos, o sistema jurídico constitui um destes sistemas parciais, com suas respostas específicas(181).

A clausura sistêmica dá-se no plano operacional; o direito não deixa de tomar referências externas para a sua autoprodução; trata-se de um direito que, em determinado grau, faz referências externas, as referências sistêmicas. No entanto, o código jurídico regula todas as comunicações internas do sistema, não existe *input* ou *output* do direito para o interior do sistema; fora do direito, nada se pode fazer com o direito. A clausura, entretanto, não corresponde à negação da abertura, ela significa reprodução recursiva(182).

Elucidando com as palavras do próprio Luhmann, *"Um sistema jurídico, no que concerne à reprodução do sistema, deve estar apto a aprender, e por isso é concomitantemente um sistema fechado e aberto. Não se trata de uma contradição lógica, pois nós definimos clausura como reprodução recursal e não como negação de abertura. A clausura torna-se muito melhor formulada como um paradoxo: o sistema é aberto porque é fechado, ou ainda, é fechado porque é aberto, e ele — se levarmos em consideração a complexidade como variável de desenvolvimento nunca está mais aberto que fechado, e nunca está mais fechado que aberto"*(183).

O gênio de Luhmann não desconhecia as críticas à sua teoria, principalmente aquelas contrárias à ideia de fechamento do sistema. A obra luhmanniana adquiriu uma complexidade paradoxalmente simplista; a complexidade é marcada pelo movimento perpétuo da obra de Luhmann, cujos conceitos evoluem com o desenvolvimento intelectual do autor; simplista, porque Luhmann afina constantemente os conceitos para minimizar as dificuldades apresentadas pela operacionalização desses conceitos. Como atesta André-Jean Arnaud, *"após anos de reflexão sobre o conteúdo dado a um conceito,* Luhmann *os reformulava sem hesitação"*. Há uma convergência doutrinária sobre a necessidade de um esforço disciplinar para se desvendar o que Luhmann designa de *"sentido de uma análise sociológica do direito"*(184).

Após a teoria autopoiética do social de Luhmann, provieram diversas tentativas de elaboração de uma autopoiese específica do jurídico. Gunther Teubner desenvolveu a sua teoria autopoiética do direito, assim resumida: *"O Direito constitui um sistema autopoiético de segundo grau, autonomizando-se em face da sociedade, enquanto sistema autopoiético de primeiro grau, graças à constituição autorreferencial dos seus próprios componentes sistêmicos e à articulação destes num hiperciclo"*(185).

(181) LUHMANN, Niklas. *Sociologia do Direito I*. Trad. Gustavo Bayer. Rio de Janeiro: Edições Tempo Brasileiro, 1983. p. 225.

(182) LUHMANN, Niklas. A restituição do décimo segundo camelo: do sentido de uma análise sociológica do direito. In: ARNAUD, André-Jean; LOPES JUNIOR, Dalmir (Orgs.). *Op. cit.*, p. 33-143.

(183) LUHMANN, Niklas. A restituição do décimo segundo camelo: do sentido de uma análise sociológica do do direito. In: ARNAUD, André-Jean; LOPES JUNIOR, Dalmir (Orgs.). *Op. cit.*, p. 33-143.

(184) ARNAUD, Jean-Arnaud. Prefácio. In: ARNAUD, André-Jean; LOPES JUNIOR, Dalmir (Orgs.). *Op. cit.*, p. VIII.

(185) GUNTHER, Teubner. *Op. cit.*, p. 53.

A teoria de Teubner serve-se da ideia de hiperciclo, pelo qual o sistema jurídico torna-se autônomo à medida que constitua os seus elementos — ações, normas, processos, identidade — em ciclos autorreferenciais, atingindo a perfeição da sua autonomia autopoiética quando os componentes do sistema, ciclicamente constituídos, articulem entre si próprios, formando um hiperciclo. Não somente os atos jurídicos, mas todos os componentes do sistema jurídico — estruturas, limites, meio envolvente — são simultaneamente autoconstitutivos e articulam-se entre si de forma autorreprodutiva (hiperciclo)[(186)].

A teoria do sistema jurídico autopoiético de Teubner diferencia-se da tese luhmanniana por que, diversamente de Luhmann, que não considera a existência de sistemas parcialmente autopoiéticos ou parcialmente heteropoiéticos, Teubner sinaliza que a autonomia é uma realidade gradativa; o grau de autonomia do direito não é determinado pela sua clausura, mas pelo grau com que o próprio direito constitui relações autorreferenciais. O grau de autonomia descreve a capacidade do sistema para organizar (auto-organizar) ou para alterar espontaneamente as suas próprias estruturas[(187)].

A partir da ideia de hiperciclo, a autonomia do direito desenvolve-se em três fases: a) inicial, do direito socialmente difuso, onde os elementos, as estruturas, os processos e os limites do discurso jurídico são idênticos aos da comunicação social em geral ou determinados heteronomamente por esta; b) do direito parcialmente autônomo, na qual o discurso jurídico inicia um processo de produção dos seus próprios componentes, passando a utilizá-los operativamente; c) do direito autopoiético, em que os componentes do sistema são articulados entre si num hiperciclo[(188)].

Como esclarece J. J. Gomes Canotilho, referir-se ao direito como um sistema autopoiético consiste em revelar que ele produz os seus próprios elementos, determina as suas estruturas e fixa os seus limites. A autopoiése (*autopoiesis*) consiste na *"ação de se fazer a si mesmo"*.

5.3.3. Sistema de direito como sistema aberto: as modernas teorias pluralistas sistêmicas do direito

A doutrina jurídica positivista, que prosperou a partir da metade do século XIX, impôs-se como a principal escola jurídica contemporânea, com presença em diversas áreas do direito. Ela se contrapõe a qualquer concepção metajurídica, reduzindo o fenômeno jurídico à análise de categorias empíricas e à funcionalidade da ordem jurídica estatal[(189)].

---

(186) *Id. ibid.*, p. 58-66.

(187) GUNTHER, Teubner. *Op. cit.*, p. 66-73.

(188) *Id. ibid.*, p. 77.

(189) WOLKMER, Antonio Carlos. *Ideologia, Estado e direito...*, p. 160.

Em contraposição à restrição do fenômeno jurídico à análise de seus aspectos técnico-formais, vem-se formando uma reflexão crítica do direito, que se afasta do nível lógico interno do direito e caminha para um processo de conhecimento externo (sociológico-histórico-político), onde a própria natureza da ordem jurídica estatal é repensada e desmitificada. Trata-se de um movimento constituído por críticos e antidogmáticos, que atuam em instâncias com suportes gnoseológicos distintos — análise sistêmica, dialética, semiológica, psicanalítica — que se aproximam e se interligam, com a finalidade de redefinir os padrões normativos do pensamento tradicional[(190)].

A teoria autopoiética do direito, em virtude da concepção de "clausura circular" foi seguida de diversas críticas pelos sociólogos do direito, principalmente por parte daqueles que concebem o sistema jurídico como um sistema do tipo aberto, que simultaneamente molda e é moldado pelo meio social envolvente, como pensa Lawrence Friedman[(191)]. A autopoiese jurídica também sofreria críticas daqueles que a viam como um novo tipo de formalismo jurídico, como Richard Lempert[(192)].

Nesse diapasão, teorias sistêmicas vêm sendo construídas a partir da premissa da inserção do sistema jurídico numa ordem maior, correspondente ao sistema social. Dentro dessa conjuntura, delineia-se uma crítica jurídica de matriz sistêmica, de cunho antidogmático que, embora não pretenda substituir a especificidade do direito moderno, não é homogênea, indo desde as concepções de caráter intradogmático até o pluralismo sistêmico, aberto, flexível e extradogmático, esta última orientada por um pluralismo sistêmico[(193)].

Evidentemente que nenhum sistema jurídico pode ser considerado nem totalmente fechado nem integralmente aberto[(194)]. A inserção do sistema jurídico numa ordem maior, como o sistema social, aperfeiçoa-se com a manutenção da identidade do sistema jurídico, e que lhe é própria, e com a conservação da sua autonomia operacional (relativa)[(195)]. A diferenciação e a especificação do sistema jurídico constituem um processo típico da sociedade moderna, definido pela positivação do direito, o que, de maneira alguma, representa a redução da sua complexidade[(196)].

---

(190) WOLKMER, Antonio Carlos. *Introdução ao pensamento jurídico crítico*. 3. ed. São Paulo: Saraiva, 2001. p. 86-87.

(191) FRIEDMAN, Lawrence (1986), Law as a System: Some Comments. In: *Rechtstheorie, Beiheft 10*, 311-316, Berlin: Duncker & Humblot, p. 313 e segs., *apud* GUNTHER, Teubner. *Op. cit.*, p. 56.

(192) LEMPERT, Richard. The autonomy of Law: Two Visions Compared. In: G. Teubner (ed.), *Autopoietic Law:* A New Approach to Law and Society, 152-190. Berlin: de Gruyter, p. 173 e segs., *apud id., loc. cit.*

(193) WOLKMER, Antonio Carlos. *Introdução ao pensamento jurídico crítico...*, p. 88.

(194) BARCELONA, Pietro. *Diritto privato e società moderna*. Napoli: Jovene Editore, 1996. p. 44.

(195) AZEVEDO, Antonio Junqueira de. *Estudos e pareceres de direito privado*. São Paulo: Saraiva, 2004. p. 27.

(196) CAMPILONGO, Celso Fernandes. *Política, sistema jurídico e decisão judicial*. São Paulo: Max Limonad, 2002. p. 21.

A manutenção da sua identidade e autonomia relativa não faz corresponder o sistema jurídico a um sistema autopoiético, nos termos capitulados por Niklas Luhmann; sistema autorreferencial em que os respectivos elementos são produzidos e reproduzidos pelo próprio sistema, por meio de interações sequenciais, circulares e fechadas; e que Gunther Teubner considera como composto por uma "clausura sistêmica" (natureza fechada) "verdadeiramente radical", que o isola dos demais subsistemas sociais e torna impossível a participação de um sistema (na *autopoiesis*) no outro, permanecendo este inacessível às operações daquele[(197)].

O sistema jurídico aberto é considerado um fato; uma realidade presente e condizente com a textura social. Essa realidade está presente até em algumas posições mais conservadoras; Pietro Barcelona, por exemplo, parte da própria análise do ordenamento jurídico para atestar que determinadas normas jurídicas não possuem os seus pressupostos de admissibilidade, consentindo e pressupondo uma heterointegração pelos elementos externos, aos quais a própria norma faz remissão[(198)].

A clausura do sistema luhmanniano decorre da preocupação com a perda de controle e da autorreferência do jurídico. Essa mesma preocupação também norteia o pensamento da dogmática[(199)]. Por isso, a importância conferida por *Luhmann* ao direito positivo, e à legislação oficial, parece dar um caráter restritivo à sua teoria, o que levou inclusive a críticas no sentido de ela ser uma nova conformação da dogmática. Entretanto, essa crítica não é dotada de veracidade, uma vez que a construção de Luhmann representou uma quebra de paradigma, contribuindo determinantemente para a elucidação do complexo fenômeno da relação entre direito e sociedade, em nada se confundindo com a dogmática analítica.

Pela concepção do direito como sistema do tipo aberto, o sistema jurídico serve à ordem social e por ela é servido; ele simultaneamente molda e é moldado pelo meio social envolvente[(200)]. Numa visão pluralista, o sistema jurídico encontra sua força motriz na ordem social, globalmente considerada.

No contexto do pluralismo jurídico, a perspectiva de revisão da concepção de sistema visa a conceber um novo modelo de sistema jurídico, por meio da remodelação da estrutura organizacional e das texturas quantitativas e qualitativas das relações entre a

---

(197) Cf. TEUBNER, Gunther. *Op. cit.*, p. 150.

(198) BARCELONA, Pietro. *Op. cit.*, p. 42.

(199) Na concepção de sistema de Pietro Barcelona, em que o ordenamento jurídico estatal tem prevalência sobre as demais fontes do direito, vê-se um sistema relativamente do tipo fechado, em que a heterointegração da norma jurídica a partir de elementos externos dá-se com relativo controle normativo, à medida que essa heterointegração faz-se com a própria remessa da lei a fatores que lhe são externos, como a consciência social, a ordem ética, o sentimento difuso e o consenso da coletividade (*id. ibid.*, p. 40-45).

(200) FRIEDMAN, Lawrence. Law as a System: some comments. In: *Rechtstheorie*. Beiheft 10, Berlim: Duncker & Humblot, p. 311-316 *apud* TEUBNER, Gunther. *Op. cit.*, p. 56.

ordem jurídica estatal e as ordens sociais, arquitetando-se uma ordem normativa plural e sistêmica, na qual os elementos normativos e não normativos tenham canais de comunicação mais amplos e equânimes.

A diferença de uma concepção sistêmica pluralista em relação à posição de Luhmann reside na substituição da noção de imunização do sistema fechado (do sistema com o ambiente) pela de homeostase do sistema aberto, que permite a efetuação de trocas entre o sistema e o ambiente, sem a perda do equilíbrio do sistema; traz-se a lume a importância da noção de equilíbrio, como forma de permitir o acesso ao sistema de valores suprapositivos, éticos ou metajurídicos.

Nessa nova perspectiva sistêmica, que rompe com o modelo positivista tradicional, a ordem jurídica plural se caracteriza pela distribuição das normas em uma estrutura sistêmica, em que elas mantêm relações recíprocas de coordenação, integração, complementação, suplementação ou de subordinação, não determinadas por uma ordem jurídica estatal superior.

Dentro de uma concepção sistêmica, a ordem normativa se apresenta como um todo em que seus elementos são distribuídos por uma estrutura interacional, de mútua e interdependente imbricação, de modo que toda e qualquer parte do sistema está relacionada com as demais, e a mudança em uma delas repercute em todo o sistema. A norma estatal mantém intercâmbio com todas as demais normas do sistema, adquirindo uma posição equiparável com a de qualquer outra norma, com elas mantendo intercâmbio e estabelecendo relações recíprocas. Elas interagem num fluxo retroalimentador, criando-se e recriando-se umas a partir das outras, num movimento simbiótico e de interdependência vital.

A tradicional concepção do Estado como centro de imputação jurídica é tida como mera ficção, porque não condizente com a complexidade da realidade social, em que os canais estatais de produção jurídica são insuficientes para a regulamentação de toda a vida social. As normas jurídicas decorrentes das fontes não estatais são tão cruciais para a sociedade atual que é impossível a concepção de um ordenamento jurídico sem a sua presença. Sem elas, o próprio ordenamento estatal não subsistiria. A história da humanidade demonstra a consagração da afirmação de Eugen Ehrlich: *"Nunca existiu uma época em que o direito proclamado pelo Estado tivesse sido o único direito."*(201)

A imputação de uma interdependência normativa decorre da constatação da necessidade de uma visão totalizadora da realidade jurídica, cujos realces foram negados pela doutrina positivista. Uma moderna teoria sistêmica se constrói sobre um modelo de sistema jurídico do tipo aberto, que realiza permutas com o meio envolvente, permitindo o ingresso no sistema, não de normas que passem pelo crivo da ordem jurídica estatal,

(201) EHRLICH, Eugen. *Fundamentos da sociologia do direito*. Brasília: UNB, 1986. p. 131.

mas que observem os processos de *input* e *output* do próprio sistema, sendo processadas pelos demais elementos do sistema, possibilitando a homeostase deste último e a manutenção da sua autorreferência e autonomia relativa. Num sistema desse tipo, a ideia de estabilidade é substituída pelo conceito de homeostase, segundo o qual as variações são admitidas, sem a quebra da estaticidade fundamental do sistema, o que é garantido pelas regras de calibração.

Na teoria luhmanniana, o sistema jurídico é alheio ao sistema social ou vice-versa; Luhmann admitia a incidência de influxos externos sobre o ordenamento jurídico; no entanto, estes só operacionalizavam-se em conformidade com a própria autorreferência do sistema jurídico.

Por outro lado, ao conceber-se o sistema jurídico, como um sistema do tipo aberto, como exposto em diversas teorias, regido pelo princípio da globalidade, o dogma da supremacia da ordem jurídica estatal, que se exprime por relações unilaterais — em que A (norma estatal) pode afetar B (norma social), mas não o inverso — estaria contraditado pelo princípio da globalidade, que aponta para um sistema de natureza circular, marcado por estímulos interdependentes, em que A (norma estatal) também é afetada por B (norma social) e esta por aquela, segundo os parâmetros do sistema.

Numa teoria jurídica sistêmica do tipo aberto, consentânea com a pluralidade de fontes de poder na sociedade e, por isso, caracterizadas como centros de produção jurídica, o sistema adquire uma dinâmica circular e automodificável, onde os resultados normativos não são, essencial e exclusivamente, determinados pela ordem jurídica estatal (como apregoado pelo positivismo), mas pelas regras de interação do sistema, segundo o princípio de equifinalidade, consoante o qual os mesmos resultados podem resultar de diferentes origens.

No sistema positivista, de natureza fechada, os resultados são determinados pelas condições iniciais traçadas pela ordem estatal; no sistema aberto, de uma moderna teoria sistêmica, os resultados são confrontados e ponderados segundo os parâmetros determinados pelo próprio sistema jurídico, no qual se insere o ordenamento estatal.

A grande questão da teoria do direito como um sistema aberto, com as características da globalidade, retroalimentação e equifinalidade, consiste na tentativa de compatibilizar a abertura do sistema com a mantença da autorreferência do sistema jurídico e da sua autonomia relativa; equivale a indagar: como pode o sistema jurídico sofrer influxos externos sem que perca a sua identidade (autorreferência) como um sistema de solução de problemas específicos? E essa solução vem sendo construída paulatinamente pelas diversas correntes pluralistas modernas em formação, sem, no entanto, haver uma ilação solucionadora.

O grau de abertura ou de fechamento do sistema jurídico tem relação com a temática da transposição jurídica das inovações sociais decorrentes de outros centros de poder. Essa transposição será mais direta quanto mais aberto for o sistema jurídico e, menos direta quanto mais fechado ele for, o que possibilita maior ou menor controle por parte do ordenamento jurídico oficial das inovações jurídicas. Por isso, uma moderna teoria sistêmica deve enfrentar dois temas centrais de toda ordem jurídica: o da relação entre direito e poder, e consequente do controle, e o referente ao conceito norma jurídica e das funções a ela atribuídas.

Como assevera Mario Pasco Cosmopolis, *"As organizações sociais são centros de poder. Uma concepção pluralista da sociedade impõe o reconhecimento de que o poder não se concentra exclusivamente no Estado; são múltiplos os centros geradores de normas jurídicas"*(202). Numa sociedade marcada por uma alta dimensão conflitual, o poder apresenta-se numa trama relacional e complexa; os vários centros de produção normativa expressam a histórica relação de poder entre grupos sociais, estado e indivíduos, tornando indispensável a sua análise sob uma ótica relacional, cujos pressupostos metodológicos são o pluralismo e a crítica do direito. O poder não se funda somente na repressão e na coercibilidade, nem deve ser concebido sob o aspecto vertical (de cima para baixo); ele é exercido em rede, como uma prática social difusa(203).

A admissão de um verdadeiro pluralismo sistêmico pressupõe a ruptura com a concepção estatal como fonte monopolizadora do poder, o que implica a questão da legitimidade dos diversos centros de poder e a redefinição dos papéis de cada um deles na sociedade e da própria relação entre eles; e o do conceito, função e conteúdo de uma norma jurídica, pressuposto primordial para que uma determinada regra ingresse no sistema; temas demasiadamente complexos, cujo aprofundamento não encontra espaço na presente obra.

No momento, impende considerar que essas problemáticas devem encontrar respostas satisfatórias dentro de uma moderna teoria pluralista sistêmica, sendo que a sua divulgação faz-se extremamente necessária, pois são questões complexas como estas, e a dificuldade de ruptura com os paradigmas tradicionais herdados da dogmática jurídica, por exemplo, que levam Ana Lucia Sabadell, após tecer considerações profundas sobre as correntes pluralistas modernas, a desacreditar que a norma jurídica possa advir de outros centros de produção jurídica que não o estatal, e à sua conclusão de que o termo direito deva ser empregado apenas para designar o direito criado pelo Estado, sendo que às demais ordens normativas deveria ser utilizada *"uma terminologia mais adequada à sua fraqueza normativa e à fluidez de conteúdo das normas não estatais"*, como as expressões

(202) COSMÓPOLIS, Mario Pasco. La autonomia colectiva. *Roma e America:* diritto romano comune: rivista di diritto dell'integrazione e unificazione del diritto in Europa e in America Latina, n. 2, p. 130, 1996.

(203) REZENDE, Roberto Vieira de Almeida. *Delineamento constitucional do poder diretivo*. 2004, p. 238. Tese (Doutorado) — Faculdade de Direito, Universidade de São Paulo, São Paulo.

"*infradireito*" ou "*fenômenos infrajurídicos*", que indicariam a sua subordinação à legislação estatal, à qual jamais podem substituir[204].

A teoria sistêmica não pode padecer da inexistência de clareza quanto ao seu objeto — o conceito de sistema —, seja no campo terminológico ou no material, sob pena de lançar-se ao léu toda a teoria. Claus-Wilhelm Canaris já enunciava que, na melhor das hipóteses, encontra-se na literatura apenas respostas parciais à questão do conceito de sistema, suscitando a necessidade de clarificação do conceito[205], pois esse fator dificulta a sua operacionalização.

---

(204) SABADELL, Ana Lucia. *Manual de sociologia jurídica*. 2. ed. São Paulo: Revista dos Tribunais, 2003. p. 126-127.

(205) CANARIS, Claus-Wilhelm. *Op. cit.*, p. 7.

Capítulo II

Pluralismo Jurídico no Direito do Trabalho Brasileiro

1. O pluralismo jurídico na Constituição de 1988

1.1. O princípio do pluralismo jurídico na Constituição de 1988

A Constituição da República Federativa do Brasil de 1988 (CRFB/1988) não previu expressamente o princípio do pluralismo jurídico entre os seus preceitos, o que não significa, em nenhuma hipótese, que tal princípio não esteja plenamente agasalhado por ela, pois já em seu preâmbulo, a Carta Magna, ao instituir um Estado Democrático de Direito, assegurou como valor supremo uma sociedade pluralista comprometida com a solução pacífica das controvérsias.

O emprego genérico do pluralismo, aliado ao comprometimento constitucional com a solução pacífica dos conflitos, consagra todas as formas de pluralismo (político, jurídico, social, cultural, étnico) e privilegia todas os métodos de autocomposição de conflitos, entre os quais, evidentemente, a autorregulamentação de relações privadas.

Além dessa menção ampla e genérica do pluralismo, modelos específicos de pluralismo foram, explícita ou implicitamente, previstos pelo constituinte. Entre as previsões expressas, destacam-se: o pluralismo político (art. 1º, V); o pluralismo partidário (art. 17); o pluralismo de ideias e de concepções pedagógicas (art. 206, III); entre as previsões implícitas ou indiretas figuram: o pluralismo econômico (art. 170); o pluralismo cultural (arts. 215 a 217); e o pluralismo dos meios de informação, que se processa pela proibição do monopólio ou oligopólio direto ou indireto dos meios de comunicação (art. 220, § 5º).

O princípio do pluralismo jurídico igualmente é extraível dos preceitos constitucionais que prescrevem a faculdade de normatização — criação de normas jurídicas — pelos grupos sociais e/ou seus representantes, na qual figura o reconhecimento das convenções e acordos coletivos de trabalho e, consequentemente, da autonomia privada coletiva (art. 7º, VI, XIII, XXVI), como também o reconhecimento da negociação coletiva de trabalho (art. 8º, VI e XIV).

O legislador constituinte adotou o pluralismo jurídico como filosofia política e, como aponta Cássio Mesquita Barrros Junior, *"O pluralismo como doutrina de filosofia política se baseia na constatação de que uma pluralidade de culturas, religiões, filosofias, sistemas, ao invés de ser combatida e substituída por uma hegemonia cultural, deve ser tolerada e respeitada. A ambicionada unidade se dá pelo denominador comum que é a ideia da dignidade da pessoa humana, cuja promoção em escala mundial constitui o objetivo universal. O pluralismo, porque todas as religiões, culturas, filosofias e sistemas são respeitáveis, é o revide da sociedade civil contra a socialização arcaica dos Estados totalitários"*(206).

Nesta mesma linha, José Afonso da Silva leciona que o constituinte optou pela concepção de uma sociedade pluralista baseada no respeito à pessoa humana e à sua liberdade, em contraposição ao caráter de uma sociedade monista e opressiva. Com esteio em J. Lacroix, afirma o constitucionalista que a concepção de sociedade pluralista realiza-se como princípio da democracia de poder aberto, centrada no estabelecimento do liame entre a liberdade e a multiplicidade dos meios de vida, com a noção de inserção do indivíduo no contexto social, implicando o direito inalienável do ser humano de pertencer a todos os agrupamentos de ordem moral, social, cultural, intelectual e espiritual, que permitem o desenvolvimento da pessoa(207).

1.2. O modelo democrático adotado pela Constituição de 1988

O regime político adotado pela CRFB/1988 é o Estado Democrático de Direito. O fundamento democrático do Estado brasileiro vem consolidado no preâmbulo da Carta Política onde se prescreve a instituição de um "Estado Democrático", cuja inspiração faz-se notar por toda a ordem constitucional, sendo expressamente enunciado no art. 1º da Constituição(208).

Tornou-se clássica entre os constitucionalistas a formulação de Abraham Lincoln quanto à essência da democracia na célebre frase *"governo do povo, pelo povo e para o povo"*, sendo considerada ainda hoje, nos dizeres de Canotilho, *"a síntese lapidar dos momentos fundamentais do princípio democrático"* ou *"um modo de justificação positiva da democracia"*(209).

O princípio conformador da soberania popular como base da democracia está consagrado expressamente no parágrafo único do primeiro artigo da Constituição Federal de 1988, na célebre construção *"Todo poder emana do povo, que o exerce por meio de representantes eleitos ou diretamente, nos termos desta Constituição"*. A máxima constituinte

---

(206) BARROS JÚNIOR, Cássio Mesquita. Defesa do pluralismo. In: MAKSOUD, H. (Ed.). *Proposta de Constituição para o Brasil*. São Paulo: Visão, 1988. p. 448.

(207) SILVA, José Afonso da. *Curso de direito constitucional positivo*. São Paulo: Malheiros, 1999. p. 147-149.

(208) *"Art. 1º A República Federativa do Brasil, formada pela união indissolúvel dos Estados e Municípios e do Distrito Federal, constitui-se em Estado Democrático de Direito e tem como fundamentos: I – a soberania; II – a cidadania; III – a dignidade da pessoa humana; IV – os valores sociais do trabalho e da livre-iniciativa; V – o pluralismo político. Parágrafo único. Todo o poder emana do povo que o exerce por meio de representantes eleitos ou diretamente, nos termos desta Constituição."*

(209) CANOTILHO, J. J. Gomes. *Direito constitucional e teoria da Constituição*. 6. ed. Coimbra: Almedina, 2002. p. 287.

abrange as duas formas clássicas de democracia, a representativa e a participativa ou, nos dizeres da moderna doutrina constitucional, a democracia semidireta, formada pela combinação institucional de mecanismos de participação direta com os de participação indireta.

Os mais importantes postulados da democracia representativa são a presença de órgãos representativos, a realização de eleições periódicas, o pluralismo partidário e a separação de poderes. O princípio da representação, como componente do princípio democrático, lastreia-se nos seguintes institutos: a) exercício jurídico de funções de domínio em nome do povo por órgãos de soberania do Estado, conforme autorização constitucional; b) derivação do domínio de forma direta ou indireta da soberania popular; c) exercício do poder para a persecução dos fins e interesses do povo. A representação assenta-se na delegação da vontade popular, por meio do sufrágio universal, a um órgão institucionalmente legitimado pela Constituição para agir autonomamente em nome do povo para o povo[(210)].

Na democracia representativa, a participação popular é indireta, periódica e formal, processando-se por meio de instituições eleitorais que disciplinam os sistemas de escolhas de representantes. Esse modelo democrático pressupõe uma série ordenada de institutos que disciplinem o procedimento para a participação popular no processo político-democrático, compondo os direitos políticos que qualificam a cidadania, como as eleições, o sistema eleitoral, os partidos políticos etc.[(211)].

A sociedade pluralista preconizada pela Constituição de 1988 foi fortemente institucionalizada com a previsão igualmente constitucional de um modelo de organização democrática lastreada nos princípios da democracia participativa[(212)]. Consagrou o constituinte não somente os mecanismos de representação popular, típicos da democracia representativa, como também valorizou a participação ativa da sociedade na formação da vontade do Estado e na condução da coisa pública.

O princípio da participação política está intimamente relacionado com a democratização da sociedade. A democratização da sociedade pelo princípio da participação significa, em termos gerais, a intensificação da otimização da participação direta e ativa dos cidadãos no processo de decisão[(213)].

A concreção do princípio participativo dá-se por meio da atuação direta e pessoal da cidadania na formação dos atos de governo. Suas primeiras manifestações dão-se

(210) CANOTILHO, J. J. Gomes. *Direito constitucional e teoria da Constituição*. 6. ed. Coimbra: Almedina, 2002. p. 288-293.

(211) SILVA, José Afonso da. *Op. cit.*, p. 141.

(212) DOBROWOLSKI, Silvio. O pluralismo jurídico na Constituição de 1988. *Revista de Informação Legislativa*, Brasília, v. 28, n. 109, p. 132, jan./mar. 1991.

(213) CANOTILHO, J. J. Gomes. *Op. cit.*, p. 301.

pelos mecanismos de participação semidireta, como o plebiscito (art. 14, I,), o referendo (art. 14, II,), a iniciativa popular (art. 14, III,) e a ação popular (art. 5º, LXXIII,)[(214)]. Em graus mais desenvolvidos, incrementam-se esferas decisórias de exercício direto pelos atores sociais na formação e execução de atos referentes a toda a sociedade ou parcelas desta, como o exercício da autonomia normativa dos grupos sociais e os canais de solução pacífica dos conflitos sociais.

A importância da democracia participativa sobreleva-se em nossa sociedade à medida que a democracia representativa brasileira jamais conseguiu consolidar-se como um efetivo sistema de representação da diversidade social, política e cultural do país, uma vez que nosso sistema político representativo apresenta-se frágil e com seguidas mostras da falta de representatividade.

Essa crise de representatividade apresenta-se sob dois aspectos: material e formal. Sob o aspecto material, os partidos políticos não demonstram a mínima capacidade de promoverem grandes agregações de interesses numa sociedade complexa, heterogênea e marcada por clivagens econômicas, culturais e regionais. Pelo prisma formal, nosso sistema político é marcado pela desproporcionalidade da representação populacional no Congresso Nacional; Estados-membros da Federação que apresentam menor desenvolvimento econômico e são menos populosos — os locais onde a organização da sociedade e o padrão de conflituosidade social geralmente são mais desarticulados — são super-representados, com a consequente sub-representação das outras regiões[(215)].

Além das apontadas deficiências do sistema partidário traçado pelo legislador constituinte, também contribui para o esfacelamento da democracia representativa brasileira o assentamento de suas bases sobre um modelo individualista, fundamentado no princípio da igualdade formal perante a lei e na concepção de homogeneidade da população. Assim, tem-se o indivíduo como o centro da democracia, cujo papel principal é o de eleitor que atua política e momentaneamente nas eleições.

Além do parco poder de expressão da democracia representativa no Estado brasileiro, os mecanismos de democracia semidireta, como o plebiscito e o *referendum* direto não têm sido efetivamente utilizados, restando como simples apêndices dos instrumentos da democracia representativa.

Impende ressaltar que essa carência do ideal de representatividade, que contribui para a crise da democracia, não é uma particularidade da democracia brasileira, pois ela está presente nos muitos regimes representativos dispersos pelo mundo. A noção unitária e homogênea do povo que norteia a ideia de democracia representativa — manifestada na fórmula "cada um vale um voto" — é irreal, pois esconde o complexo de classes, clãs,

(214) SILVA, José Afonso da. *Op. cit.*, p. 145-146.

(215) CAMPILONGO, Celso Fernandes. *O direito na sociedade complexa*. São Paulo: Max Limonad, 2000. p. 53.

estamentos e grupos em que se concentra o poder efetivo da sociedade. Por outro lado, é observável que o voto, uma vez colocado na urna, perde sua paternidade e vinculação. A experiência política dos últimos dois séculos demonstra a perda de vínculo entre o povo e seus legisladores, de modo a formarem-se parlamentos cada vez mais divorciados da vontade e dos anseios da população(216).

A opção por uma democracia participativa, dentro de uma concepção democrática pluralista, além da atuação direta e indireta do cidadão na vida do Estado, traz também como elemento o relevante papel atribuído às formações e aos agrupamentos sociais. Esta é a denominada "teoria pluralista da democracia", cuja origem remete-nos aos Estados Unidos da América. Seu teorema fundamental reside na consideração de que o processo de formação da vontade democrática não se limita aos sistemas plebiscitários ou se baseia apenas no indivíduo como ser abstrato, mas leva em consideração a existência de diversos grupos no seio da sociedade, que são definidos pelas interações sociais entre os diversos sujeitos individuais(217).

Apesar dessa constatação, diversas Cartas Constitucionais, máxime as liberais-democratas e as neoliberalistas, não tomaram o devido conhecimento do pluralismo das fontes de Direito e da presença dos corpos intermediários na sociedade. Consequentemente, o povo, heterogêneo e complexo, de onde decorrem tais fontes, não tem sido devidamente ouvido e acatado pelos órgãos legislativos do Estado(218).

1.3. Mecanismos formais de participação dos corpos intermediários no modelo de democracia participativa

O fortalecimento da democracia pressupõe o reconhecimento da participação dos corpos intermediários nos processos decisórios da vida social; principal forma de abertura de espaço para que o cidadão e o plexo de setores sociais participem destes processos que regem a sociedade(219).

A participação institucional dos corpos intermediários dá-se em quatro esferas distintas: administrativa, política, jurídica e judiciária. Esses modelos jurídico-formais de participação dos corpos intermediários no processo democrático participativo foram todos acolhidos pelo legislador constituinte de 1988.

A participação administrativa consiste na atuação dos agrupamentos sociais e de seus representantes nos processos decisórios de condução dos negócios administrativos em relação à coisa pública. Na Constituição Federal, são vários os dispositivos que demonstram esse poder de participação; o art. 29, por exemplo, prevê no âmbito da

(216) TELLES JÚNIOR, Goffredo. *O povo e o poder*. São Paulo: Malheiros, 2003. p. 11-13.

(217) CANOTILHO, J. J. Gomes. *Op. cit.*, p. 1.393.

(218) TELLES JÚNIOR, Goffredo. *O povo e o poder...*, p. 110.

(219) GEMIGNANI, Tereza Aparecida Asta. *Op. cit.*, p. 35.

administração do município a *"cooperação das associações representativas no planejamento municipal"* (inciso XII).

A participação política dos grupos dá-se de forma direta ou indireta. A direta perfaz-se com a presença dos grupos e seus representantes nos órgãos de formulação de políticas públicas gerais ou setoriais. No campo da assistência social, por exemplo, o legislador constituinte previu *"a participação da população, por meio de organizações representativas, na formulação das políticas e no controle das ações em todos os níveis"* (art. 204, II, da).

Indiretamente, os grupos participam do processo democrático por meio de sua influência nos processos de decisão popular, como o plebiscito e o referendo, e no processo de iniciativa legislativa popular. Essa influição ocorre por meio da coesão de uma coletividade ou pluralidade de pessoas em torno de um interesse comum ou pelos métodos de persuasão em derredor de determinadas ideias sobre a consciência popular, recomendando a tomada de posições mais adequadas à satisfação dos interesses ou das necessidades e aspirações dos grupos sociais.

A participação jurídica delineia-se pelo poder conferido aos grupos sociais de participarem do processo de formação das leis e da defesa da ordem constitucional. As confederações sindicais e as entidades de classe de âmbito nacional, por exemplo, figuram entre o rol (*numerus clausus*) dos legitimados ativos para a propositura da ação direta de inconstitucionalidade (art. 103, IX, CRFB/1988).

A participação judiciária vem sendo configurada pela ampliação da legitimidade dos corpos intermediários para a promoção e tutela, judicial ou extrajudicial, dos interesses dos seus membros ou de determinada pluralidade de indivíduos. Essa legitimação é prevista no rol de direitos fundamentais, no art. 5º, XX, da CRFB/1988, pelo qual se reconhece a legitimidade das entidades associativas para a representação judicial ou extrajudicial dos seus filiados. No inciso LXX do mesmo artigo constitucional, instituiu-se como novidade em nosso ordenamento jurídico o mandado de segurança coletivo, cuja legitimação para impetração é atribuída à *"organização sindical, entidade de classe ou associação legalmente constituída e em funcionamento há pelo menos um ano, em defesa dos interesses de seus membros ou associados"* (inciso II). No âmbito da jurisdição trabalhista, o legislador constituinte previu a legitimação das entidades sindicais para o ajuizamento de dissídio coletivo, com vistas ao estabelecimento de normas e condições de trabalho (art. 114, § 2º, CRFB/1988).

Dentro da participação judiciária, recorda Sílvio Dobrowolski, que o art. 217, § 1º, da CRFB/1988 consagrou a colaboração de uma "justiça grupal" (a qual preferimos denominar de não estatal e socialmente setorizada), a justiça desportiva, excluindo, temporariamente, as questões disciplinares e aquelas referentes às competições esportivas do âmbito do Poder Judiciário[220].

(220) DOBROWOLSKI, Silvio. *Op. cit.*, p. 136.

Essas primeiras formas de participação democrática dos corpos intermediários previstas na legislação estatal consistem em verdadeiros exercícios de funções jurídico-formais de representação, delegadas pelo poder estatal. Esse modelo de participação dos grupos no aparato jurídico-administrativo do Estado é compatível com modelos de sociedades simples, de cunho liberal, mas não abrange todas as espécies de atuação que podem exercer os grupos intermediários numa sociedade complexa como a atual.

Em face da insuficiência desses mecanismos legais de participação dos corpos intermediários no processo decisório, e do anseio dos grupos sociais por uma efetiva representação, os grupos passaram à abertura de novos canais de pressão e penetração junto aos órgãos do Estado, fornecendo uma nova conformação à noção de democracia participativa.

Entre esses novos canais, destaca-se a participação direta dos grupos sociais nos mecanismos de negociação de políticas estatais gerais ou setoriais, como as mesas de entendimento para a tentativa de composição de interesses sociais conflitantes. Por esse processo, a legitimidade de muitas decisões oficiais passa a depender da adesão dos grupos sociais que a elas interessam ou se destinam.

Por outro lado, os corpos sociais foram avocando outras atividades, como forma de dar guarida à satisfação das necessidades e aspirações de diversos setores sociais. Entre as principais funções, está o reconhecimento da sua importância como centro de produção jurídica de normas particularizadas, elaboradas a partir da realidade concreta de determinado grupo, setor ou realidade social, dando ensejo a uma maior efetivação da ordem jurídica por meio do processo de descentralização normativa.

Hodiernamente, é predominante a convicção em torno do reconhecimento dos grupos sociais como matrizes e mananciais de muitas ordenações jurídicas de uma nação, não podendo mais ser olvidado ou obscurecido o papel desses grupos como produtores de normas, inspiradores de leis e forças de pressão. A expressão "vontade dos governados" perde a significação de vontade da massa para designar a vontade organizada dos governados, geralmente expressa por seus órgãos legítimos. A ordenação legislativa opera-se pela vontade do grupo social a que cada norma interessa, e não mais com uma vontade abstrata, tal como considerada pela maior parte das leis[(221)].

1.4. Descentralização e efetivação da ordem jurídica em face dos novos direitos

Há uma miríade de estudos políticos, econômicos, sociológicos e jurídicos sobre as acentuadas transformações da sociedade global na segunda metade do século XX. Entre os seus diversos aspectos, pode-se destacar, para o nosso estudo, o advento da sociedade de massas, o surgimento de novos direitos e sujeitos de direitos e a intensa e crescente atuação dos corpos intermediários.

---

(221) TELLES JÚNIOR, Goffredo. *O povo e o poder...*, p. 114-115.

A partir de meados do Século XX, acentuou-se o crescimento da denominada sociedade de massas, cuja complexidade causou uma ruptura nos costumes então vigentes, especialmente nos de caráter jurídico-ideológico[(222)]. Ela se sedimentou num período histórico de grandes transformações sociais, tecnológicas, políticas e econômicas, que ocorreram num ritmo jamais observado na história da humanidade, fazendo-se sentir, em maior ou menor grau, em praticamente todo o mundo moderno.

Essas transformações, concomitantemente origem e produto da complexa sociedade, foram acompanhadas do surgimento de grandes conglomerados urbanos, da explosão demográfica, do desenvolvimento industrial, do desmedido crescimento das relações econômicas, da produção e do consumo de massa, do nascimento de gigantescos grupos empresariais supranacionais e da hipertrofia estatal nos campos social e econômico[(223)]. Nesse contexto, a pessoalidade cedeu espaço à impessoalidade; o tratamento individualizado foi paulatinamente substituído pela uniformização das relações jurídico-contratuais, sendo esta transformação simbolizada pela figura do contrato de adesão.

Essa sociedade de massas[(224)], centrada num processo de produção, troca e consumo de massa, trouxe a lume a existência de conflitos igualmente de massa, isto é, com a abrangência concomitante de um expressivo número de pessoas, em virtude da presença de lesões que, independente da origem, afetam, de modo uniforme, simultâneo e homogêneo, um elevado número de pessoas[(225)].

Essa sociedade revela uma série de novas lesões ao meio ambiente, ao patrimônio público, histórico, cultural e paisagístico, às relações de consumo, como também ocasiona danos a interesses que transcendem a simples esfera individual; interesses que pertinem a uma pluralidade de pessoas ou a uma coletividade globalmente considerada, por isso, chamados de transindividuais (direitos difusos, coletivos e individuais homogêneos).

Além disso, o Século XX, nominado por Norberto Bobbio como *"A Era dos Direitos"*, além da conversão para o direito positivo da generalização e da internacionalização dos direitos humanos, foi marcado pelo processo de "especificação" dos sujeitos titulares de

---

(222) SANTOS, Ronaldo Lima dos. *Sindicatos e ações coletivas:* acesso à justiça, jurisdição coletiva e tutela dos direitos difusos, coletivos e individuais homogêneos. São Paulo: LTr, 2008. p. 25.

(223) *Id., ibid.*, p. 60.

(224) Conforme apontamos em *Sindicatos e ações coletivas*, as principais características dessa sociedade de massa são: "*a) ausência de organização social; presença de uma agregação de indivíduos que, embora separados, desligados ou anônimos, possuem homogeneidade em relação a determinado comportamento ou situações nas quais se encontram; b) os comportamentos são não organizados, não estruturados, não coordenados; c) caracteriza-se pelo comportamento de massa; isto é, neles as pessoas agem individualmente, mas na mesma direção e com estímulos e condutas idênticas; d) não se manifestam por meio de um grupo, mas individualmente de forma uniforme; e) massa não consiste num grupo, não pode interagir, mas pode ser levemente identificada pela uniformidade; há uma fluidez da pessoalidade — mais presente nas sociedades primitivas — para a impessoalidade, particularidade esta das sociedades modernas.*" (*Id. Ibid.*, p. 59).

(225) *Id., ibid., loc. cit.*

direitos. Ao já consagrado "homem", na sua dimensão abstrata, decorreu uma especificação desse homem, seja com relação ao gênero, às várias fases da vida, à diferença entre estados normais e estados excepcionais na existência humana etc.[(226)].

Trata-se de um vertiginoso processo de categorização de novos sujeitos de direito, que são aferidos a partir do reconhecimento de grupos ou categorias de pessoas identificadas por condições ou situações que lhes são comuns, ou que se colocam sob um determinado aspecto que permite a identificação de uma coletividade homogênea (idosos, crianças, portadores de deficiência, mulher, consumidor), e possibilita o tratamento jurídico e uniforme das pessoas que se encontram abrangidas por tais categorias[(227)].

Esse processo de especificação é constatado na evolução das Declarações Internacionais de Direito, como a *Declaração dos Direitos da Criança* (1959), a *Declaração sobre a Eliminação da Discriminação à Mulher* (1967), a *Declaração dos Direitos do Deficiente Mental* (1971), pelos quais se realiza a tutela de grupos específicos de pessoas que se encontram em uma mesma situação[(228)].

No âmbito intraestatal, também se tornou crescente o surgimento de novos direitos e sujeitos de direitos. A precariedade das condições sociais deu origem ao surgimento de diversos sujeitos de direito, em virtude da ação dos mais diversificados movimentos sociais. No âmbito internacional, o processo de especificação do ser humano adentrou ao seio de cada Estado, dando origem a novas categorias de sujeitos e tutela de novos direitos e interesses. Esse processo acentuou-se a partir da notória falência do Estado de Bem-Estar Social, observada tanto no processo de juridicização desses novos direitos como na impossibilidade de efetivá-los por meio de ações positivas.

Esses novos direitos têm como fonte material as necessidades imprescindíveis para a sobrevivência ou a existência digna de determinados agrupamentos sociais. Parte deles não são novos no sentido etimológico desse vocábulo; por vezes, novo é o modo da sua obtenção, que não mais se realiza pelas vias tradicionais — legislativa e judicial — mas por um processo de luta, conquista e organização, com vistas ao seu reconhecimento pelo Estado[(229)]. Cite-se, no Brasil, por exemplo, os movimentos dos "sem-teto", dos "sem-terra", dos consumidores, dos grupos ambientalistas, do movimento negro etc.

Por sua vez, o enfraquecimento do Estado, principalmente dos países em desenvolvimento, em virtude da ascensão dos grandes conglomerados econômicos e financeiros (que se tornaram poderosos centros de decisão) e do processo de globalização, o remeteu a uma perda de racionalidade decisória (estatal). No caso brasileiro, essa perda de poder

(226) BOBBIO, Norberto. *A era dos direitos*. Trad. Carlos Nelson Coutinho. Rio de Janeiro: Campus, 1992. p. 62.

(227) SANTOS, Ronaldo Lima dos. *Op. cit.*, p. 98-99.

(228) BOBBIO, Norberto. *A era dos direitos...*, p. 63.

(229) WOLKMER, Antônio Carlos. *Pluralismo jurídico:* fundamentos de uma nova cultura no direito. São Paulo: Alfa-Omega, 1997. p. 151.

decisório é agravada pela crise política de representatividade, outrora apontada, e pelas crises econômicas e de eficiência do aparelho estatal.

Neste contexto, Celso Fernandes Campilongo aponta as seguintes mudanças no sistema legal e no direito em geral: "*a) rompimento do monismo jurídico e esvaziamento do monopólio estatal de produção normativa; b) deslegalização e desregulamentação de direitos, serviços públicos e atividades privadas; c) delegação do Estado para a sociedade civil da capacidade decisória sobre temas específicos; d) surgimento do Estado paralelo; e) desterritorialização das práticas jurídicas; f) reconhecimento de novas arenas jurí*dicas e de novos sujeitos de direito; g) nova concepção de cidadania"[230].

Concorreram para essas transformações no mundo jurídico a crescente e visível discrepância entre o mito da onisciência estatal, como poder regulador geral das relações humanas, e a complexidade das situações particulares e sociais, que têm na contingência a marca maior do seu dinamismo e da sua mobilidade.

Por outro lado, como os mitos da onipresença e da completude do ordenamento jurídico estatal há muito já não eram mais aceitos, a premente necessidade de guarida de novos direitos e sujeitos de direito tornou a descentralização jurídica uma necessidade. Não se discute mais a velha dicotomia monismo *versus* pluralismo; o pluralismo é um dado real da vida social, a discussão atual gira em derredor da dimensão e da qualidade do pluralismo presente em dada sociedade.

No âmbito do conceito clássico de normatividade, a pluralidade enfraquece o mito da onisciência do Poder Legislativo e da elaboração unilateral estatal das normas jurídicas. Os novos centros de decisão suscitam uma normatividade oriunda de práticas consensuais, negociais e conciliadoras de interesses, e com eles identificadas. As normas plurais tendem a um maior direcionamento às aspirações e reais interesses da coletividade, com a concreção de conceitos abstratos e indeterminados, tão presentes no mundo jurídico, o que torna as normas jurídicas oriundas desses centros de positivação jurídica mais adaptadas à realidade normatizada.

Neste sentido, a Organização Internacional do Trabalho (OIT) preconiza, por meio da Convenção n. 144, relativa a Consultas Tripartites sobre Normas Internacionais do Trabalho, preconiza o diálogo social entre Estado, trabalhadores e empregadores para a promoção e efetivação das convenções e recomendações por ela adotadas. Desta feita, a normatização do trabalho deve sempre ser precedida de um diálogo social tripartite para a sua elaboração ou alteração.

Neste contexto, verifica-se que o direito oriundo dos diversos centros de positivação jurídica não se fundamenta somente sobre a noção de coerção; conceito que durante

---

(230) CAMPILONGO, Celso Fernandes. *O direito na sociedade complexa...*, p. 59-60.

muito tempo norteou o pensamento jurídico e lastreou a costumeira função repressiva que lhe era conferida. Ele adquire um caráter complexo, voltado para funções de natureza distributiva, promocional e inovadora.

Por outro lado, o direito dos grupos se preocupa com a funcionalização dos institutos jurídicos, direcionando-se para a eficácia das normas e dos institutos vigentes, por meio de uma prática normativa complementar, suplementar ou otimizadora de preceitos legais.

Como assinalou Tereza Aparecida Asta Gemignani, *"O ordenamento jurídico estatal não se sustenta quando se restringem os espaços de atuação dos corpos intermediários, eficazes formadores de níveis de consenso, notadamente em se tratando de Direito Trabalhista que, por ter nascido dos movimentos populares, funda sua legitimidade na aderência ao concreto, sendo insuficiente para tanto a mera coerência dogmático-conceitual. Com efeito, se afigura impossível pensar em normas para disciplinar condutas humanas utilizando-se apenas da racionalidade, pois a realidade tem raízes na vida cultural, religiosa, social, que contribuem para balizar o que o homem deve, ou não, ao seu semelhante. Manifestações de Direito surgem em outras esferas da sociedade independentemente da ideia de coerção."*[(231)]

Apesar de todas as formulações sobre esse notável impacto das transformações sociais no mundo jurídico, ainda se observa uma despreocupação com essas questões entre os operadores do direito. Os estudos jurídicos, centrados num modelo lógico-formal e dogmático, não despertaram um interesse maior dos juristas pela temática da evolução do pluralismo na sociedade.

O professor e sociólogo jurídico, Celso Fernandes Campilongo, em seus estudos sobre o direito na sociedade complexa, já alertava para essa situação dos ensinos jurídicos ao mencionar que os *"debates sobre temas como as crises de racionalidade e hegemonia dos sistemas político, econômico, social e cultural, a democracia delegativa, o pluralismo jurídico e os novos movimentos sociais como sujeitos de direito são pequenos nos cursos de direito brasileiros. Percebe-se, de um lado, o despertar de sociólogos e cientistas políticos para as questões institucionais. Resta a esperança, para os próximos anos, de que os juristas, sempre tão enclausurados nas questões institucionais, despertem agora para os temas políticos e sociais"*[(232)].

1.5. Os corpos intermediários como instrumentos de produção normativa

A insuficiência das fontes jurígenas clássicas do direito estatal como respostas normativas à complexa conflituosidade social contribui para a expansão de outros centros de produção jurídica, por meio do incremento de métodos alternativos e não convencionais de solução de conflitos e de promoção de direitos; sendo os novos movimentos

(231) GEMIGNANI, Tereza Aparecida Asta. *Op. cit.*, p. 30.

(232) CAMPILONGO, Celso Fernandes. *O direito na sociedade complexa...*, p. 65.

sociais reconhecidos como fontes não estatais de "direitos comunitários" emergentes e autônomos[(233)].

Essas fontes de produção jurídica se estruturam, em sentido material, pela elaboração de um conteúdo próprio e, em sentido formal, por um delineamento simbólico-estrutural. Elas expressam, de forma global, o inter-relacionamento entre os seres humanos, num ambiente compartilhado e marcado pela "convivência das diferenças"[(234)].

O desenvolvimento da teoria da instituição no final do Século XIX e início do Século XX, e de outras teses pluralistas que lhe seguiram, e a experiência social e normativa sentida durante o transcorrer deste último século comprovaram, inexoravelmente, que os grupos sociais, que compõem a sociedade global, são fontes inexauríveis de normas jurídicas.

Como afirmou Goffredo Telles Junior, "*Esse pluralismo de fontes verdadeiras de Direito é uma das realidades primordiais das sociedades humanas.*" Esse pluralismo é uma realidade, não mais uma simples hipótese, uma teoria ou uma tese. Consiste numa realidade fática e objetiva, tão real como a própria vida dos homens; realidade que não depende de opiniões ou de vontade, nem mesmo dos regimes políticos[(235)].

O modelo idealizado na Idade Moderna de sociedade democrática centrípeta, isto é, voltada para um único centro de poder (a soberania do príncipe), não mais subsiste diante de uma realidade que demonstra a existência de uma sociedade centrífuga, que não possui apenas um centro de poder, mas que se apresenta poliárquica ou policêntrica[(236)]. Sociedade real e pluralista, com diversos centros de positivação jurídica.

A produção normativa advinda destas fontes retrata a dimensão dessa realidade social, correspondendo às suas necessidades históricas e sociais, com as suas nuanças e transformações, exprimindo-se não por proposições genéricas, com regras estáticas para o controle e solução dos conflitos, mas pela manifestação espontânea, dinâmica, flexível e circunstancial, resultado de interesses e necessidades concretas dos agrupamentos sociais[(237)].

A normatização dos grupos sociais distancia-se das expressões normativas prefixadas e abstratas da estrutura estatal de poder, que sói apenas atingir parcelas da ordem social, estando quase sempre em atraso em relação às aspirações jurídicas e concretas da sociedade como um todo[(238)].

---

(233) WOLKMER, Antônio Carlos. *Pluralismo jurídico:* fundamentos de uma nova cultura no direito..., p. 137-142.

(234) *Id.*, p. 138.

(235) TELLES JÚNIOR, Goffredo. *O povo e o poder...*, p. 109.

(236) BOBBIO, Norberto. *O futuro da democracia*. 7. ed. São Paulo: Paz e Terra, 2000. p. 36.

(237) TELLES JÚNIOR, Goffredo. *O povo e o poder...*, p. 514-515.

(238) WOLKMER, Antônio Carlos. *Pluralismo jurídico:* fundamentos de uma nova cultura no direito..., p. 138.

Como acentua Antônio Carlos Wolkmer, *"As novas exigências, necessidades e conflitos em espaços sociais e políticos fragmentados, tensos e desiguais, envolvendo classes, grupos e coletividades importam na utilização de novos procedimentos, novas formas do agir comunicativo e do entendimento. É nesse interregno que aparecem as novas identidades coletivas capazes de introjetar direitos que não passam pela positivação estatal nem pelas instituições representativas convencionais. Trata-se do pluralismo de formulações jurídicas provenientes diretamente da comunidade, emergindo vários centros de produção normativa, adquirindo um caráter múltiplo, informal e mutável"*[(239)].

A ascensão dos grupos intermediários numa sociedade extremamente pluralista, em todos os sentidos (social, econômico, cultural, jurídico etc.), como a atual, em especial, a brasileira, aponta para a materialização do pluralismo jurídico pelo exercício normativo pelos diversos grupos sociais, rompendo a hegemonia da legalidade estatal. Caberia indagar, sob uma lógica jurídico-formal constitucional, se a nossa Carta Política, cuja visão prospectiva se apresenta na maior parte de seus preceitos, acolheu esse pluralismo jurídico centrado no privilegiamento dos corpos intermediários.

Ao consagrar um modelo de democracia representativa numa sociedade concebida como natural e essencialmente plural, e em razão da previsível dificuldade estatal de dar guarida à série de direitos fundamentais consagrados na atual Constituição e aos novos direitos e sujeitos de direitos, forneceu o legislador constituinte as bases para a efetivação da ordem jurídica a partir do privilegiamento dos corpos intermediários como centros de produção de normas jurídicas.

No campo das relações de trabalho, por exemplo, a CRFB/1988 reconheceu expressamente o poder normativo dos corpos intermediários, ao estabelecer entre os direitos dos trabalhadores o "reconhecimento das convenções e dos acordos coletivos de trabalho" (art. 7º, XXVI) e prescrever a participação obrigatória dos sindicatos no seu processo de formação, isto é, nas negociações coletivas de trabalho (art. 8º, VI).

2. Pluralismo jurídico no direito do trabalho

O Direito do Trabalho, desde os seus primórdios, insere-se no contexto do pluralismo jurídico. É um ordenamento jurídico composto por uma pluralidade de normas e de fontes normativas (fontes estatais e particulares), uma vez que tanto ao Estado quanto aos particulares é dada a elaboração de normas jurídicas[(240)].

Entre os centros de produção do Direito do Trabalho, destacam-se o Estado (leis e atos normativos), a comunidade (os costumes), a autonomia privada coletiva (pactos setoriais, contratos coletivos de trabalho, acordos e convenções coletivas), organismos

(239) *Id. ibid.*, p. 142.

(240) SILVA, Walküre Lopes Ribeiro da. *Op. cit.*, p. 27.

internacionais (OIT, ONU, OEA, com seus tratados e convenções), a empresa (regulamento interno), os sujeitos da relação de trabalho (empregados e empregadores — contrato de trabalho) e os tribunais (jurisprudência), fontes mistas (pactos sociais, *v.g.*, do qual participam Estado, empregadores e trabalhadores).

O Direito do Trabalho apresenta uma diversidade de centros de positivação de normas jurídicas; por isso, a reflexão sobre o pluralismo jurídico no Direito do Trabalho pressupõe uma análise da manifestação desses diversos centros no campo específico desse ramo do ordenamento jurídico, equivalendo a perquirir sobre as fontes do Direito do Trabalho.

Hodiernamente, prevalece na doutrina juslaboralista a concepção do Direito do Trabalho como multiforme, caracterizado por uma diversidade de fontes normativas. Há assim, normatização estatal e não estatal. É o Direito do Trabalho o berço, por excelência, do conceito de autonomia privada coletiva, tal como hoje reconhecida. Autonomia concebida, nos dizeres de Octavio Bueno Magano, *"como subproduto da concepção pluralista da sociedade"*(241), sendo que a maioria dos autores identifica na presença da autonomia privada coletiva a marca primordial do pluralismo jurídico no Direito do Trabalho.

Exatamente pelo produto da autonomia privada coletiva que Amauri Mascaro Nascimento define o pluralismo do Direito do Trabalho, mencionando que *"O Direito do Trabalho é expressão do pluralismo jurídico. Combinam-se leis promulgadas pelo Estado e os contratos coletivos pactuados entre os sindicatos e as entidades patronais. Há um direito estatal e um direito profissional convivendo, formando um complexo de normas jurídicas que se combinam segundo uma hierarquia própria de aplicação, basicamente apoiada no princípio da prevalência da norma que resultar em maiores benefícios para o trabalhador, expressando como o princípio da norma mais favorável, salvo exceções"*(242).

Na primeira metade do Século XX, muitos doutrinadores sustentaram a existência de um sistema de relações coletivas de trabalho com estrutura organizativa permanente e um conjunto de normas equiparável ao ordenamento da comunidade internacional. Entre esses, se destacaram Léon Duguit, Georges Gurvitch, Hugo Sinzheimer etc.(243) Atualmente, encontra-se plenamente difundido e consagrado o entendimento segundo o qual o Direito do Trabalho insere-se no pluralismo jurídico, pois, como ordenamento jurídico, compõe-se de uma pluralidade de normas e de fontes normativas(244).

Como assinala Amauri Mascaro Nascimento, *"Em nenhuma parte o Direito do Trabalho é unicamente estatal, porque a realidade da ordem trabalhista é plural ou pluricêntrica*

(241) MAGANO, Octavio Bueno. *Op. cit.*, p. 14.

(242) NASCIMENTO, Amauri Mascaro. *Iniciação ao direito do trabalho*. São Paulo: LTr, 2001. p. 77.

(243) SILVA, Walküre Lopes Ribeiro da. *Op. cit.*, p. 28.

(244) *Id. ibid.*, p. 27.

mediante um processo de elaboração de normas jurídicas pelo Estado e pelos grupos sociais; portanto, o Direito do Trabalho é estatal e não estatal, simultaneamente"[245].

Raras são as opiniões que negam a pluralidade do Direito do Trabalho. Nelson Mannrich, por exemplo, não reconhece que uma pluralidade de fontes na esfera do Direito do Trabalho seja suficiente para caracterizar um pluralismo jurídico. Para o autor, tanto os "atores institucionais" quanto às diversas "fontes normativas" encontram-se previstos no direito estatal, razão pela qual a ordem jurídica estatal continuaria soberana. Como, segundo seu pensamento, as normas internacionais dependem de ratificação pelo Estado, o regulamento de empresa não pode contrariar o disposto em lei e a negociação coletiva deve ser balizada pela legislação, tudo demonstra que não há um pluralismo, posto que as normas, nesse caso, devem ser reconhecidas pelo Estado, como também os atores sociais, o que seria incompatível com uma ordem pluralista[246].

Apesar dos apontamentos do autor, a circunstância de algumas das fontes normativas por ele citadas encontrarem-se previstas na legislação estatal não retira a característica do pluralismo jurídico. O reconhecimento das diversas fontes de produção jurídica pelo ordenamento estatal decorre de um processo de recepção dos ordenamentos não estatais, o que somente confirma a pluralidade do Direito do Trabalho. A premissa levantada pelo autor tem como base uma concepção estatalista do direito, em que as normas decorrentes das fontes não estatais ingressariam no ordenamento jurídico somente pelos processos de delegação ou reconhecimento; ponderação esta incompatível com o conceito de direito como sistema.

Reconhecemos, no entanto, que os apontamentos do autor são centrados na realidade brasileira, a qual se caracteriza por um privilegiamento do poder estatal, como centro de positivação de normas jurídicas, que estaria em grau superior ao das demais fontes do direito, suscitando entendimentos como da prevalência da legislação estatal sobre os acordos e convenções coletivas de trabalho, da extrema necessidade de ratificação das normas internacionais etc. Suas colocações esposam mais um questionamento a respeito da concepção do pluralismo presente em nossa sociedade que, propriamente, uma crítica à natureza pluralista do Direito do Trabalho. E a muitos desses questionamentos tentaremos buscar algumas respostas.

3. Fontes do direito do trabalho

3.1. Fontes do direito

Ao debruçar-se sobre os mais diversos estudos das fontes do direito, o pesquisador constatará que a expressão fonte do direito é "uma metáfora cheia de ambiguidades". Essas dubiedades são potencializadas pela plurivocidade da palavra direito, indistintamente

(245) NASCIMENTO, Amauri Mascaro. *Curso de direito do trabalho*. São Paulo: Saraiva, 1996. p. 140.

(246) MANNRICH, Nelson. *Op. cit.*, p. 17-19.

utilizada para designar dimensões distintas do mundo jurídico: as normas jurídicas (direito objetivo), as situações jurídicas (direito subjetivo), a ciência jurídica ou o próprio ordenamento jurídico(247).

Trata-se de uma expressão figurada e altamente imprecisa; ela pode designar tanto os métodos de criação do direito (como o consuetudinário e o estatutário — legislação, atos judiciais, atos administrativos, transações jurídicas), como caracterizar o fundamento final da validade do direito, hipótese em que a norma fundamental é considerada a "fonte" do Direito. Num sentido mais amplo, toda norma jurídica atua como "fonte" de outra norma jurídica, por regular o seu processo de criação e o seu conteúdo(248).

Paralelamente a essas concepções, a locução "fontes do direito" igualmente é costumeiramente empregada para se fazer referência ao conjunto de fenômenos sociais que contribuem para a formação da matéria do direito, daí falar-se em "fontes materiais" do direito.

A dogmática analítica utiliza a expressão metafórica fonte para designar os modos de formação das normas jurídicas, isto é, o processo do seu ingresso no ordenamento. O direito emanaria de determinadas fontes como a água dimana da sua fonte. Essa metáfora, embora adequada ao direito legislado, é menos apropriada a outras fontes normativas, como o costume, as regras da razão ou os princípios éticos(249).

Interessa ressaltar que muitas normas tidas como elementos do ordenamento jurídico também apresentam a característica de fonte normativa. A palavra lei, por exemplo, pode ser tida simplesmente como uma norma revestida do caráter de lei — aplicada, assim, em sentido estrito, como um elemento do sistema do ordenamento —, ou adotada como uma fonte de direito, isto é, tomada como uma norma estrutural que institucionaliza a entrada de uma norma dentro do sistema. Esse mesmo fenômeno é observado em relação a outros elementos do sistema, como o costume, ora considerado como fonte (regra estrutural), ora visto como norma consuetudinária (elemento do sistema)(250).

Em virtude dessas considerações, verificar-se-á que alguns elementos jurídicos possuem duplo enquandramento, seja como fonte, seja como mero elemento do sistema. A analogia, por exemplo, às vezes, é considerada fonte e outras vezes método de integração jurídica.

Em face da diversidade das concepções de "fontes do direito", suas definições jurídicas são caracterizadas por um alto grau de imprecisão, consistindo, na maior parte das vezes, em meras tentativas que resultam em definições genéricas e inclusas.

(247) FERRAZ JÚNIOR, Tercio Sampaio. *Op. cit.*, p. 202.

(248) KELSEN, Hans. *Op. cit.*, p. 191.

(249) FERRAZ JÚNIOR, Tercio Sampaio. *Op. cit.*, p. 204.

(250) FERRAZ JÚNIOR, Tercio Sampaio. *Op. cit.*, p. 204.

Alf Ross, por exemplo, após apontar a impossibilidade de conjugar elementos díspares (a legislação, o costume, o precedente e a razão) sob a expressão "fontes do direito", e elucidar que a sua conceituação é dotada de imprecisão, define fontes do direito como *"o conjunto de fatores ou elementos que exercem influência na formulação do juiz da regra na qual ele funda a sua decisão"*. Acrescenta que esta influência sofre variações, havendo fontes que conferem ao juiz a norma jurídica já elaborada e outras que oferecem ao julgador apenas ideias e inspirações para que ele mesmo possa formular a regra que necessita[(251)].

Observa-se da definição de Alf Ross, que o conceito de fontes varia outrossim conforme a escola jusfilosófica de cada jurista. A definição de Ross, por exemplo, deve ser compreendida a partir da sua filiação neoempirista e da sua defesa da noção psicossociológica (empírico-fática) da vigência jurídica, que faz marcante a presença do juiz na sua definição de fonte do direito.

3.1.1. Diversidade de classificações das fontes do direito

Do abstracionismo da expressão fontes do direito, resulta uma série de tipologias das fontes normativas, que variam segundo a posição e a metodologia adotadas pelo doutrinador. Geralmente, são construções dicotômicas que dão origem a diversas classificações como: a) fontes formais e materiais; b) fontes mediatas e imediatas; c) fontes principais e subsidiárias; d) fontes internas e externas. Toda essa teorização das fontes relaciona-se, primordialmente, com a problemática da identificação do que seja direito no contexto da sociedade moderna[(252)].

Além da imprecisão do conteúdo da expressão "fontes do direito", a diversidade das suas classificações decorre do ponto de partida que cada teórico adota para a elaboração da sua tipologia.

Alf Ross, como vimos, com base no seu neoempirismo, elabora a sua classificação a partir do "grau de objetivação dos diversos tipos de fontes", havendo fontes, segundo o autor, com alto grau de objetivação, por apresentar ao juiz uma regra devidamente formulada e pronta para a sua aplicação e, inversamente, fontes com baixo grau de objetivação, uma vez que o material por elas apresentado somente será transformado em regra depois de uma atuação ativa por parte do juiz. Assim, o autor distingue as fontes em: a) completamente objetivada, correspondente às formulações revestidas de plena autoridade, como a legislação; b) parcialmente objetivada, como o costume e o precedente; e c) não objetivada ou livre, em que figura a razão, como hipótese[(253)].

(251) ROSS, Alf. *Op. cit.*, p. 103.

(252) FERRAZ JÚNIOR, Tercio Sampaio. *Op. cit.*, p. 202.

(253) ROSS, Alf. *Op. cit.*, p. 104.

Miguel Reale, por sua vez, restringe o emprego do termo fonte do direito à indicação dos processos de produção de normas jurídicas que pressupõem uma estrutura de poder capaz de especificar o conteúdo do devido e de exigir, por si mesmo ou por outros poderes, o seu cumprimento e a aplicação da sanção. Por esse prisma, o autor considera a existência de quatro fontes do direito, que correspondem a quatro formas de poder: a) o processo legislativo (Poder Legislativo); b) a jurisdição (Poder Judiciário); c) os usos e costumes jurídicos (poder social); d) a fonte negocial (poder negocial ou autonomia privada)[(254)].

Para Hans Kelsen, a fonte do direito é sempre, ela própria, direito, por ser dotada de obrigatoriedade. Ela não forma uma entidade diferente do direito e com existência independente dele, como poderia sugerir o termo "fonte do direito", que traz a ideia de que ela se colocaria fora do mundo jurídico. A fonte do direito é sempre uma norma ou um conteúdo específico do próprio direito, como o método de criação de uma norma inferior ou a relação entre uma norma jurídica superior e uma inferior. O direito possui uma única fonte: o próprio direito. Daí distinguir o autor entre fontes essencialmente jurídicas e fontes não jurídicas (fontes materiais)[(255)].

Norberto Bobbio parte da relação das fontes normativas com o ordenamento jurídico estatal para, a partir das diversas procedências das regras, classificá-las em fonte direta (originária) e fontes indiretas (derivadas). A fonte direta é o poder originário. As fontes indiretas subdividem-se em fontes reconhecidas (cujas normas, produzidas por ordenamentos diversos e precedentes, são recepcionadas pelo ordenamento jurídico, como o costume) e fontes delegadas (decorrentes da delegação do poder de produção de normas jurídicas a poderes ou órgãos inferiores, como o regulamento em relação à lei)[(256)].

3.2. Teoria das fontes

É tarefa da Ciência do Direito definir as fontes do direito, descrever as relações entre elas e estabelecer as suas variações nos diversos sistemas jurídicos. Como assevera Tercio Sampaio Ferraz Júnior, a teoria das fontes figura como um instrumento primordial da ciência dogmática moderna, na medida em que torna possível o aparecimento contínuo e plural de normas de conduta, sem abalar a segurança e a certeza das relações, por meio da organização do conjunto em um todo coerente, proporcionando uma série de regras estruturais do sistema[(257)]. Ela é matéria nuclear da filosofia jurídica, por examinar as causas e os fundamentos remotos e emergentes do fenômeno jurídico[(258)].

(254) REALE, Miguel. *Lições preliminares de direito*. São Paulo: Saraiva, 2003. p. 139-141.

(255) KELSEN, Hans. *Op. cit.*, p. 192.

(256) BOBBIO, Norberto. *Teoria do ordenamento jurídico...*, p. 38-41.

(257) FERRAZ JÚNIOR, Tercio Sampaio. *Op. cit.*, p. 203.

(258) DELGADO, Mauricio Godinho. *Direito coletivo do trabalho*. 2. ed. São Paulo: LTr, 2003. p. 136-137.

A teoria das fontes possibilita diversas abordagens, variando de um sistema jurídico a outro, cabendo, neste contexto, à Filosofia do Direito estabelecer e identificar os tipos gerais de fontes do direito, que, conforme a experiência faz antever, aparecem nos diversos ordenamentos jurídicos maduros. A doutrina das fontes é descritiva de normas e não expressiva de normas; ela se refere a normas, não se apresenta como uma doutrina que consiste em normas. Cabe a essa doutrina, como parte da Ciência do Direito, o fornecimento de uma descrição minuciosa de cada uma das fontes e de sua importância relativa no âmbito de cada ordenamento jurídico considerado[(259)].

Além da disciplina geral das fontes do direito, cada um dos ramos de um ordenamento jurídico apresenta uma disciplina própria sobre as fontes jurídicas, pois estas possuem uma dinamização diversa conforme os princípios e regras que regem especificamente cada ramo do saber jurídico. Como destaca Norberto Bobbio, o conhecimento de um ordenamento jurídico ou de um setor particular desse ordenamento inicia-se sempre pela enumeração das suas fontes[(260)].

A importância das fontes em cada ramo do ordenamento jurídico é sentida a partir da leitura dos corpos de leis que regem cada um desses ramos, em que se nota sempre a presença de um ou mais dispositivos legais sobre as fontes do direito. A Consolidação das Leis do Trabalho, por exemplo, embora conjugue, num mesmo dispositivo, simultaneamente elementos díspares, como as fontes do direito e os seus métodos de integração, elenca entre as fontes do Direito do Trabalho a lei, os atos administrativos, as decisões judiciais, as disposições contratuais, os princípios e normas gerais do direito, os usos e costumes etc.[(261)].

3.3. Classificação das fontes do Direito do Trabalho

3.3.1. Fontes materiais e fontes formais

Coube ao jurista francês François Geny a distinção entre dois tipos básicos de fontes, fontes materiais e fontes formais, a partir da consideração do direito no seu aspecto dado ou no seu aspecto construído. As fontes materiais, também denominadas de substanciais, constituem os dados, formados pelos elementos materiais (biológicos, psicológicos, fisiológicos), históricos (a produção de certas habitualidades pela conduta

(259) ROSS, Alf. *Op. cit., passim.*

(260) BOBBIO, Norberto. *Teoria do ordenamento jurídico...*, p. 45.

(261) *"Art. 8º As autoridades administrativas e a Justiça do Trabalho, na falta de disposições legais ou contratuais, decidirão, conforme o caso, pela jurisprudência, por analogia, por equidade e outros princípios e normas gerais de direito, principalmente do direito do trabalho, e, ainda, de acordo com os usos e costumes, o direito comparado, mas sempre de maneira que nenhum interesse de classe ou particular prevaleça sobre o interesse público. Parágrafo único. O direito comum será fonte subsidiária do direito do trabalho, naquilo em que não for incompatível com os princípios fundamentais deste."*

humana no tempo), racionais (elaborações da razão humana), ideais (as diversas aspirações do ser humano que são descritas em postulados, valorativos dos seus interesses). As fontes formais correspondem ao construído, à elaboração técnica do material (fontes materiais), por meio de formas solenes que se explicitam em leis, normas consuetudinárias, decretos regulamentadores etc.[262].

As fontes materiais compreendem o conjunto dos fenômenos sociais que contribuem para a formação da matéria do direito. São os fatores ou elementos que definem a substância das normas jurídicas e o conteúdo do sistema jurídico[263]. As fontes materiais são tão mais diversificadas quanto mais complexa for a realidade social em que se assenta determinado ordenamento jurídico. Elas compreendem os diversos elementos presentes na vida em sociedade e na razão e nas aspirações humanas, como os fatores históricos, culturais, sociais, políticos e econômicos, as necessidades humanas, os movimentos sociais, revolucionários e políticos, as guerras, as doutrinas religiosas e filosóficas.

As fontes formais abrangem as formas e os processos pelos quais o direito se revela e se manifesta na sociedade. Consistem no conjunto de elementos pelos quais um determinado ordenamento jurídico adquire existência e atua em sociedade[264]. São os meios de revelação e transparência da norma jurídica, isto é, "*os mecanismos exteriores e estilizados pelos quais as normas ingressam, instauram-se e cristalizam-se na ordem jurídica*"[265]. As fontes formais são formadas pelas regras de convivência na sociedade, por isso, apresentam-se em número reduzidíssimo em comparação com as fontes materiais[266].

Em geral, são consideradas fontes formais do direito a legislação, os princípios jurídicos, os costumes, a doutrina, a jurisprudência e os atos decorrentes da autonomia privada, individual ou coletiva, dos particulares. A fim de driblar a histórica controvérsia em torno da natureza da jurisprudência e da doutrina como fontes do direito, criou-se a distinção entre fontes imediatas e fontes mediatas, conforme a presença ou não de capacidade imediata de geração de norma jurídica. As fontes mediatas compreenderiam a doutrina e a jurisprudência, enquanto as demais fontes formais estariam insertas no rol das fontes imediatas.

As principais fontes formais do Direito do Trabalho são os acordos e convenções coletivas de trabalho, os pactos sociais, a Constituição Federal, as leis em geral (emendas

---

(262) GÉNY, François. *Método de interpretación y fuentes del derecho privado positivo*. Madri: Reus, 1925, *apud* FERRAZ JÚNIOR, Tercio Sampaio. *Op. cit.*, p. 200-201.

(263) SILVA, Otavio Pinto e. Fontes do direito do trabalho. *Revista da Faculdade de Direito da Universidade de São Paulo*, São Paulo, v. 96, p. 203, 2001.

(264) *Id. Ibid.*, p. 204.

(265) DELGADO, Mauricio Godinho. *Op. cit.*, p. 140.

(266) LOPEZ GUERRA, Guillermo. Fuentes del derecho del trabajo: ley e autonomía privada. *Roma e America:* diritto romano comune: rivista di diritto dell'integrazione e unificazione del diritto in Europa e in America Latina, Roma, n. 2, p. 72, 1996.

constitucionais, lei complementar, lei ordinária, lei delegada, medida provisória), a sentença normativa da Justiça do Trabalho, o laudo arbitral, o regulamento de empresa, o contrato individual de trabalho, os usos e costumes, a jurisprudência, os princípios jurídicos, as normas da Organização Internacional do Trabalho (resoluções, convenções e recomendações), tratados e atos internacionais e doutrinas nacional e estrangeira, atos normativos (portarias, normas regulamentadoras, resoluções).

Embora as fontes formais sejam relativamente semelhantes nos diversos ramos do ordenamento jurídico, as fontes materiais atuam de formas diferentes em cada um deles, uma vez que cada ramo incide predominantemente sobre um determinado substrato social. Por essa razão, apesar da impossibilidade de secção da realidade social, alguns elementos desta realidade tornaram-se fontes materiais precípuas do Direito do Trabalho, destacando-se a questão social (Séculos XVIII e XIX), a Revolução Industrial, as doutrinas socialistas, o Cristianismo, a doutrina social da igreja, a Revolução Russa de 1917, o fordismo e o taylorismo, a globalização e o incremento do processo de circulação dos trabalhadores.

3.3.1.1. A tese da natureza metajurídica das fontes materiais

A distinção entre fontes formais e materiais idealizada por François Geny foi amplamente divulgada, estando praticamente presente em todos os estudos sobre as fontes do direito, independentemente do ramo do ordenamento jurídico no qual se situa, o que inclui a doutrina do Direito do Trabalho.

As reiterações do pensamento do jurista francês costumam conceder às fontes materiais um caráter não jurídico ou metajurídico, ao passo que as fontes formais são consideradas propriamente jurídicas.

Com base nessa dicotomia, a expressão "fonte do direito" é comumente empregada num sentido jurídico e num sentido não jurídico. O primeiro corresponderia às fontes formais, consideradas as verdadeiras fontes jurídicas, das quais originam-se imediatamente normas jurídicas; no segundo, estariam compreendidas as fontes materiais, ou seja, o conjunto de fontes que somente de forma indireta e mediata influenciariam no nascimento das normas jurídicas. Essa diferenciação está fortemente presente nos juristas positivistas, como forma de minimizar o papel das fontes materiais como típicas fontes do direito.

Para Hans Kelsen, a fonte propriamente jurídica integra o próprio direito, seja como norma, seja como um conteúdo específico do ordenamento jurídico. Segundo o autor, a expressão "fonte de Direito" pode ser empregada num sentido inteiramente não jurídico, para identificar o conjunto de ideias que efetivamente influenciam os órgãos criadores do Direito, como as normas morais, os princípios políticos, as doutrinas jurídicas, as opiniões de especialistas jurídicos. Consistem em fontes desprovidas de força de obrigatoriedade, o que faz com que não sejam verdadeiras fontes do direito; elas se tornariam verdadeiras fontes do direito, à medida que fossem transformadas em normas jurídicas pelos órgãos criadores do direito, que se veem obrigados a respeitar ou aplicar certas normas morais, princípios políticos ou opiniões de especialistas[(267)].

Para Miguel Reale, o termo fonte do direito deve ter uma única acepção, circunscrita ao campo do direito. Para o autor, o que se costuma apontar como fonte material, não passa do estudo filosófico ou sociológico dos motivos éticos ou dos fatos econômicos que condicionam o surgimento e as transformações das regras jurídicas. As causas imediatas ou próximas do fenômeno jurídico estão fora do âmbito da Ciência do Direito, pertencendo ao campo da Sociologia Jurídica[(268)].

Legaz y Lacambra considera que as fontes materiais possuem natureza metajurídica e radicam, principalmente, na esfera sociológica, ao passo que as fontes formais radicam no âmbito propriamente normativo. As fontes formais são as formas pelas quais se manifesta a vontade criadora do direito, e determinam o fundamento da validez jurídica de uma norma. As fontes materiais são formadas pelos dados ideais (incitações e pensamentos), ou sociovitais, cuja conversão em preceitos jurídicos pressupõe a passagem pelas fontes formais, de modo que a questão se estabelece estritamente dentro da experiência jurídica[(269)].

Para Mauricio Godinho Delgado, as fontes materiais situam-se num momento pré-jurídico, anterior à existência do fenômeno pleno da regra, elas conduzem à emergência e à construção da regra de direito. O momento tipicamente jurídico, isto é, o plano das regras plenamente construídas, é composto pelas fontes formais, representadas pelos mecanismos exteriores e estilizados por meio dos quais as regras se revelam ao mundo exterior[(270)].

3.3.1.2. Ideologia da tese da natureza metajurídica das fontes materiais

A tese da natureza metajurídica das fontes materiais origina-se de uma concepção positivista do ordenamento jurídico como um sistema lógico-formal dissociado da sociedade; por isso, ela só pode ser compreendida a partir da noção de ordenamento jurídico fechado, estruturado em torno do monopólio jurídico estatal, que nega a existência de força normativa a esferas sociais inorganizadas e não oficialmente reconhecidas, como forma de possibilitar o controle das transformações sociais e a estabilidade ao ordenamento jurídico oficial.

(267) KELSEN, Hans. *Op. cit.*, p. 192.

(268) REALE, Miguel. *Lições preliminares de direito...*, p. 140.

(269) LEGAZ Y LACAMBRA, Luis. Introducción a la Ciência del Derecho. Barcelona, 1943, p. 345, *apud* LOPEZ GUERRA, Guillermo. *Op. cit.*, p. 72.

(270) DELGADO, Mauricio Godinho. *Op. cit.*, p. 138.

O pensamento positivista é marcado pelo isolamento entre norma e realidade; esta dissociação é observada tanto no positivismo jurídico de Paul Laband e George Jellinek, quanto no "positivismo sociológico" de Carl Schmitt, cujos efeitos no plano da doutrina constitucional ainda não foram superados(271). Esse isolamento do ordenamento jurídico da realidade social vem sendo reconfigurado e realimentado pela concepção de sistema jurídico como um sistema do tipo fechado.

A necessidade de controle social numa sociedade altamente conflituosa como a sociedade moderna encontrou resposta satisfatória na ideia de clausura do ordenamento jurídico e na acentuação do monopólio legislativo das inovações jurídicas. Sobre o plano estrutural, a diferença repousa na consideração de que a imediatidade da transposição jurídica das inovações sociais dá-se por intermédio do intérprete no sistema aberto e pelo legislador nos sistemas fechados(272).

Essa construção não se coaduna com a realidade social e com o moderno pensamento sistêmico do direito, em que o sistema jurídico, de tipo aberto, está inserido no sistema social, havendo constantes permutas entre ambos. O sistema jurídico molda a sociedade e é por ela moldado. O não reconhecimento formal das fontes materiais não retira a sua característica de fontes jurídicas, completamente compreensível num sistema jurídico do tipo aberto.

A natureza normativa das fontes materiais, como centros de poder com capacidade de gerar efeitos jurídicos, consolidou-se historicamente com a consagração do pluralismo jurídico; no entanto, a maior parte das correntes pluralistas assentava-se sobre a ideia dos grupos sociais organizados como fontes de produção jurídica; sendo a questão das fontes materiais dispersas pela sociedade (valores, fatores sociais, ideias, pensamentos etc.) remetida a um segundo plano.

Entre as diversas tentativas de demonstração da força normativa das fontes materiais, destacou-se a conferência proferida por Ferdinand Lassale, em 16 de abril de 1862, numa associação liberal-progressista de Berlim, sobre a Essência da Constituição. Lassale considerava que as relações fáticas resultantes dos fatores políticos, econômicos, intelectuais (representado pela consciência e cultura gerais), sociais são as verdadeiras forças ativas determinantes das leis e das instituições da sociedade; são elas os fatores reais de poder. Tamanha foi a força concedida pelo pensador alemão aos fatores reais de poder que ele chegou a defender que a Constituição não passaria de um "pedaço de papel", uma vez que a capacidade normativa da Constituição formal estaria limitada à sua compatibilidade com a Constituição real(273).

---

(271) HESSE, Konrad. *A força normativa da Constituição.* Trad. Gilmar Ferreira Mendes. Porto Alegre: Sergio Antonio Fabris Editor, 1991. p. 14.

(272) BARCELONA, Pietro. *Op. cit.*, p. 44.

(273) LASSALE, Ferdinand *apud* HESSE, Konrad. *Op. cit.*, p. 9.

A ideia da natureza metajurídica das fontes materiais é resquício de uma doutrina positivista lógico-formal dissociada da sociedade. Atualmente, constata-se a força normativa de diversas fontes materiais inclusive com poder derrogador de normas oficiais, nas hipóteses em que estas violem valores que permeiam a sociedade. Como conclui Konrad Hesse, em sua crítica a Lasssale, a ordenação jurídica e a sociedade devem ser consideradas em sua relação e em seu inseparável contexto, no qual se condicionam reciprocamente(274). Dentro de uma concepção sistêmica do direito, as fontes materiais são autênticas fontes jurídicas, não se discutindo a respeito da sua natureza, mas sobre o seu grau de normatividade em relação às fontes oficiais e como se delineia a relação entre elas.

3.3.2. Fontes autônomas e heterônomas

3.3.2.1. Imperativos autônomos e heterônomos

Reside em Kant a distinção entre imperativos autônomos e heterônomos, utilizada para diferençar os imperativos morais de outros tipos normativos. Os imperativos morais são autônomos por consistirem em comandos que o ser humano, como ser racional, formula para si mesmo com a autoridade da sua própria razão; é a vontade como lei de si mesma. A heteronomia surge quando a vontade procura a lei que deve determiná-la, em lugar distinto da razão, tornando-se, assim, ela mesma, a vontade, um objeto de outra lei(275).

A importância da distinção kantiana reside na contribuição para a tentativa de distinção entre moral e direito. No pensamento kantiano, a moral é formada por imperativos autônomos, ao passo que o direito é composto por imperativos heterônomos. A primeira conforma-se pela presença do legislador interno; o segundo, por sua vez, é resolvido por um legislador externo(276).

Norberto Bobbio, ao analisar a construção kantiana observa que ela é duvidosa para distinguir a moral do direito, pois há sistemas morais fundados na heteronomia, como, *v. g.*, uma moral religiosa, que possui regras decorrentes de outras esferas que não a do próprio indivíduo (dez mandamentos), como também presencia-se a existência de imperativos autônomos no direito, formados pelas normas ou complexos de normas em que há a identificação entre o legislador e o executor. No Direito Privado, fala-se em autonomia privada, para designar as situações em que os particulares autorregulamentam seus comportamentos, independentemente do poder público, como no caso do contrato(277).

---

(274) HESSE, Konrad. *Op. cit.*, p. 13.

(275) BOBBIO, Norberto. *Teoria da norma jurídica*..., p. 90.

(276) *Id., loc. cit.*

(277) *Id. ibid.*, p. 91.

3.3.2.2. Fontes autônomas e heterônomas

No Direito do Trabalho, fala-se em fontes autônomas para indicar as normas ou complexos de normas em que há identificação entre o legislador e o executor, isto é, que são produzidas com a participação dos próprios sujeitos interessados, a partir do exercício da autonomia privada individual ou coletiva dos particulares, por meio da qual estes autorregulamentam as suas condutas e relações, com o estabelecimento do seu conteúdo e da respectiva disciplina jurídica. O contrato de trabalho, as convenções e os acordos coletivos de trabalho são típicas fontes autônomas do Direito do Trabalho.

As fontes heterônomas abrangem as normas ou conjunto de normas em que o legislador e o executor não se identificam, pois elas não são elaboradas diretamente pelos sujeitos que deverão observá-las, sendo decorrentes de uma vontade que lhes é alheia e que se coloca em patamar superior. Entram nessa categoria as normas estatais.

A distinção entre fontes autônomas e heterônomas nem sempre se apresenta tão clara, como ocorre com o enquadramento do contrato de trabalho (fonte autônoma) e da legislação estatal (fonte heterônoma). As convenções e os acordos coletivos de trabalho, por exemplo, possuem duplo enquadramento conforme a natureza e a posição dos sujeitos em relação à sua elaboração e à sua observância. Assim, em relação aos sujeitos pactuantes [sindicato ou sindicato(s) e empresa(s)], os acordos e convenções coletivas constituem típicas fontes autônomas do direito do trabalho; porém, atuam relativamente como fontes heterônomas em relação aos sujeitos do contrato de trabalho, uma vez que há uma desidentificação entre o legislador (sujeitos da norma coletiva) e o executor (sujeitos do contrato individual de trabalho). Diz-se relativa, porque, na realidade, os trabalhadores são os verdadeiros titulares da autonomia privada coletiva, sendo, assim, em última análise, os detentores do poder de elaboração de acordos e convenções coletivas de trabalho, circunstância que não retira destes o caráter de normas autônomas.

Cientes dessa peculiaridade, e com a intenção de contorná-la, *Evaristo de Moraes Filho* e *Antonio Carlos Flores de Moraes*, intentam uma concepção mais ampla de fontes autônomas, concebendo-as como aquelas em que os interessados constroem, remota ou proximamente, a norma jurídica que deverão observar. Citam como exemplos os regulamentos de empresas elaborados pelos conselhos de empresa e as convenções coletivas[(278)].

3.3.3. Fontes estatais e não estatais

A classificação das fontes em estatais e não estatais baseia-se na origem das normas jurídicas, tendo como parâmetro a produção de normas pelo Estado ou por outros centros de produção do direito que não o Estado ou órgãos que o compõem.

(278) MORAES FILHO, Evaristo de; MORAES, Antonio Carlos Flores de. *Introdução ao direito do trabalho*. 9. ed. São Paulo: LTr, 2003. p. 158.

Para a doutrina, de um modo geral, as fontes estatais indicam que a norma jurídica foi elaborada pelo Estado ou por um órgão componente da sua estrutura, ao passo que as fontes não estatais correspondem aos centros de produção jurídica distintos do Estado ou não integrantes da sua estrutura, como as normas decorrentes da autonomia privada dos particulares e dos grupos sociais; mas, igualmente, obrigatórias e exigíveis[(279)].

3.3.3.1. Esvaziamento da dicotomia entre fontes estatais e não estatais

A diferenciação entre fontes estatais e não estatais não encontra ressonância em sociedades cada vez mais complexas e plurais, nas quais a legislação estatal figura somente como mais uma fonte normativa em coexistência com tantas outras decorrentes dos diversos centros de produção normativa presentes no sistema jurídico.

A derrocada da ideologia do monismo jurídico e o reconhecimento da incapacidade e da insuficiência da legislação estatal para o regramento dos diversos complexos e dinâmicos setores da vida social exigem que a legislação estatal se utilize cada vez mais dos processos de delegação do poder de produção de normas jurídicas ou trazem a necessidade da complementação da legislação estatal por entes públicos ou privados, de forma que a norma pode adquirir uma característica mista de fonte estatal e não estatal, enfraquecendo a dicotomia em comento.

Por outro lado, diversas normas decorrentes de fontes não estatais são incorporadas ao ordenamento jurídico estatal, pelo processo de recepção, o qual, segundo Norberto Bobbio, consiste no procedimento pelo qual um ordenamento incorpora em seu sistema a disciplina normativa estabelecida por um outro ordenamento a respeito de determinada matéria[(280)]. No Direito do Trabalho, o instituto do 13º salário, por exemplo, de origem consuetudinária, foi objeto de recepção pelo ordenamento jurídico estatal; a licença-maternidade fora inicialmente prevista nos acordos e convenções coletivas de trabalho, somente depois sendo transpassada para o ordenamento estatal.

A circunstância de uma disciplina normativa oriunda de uma fonte não estatal ser incorporada ao ordenamento jurídico estatal, não desnatura a sua origem de fonte não estatal, embora lhe dê uma nova conformação no ordenamento jurídico[(281)]. Entender

(279) Nesse sentido, SILVA, Otavio Pinto e. *Op. cit.*, p. 206. JORGE NETO, Francisco Ferreira; CAVALCANTI, Jouberto de Quadros Pessoa. *Manual de direito do trabalho*. Rio de Janeiro: Lumen Juris, 2003. p. 115.

(280) BOBBIO, Norberto. *Teoria do ordenamento jurídico...*, p. 169.

(281) Evidentemente, que essa não é a posição do positivismo de Norberto Bobbio. O autor italiano concede uma grande preponderância ao ordenamento jurídico estatal. Após elucidar que os ordenamentos estatais são ordenamentos complexos, aponta que eles também são compostos, isto é, apresentam-se estratificados, porque são resultantes de uma estratificação secular de ordenamentos diversos, que, embora, em princípio, sejam independentes, são paulatinamente absorvidos e amalgamados pelo ordenamento estatal, único e vigente. Entre outros processos, essa estratificação é propiciada pelo processo de recepção de um ordenamento por outro que, para o autor, não deixa vestígios do ordenamento originário, que somente a procura dos estratos o revelará; busca que não possui um relevo jurídico, mas simplesmente histórico e para a teoria geral do Direito (*id. ibid.*, p. 171).

como Norberto Bobbio que a recepção retira os vestígios do ordenamento originário, que somente se revelará nas buscas dos estratos da norma jurídica, equivaleria a considerar que o poder do qual se originou a norma estatal fora extinto ou absorvido pelo Estado, consequência que não decorre necessariamente do processo de recepção.

A norma em questão não foi elaborada pelo Estado ou por algum órgão da sua estrutura e, ainda, assim, passou a integrar o ordenamento estatal. A categoria das normas essencialmente estatais não possui a dimensão quantitativa que se lhe atribui, por isso que o conceito de normas estatais, delineado pela doutrina, padece de imprecisão conceitual, esvaziando-se paulatinamente com a consolidação do pluralismo jurídico e com as diversas formas de relacionamento e de imbricação entre as normas jurídicas decorrentes dos diferentes centros de produção normativa.

3.3.4. Fontes internas e externas

Com parâmetros nos limites territoriais do Estado, as fontes jurídicas são classificadas em internas e externas. As internas compreendem o conjunto de nascentes da norma jurídica localizadas no âmbito territorial do Estado, independentemente da sua natureza, ou seja, abrangem normas estatais, decorrentes da autonomia privada coletiva, normas consuetudinárias, jurisprudência, doutrina nacional etc.

São consideradas fontes externas aquelas cuja formação da norma jurídica dá-se além do âmbito territorial do Estado, com ou sem a participação deste. Esse complexo de fontes é representado pelas normas provenientes dos organismos internacionais, de natureza pública ou privada, como as normas da Organização Internacional do Trabalho, os tratados internacionais, as declarações de direito, o costume internacional, a doutrina estrangeira, o direito comparado, a jurisprudência internacional etc.

3.3.4.1. A controvérsia em torno da existência de fontes externas e da sua obrigatoriedade

Parte da doutrina contesta que as fontes externas sejam verdadeiras fontes de normas jurídicas obrigatórias e exigíveis. No plano do Direito do Trabalho, Evaristo de Moraes Filho e Antonio Carlos Flores de Moraes, não concedem o *status* de fonte independente aos tratados e convenções internacionais, pois, segundo os autores, eles não possuem vida própria, uma vez que dependem de ratificação pelo Congresso Nacional, isto é, imprescindem de lei que lhes dê validade, sendo esta a verdadeira fonte genérica, razão pela qual seria despicienda a distinção entre fontes internas e internacionais[(282)].

Em virtude da dimensão da controvérsia, que obsta, nesse momento, uma digressão sobre todos os aspectos da questão, não há dúvida de que a mais abalizada doutrina do Direito Internacional considera os atos e tratados internacionais como verdadeiras

(282) MORAES FILHO, Evaristo de; MORAES, Antonio Carlos Flores de. *Op. cit.*, p. 158.

fontes de direito. A dependência de legislação interna para a entrada em vigor de uma norma internacional em determinado ordenamento jurídico não pode ser aferida *in abstracto*; ela depende da conformação de cada ordenamento jurídico em torno do monismo ou do dualismo. Nos regimes monistas, a norma internacional ingressa no ordenamento jurídico independentemente da legislação nacional; nos sistemas dualistas, a cisão entre a ordem jurídica interna e a ordem internacional exige a conversão em lei da norma internacional para a sua entrada em vigor no âmbito do Estado.

Por outro lado, a obrigatoriedade ou não da norma internacional, naqueles países que adotam o dualismo, depende da observação das diversas disposições da norma internacional e dos seus respectivos destinatários (partes convenentes). As normas da Organização Internacional do Trabalho, *v. g.*, mesmo para os ordenamentos jurídicos dualistas, embora não originem direitos e obrigações para os sujeitos das relações de trabalho, obrigam que o Estado-membro submeta-as ao órgão legislativo competente, em determinado prazo, para a apreciação da ratificação, isto é, obriga, em determinado grau, os Estados-partes, sendo, portanto, fonte de direito.

Independentemente da sua aplicação no âmbito interno dos Estados, as normas da OIT constituem fontes de direitos e obrigações para os próprios Estados-membros. Essa obrigatoriedade vem prevista no art. 19, 5, *b*, da constituição da OIT, que dispõe sobre o dever de cada Estado-membro de submeter a convenção à apreciação da autoridade ou autoridades competentes, dentro do prazo de um ano, a partir do encerramento da Conferência Internacional do Trabalho que a adotou, para que haja deliberação para a sua conversão em lei ou para a tomada das providências cabíveis. Assim, no mínimo uma obrigação exsurge de uma convenção da OIT: a submissão da convenção para apreciação da(s) autoridade(s) competente(s), para que ela seja transformada em lei ou adotadas medidas de outra natureza.

É verdade que as normas da Organização Internacional de Trabalho possuem um regime inusitado de entrada em vigor no interior dos Estados-membros, em comparação com as normas oriundas de outros organismos especializados da Organização das Nações Unidas, que vigem no ordenamento jurídico interno dos Estados de modo automático. A atuação da Organização Internacional do Trabalho pauta-se pelos traços característicos do atual Direito Internacional, que almeja ser um direito de cooperação, em que os Estados adaptam suas legislações internas, para o estabelecimento de normas-padrão comuns aos Estados[283]. Atualmente, as convenções da Organização Internacional do Trabalho não correspondem a leis supranacionais, capazes de terem eficácia jurídica automática, isto é, independentemente de ratificação, no direito interno dos Estados-membros[284].

(283) SOARES, Guido Fernando Silva. *Direito internacional do meio ambiente*. 2. ed. São Paulo: Atlas, 2003. p. 196.

(284) SÜSSEKIND, Arnaldo. *Convenções da OIT*. 2. ed. São Paulo: LTr, 1998. p. 31.

A par dessa realidade específica das normas da Organização Internacional do Trabalho, o condicionamento da validade das fontes externas ao direito interno não condiz com a diversidade das fontes no âmbito internacional, podendo ser direcionada apenas para os tratados e convenções internacionais e, reafirma-se, somente em relação aos países adeptos do dualismo jurídico. O costume internacional é uma típica fonte externa que imprescinde de qualquer legislação interna que determine a sua validade ou a sua eficácia. Do mesmo modo, há diversos princípios internacionais que geram direitos e obrigações para os Estados e os particulares.

No plano do Direito Internacional, muitos tratados e convenções, embora não ratificados por determinados países, são-lhes aplicados por cortes internacionais na condição de costumes internacionais. Como esclarece Michel Virally, "(...) *algumas normas de Direito Internacional são de caráter misto: convencionais em relação aos Estados contratantes nos tratados que se estabelecem, e consuetudinárias em quanto a outros. Isto ocorre com frequência. É uma situação que se produz constantemente em relação à codificação (...) igualmente quando a prática baseada originalmente em tratados particulares adquire aquelas características de generalidade e continuidade que o processo de criação de regras consuetudinárias reclamam*"[(285)].

3.3.5. Fontes de aplicação principal, de aplicação supletória e subsidiárias

Alguns estudos jurídicos distinguem entre fontes de aplicação principal e fontes de aplicação supletória. A diferença entre os dois tipos de fonte consiste, para os que comungam dessa posição, na força com que concedem ao caso concreto (ou não) a matéria exata para a sua decisão. A analogia encontrar-se-ia entre as fontes supletórias[(286)].

3.3.5.1. Inexistência ontológica das fontes de aplicação principal, supletória e subsidiárias

A distinção entre fontes de aplicação principal e supletória carece de cientificidade. Trata-se de um excesso de divisão ou classificação das fontes de direito que acaba por destoar da natureza ou do conceito das fontes jurídicas. O que comumente se denomina de fontes de aplicação supletória, consiste, em verdade, em métodos de integração do direito, como a analogia e a equidade. Elas não se confundem com as fontes materiais (substratos do mundo real) ou com as fontes formais (formas de expressão de direito), pois constituem métodos ou processos de integração do direito.

A aplicação principal ou supletória não define ou caracteriza determinado elemento como fonte do direito, ela simplesmente demonstra uma forma de relação entre as fontes de direito já existentes, cuja análise é tarefa da doutrina das fontes, como veremos adiante.

---

(285) VIRALLY, Michel. Fuentes del derecho internacional. In: SORENSEN, Max (Ed.). *Manual de derecho internacional público*. México: Fondo de Cultura Económica, 1985, p. 160, *apud* SOARES, Guido Fernando Silva. *Op. cit.*, p. 199.

(286) Segue esta distinção, LOPEZ GUERRA, Guillermo. *Op. cit.*, p. 74-75.

Não é possível a definição *a priori* de fontes de aplicação principal ou supletória, pois se trata de conceitos relacionais cujos conteúdos somente podem ser definidos a partir da análise da estrutura normativa de cada ordenamento jurídico.

Essa distinção também é encontrada nas posições que não consideram a natureza de fonte do direito a determinadas fontes, como a jurisprudência ou a doutrina, atribuindo--lhes um papel secundário e subsidiário na formação da norma jurídica.

Essa classificação é igualmente adotada por aqueles que ideologicamente pretendem garantir a predominância de uma fonte sobre outra, distinguindo-as segundo o grau de força normativa na sociedade. André Franco Montoro, por exemplo, concede predominância ao ordenamento jurídico estatal sobre aqueles ordenamentos decorrentes dos grupos sociais, aos quais atribuiu a natureza de fonte subsidiária, que, por essa condição, não podem colidir com a legislação estatal[(287)].

(287) MONTORO, André Franco. *Introdução à ciência do direito.* 25. ed. São Paulo: Revista dos Tribunais, 2000. p. 358.

Capítulo III

Autonomia Privada Coletiva no Direito do Trabalho

1. Autonomia e vontade

Autonomia e vontade são fenômenos inerentes ao ser humano e, por isso, são objetos de estudos e pesquisas de diversos campos do conhecimento, como o ético, o psicológico, o psicanalítico, o sociológico, o filosófico, o metafísico e o jurídico. Todos eles, no entanto, nivelam-se estruturalmente em derredor da compreensão da vontade como um caráter fenomênico do intelecto, embora cada ciência objetive e direcione a questão em conformidade com as suas finalidades e seus métodos específicos[288].

O presente trabalho, ao abranger o estudo da autonomia privada coletiva, parte de uma consideração restrita de autonomia, uma vez que se limita à sua existência e funcionalidade no campo do fenômeno jurídico. Todavia, a inerente interdisciplinaridade da temática exige pontuais considerações para além do fenômeno jurídico, embora este sempre constitua a via principal da nossa abordagem.

Assim, apesar de não ser objeto do nosso trabalho transcorrer sobre todos os níveis de conhecimento que se debruçam sobre estas duas dimensões comportamentais do ser humano — tendo em vista o enfoque eminentemente jurídico que adotamos para o seu desenvolvimento —, para uma integral compreensão do conteúdo da autonomia privada coletiva, e a título introdutório, efetuaremos algumas elucidações sobre os significados, especialmente jurídicos, dos vocábulos autonomia e vontade.

1.1. Autonomia

O termo "autonomia", derivado do grego: *autonomia* — *autos* (por si próprio, de si mesmo) + *nomos* (regra de conduta, lei, costume) —, plurívoco por natureza, designa, dentre outras significações, a faculdade de se governar por si mesmo; o direito ou faculdade de se reger (uma nação) por leis próprias; liberdade ou independência moral ou intelectual; distância máxima que um veículo, um avião ou um navio pode percorrer sem se reabastecer; condição pela qual o ser humano pretende poder escolher as leis que

(288) STRENGER, Irineu. *Da autonomia da vontade*. São Paulo: LTr, 2000. p. 23-24.

regem a sua conduta(289). Também encerra o *"fato de que uma realidade seja regida por uma lei própria, diversa de outras leis, mas não forçosamente incompatível com elas"*(290).

No campo filosófico, o termo autonomia é empregado em dois sentidos. Ontologicamente, supõe a presença de esfera de realidades autônomas (como a autonomia da realidade orgânica e em face da inorgânica) não implicando, entretanto, que uma esfera autônoma não possa ser regida por leis de outra esfera considerada mais fundamental(291). Eticamente, seu significado é comumente extraído do pensamento kantiano, para quem a lei moral é autônoma quando possui em si mesma o seu fundamento e a razão própria de sua legalidade. Para o filósofo, a autonomia da vontade é o único princípio de todas as leis morais e dos correspondentes deveres; ela constitui o eixo central da autonomia da lei moral e apresenta-se como fundamento do imperativo categórico, o princípio supremo da moralidade(292). Não há moralidade sem autonomia, sem independência em relação a qualquer objeto desejado.

No âmbito das relações humanas, o termo indica a faculdade de determinada pessoa ou instituição para traçar normas de conduta sem imposições de qualquer ordem que lhe seja estranha; adquirindo, assim, o sentido de independência. Daí falar-se em autonomia financeira, autonomia econômica e autonomia política, para designar situações de independência em que se encontra determinada pessoa física ou jurídica relativamente a cada um desses aspectos(293).

A concepção de autonomia contrapõe-se à heteronomia — do grego *hetero* (outro, diferente) + *nomos* (lei) —, que designa a *"condição de pessoa ou de grupo que receba de um elemento que lhe é exterior, ou de um princípio estranho à razão, a lei a que se deve submeter"*(294).

Em sentido amplo, a autonomia pode ser definida como a capacidade do sujeito de determinar seu próprio comportamento individual. Envolve, assim, a disposição do próprio sujeito sobre os diversos aspectos da sua vida, como as escolhas existenciais (com quem se casar, como se vestir, onde morar, a escolha da profissão etc.), além de, evidentemente, a dimensão jurídica. Consiste no estabelecimento, no que concerne a cada um, dos fins e caminhos que deve perseguir, dos valores e crenças que deve professar, ou seja, a determinação dos rumos da sua própria existência(295).

---

(289) FERREIRA, Aurélio Buarque de Holanda. *Novo Aurélio Século XXI:* o dicionário da língua portuguesa. Rio de Janeiro: Nova Fronteira, 1999. p. 236.

(290) MORA, J. Ferrater. *Op. cit.,* 2000, p. 234.

(291) MORA, J. Ferrater. *Op. cit.,* 2000, p. 234.

(292) *Id., loc. cit.*

(293) SILVA, Oscar José de Plácido e. *Vocabulário jurídico.* 18. ed. Rio de Janeiro: Forense, 2001. p. 102.

(294) FERREIRA, Aurélio Buarque de Holanda. *Op. cit.,* p. 1.039.

(295) SARMENTO, Daniel. Os princípios constitucionais da liberdade e da autonomia privada. In: LEITE, George Salomão (Org.). *Dos princípios constitucionais:* considerações em torno das normas principiológicas da Constituição. São Paulo: Malheiros, 2003. p. 296.

Nesse sentido, a autonomia representa um dos pilares primordiais da liberdade do ser humano(296). Ela se insere no princípio da dignidade da pessoa humana que, nos dizeres de J. J. Gomes Canotilho, trata-se *"do princípio antrópico que acolhe a ideia pré--moderna e moderna da* dignitas hominis (Pico della Mirandola), *ou seja, do indivíduo conformador de si próprio e da sua vida segundo o seu próprio projeto espiritual* (plastes ef ifctor)"(297).

A liberdade é uma questão primordial não só para a Filosofia como também para o Direito, que tem como função — segundo *Kant* — permitir a coexistência entre as liberdades das pessoas de acordo com leis universais de conduta(298).

Na Constituição de 1988, por exemplo, essa ampla autonomia é tutelada nas mais diversas dimensões existenciais da vida humana, sendo, por isso, denominadas de liberdades existenciais — como o direito à privacidade, as liberdades de comunicação e de expressão, de religião, de associação e de profissão, entre outras(299).

A noção de autonomia da pessoa, como ser individuado e inserido numa ordem maior (comunidade, sociedade, coletividade, família etc.), não condiz com o limite da sua esfera de liberdade, pois o ser humano não existe sozinho no mundo, convive em sociedade. Essa inserção da microesfera individual na macroesfera social justifica as limitações à autonomia individual em favor da proteção de interesses coletivos, observada a proporcionalidade.

É imperioso fixar que nenhuma autonomia (física, biológica, psicológica, jurídica etc.) é absoluta, pois toda função autônoma insere-se numa ordem maior, tornando--se relativa por natureza. Desse modo, sendo a autonomia da pessoa um suporte e instrumento para a realização de valores, ela também se insere num círculo maior de uma comunidade de valores, em função do qual ela se torna, de certo modo, heterônoma.

1.2. Vontade

A vontade é inerente ao ser humano. Segundo determinadas concepções, ela constitui elemento de distinção do humano com relação às outras espécies da natureza. Sua importância é sentida nas palavras de Fábio Konder Comparato: *"O homem é o único ser, no mundo, dotado de vontade, isto é, da capacidade de agir livremente, sem ser conduzido pela inelutabilidade do instinto"*(300).

---

(296) *Id. ibid.*, p. 306.

(297) CANOTILHO, J. J. Gomes. *Op. cit.*, p. 225.

(298) KANT, Immanuel. *A metafísica dos costumes*. Trad. Edson Bini. São Paulo: Edipro, 2003. p. 76.

(299) SARMENTO, Daniel. *Op. cit.*, p. 331.

(300) COMPARATO, Fábio Konder. *A afirmação histórica dos direitos humanos*. São Paulo: Saraiva, 2003. p. 25.

O vocábulo vontade, derivado do termo latino *voluntate*, designa a *"faculdade de representar mentalmente um ato que pode ou não ser praticado em obediência a um impulso ou a motivos ditados pela razão; sentimento que incita alguém a atingir o fim proposto por esta faculdade; aspiração; anseio; desejo"*[(301)].

No geral, exprime a faculdade do indivíduo de querer, de manifestar exteriormente um desejo, o propósito de realizar algo, a intenção de agir em determinado sentido[(302)]. Compreende uma transfiguração dos nossos instintos pelas exigências do mundo objetivo que nos fornece a capacidade de executar os atos da razão[(303)]. Algumas vezes, designa o próprio objeto do querer, o querido, o conteúdo do querer, o fim perseguido; por outras, designa a faculdade ou a atividade de querer como ato psíquico interno[(304)].

Historicamente, no curso da filosofia, pode-se constatar a presença de quatro pontos de vista a respeito da vontade: a) no campo da psicologia (ou da antropologia), considerou-se a vontade como uma faculdade humana, fruto da expressão de um certo ato; b) no âmbito da moral, a vontade foi relegada aos problemas da intenção e às questões pertinentes às condições necessárias para o atingimento do bem; c) teologicamente, caracteriza um aspecto fundamental e, conforme certos autores, ou o aspecto básico da realidade, ou personalidade divina; d) na metafísica, expressa um princípio das realidades e um motor de toda mudança[(305)].

Segundo Kant, a vontade consiste na faculdade do desejo – denominada *"faculdade de fazer ou deixar de fazer conforme aprouva a cada um"* — cujo fundamento determinante encontra-se na razão. Relaciona-se a vontade não tanto no que se refere à ação para a realização do objeto do desejo, que Kant denomina de escolha, mas com o fundamento que determina a escolha para a ação[(306)].

Em resumo, a vontade, na concepção kantiana, consiste na faculdade do indivíduo de fazer ou deixar de fazer como bem lhe aprouver e segundo os ditames da razão; ela é o fundamento da ação (escolha).

Na filosofia de Friedrich Hegel, a vontade contém os seguintes elementos: a) a pura indeterminação ou "pura reflexão do eu em si mesmo" — o puro pensamento de si mesmo, com ilimitada abstração e generalidade, no qual se esvai toda limitação, todo conteúdo determinado pela natureza, pelas carências, pelos desejos e pelos instintos; b) a determinação, isto é, a colocação do eu numa aura de determinação, onde o eu entra na

(301) FERREIRA, Aurélio Buarque de Holanda. *Op. cit.*, p. 2.087.

(302) SILVA, Oscar José de Plácido e. *Op. cit.*, p. 872.

(303) STRENGER, Irineu. *Op. cit.*, p. 27-28.

(304) BETTI, Emilio. *Teoria general del negocio jurídico*. Granada: Ed. Comares, 2001. p. 61.

(305) MORA, J. Ferrater. *Op. cit.*, v. 4, 2001, p. 3.043.

(306) KANT, Immanuel. *A metafísica dos costumes...*, p. 62-63.

existência geral, é o momento em que se dá conta da sua finitude e do seu particularismo; é a vontade que sai da sua indeterminação para tornar-se real, uma decisão; c) relação de negatividade consigo mesmo; a união dos dois momentos anteriores para a formação da vontade. É o momento da individualidade, da particularidade refletida do eu sobre si no âmbito do universal; é o próprio eu autodeterminando-se, apesar de limitado na universalidade, sem deixar de ser ele mesmo(307).

Para Irineu Strenger, a vontade sempre expressa uma atividade pessoal que comporta a representação do ato a produzir ou a suspensão provisória da tendência de se praticar esse ato, intervindo nesse processo o sentimento do valor das razões, que pode determinar ou não a decisão de agir ou abster-se da ação(308).

Para Santo Agostinho, é por meio da vontade que os homens se abrem para o futuro. Segundo ele, a vontade consiste na faculdade integradora das aptidões mentais do humano, na sua relação com o mundo das aparências, e é por meio dela que os seres humanos voltam para o futuro(309). Na análise agostiniana, além do *principium* do mundo (do céu e da terra), sem que nada lhe precedesse (nem os anjos), há um *initium* que indica o começo de cada ser humano num mundo que os precede no tempo, mas onde ainda há a liberdade da espontaneidade, voltada para o futuro por meio da vontade humana(310).

Sendo a vontade, segundo Kant, a faculdade do desejo considerada como o fundamento da ação, é ela que singulariza o humano na sua relação de alteridade com os seus iguais. Como a vontade integra o discurso e a ação e, no pensamento de *Hannah Arendt* (cuja influência kantiana é marcante), a singularidade do ser humano dá-se exatamente por meio do discurso e da ação, é por meio deles e, consequentemente, da vontade, que os homens distinguem-se uns dos outros(311).

Pela ação e pelo discurso, os seres humanos se manifestam como humanos e não como meros objetos físicos. É com palavras e atos que o ser humano se insere no mundo, como num segundo nascimento, e marca o fato original e singular do seu aparecimento. Por essa capacidade de agir, o ser humano se torna imprevisível, e as suas ações inesperadas. É pela ação e pelo discurso que os seres humanos mostram quem são e revelam ativamente suas identidades pessoais e singulares(312). É a vontade, desse modo, que permite o *principium individuationis*(313).

---

(307) HEGEL, Georg Wilhelm Friedrich. *Princípios da filosofia do direito*. Trad. Orlando Vitorino. São Paulo: Martins Fontes, 2003, *passim*.

(308) STRENGER, Irineu. *Op. cit.*, p. 24.

(309) LAFER, Celso. *Op. cit.*, p. 290.

(310) ARENDT, Hannah. *A condição humana*. 10. ed. Rio de Janeiro: Forense, 2000. p. 190.

(311) *Id. ibid.*, p. 189.

(312) *Id. ibid.*, p. 189-192.

(313) ARENDT, Hannah *apud* LAFER, Celso. *Op. cit.*, p. 291.

No pensamento arendtiano, a vontade figura como uma faculdade autônoma da mente, que nos habilita a lidar com projetos, marcados pela contingência e pela particularidade e voltados para o futuro. Consiste, portanto, numa faculdade que, em termos existenciais, realça como o ser humano está abandonado a si mesmo. Essa dimensão da vontade é inconcludente com relação à liberdade, pois se direciona para o comando e não para o consenso do agir conjunto[(314)].

Da conjugação dos pensamentos de Hannah Arendt e de Santo Agostinho, pode-se assinalar que a vontade apresenta duas funções primordiais: a) singularizar o ser humano em relação aos seus iguais; e b) possibilitar ao ser humano, dotado de natural mobilidade, dar direcionamento à sua vida, segundo as inclinações resultantes da sua dinâmica existencial.

Ao passarmos para o plano jurídico, notaremos que o fenômeno da vontade não se esgota nesse universo, com a possível perda da sua contextura filosófica, mas reassume toda a sua plenitude, uma vez que apenas a vontade em toda a extensão possui uma verdadeira consciência no sentido do conhecimento da finalidade[(315)].

No plano jurídico, a vontade tem especial importância à medida que constitui um elemento fundamental para a formação do ato jurídico, em razão do qual, sua manifestação, em consonância com os preceitos legais, possui o condão de produzir determinados efeitos jurídicos, criando, modificando ou extinguindo relações jurídicas[(316)].

1.3. Autonomia da vontade

A análise da "autonomia da vontade" é tão ou mais complexa que a elaborada separadamente em derredor de cada um dos seus elementos. Além dos fatores psicológicos, sociológicos, filosóficos e jurídicos, possuem grande carga nessa questão os postulados teológicos em torno do livre-arbítrio e da teodiceia[(317)], cuja zetética perturba os homens desde o início da vida.

---

(314) *Id.*, p. 293-294.

(315) STRENGER, Irineu. *Op. cit.*, p. 27-28.

(316) AMARAL, Francisco. *Direito civil:* introdução. Rio de Janeiro: Renovar, 2000. p. 336.

(317) O termo teodiceia foi cunhado por Leibniz para designar a doutrina que pretende a conciliação entre a bondade e a onipotência divina com a existência do mal do mundo (FERREIRA, Aurélio Buarque de Holanda. *Op. cit.*, p. 1.944). Trata-se da busca de resposta à seguinte questão: se existe um Deus onisciente e onipresente, dotado de bondade, como é possível a existência do mal no mundo? Essa questão apareceu, teoricamente elaborada, pela primeira vez, em 1710, com a publicação da obra *Essais de theódice sur la bonté de Dieu, la liberté de l'homme et l'origine du mal*. Essa problemática é muito antiga, e sempre moveu vários pensadores, mas foi com Leibniz que ela se converteu em uma disciplina filosófica (MORA, José Ferrater. *Op. cit.*, v. 2, 2001, p. 2846). Ela passou a estar presente no pensamento de vários filósofos, como Kant e Hegel. Para um aprofundamento sobre o assunto, indicamos a obra: ESTRADA, Juan Antonio. *A impossível teodiceia:* a crise da fé em Deus e o problema do mal. São Paulo: Paulinas, 2004.

Duas grandes teorias dicotômicas surgiram em torno da autonomia da vontade humana: a do livre-arbítrio e a do determinismo. A primeira considera que a decisão final entre duas possibilidades pertence exclusivamente à vontade do indivíduo, não obstante a permanente e multiforme pressão do meio exterior e a luta interna que se traça entre os vários motivos. O livre-arbítrio seria o livre poder de autodeterminação da vontade[(318)].

Sob o crivo do determinismo, formaram-se três teorias: determinismo mecânico, no qual o comportamento do indivíduo é ditado pela energia do universo; determinismo fisiológico, em que os atos da pessoa são ditados pelos instintos, inclinações, e sentimentos e determinismo psicológico, segundo o qual o indivíduo se move condicionado pelos fatores fisiológicos conjugados com os fatores de volição (ideias, pensamentos, raciocínio). O ponto comum a todas essas espécies de determinismo reside na concepção de que a vontade humana tem seu movimento traçado por fatores que fogem ao real controle do indivíduo[(319)].

Entre uma e outra corrente, e dentro de cada uma delas, formou-se uma miríade de posições com os mais diversos fundamentos dos mais notáveis filósofos e pensadores, inclusive da filosofia do direito.

Para *Hegel*, por exemplo, a liberdade da vontade constitui o livre-arbítrio, por ele denominado "a contingência na vontade", que seria formado por dois elementos essenciais: a) a reflexão livre; e b) a subordinação ao conteúdo e à matéria fornecida interior ou exteriormente. Esse livre-arbítrio não significa vontade absoluta, de fazer o que queira e como queira, pois o conteúdo da determinação da vontade está limitado por fatores internos e externos, o que faz com que o livre-arbítrio seja antes a vontade enquanto contradição[(320)].

Para Kant, o livre-arbítrio consiste na escolha determinada pela razão pura, que não se confunde com aquelas opções definidas pelos impulsos sensíveis ou estímulos, ao qual denomina de arbítrio animal (*arbitrio brutum*).[(321)] A liberdade de escolha assume uma conotação negativa para indicar a independência do ser determinado em relação

---

(318) LESSA, Pedro. *Op. cit.*, p. 128-128.

(319) *Id. ibid.*, p. 127-131. Pedro Lessa considerou uma terceira teoria que denomina de "liberdade de indiferença, ou de equilíbrio". Segundo suas palavras, *"ao passo que o livre-arbítrio não exclui, antes pressupõe, os motivos, a liberdade de indiferença consiste no poder de se decidir entre duas ações sem motivo algum, sem nenhuma solicitação: é a vontade a se determinar em estado de absoluta indiferença". Lessa* não aceitou essa construção posto que, para o filósofo, ela não contraria fatos da experiência e mesmo os que a adotaram teriam admitido também alguma outra explicação para o mecanismo da vontade (*id. ibid.*, p. 128).

(320) HEGEL, Georg Wilhelm Friedrich. *Op. cit.*, p. 22-23. Hegel elucida esta contradição: *"A contradição implícita no livre-arbítrio (§ 15) manifesta-se na dialética dos instintos e das tendências: destroem-se eles reciprocamente, a satisfação de um arrasta a subordinação e o sacrifício do outro, etc.; e como o instinto não tem outra direção que não seja o seu próprio determinismo, e não possui em si mesmo um moderador, a determinação que o sacrifica e subordina só pode ser a decisão contingente do livre-arbítrio até quando este emprega um raciocínio para calcular qual o instinto que possa trazer maior satisfação ou se coloque em qualquer outro ponto de vista." Id. Ibid.*, p. 24.

(321) KANT, Immanuel. *A metafísica dos costumes...*, p. 63.

aos impulsos sensíveis. Desse modo, embora sob a incidência desses impulsos, a escolha do ser não é por eles estabelecida, sendo as ações determinadas pela vontade pura[(322)].

Diversamente de Kant — que adota uma determinação negativa da vontade (a de limitação), para que, de acordo com uma lei geral, ela possa estar em conformidade com a liberdade (livre-arbítrio) do outro —, Hegel acrescenta uma dimensão positiva da vontade, consistente na possibilidade de um acordo da vontade particular de cada um com a do outro[(323)].

A relação de vontades, segundo Hegel, é o campo próprio e verdadeiro em que a liberdade tem uma existência; e é nesta mediação da vontade com uma coisa ou com outra vontade estabelecida pela propriedade que reside o domínio do contrato[(324)].

É na relação contratual que se dá uma unidade de vontades distintas que, ao mesmo tempo que perdem o que possuem de diferente e distinto, continuam a conservar cada uma a sua identidade, bem como a sua subsistência como vontade própria[(325)].

As partes contratantes comportam-se entre si como dois indivíduos independentes e imediatos, determinando que: a) o contrato seja produto do livre-arbítrio (entendido no conceito hegeliano); b) a vontade unificada, pressuposto do contrato, seja afirmada pelas duas partes; c) o objeto do contrato seja uma coisa exterior e particular submetida à volição das partes[(326)].

A comunhão contratual de vontades revela como a vontade, como expressão do ser humano para regular seus próprios interesses, sempre constituiu uma fonte produtora de direitos e obrigações, levando a experiências concretas e relevantes de regulamentação mútua e direta de relações entre os indivíduos, sempre admitidas dentro do quadro mais amplo das normas gerais que integram o ordenamento jurídico[(327)].

Observa-se que a autonomia da vontade como princípio assenta-se não somente como elemento de liberdade em geral, mas igualmente como suporte da liberdade jurídica, isto é, o poder insuprimível do ser humano de criar por um ato de vontade uma situação jurídica[(328)].

Juridicamente, além da possibilidade de convergência de vontades, a autonomia da vontade revela a própria intenção ou o desejo de se fazer alguma coisa. Corresponde à deliberação ou à resolução, intencionalmente tomada pela pessoa, para consentir na

(322) *Id., loc. cit.*

(323) HEGEL, Georg Wilhelm Friedrich. *Op. cit.,* p. 31.

(324) *Id. ibid.,* p. 70.

(325) *Id. ibid.,* p. 71.

(326) *Id. ibid.,* p. 72-73.

(327) NASCIMENTO, Amauri Mascaro. *Teoria geral do direito do trabalho*. São Paulo: LTr, 1998. p. 123.

(328) STRENGER, Irineu. *Op. cit.,* p. 66.

prática ou na execução de um ato jurídico, do qual se geram direitos e criam-se obrigações, de modo que a vontade, como ato de volição, passa a identificar-se com o próprio consentimento, atribuindo valor jurídico aos atos dos homens[(329)]. Daí falar-se em autonomia da vontade no âmbito da Ciência do Direito.

Segundo Silvio Rodrigues, o *"princípio da autonomia da vontade consiste na prerrogativa conferida aos indivíduos de criarem relações na órbita do direito, desde que se submetam às regras impostas pela lei e que seus fins coincidam com o interesse geral, ou não o contradigam"*. É por meio desse princípio que qualquer pessoa capaz pode criar relações, com objeto lícito, a que a lei empresta validade. Como princípio, a autonomia da vontade compreende dois outros princípios: a) princípio da liberdade de contratar ou não contratar; e b) princípio da liberdade de contratar aquilo que entender[(330)].

Mário Júlio de Almeida Costa identifica três elementos do princípio da autonomia da vontade: a) a liberdade de celebração, consistente na faculdade de realização ou não do contrato; b) a liberdade de seleção do tipo contratual, que relega à vontade dos particulares a escolha do tipo de contrato que seja melhor para a satisfação dos seus interesses; seja o legalmente tipificado ou outro modelo; e c) a liberdade de estipulação, que conduz à livre determinação do conteúdo da relação obrigacional[(331)].

Foi sob o princípio da autonomia da vontade que se firmaram diversos institutos jurídicos, como a teoria dos vícios do consentimento, os princípios do *pacta sunt servanda* e da *rebus sic stantibus* etc.

Embora a vontade, em maior ou menor grau, sempre tenha sido uma fonte de regulamentação de relações interpessoais, sua valorização como centro de produção jurídica teve seu apogeu histórico com a doutrina iluminista do Século XVIII, centrada em postulados jusracionalistas[(332)]. O dogma da autonomia da vontade se firmou com a vitória burguesa na Revolução Francesa de 1789, e com o advento da doutrina do liberalismo econômico, que elevou o contrato, fundado na igualdade formal das partes, ao maior instrumento de circulação de riqueza.

Vale ressaltar que, no campo jurídico, a autonomia da vontade não implica, necessariamente, uma vontade psíquica ou natural do indivíduo, mas uma vontade eminentemente jurídica, isto é, reconhecida ou atribuída pelo ordenamento jurídico; como elucida *Luigi Ferri*, não se trata exatamente de uma aptidão natural de querer, ou de fazer, ou de realizar, o que a faz presente, até mesmo naqueles que não possuem a capacidade de entender e

---

(329) SILVA, Oscar José de Plácido e. *Op. cit.*, p. 872.

(330) RODRIGUES, Silvio. *Direito civil:* dos contratos e das declarações unilaterais da vontade. 23. ed. São Paulo: Saraiva, 1995. v. 3, p. 15-16.

(331) COSTA, Mário Júlio de Almeida. *Direito das obrigações*. 7. ed. Coimbra: Almedina, 1999. p. 199.

(332) SILVA, Walküre Lopes Ribeiro da. *Op. cit.*, p. 31.

de querer; trata-se de uma vontade abstrata ou potencial, razão pela qual a capacidade real de querer não é condição necessária para o poder, mas somente pressuposto de capacidade jurídica(333).

Entretanto, como esclarece Oscar José de Plácido e Silva, *"Somente a livre vontade, isto é, a livre manifestação dessa vontade tem a eficácia legal, para que se produzam efeitos jurídicos. Quer isto significar, pois, que a vontade, além de consciente, deve estar livre dos vícios, ou defeitos, que a possam anular. E que o agente, isto é, a pessoa que a manifesta, deve ser capaz, ou possuir o discernimento, que a autorize a querer livremente, e não se encontrar sob influência que tenha força para modificar seu discernimento, ou seu arbítrio. A vontade dos capazes é considerada como livre e com valor legal, desde que isenta de constrangimento, coação ou enganos"*(334).

Desse modo, na esfera do jurídico, é possível que exista uma discrepância entre a vontade expressa e a vontade real ou efetiva de uma parte contratante, cujas consequências deverão ser solucionadas pelo legislador ou pelo órgão julgador. Poder-se-á atribuir maior importância à vontade efetiva ou à sua declaração, dependendo das circunstâncias que envolvam essas duas realidades, podendo ocasionar desde a declaração de nulidade do contrato até mesmo a sua plena manutenção, tudo a depender dos motivos ou dos modos como a vontade se formou ou se expressou(335). Vontade psicológica e vontade jurídica não coincidem, a especial tendência psíquica constitui uma realidade diversa e com efeitos distintos da vontade jurídica.

O problema da divergência entre a vontade real e a vontade declarada e a subsequente questão sobre qual das duas deve prevalecer levaram à construção de duas teorias: a teoria da vontade, segundo a qual deve preponderar a vontade real, e a teoria da declaração, que aponta para o prevalecimento da vontade declarada.

Embora, para os nossos objetivos neste livro, não haja um espaço para a análise de toda a controvérsia, a doutrina, em geral, parece caminhar para a adoção de uma posição intermediária, que, como esclarece Darcy Bessone, a regra é dar-se preferência à vontade real; mas há casos nos quais, para garantir a segurança das relações jurídicas, deve prevalecer a vontade declarada e a boa-fé dos que nela confiaram(336).

---

(333) FERRI, Luigi. *Op. cit.*, p. 41.

(334) SILVA, Oscar José de Plácido e. *Op. cit.*, p. 872.

(335) KELSEN, Hans. *Op. cit.*, p. 204.

(336) OLIVEIRA, Darcy Bessone de. Do contrato. Rio de Janeiro: Forense, 1960, p. 45. O Código Civil Brasileiro dispõe que *"Nas declarações de vontade se atenderá mais à intenção nelas consubstanciada do que ao sentido literal da linguagem"* (art. 112), além de abrigar os institutos do erro (art. 138 segs.) e do dolo (art. 145 e segs.), como forma de proteção da vontade real. Mas também adotou o legislador, em alguns momentos, a teoria da declaração, como na hipótese em que ambas as partes atuam com dolo (art. 150), e na ressalva dos terceiros de boa-fé diante do negócio jurídico simulado (art. 167, § 2º).

2. Autonomia privada

2.1. Conceito

A noção de autonomia no âmbito do direito foi inicialmente empregada na esfera pública, como um conceito de organização político-legislativa, com vistas a designar o privilégio, primeiro da nobreza e, depois, de algumas cidades e comunas, de editar a própria legislação nos seus domínios. Posteriormente, o termo foi estendido pela pandectística alemã para a autonomia privada(337).

Na ciência jurídica, o termo autonomia passou a designar a circunstância de uma determinada situação ou realidade ser regida por uma lei própria e específica, por ela criada e executada, diversa de outras normatividades, mas não incompatível com estas, recebendo a denominação de "autonomia privada".

Como assinalamos algures, partiu de Immanuel Kant a distinção entre imperativos autônomos e heterônomos, para diferençar os imperativos morais de outros tipos de normas de conduta. Para Kant, os imperativos morais são autônomos por consistirem em comandos que o humano, como ser racional, formula para si mesmo com a autoridade da sua própria razão; é a vontade como lei de si mesma. A heteronomia ocorre quando a vontade procura a lei que deve determiná-la em lugar distinto da razão, tornando-se, assim, ela mesma, a vontade, objeto de outra lei(338).

Norberto Bobbio, diversamente de Kant, divide os imperativos em autônomos e heterônomos segundo o critério da existência de identidade entre o elaborador e o executor da norma. São autônomos os imperativos que contêm uma mesma pessoa como a formuladora e a executora da norma. Por sua vez, são heterônomos os imperativos cuja formulação e execução são realizadas por pessoas diversas. Assim, no direito privado, fala-se em esfera da autonomia privada para apontar a regulamentação de comportamentos que os indivíduos dão a si mesmos, independentemente do poder público, como um contrato. No direito público, o mesmo pode ser tido em relação a um tratado internacional, cuja formulação e execução da norma concentram-se nos Estados convenentes(339).

A concepção de autonomia privada nasce da admissão das vicissitudes que permeiam a vida de cada indivíduo, ensejando o reconhecimento de uma esfera de atuação

---

(337) RIBEIRO, Joaquim de Sousa. *O problema do contrato:* as cláusulas contratuais gerais e o princípio da liberdade contratual. Coimbra: Almedina, 1999. p. 23.

(338) BOBBIO, Norberto. *Teoria da norma jurídica...*, p. 90. Norberto Bobbio, ao criticar o pensamento de Kant, demonstra outra relevância para o direito entre os termos autonomia e heteronomia. Segundo ele, assim como no campo da moral são encontrados imperativos heterônomos — uma moral religiosa, por exemplo, fundada nos preceitos de um ser supremo como os dez mandamentos —, no direito também há imperativos autônomos, como os contratos e os tratados internacionais (*Id. Ibid.*, p. 91).

(339) *Id. ibid.*, p. 89-91.

individual que permita a cada um trilhar o seu caminho particular. Da constatação da não onisciência do ordenamento jurídico estatal — tal como era apregoado pela doutrina monista —, reconhece-se uma esfera de iniciativa jurídica individual que permita aos particulares, em suas relações recíprocas, prover a satisfação interpessoal de suas necessidades.

Seu conceito constrói-se sobre o fenômeno do pluralismo jurídico, ou seja, da descentralização normativa resultante do reconhecimento ou da atribuição a certos indivíduos ou entidades da capacidade de emitir regras de conduta no seu círculo de fins e interesses.

A autonomia privada distingue-se da heteronomia; esta, no ensinamento de Pietro Perlingieri, *"consiste na criação de regras, não por parte do titular do interesse, sobre o qual aquelas regras são aplicadas, mas por parte de um sujeito estranho, provido de um poder público. São, portanto, atos de heteronomia, a lei, a providência administrativa, a sentença, porque provem de sujeitos (respectivamente, os órgãos legislativos, a P.A., o juiz), que possuem o poder de regular aqueles interesses independentemente da (e frequentemente, também contra ela) vontade do seu titular"*(340).

Foi em torno da teoria do negócio jurídico, cuja origem se encontra na doutrina pandectista (Friedrich Carl Von Savigny, Bernhard Windscheid, Emilio Betti, W. Flume, Hugo, Heise, Tribaut), da primeira metade do século XIX, que se desenvolveu a tese da autonomia da vontade e, posteriormente, da autonomia privada.

Os pandectistas levaram às últimas consequências o dogma da autonomia da vontade, defendendo, de acordo com as ideias políticas vigentes em sua época, a onipotência da vontade individual, sendo mesmo considerada a causa eficiente de efeitos jurídicos(341).

O conceito de autonomia privada, ao incorporar-se à teoria do negócio jurídico, reelaborou as noções sobre os fundamentos deste, retirando sua razão de ser da simples vontade para fundamentá-lo no instituto da autonomia privada. A partir daí, a influência da doutrina da autonomia privada fez-se notar no pensamento da maioria dos juristas modernos e contemporâneos.

Para Santi Romano, autonomia tem, em direito, dois significados. Um mais subjetivo, correspondente à potestade de dar-se um ordenamento jurídico; e um outro objetivo, que designa objetivamente o caráter próprio de um ordenamento jurídico que indivíduos

---

(340) PERLINGIERI, Pietro. *Autonomia negoziale e autonomia contratuale*. 2. ed. Napoli: Edizioni Scientifiche Italiane, 2000. p. 327.

(341) GOMES, Orlando. *Transformações gerais do direito das obrigações*. São Paulo: Revista dos Tribunais, 1980. p. 42-43.

ou entidades constituem por si e para si, em contraposição aos ordenamentos que para eles são constituídos por outros(342).

Para Pietro Perlingieri, a autonomia privada indica o poder, reconhecido ou atribuído pelo ordenamento jurídico ao "privado", de autorregular, com a própria manifestação de vontade, os próprios interesses. Trata-se de um *"autorregulamento que, se conforme às prescrições do direito objetivo, é juridicamente vinculante para a parte ou para as partes que o criaram, por assumir força de lei"*(343).

Francisco dos Santos Amaral Neto a define como o *"poder jurídico dos particulares de regular, pelo exercício de sua própria vontade, as relações de que participam, estabelecendo o seu conteúdo e a respectiva disciplina jurídica"*(344).

Joaquim de Sousa Ribeiro a delinea como *"o processo de ordenação que faculta a livre constituição e modelação de relações jurídicas pelos sujeitos que nelas participam"*(345).

Luigi Ferri a considera *"o poder de criar, dentro dos limites estabelecidos em lei, normas jurídicas"*. Para o autor, a autonomia privada não constitui expressão de uma simples licitude ou faculdade, mas manifestação de poder; especificamente, do poder de criar normas jurídicas dentro dos limites estabelecidos em lei(346).

Para Karl Larenz, a autonomia privada consiste na *"possibilidade, oferecida e assegurada aos particulares pelo ordenamento jurídico, de regular suas relações mútuas dentro de determinados limites por meio de negócios jurídicos"*(347).

Para Santoro-Passarelli, o ordenamento jurídico, por meio do qual se tutela os interesses gerais da coletividade, deixa aos indivíduos um campo de liberdade para a consecução dos seus interesses, concedendo-lhes os instrumentos por meio dos quais a realização desses interesses é garantida. Exatamente esta esfera de liberdade normativa, reconhecida com limites diversos em cada ordenamento jurídico, constitui o âmbito no

(342) ROMANO, Santi. *Fragmentos de un diccionario jurídico*. Buenos Aires: Ejea, 1964. p. 37-38. PÉREZ, José Luis Monereo. El negocio jurídico como categoria problemática. Estudio preliminar. In: BETTI, Emilio. *Op. cit.*, p. XIII. As duas noções atribuídas por Santi Romano à autonomia privada destoam da formulação comumente elaborada pela doutrina. Para nós, ambas são de difícil aceitação. A primeira porque pressupõe a possibilidade de um indivíduo colocar-se um ordenamento jurídico e, aqui, poder-se-ia adotar a objeção formulada por Antônio Junqueira de Azevedo, de que seria algo nebuloso e colocado fora da ordem jurídica, um poder metajurídico vinculado a cada sujeito (AZEVEDO, Antônio Junqueira de. *Negócio jurídico e declaração negocial*. 1986. p. 78. Tese (Titular) — Faculdade de Direito da Universidade de São Paulo, São Paulo, 1986). A segunda porque indica o poder de autogoverno que detém um certo povo e, aqui, estaríamos não no campo dos negócios jurídicos, mas da denominada autonomia pública.

(343) PERLINGIERI, Pietro. *Op. cit.*, p. 327.

(344) AMARAL NETO, Francisco dos Santos. Autonomia privada. *Revista CEJ*, Brasília, n. 1, p. 26, 1997.

(345) RIBEIRO, Joaquim de Sousa. *Op. cit.*, p. 21.

(346) FERRI, Luigi. *Op. cit.*, p. 7.

(347) LARENZ, Karl. *Derecho civil:* parte general. Traducción y notas de Miguel Izquierdo y Macías-Picavea. Madrid: Editorial Revista de Derecho Privado, 1978.

qual opera a autonomia normativa dos particulares, por isso, denominada autonomia privada, entendida *"como a potestade de regular os próprios interesses, decorrente da lei e a ela subordinada"*[(348)].

A autonomia privada não se confunde com a mera liberdade de contratar ou com a simples liberdade natural; ela é mais do que isso. Trata-se da possibilidade do exercício de um poder ou de uma potestade. Poder de estipular normas jurídicas[(349)].

Ela não se apresenta como um simples direito subjetivo do indivíduo. Exercer um direito é ativar as faculdades que lhes são inerentes; o direito e as faculdades dele correspondentes derivam de uma norma que os precede; no ato de autonomia privada, por sua vez, a norma lhe é posterior, pois resulta do exercício do poder. A norma representa o conteúdo da autonomia privada[(350)]. Autonomia privada e direito subjetivo são conceitos distintos, com manifestação em momentos diversos[(351)].

Se pelo lado de seus titulares a autonomia privada constitui um poder com objeto e conteúdos próprios, por outro, ela torna-se objeto e conteúdo de normas estatais, pois as regras criadas pela autonomia privada acabam sendo determinadas negativamente pelas normas estatais que subtraem do poder privado autônomo determinadas matérias ou certos grupos de relações que o Estado reserva à sua regulamentação. Assim, a atividade normativa dos particulares insere-se em espaços limitados ou autolimitados pelo ordenamento estatal[(352)].

Essa imperatividade das normas estatais sobre a autonomia privada não é absoluta, pois essa intervenção também sofre limitações de diversas ordens, como o conjunto de regras e princípios que salvaguardam a pessoa humana em sua integralidade, inclusive em relação ao próprio Estado. Essa intervenção somente se justifica para a tutela de interesses maiores da sociedade e dos próprios indivíduos envolvidos nas relações jurídicas.

Em linhas gerais, a autonomia privada apresenta as seguintes características: a) trata-se de um poder; poder de estipular regras jurídicas para a regulação dos próprios interesses; b) concretude, uma vez que se refere a interesses concretos e específicos, diferentemente, portanto, dos interesses gerais e abstratos presentes nas leis em geral; c) cria regras vinculantes para as partes envolvidas no seu exercício; e d) limitável pelo ordenamento jurídico.

---

(348) SANTORO-PASSARELLI, Francesco. Autonomia collettiva. In: SANTORO-PASSARELLI. *Saggi di diritto civile.* Napoli: Eugenio Jovene, 1961, p. 255.

(349) Na distinção de Santi Romano, o poder ou potestade *"em uma direção ou aspecto genérico, não tem objetos particularmente determinados"*, não resulta *"em pretensões em relação a outros sujeitos"* e, por isso, não é correlativo de deveres, enquanto o direito subjetivo se desenvolve, sempre *"numa concreta e particular relação jurídica, seja com uma coisa determinada, seja frente a pessoas determinadas que têm deveres correspondentes"* (ROMANO, Santi. *Frammenti di un dizionario.* Milano: Giuffrè, 1947. p. 173, *apud* FERRI, Luigi. *Op. cit.*, p. 39).

(350) FERRI, Luigi. *Op. cit.*, p. 39.

(351) *Id. ibid.*, p. 38-39.

(352) *Id. ibid.*, p. 9.

O significado jurídico do vocábulo "autonomia", utilizado na expressão "autonomia privada", não coincide com o conteúdo etimológico, descrito alhures, ou com o seu significado ético, tal como concebido na doutrina kantiana. Em ambas as hipóteses citadas, a autonomia expressa uma faculdade de o ser se reger por leis próprias. Na autonomia jurídica, não existe esta autossuficiência, pois ela é exercida sempre no estado de alteridade[(353)].

Ela não é exercida por e para si, mas "em", isto é, numa relação com outrem ou outros. Autonomia privada afirma um poder exercido socialmente — em contraposição à heteronomia do ordenamento estatal —, o qual pressupõe a relação interpessoal, o que a diferencia das significações éticas e etimológicas. A autonomia privada é a ponte entre a subjetividade e a objetividade jurídica.

É nesse sentido que Joaquim de Sousa Ribeiro, ao distinguir autonomia privada e autodeterminação, elucida que a locução tem um significado especificamente jurídico — distinto das conotações habituais —, para indicar a não existência de normas de conduta predeterminadas, mas a elaboração de regras pelos próprios processos de cooperação com vistas à regulamentação de interesses, revelando a sua contraposição à heteronomia. Ela não se confunde com o conceito de autodeterminação, ligado ao valor absoluto da pessoa humana, como expressão da sua dignidade e individualidade próprias[(354)]. Já no final do Século XVIII, ao discorrer sobre a autonomia dos entes públicos, Majer salientava que a autonomia não se confundia com liberdade por ser um *"direito limitado a um poder legislador"*[(355)].

A autonomia privada, assim, não é absoluta. Ela deve ser conciliada com o direito à idêntica quota de liberdade das outras pessoas e com outros valores do Estado Democrático de Direito, como a autonomia pública, a igualdade, a solidariedade e a segurança. A própria ideia de ordenamento jurídico correria riscos se todos vivessem com plena e absoluta liberdade. Tal circunstância torna inexorável a intervenção em certos casos, restringindo a autonomia individual, seja para tutela da liberdade dos outros, em conformidade com uma "lei geral de liberdade" — como diria Kant —, seja para favorecer o bem comum e proteger a paz jurídica de toda sociedade[(356)]. Essa restrição pode dar-se, inclusive, em função da própria proteção do titular do poder, como veremos alhures.

---

(353) O vocábulo "alter" é oriundo do latim *alter* (outro), e designa "1. Outro ser ou outra pessoa, em relação a determinado indivíduo; aquilo ou aquele que é percebido ou concebido como uma pessoa ou um ser distinto e separado do sujeito, daquele que pensa, sente e age. 2. Antrop. Qualquer indivíduo, considerado como objeto de um sistema de classificação de relações interpessoais, em particular de uma terminologia de parentesco". (FERREIRA, Aurélio Buarque de Holanda. *Op. cit.*, p. 107). Também designa *"a qualidade da norma jurídica que, constituindo relações, contrapõe os direitos de um aos deveres do outro"* (SILVA, Oscar José de Plácido e. *Op. cit.*, p. 58).

(354) RIBEIRO, Joaquim de Sousa. *Op. cit.*, p. 21-23.

(355) *Id. ibid.*, p. 23.

(356) SARMENTO, Daniel. Op. cit., p. 308-309. Tornou, por isso, clássico o princípio geral de direito kantiano segundo o qual *"qualquer ação é justa se for capaz de coexistir com a liberdade de todos de acordo com uma lei*

Entre os parâmetros de limitação da autonomia privada encontram-se a ordem pública e os bons costumes. A primeira como conjunto de normas jurídicas que regulam e protegem os interesses fundamentais da sociedade e do Estado, e as que, no Direito Privado, estabelecem as bases jurídicas fundamentais da ordem econômica; os segundos são compostos pelas regras morais que formam a mentalidade de um povo e que podem exprimir-se em princípios jurídicos como a lealdade contratual, a proibição do lenocínio etc.[(357)].

A autonomia privada tornou-se um dos princípios fundamentais do sistema de Direito Privado; seu reconhecimento é *"parte do princípio de autodeterminação dos homens, é manifestação da subjetividade; o princípio dos tempos modernos que reconhece a liberdade individual e a autonomia de agir"*[(358)].

A autonomia privada se converteu no motor da regulação recíproca de interesses privados. Por meio dela, os particulares, em suas relações recíprocas, provêm a satisfação das suas necessidades, mediante troca de bens e serviços, associação de forças, prestação de trabalho, empréstimo ou aplicação comum de capitais etc.[(359)].

Vale ressaltar que a autorregulamentação e a heterorregulamentação podem ocorrer de modo cumulativo numa mesma situação jurídica, como nas hipóteses de locação para habitação, cujo conteúdo é regulamentado em fonte autônoma (contrato de locação) e heterônoma (Lei de Locação)[(360)]. Dessa forma, tanto o poder de criação de normas jurídicas quanto o exercício de um direito subjetivo podem encontrar-se em um único ato[(361)].

---

universal, ou se na sua máxima a liberdade de escolha de cada um puder coexistir com a liberdade de todos com uma lei universal" (KANT, Immanuel. A metafísica dos costumes..., p. 76-77). Mas o aforismo kantiano não era de todo novo, já havia sido empregado, com outras palavras, na Declaração Universal dos Direitos do Homem de 1789: *"A liberdade consiste em poder fazer tudo o que não prejudica o outro; assim, o exercício dos direitos naturais de cada homem não tem outros limites além dos que garantem aos outros membros da sociedade o desfrute desses mesmos direitos. Tais limites só podem ser determinados pela lei."* (art. 4º)

(357) AMARAL NETO, Francisco dos Santos. *Op. cit.*, p. 27. Luigi Ferri que considera a autonomia privada como um poder delegado aos particulares pelo ordenamento jurídico, assinala que *"as normas criadas pela autonomia privada têm um conteúdo próprio, que as normas estatais determinam negativamente, subtraindo ao poder privado autônomo certas matérias, certos grupos de relações que o Estado reserva à sua regulação"*(FERRI, Luigi. *Op. cit.*, p. 9). Mesmo autores que veem a autonomia privada como um poder reconhecido pelo ordenamento jurídico admitem as limitações impostas à autonomia privada. Nesse sentido, Emilio Betti assinala que a *"autonomia privada, enquanto destinada a atuar no plano social, encontra, antes de tudo, os limites e exigências que procedem de sua própria lógica e que são, neste sentido, antecedentes ao próprio reconhecimento jurídico. Depois, em virtude de tal reconhecimento, a autonomia encontra outros limites e obedece a ulteriores exigências, que derivam dele, enquanto agora está chamada a manifestar-se sobre o plano do Direito e segundo a lógica deste. O reconhecimento jurídico confirma, assume, e às vezes modifica, os limites e exigências naturais da autonomia privada"* (BETTI, Emilio. *Op. cit.*, p. 96).

(358) AMARAL NETO, Francisco dos Santos. *Op. cit.*, p. 26.

(359) BETTI, Emilio. *Op. cit.*, p. 45.

(360) PERLINGIERI, Pietro. *Op. cit.*, p. 327.

(361) FERRI, Luigi. *Op. cit.*, p. 40.

Isto ocorre porque as relações sociais jamais são disciplinadas por apenas uma única fonte normativa, em virtude da impossibilidade de qualquer delas prever todas as vicissitudes da vida humana, *"nem mesmo complexos de normas destacados do ordenamento jurídico e dirigidos a ordenar aspectos específicos da vida social. A mais simples relação jurídica produz a convergência da totalidade do ordenamento jurídico para a sua regulamentação"*[(362)].

2.2. Autonomia privada e autonomia da vontade

A denominação "autonomia privada" é a mais tecnicamente apropriada para designar o poder de estipulação de normas jurídicas; no entanto, muitas outras expressões são utilizadas com o mesmo significado, daí falar-se em "autonomia contratual", "livre-iniciativa", "liberdade negocial" (Francisco dos Santos Amaral Neto), "autonomia da vontade" (Irineu Strenger), "autonomia singular" (Luigi Ferri), "autorregramento" (Pontes de Miranda), "transação jurídica" (Hans Kelsen).

Embora próximas, são expressões que possuem significados distintos, alguns dos quais diferenciamos ao longo dessa obra. No entanto, adiantamos que não deve causar surpresa a constatação do seu emprego como sinônimos em alguma obra sobre o assunto.

Parte da doutrina contemporânea utiliza a expressão autonomia da vontade como sinônimo de autonomia privada. Irineu Strenger, na sua clássica obra *Da autonomia da vontade*, vale-se dessa expressão para designar a faculdade normativa dos particulares[(363)]. O jurista português Mário Júlio de Almeida Costa, na sua extensa obra *Direito das Obrigações*, faz uso de ambas as expressões com o mesmo significado, como também confere igual conteúdo à expressão "liberdade negocial", empregando todas elas para designar o mesmo fenômeno jurídico: *"a amplitude deixada aos particulares para disciplinarem os seus interesses"*[(364)].

Conquanto próximas, segundo o entendimento da maioria da doutrina, autonomia privada e autonomia da vontade não se confundem, pois enunciam fenômenos jurídicos distintos.

A autonomia da vontade possui um significado mais subjetivo e psicológico, ao passo que a autonomia privada marca o poder da vontade de modo objetivo, real e concreto, designando o poder dos particulares de regular juridicamente as suas relações, conferindo-lhes conteúdo e eficácia juridicamente reconhecidos[(365)]. Enquanto a primeira destaca a formação e manifestação da vontade com vistas à prática de um ato jurídico, a segunda aponta para a vontade como expressão do poder dos particulares de criar normas jurídicas[(366)].

---

(362) VIDAL NETO, Pedro. *Do poder normativo da Justiça do Trabalho*. São Paulo: LTr, 1983. p. 34.

(363) STRENGER, Irineu. *Op. cit.*, p. 70.

(364) COSTA, Mário Júlio de Almeida. *Op. cit.*, p. 197.

(365) AMARAL NETO, Francisco dos Santos. *Op. cit.*, p. 26.

(366) SILVA, Walküre Lopes Ribeiro da. *Op. cit.*, p. 32.

Para Luigi Ferri, constitui um equívoco a utilização de ambas as expressões como sinônimos. Ao analisar a doutrina italiana, o autor assinala que, de modo geral, há uma certa imprecisão e um uso indiscriminado das expressões autonomia privada, autonomia da vontade e liberdade contratual, que, *in continenti*, ao seu emprego, perdem sua utilidade, de modo que muitos autores as deixam de lado para afirmar somente que o negócio jurídico é fruto da manifestação dessa autonomia(367).

Assinala o autor peninsular que o conceito de autonomia privada somente pode ser aceito e utilizado se formulado em precisos termos jurídicos. Autonomia privada não pode ser entendida como liberdade natural ou moral de querer ou de determinar-se de um modo ou de outro, pois este é um dado da realidade, que constitui somente um pressuposto, um antecedente da fenomenologia jurídica. O mesmo tem que se dizer a quem confunde a autonomia privada com a iniciativa privada, pois esta, em princípio, limita-se ao aspecto econômico do fenômeno sem ocupar-se do problema jurídico(368).

Antonio Junqueira de Azevedo distingue entre autonomia da vontade e autorregramento. Segundo ele, embora aparentemente sinônimas, a primeira liga-se ao momento inicial, à liberdade (autonomia) para praticar o ato, ao passo que a segunda refere-se ao momento final, aos efeitos (regras) resultantes do ato(369).

Autonomia privada é poder jurídico, autonomia da vontade é faculdade, no sentido do querer psicológico. A autonomia da vontade expressa a esfera de liberdade do ser para direcionar e objetivar suas inclinações em direção ao cumprimento das perspectivas por ele visionadas para o seu caminhar no mundo. A autonomia privada manifesta-se objetivamente no mundo, dando azo à autorregulamentação de interesses entre os particulares.

Fundamentar a norma privada, ou o negócio jurídico, sobre o princípio da autonomia da vontade nos faz concordar com António Junqueira de Azevedo, no sentido de que referida associação relega o negócio jurídico à mera criação da vontade individual e retira-lhe o seu significado social(370). A autonomia da vontade é relação intrapessoal do eu consigo mesmo, autonomia privada é vinculação interpessoal, do eu inserido na ordem maior do social.

O preceito de autonomia privada, embora surja primeiramente com a declaração de vontade ou com o comportamento, passa a adquirir existência própria, como entidade duradoura, exterior e desprendida do seu autor, de modo a operar para o futuro, independentemente da vontade que o tenha engendrado(371).

---

(367) FERRI, Luigi. *Op. cit.*, p. 6-7.

(368) FERRI, Luigi. *Op. cit.*, p. 6.

(369) AZEVEDO, Antônio Junqueira de. *Negócio jurídico:* existência, validade e eficácia. 4. ed. São Paulo: Saraiva, 2002. p. 2.

(370) *Id., Negócio jurídico e declaração negocial...*, p. 78.

(371) BETTI, Emilio. *Op. cit.*, p. 63-64.

2.3. Autonomia privada e livre-iniciativa

Os princípios da autonomia privada e da livre-iniciativa aproximam-se à medida que ambos constituem desdobramento de um valor maior que é a liberdade. No entanto, tais conceitos não se confundem; a autonomia privada, nos moldes apresentados, constitui um dos pressupostos para a realização da livre-iniciativa, mas possui diferenças marcantes em relação a esta.

A livre-iniciativa, ao lado dos valores sociais do trabalho, figura como um dos fundamentos da República Federativa do Brasil, como prescreve o art. 1º da CRFB/1988, sendo um dos esteios da ordem econômica constitucional (art. 170, *caput*, CRFB/1988). A sua consagração constitucional, segundo José Afonso da Silva, *"quer dizer precisamente que a Constituição consagra uma economia de mercado, de natureza capitalista, pois a iniciativa privada é um princípio básico da ordem capitalista"*(372). Nesse mesmo sentido, é o pensamento de André Ramos Tavares, para quem *"a livre-iniciativa revela a adoção política da forma de produção capitalista, como meio legítimo de que se podem valer os agentes sociais no Direito brasileiro"*.

Sinteticamente, a liberdade de iniciativa no campo econômico é constituída pela liberdade de trabalho (incluído o exercício das mais diversas profissões), pela liberdade de empreender (que abrange os riscos do empreendimento: o que produzir, como produzir, quanto produzir, qual o preço final), e pela liberdade de associação, surgindo como seus pressupostos o direito de propriedade, a liberdade de contratar e de comerciar(373).

A autonomia privada tem uma característica positiva, consistente no reconhecimento pelo ordenamento jurídico do poder normativo dos particulares; já o postulado da livre-iniciativa possui um viés predominantemente negativo, pois significa a garantia de uma liberdade, que impõe a regra da não intervenção estatal, que só pode configurar-se por meio de lei que respeite os demais preceitos constitucionais, e desde que não anule ou inutilize o conteúdo mínimo da livre-iniciativa(374).

Autonomia privada é poder; livre-iniciativa é liberdade. Esta se forma pela conjugação de várias liberdades: liberdade de indústria e comércio, de empresa, de empreendimento, de trabalho, de contrato, entre outras. A primeira (autonomia privada) constitui um dos pressupostos para a realização da segunda (livre-iniciativa), pois é por meio daquela que os agentes econômicos viabilizam a circulação de bens, produtos e mercadorias mediante a realização de contratos.

---

(372) SILVA, José Afonso da. *Op. cit.*, p. 762.

(373) TAVARES, André Ramos. *Direito constitucional econômico*. São Paulo: Método, 2003. p. 250.

(374) *Id.. Op. cit.*, p. 248.

3. Autonomia privada individual

3.1. Conceito

Como vimos, a autonomia privada se traduz na capacidade de autorregulação pelos particulares de seus próprios interesses. Diz-se, por isso, que o contrato é a expressão da autonomia privada. É por meio dos negócios jurídicos que os indivíduos determinam as regras que regerão uma determinada relação interpessoal.

Denomina-se individual porque, ao contrário de outras fontes autônomas de produção jurídica, caracteriza-se pela estreita limitação da atuação dos particulares, uma vez que esse poder está ligado à ideia de titulares definidos e determinados, estabelecendo-se a partir de relações jurídicas intersubjetivas — de configurações simples, entre indivíduo e indivíduo — ou plurissubjetivas, isto é, com mais de um indivíduo em um ou em ambos os polos da relação —, de modo que os efeitos jurídicos decorrentes do autorregramento, além de concretos e divisíveis, exaurem-se na esfera jurídica de seus destinatários, somente, excepcionalmente, em benefício ou com prejuízo para terceiros.

O vocábulo individual não está, assim, vinculado à ideia de pessoa física, mas indica a restrita circunscrição dos efeitos normativos à esfera jurídica, concreta e divisível, dos sujeitos que exercem o autorregramento. Assim, também é fruto de autonomia individual o negócio jurídico aperfeiçoado por pessoas jurídicas, associações, pessoas jurídicas de direito público etc., em derredor de interesses próprios.

Com base na autonomia privada individual, o particular é livre para atuar segundo seu próprio juízo, de modo que somente ele suporte as consequências do seu comportamento, sejam elas vantajosas ou onerosas[375].

A autonomia privada individual tem amplitude e intensidade proporcionais à natureza dos direitos e obrigações sobre os quais recai. Tanto mais acentuado será o grau de exercício da autonomia privada individual quanto maior for o âmbito de individualidade (integração no patrimônio do mesmo titular), divisibilidade e disponibilidade do bem ou direito que lhe é objeto.

A autonomia individual é o campo, por excelência, dos atos de aquisição e disposição de bens e direitos pertencentes ao patrimônio pessoal do seu titular. É por meio dela que se exerce os seguintes atos: transmissão de bens e direitos por ato *inter vivos* ou *mortis causa;* renúncia e transação; defesa direta por seu titular, em juízo ou fora dele, salvo hipóteses excepcionais de substituição processual; transferência de domínio por ato ou fato jurídico.

---

(375) BETTI, Emilio. *Op. cit.*, p. 51.

Em derredor do reconhecimento do princípio da autonomia privada individual, foram construídos muitos princípios e institutos jurídicos — mormente do Direito Civil, o seu campo por excelência — como o princípio da liberdade contratual; o princípio do *pacta sunt servanda* (da força obrigatória dos contratos), o consensualismo, a natureza supletiva ou dispositiva das normas estatais, a teoria dos vícios do consentimento, a liberdade de testar e de estabelecer o conteúdo do testamento e, para aqueles que aceitam, a vontade como poder jurídico(376).

Em síntese, a autonomia privada individual pode ser definida como a esfera de determinação e regramento das relações pessoais, reconhecida aos particulares para a satisfação de suas necessidades e pretensões concretas, divisíveis e determinadas, com efeitos jurídicos circunscritos ao círculo de atributividade dos seus participantes.

Na classificação tricotômica de *Duguit* (atos regras, atos condições e atos subjetivos), a autonomia privada individual assemelha-se aos atos subjetivos, pois os que destes participam estão numa situação especial, concreta, individual e momentânea. Ela só pode ser invocada por aqueles que se colocaram sob o seu raio de influência. É momentânea ou transitória porque deixa de operar após o seu cumprimento voluntário ou compulsório(377).

3.2. Autonomia privada individual e negócio jurídico

Coube a Nettelbladt, em 1749, ainda durante a época do iluminismo, a primeira elaboração da noção de negócio jurídico, cabendo a Savigny e aos pandectistas alemães do Século XIX o desenvolvimento da sua dogmática fundamental(378).

Para os teóricos da autonomia privada, o negócio jurídico é a sua principal forma de expressão, considerado o resultado da sua manifestação. Assim, embora constituam conceitos geralmente aplicados conjuntamente, a autonomia privada não se confunde com o negócio jurídico. O negócio jurídico constitui uma das espécies de fonte de normas jurídicas, ao passo que a autonomia privada caracteriza-se como um poder normativo. O negócio jurídico é forma de expressão e manifestação da autonomia privada(379).

Como define Emilio Betti, o negócio jurídico consiste no *"ato com o qual o indivíduo regula, por si, os próprios interesses nas relações com outros (ato de autonomia privada),*

---

(376) AMARAL NETO, Francisco dos Santos. *Op. cit.*, p. 28. Como elucida próprio autor, o *"Direito Civil é um ordenamento que protege os interesses e as relações jurídicas de natureza privada, desenvolvido em torno do reconhecimento de uma esfera individual de soberania, cujas principais manifestações são a liberdade, com referência à pessoa; a propriedade, com referência aos bens; e contrato, com referência à atividade econômica dos indivíduos. É o setor da experiência jurídica que realiza a liberdade reconhecida aos sujeitos de regularem seus próprios interesses"* (*Id. ibid.*, p. 26).

(377) BARREIRA, Wagner. *Liberdade e dirigismo no contrato*. Ceará: Ed. "Instituto do Ceará", 1955. p. 6.

(378) AZEVEDO, Antônio Junqueira de. *Negócio jurídico e declaração negocial...*, p. 3.

(379) FERRI, Luigi. *Op. cit.*, p. 8-9.

e ao qual o Direito confere os efeitos mais em conformidade com a função econômico-social que caracteriza seu tipo (típica neste sentido)". Trata-se, segundo o autor, de um ato consistente em uma declaração ou em simples comportamento que contém e dá vida a uma disposição — um preceito de autonomia privada — para regular os interesses de quem o formula(380).

De Castro y Bravo considera o negócio jurídico como a *"declaração ou acordo de vontades, com que os particulares se propõem a conseguir um resultado, que o Direito estima digno de sua especial tutela, seja com base em dita declaração ou acordo, seja completado com outros fatos ou atos"*(381). Trata-se de uma autonomia protegida e orientada para fins merecedores de tutela por parte do ordenamento jurídico geral.

Antonio Junqueira de Azevedo define o negócio jurídico a partir de sua estrutura, como fato jurídico abstrato (categoria) e como fato jurídico concreto. Como categoria, o negócio jurídico é a hipótese normativa como declaração de vontade, vista, socialmente, como destinada à produção de efeitos jurídicos. *In concreto*, o negócio jurídico *"é todo fato jurídico consistente em declaração de vontade, a que o ordenamento atribui os efeitos designados como queridos, respeitados os pressupostos de existência, validade e eficácia impostos pela norma jurídica que sobre ele incide"*(382).

Por meio do negócio jurídico, os indivíduos regulamentam linhas de conduta em relação aos demais e ditam regras para as suas relações com os outros, os que as faz alcançar uma transcendência essencialmente social e uma eficácia operativa própria, que se desdobra sobre o plano social e adquire sanção do ordenamento jurídico, para também produzir efeitos jurídicos(383).

Não se trata somente, como tem sustentado o dogma da autonomia da vontade, de uma declaração destinada a produzir efeitos jurídicos, pois sua essência reside na autonomia privada, na autorregulação de interesses nas relações privadas; autorregulação pela qual o indivíduo não deve limitar-se a querer, a desejar, mas a dispor, isto é, a atuar objetivamente(384). O negócio jurídico é um dos instrumentos de objetivação da autonomia privada.

Assim, como a lei e o regulamento, são manifestações, respectivamente, do poder legislativo e do poder regulamentar, o negócio jurídico, como fonte de normas jurídicas, é uma forma de manifestação da autonomia privada(385). O negócio jurídico é o gênero

(380) BETTI, Emilio. *Op. cit.*, p. 57.

(381) CASTRO Y BRAVO, Frederico de. *El negocio juridico* (1971). Madri: Civitas, 1991, p. 21, *apud id. ibid.*, p. XV.

(382) AZEVEDO, Antônio Junqueira de. *Negócio jurídico:* existência, validade e eficácia..., p. 16.

(383) BETTI, Emilio. *Op. cit.*, p. 58.

(384) *Id. ibid.*, p. 59.

(385) FERRI, Luigi. *Op. cit.*, p. 9.

do qual o contrato é uma das suas espécies. O contrato como meio de ordenação de interesses individuais, traz um conteúdo normativo para as próprias partes estipulantes, cujo fundamento encontra-se na autonomia privada individual.

Como bem define Emilio Betti, *"o negócio é instrumento de autonomia privada justamente no sentido de que é posto pela lei à disposição dos particulares, a fim de que possam servir-se dele, não para invadir a esfera alheia, senão para dispor em causa própria, é dizer, para impor um ajuste a seus interesses nas relações recíprocas"*(386). O negócio jurídico constitui um dos meios para a autorregulamentação de interesses; é um veículo de atuação da vontade na esfera jurídica do próprio sujeito; é o principal instrumento da autonomia privada(387).

A formulação conceitual do negócio jurídico como um instrumento posto pelo Direito à disposição dos particulares, encontrada nas diversas definições acima elencadas, deixa notória a influência da pandectística alemã e da corrente objetivista, que veem no negócio jurídico uma emanação do poder normativo concedido pelo ordenamento positivo sobre os seus autores, ou seja, uma delegação de poder aos particulares, e não um poder primário da sociedade e reconhecido pelo Estado.

Esse pensamento tornou-se tão influente que mesmo autores que veem a autonomia privada como um poder originário da sociedade, e não concedido pelo Estado, como Emilio Betti, assinalaram em seus ensinamentos que o negócio jurídico é posto à disposição da lei aos particulares; como se o negócio jurídico fosse criação do ordenamento jurídico positivo.

Como observaremos ao analisarmos a natureza jurídica da autonomia privada individual, ao seu reconhecimento como poder originário (não derivado de delegação estatal) sucede a constatação de que o negócio jurídico consiste numa criação coletiva, ou, nos dizeres de Antônio Junqueira de Azevedo em *"um fato social consistente no modo jurídico de relacionamento humano"*(388).

O negócio jurídico, antes de um instrumento jurídico, é um modo de comportamento humano; é, como a linguagem e a convivência social, uma das formas de os homens se relacionarem. Ele existe desde a pré-história e, como fato social, esteve presente em todas as sociedades, das mais primitivas às mais avançadas(389).

Os negócios jurídicos sempre consistiram em atos humanos que determinadas sociedades consideravam com destinação a produzir efeitos jurídicos; são verdadeiros modelos de comportamento revelados por observadores totalmente alheios ao direito, mas que são atitudes jurídicas(390).

---

(386) BETTI, Emilio. *Op. cit.*, p. 54-55.

(387) FERRARA, Luigi Carota. *Il negozio giuridico:* nel diritto privado italiano. Napoli: Morano. p. 51-52.

(388) AZEVEDO, Antônio Junqueira de. *Negócio jurídico e declaração negocial...*, p. 11.

(389) *Id. ibid.*, p. 4.

(390) *Id. ibid.*, p. 5.

Tanto a autonomia privada como o negócio jurídico que a instrumentaliza são frutos da sociedade, cujo reconhecimento deu-se somente *a posteriori* pelo ordenamento jurídico estatal. A circunstância de o negócio jurídico ser posto pela lei, não equivale a dizer que ele seja criado pelo Direito, embora reconheçamos a existência de posicionamentos contrários à existência de um poder normativo social e que, por isso, veem o negócio jurídico como instrumento delegado pelo Estado aos particulares para a regulação de seus interesses.

4. Autonomia privada coletiva

4.1. Conceito

A autonomia privada individual, durante longo período histórico, foi um dos símbolos da doutrina do liberalismo econômico, que se centrava na igualdade jurídico-formal dos contratantes. Como assevera Walküre Lopes Ribeiro da Silva, *"o iluminismo forneceu as bases filosóficas para a Revolução Francesa. Com a vitória desta e sua repercussão em todo o mundo, o contrato tornou-se o instrumento tendencionalmente exclusivo de regulação das relações jurídicas. Afirmou-se a concepção de contrato como acordo ou encontro de vontades entre indivíduos livres e iguais"*[(391)].

O Direito Positivo, no entanto, como forma de proteção da parte hipossuficiente, passou a intervir nas relações materialmente desiguais com a elaboração de normas cogentes ou de ordem pública, para, por meio da limitação da autonomia privada individual, resguardar a integridade jurídica da parte considerada mais vulnerável que, impossibilitada de discutir em situação de igualdade o conteúdo da relação contratual, via-se obrigada a aceitar condições jurídicas que lhe eram impróprias.

Entretanto, diante da insuficiência e da falta de efetividade dessa legislação intervencionista estatal para a garantia da esfera individual, incrementou-se a noção da autonomia privada coletiva como instrumento de igualização de relações jurídicas inicialmente desiguais em diversos setores do Direito Privado, sendo o Direito do Trabalho o berço, por excelência, da autonomia privada coletiva.

Na evolução dos sistemas jurídicos, sociais e econômicos, nota-se uma tendência à redução da autonomia individual e um extraordinário incremento da autonomia privada coletiva. A dimensão coletiva da contratação constitui um *"instrumento de proteção da parte frágil, alternativo à proteção publicística realizada pela lei"*[(392)].

Hodiernamente, observa-se em diversos ordenamentos jurídicos que a faculdade de regulação dos próprios interesses não é reconhecida somente aos indivíduos singularmente considerados, mas também aos mais variados agrupamentos sociais.

---

(391) SILVA, Walküre Lopes Ribeiro da. *Op. cit.*, p. 31.

(392) ROPPO, Vincenzo. *Il contratto*. Milano: Giuffrè, 2001. p. 44-46.

Diversos grupos sociais organizados, os denominados corpos intermediários, definidos por interesses comuns, têm reconhecidamente o poder de emitir normas destinadas aos seus membros e às relações com outros entes, indivíduos ou esferas jurídicas, para a satisfação de interesses comuns à coletividade, classe ou categoria de pessoas representadas.

Como assinala Orlando Gomes, *"do mesmo modo que a ordem jurídica deixa aos indivíduos larga esfera de liberdade para a realização de seus interesses, pondo à sua disposição os instrumentos com os quais tal realização é garantida, reconhece a alguns grupos sociais o poder de regular seus próprios interesses, mediante negócios jurídicos idôneos para essa regulação"*[(393)].

Trata-se da autonomia privada coletiva, isto é, do poder jurídico conferido a determinados grupos sociais de criar normas jurídicas para a tutela de interesses de uma coletividade, comunidade ou classe de pessoas globalmente consideradas. Insere-se num contexto em que se verifica a disparidade de poder contratual entre categorias socioeconômicas contrapostas. Sua concepção baseia-se na percepção social da existência de uma lacuna entre a norma geral e a particular, entre a abstração das normas gerais estatais e a excessiva concretude e singularidade das situações particulares (hiperespecíficas), cujo preenchimento dá-se pela esfera contratual coletiva.

Pelo prisma da autonomia privada coletiva, o contrato adquire uma dimensão coletiva para reforçar a posição da parte social e economicamente mais vulnerável e individualmente hipossuficiente que, nos dizeres de Vincenzo Roppo *"recupera força contratual sobre a base coletiva"*, isto é, por meio da organização da coletividade[(394)].

A primeira formulação da noção de autonomia privada coletiva pode ser atribuída a Gierke, que, com observação das instituições medievais, identificou a existência de um direito nascido da vontade comum ou conjunta de grupos sociais e não da atividade normativa do Estado. Posteriormente, praticamente todas as teorias pluralistas reconheceram os grupos sociais como centros de produção de normas jurídicas: sindicatos (pluralismo sindicalista), corporações (pluralismo corporativista); instituições (teoria da instituição); todas as formações sociais e grupos sociais organizados e, por vezes, inorganizados (pluralismo moderno).

A noção de autonomia privada coletiva nasce do reconhecimento da existência de uma vontade comum do grupo, inconfundível com a vontade individual de cada membro ou com a vontade geral da sociedade. Essa vontade do grupo, considerado globalmente, gira em torno de bens e interesses pertinentes a toda a coletividade, de modo que a sua persecução ou a sua tutela viabiliza-se por meio do agir em conjunto.

---

(393) GOMES, Orlando. "Contrato coletivo de trabalho". En: *Derecho colectivo laboral* — Homenaje al Prof. Mariano R. Tissenbaum, AA.VV., Buenos Aires, 1973, 30, *apud* COSMÓPOLIS, Mario Pasco. *Op. cit.*, p. 126.

(394) ROPPO, Vincenzo. *Op. cit.*, p. 45.

Esse interesse tem um aspecto coletivo, sendo, por isso, denominado de interesse coletivo, pois consiste no interesse da "coletividade de pessoas a um bem idôneo a satisfazer uma necessidade comum". Ele não se confunde com o interesse geral de toda a coletividade juridicamente organizada e nem com os interesses individuais dos integrantes do grupo, sendo superior aos interesses desses indivíduos e, assim mesmo, um interesse privado e não público[(395)].

O desenvolvimento material da autonomia privada coletiva adveio com a questão social presente nas relações de trabalho, nos Séculos XVIII e XIX e, como vimos, esse processo de identificação dos grupos sociais em torno de uma vontade comum assentou-se com a complexidade da sociedade moderna, com o enfraquecimento do poder estatal e com o surgimento de novas necessidades sociais, que deram ensejo ao nascimento de novos direitos e sujeitos de direitos.

Esses grupos sociais intermediários variam no tempo e no espaço. A nota essencial é a organização do grupo, pela qual um sujeito está habilitado à atividade jurídica no interesse do grupo, sendo-lhe reconhecido pelo ordenamento a função de providenciar a tutela dos interesses da coletividade que representa. O ordenamento jurídico adequou-se à realidade social para reconhecer a estes grupos a existência de interesses e fins próprios, superiores e distintos aos daqueles que dele fazem parte e dos interesses e fins da sociedade em geral. Por isso, os grupos têm a potestade e os instrumentos correspondentes à estrutura da organização para providenciar livremente a tutela dos seus interesses[(396)].

Na definição de Francesco Santoro-Passarelli, a autonomia privada coletiva *"é um fenômeno de autorregulação de interesses privados entre grupos contrapostos"*[(397)].

Para Dorothee S. Rüdiger, a *"autonomia privada coletiva significa o poder, reconhecido aos grupos sociais, de regrarem seus interesses coletivos"*[(398)].

---

(395) SANTORO-PASSARELLI, Francesco. *Op. cit.*, p. 256.

(396) *Id. ibid.*, p. 256-259.

(397) SANTORO-PASSARELLI, Francesco *apud* COSMÓPOLIS, Mario Pasco. *Op. cit.*, p. 126. A noção de grupos contrapostos também está presente nas observações de António de Lemos Monteiro Fernandes ao mencionar que *"certos grupos sociais organizados (e definidos por interesses comuns) têm o poder, reconhecido pela lei, de, por acordo, emitirem normas destinadas aos seus membros e que correspondem ao ponto de equilíbrio (de satisfação possível) dos interesses contrapostos de que os mesmos grupos são portadores. A expressão típica desse poder é, como se sabe, a convenção coletiva de trabalho, conjunto de normas reguladoras dos contratos individuais — tal como a legislação estatal do trabalho. Só que aquelas normas são, como se disse, geradas no seio dos grupos interessados (ab intus), relevam de uma autonomia — a autonomia estatal provém de fora desses grupos, fundam-se numa vontade alheia e são impostas do exterior — constituem uma regulamentação heterônoma"* (FERNANDES, Antonio de Lemos Monteiro. *Direito do trabalho:* relações colectivas de trabalho. 3. ed. Coimbra: Almedina, 1994. v. 1, p. 33.

(398) RÜDIGER, Dorothee S. A teoria da autonomia privada coletiva: do direito sindical ao direito dos grupos intermediários. *Revista dos Tribunais*, São Paulo, ano 85, v. 727, p. 20, maio 1996.

A autonomia privada coletiva consiste, assim, no poder reconhecido aos grupos sociais de criar normas jurídicas para a tutela de interesses de uma coletividade, comunidade ou classe de pessoas globalmente consideradas, revelando-se como um instrumento de tutela de interesses coletivos pertinentes ao grupo globalmente considerado, que não se confundem com a mera soma de interesses individuais dos membros da coletividade nem com os interesses pertinentes a toda a sociedade.

Com fulcro na legislação italiana, Pietro Perlingieri cita, como exemplos de exercício dessa autonomia coletiva, os contratos coletivos de trabalho firmados pelos sindicatos de trabalhadores e de empregadores, os poderes das associações de proprietários de imóveis e dos inquilinos de predispor contrato-tipo de locação, cujo conteúdo poderá ser transferido para os contratos individuais, e os poderes das associações de comitentes e de subfornecedores para estipular acordos interprofissionais, destinados a derrogar a disciplina legal do contrato de subfornecimento[(399)].

4.2. Autonomia privada coletiva e autonomia individual

Embora distintas, autonomia privada individual e autonomia privada coletiva não se contrapõem, uma vez que esta emerge como uma extensão daquela, tendo como premissa o exercício coletivo da vontade numa sociedade pluralista, centrada no poder de normatização dos grupos[(400)].

Segundo Francesco Santoro-Passarelli, a autonomia privada individual diferencia-se da autonomia coletiva quanto aos seus fins e às suas estruturas. Quanto aos fins, a primeira persegue a satisfação de interesses individuais, ao passo que a segunda visa à realização do interesse coletivo, isto é, pertencente ao grupo como um todo. Em relação à estrutura, observa-se que o grau de limitação interna e externa da autonomia é dado pela relevância dos interesses envolvidos — tanto privados (individuais e coletivos) como públicos[(401)].

Para Pietro Perlingieri, a autonomia individual distingue-se da autonomia coletiva quanto ao tipo de interesse regulado. Pela primeira, regulamentam-se interesses pertencentes exclusivamente aos sujeitos agentes ou que agem por seus representantes; a segunda, por sua vez, designa o poder reconhecido ou atribuído aos *enti esponenziali* de regular os interesses da categoria profissional ou social que representam[(402)].

---

(399) PERLINGIERI, Pietro. *Op. cit.*, p. 328.

(400) RÜDIGER, Dorothee S. *Op. cit.*, p. 17.

(401) SANTORO-PASSARELLI, Francesco. Autonomia collettiva, giurisdizione, diritto di sciopero. In: SANTORO-PASSARELLI. *Saggi di diritto civile...*, v. 1, p. 181.

(402) PERLINGIERI, Pietro. *Op. cit.*, p. 328. Nesse sentido, que *Emilio Betti*, ao se referir à autonomia privada individual, assinala que *"é exigência fundamental da eficácia vinculante reconhecida ao negócio, e isto já no campo social, que o sujeito do mesmo se identifique com o do interesse que naquele se regula; salvo nos casos previstos, nos quais, excepcionalmente, admite-se uma ingerência nos assuntos alheios."* (BETTI, Emilio. *Op. cit.*, p. 54).

Segundo o autor, a natureza do interesse perseguido tem mais relevância para a diferenciação entre as duas figuras que a própria característica do agente, isto é, se se trata de pessoa física ou jurídica, pois, ao passo que a autonomia coletiva, por sua natureza, não pode competir ao sujeito singularmente considerado, a autonomia individual pode ser exercida tanto pelo indivíduo singular quanto pelos entes (associações, sindicatos etc.). Assim, apresentar-se-ia simplista a teoria que tende a efetuar a distinção das duas figuras com a mera circunstância de que a primeira se referiria a pessoas físicas, individuais, e a segunda, aos sujeitos coletivos, isto é, entidades ou grupos privados. Por isso, prefere o autor o uso da expressão "autonomia singular" em vez da costumeiramente utilizada "autonomia individual", posto que as pessoas jurídicas e demais entes coletivos também podem exercer atividade de autonomia privada individual[(403)].

Desse modo, um sindicato que participe de um contrato de compra e venda de instrumentos para sua sede atua na seara da sua autonomia privada individual, ao passo que, ao elaborar um contrato coletivo de trabalho com uma representação de empregadores atua no exercício da autonomia coletiva[(404)].

A autonomia privada individual diferencia-se da autonomia privada coletiva por fazer referência a pretensões concretas, divisíveis e determinadas, circunscritas ao círculo de atributividade jurídica de seus titulares, ao passo que a autonomia privada coletiva incide sobre o interesse coletivo, indivisível e abstrato, de grupo, categoria ou classes de pessoas globalmente consideradas.

4.3. Autonomia privada coletiva e autonomia assistida

Paralelamente à autonomia privada coletiva, manifesta-se uma variante sua, a denominada autonomia assistida, consistente no *fenômeno pelo qual o contrato* individual é firmado diretamente pelo indivíduo interessado, sendo oportunamente assistido na contratação pela organização que representa e tutela a respectiva categoria social[(405)].

Na autonomia privada coletiva, os entes representantes *(enti esponenziali)* da coletividade assumem papel principal, ativo e imediato na tutela dos interesses do grupo, o qual incorpora e representa; na autonomia assistida o ente coletivo atua de forma secundária e mediata na tutela dos interesses de um ou mais membros do grupo. Lá, tutela-se o interesse coletivo, abstrato e indivisível, aqui, assiste-se ao direito individual, concreto e plenamente identificado.

A principal finalidade dos atos de autonomia assistida é o resguardo da autonomia da vontade de sujeitos que se encontram em situações jurídicas em que se verifica um interesse social na sua manutenção ou que, por se encontrarem em determinados estados

(403) PERLINGIERI, Pietro. *Op. cit.*, p. 328-329.

(404) *Id. ibid.*, p. 329.

(405) ROPPO, Vincenzo. *Op. cit.*, p. 45.

ou em certas condições exigem mecanismos de salvaguarda da sua vontade, em virtude do alto grau de possibilidade de ocorrência de vícios de consentimento ou da impossibilidade de sua plena manifestação.

Com base na legislação italiana, Vicenzo Roppo, exemplifica com as transações sobre controvérsias de trabalho que se fazem com a assistência do sindicato (art. 410 ss., CPC) e os acordos referentes às relações agrárias que se perfazem com a presença das organizações de trabalhadores agrícolas e dos proprietários (art. 23 1.11/1971)[(406)].

Em nossa legislação trabalhista, constituia ato de autonomia assistida a hipótese outrora prevista no § 1º do art. 477 da CLT (antes da sua alteração pela Lei n. 13.467/2017), segundo a qual *"O pedido de demissão ou recibo de quitação de rescisão do contrato de trabalho, firmado por empregado com mais de 1 (um) ano de serviço, só será válido quando feita com assistência do respectivo Sindicato ou perante a autoridade do Ministério do Trabalho"*. Atualmente a obrigatoriedade de homologação do termos de rescisão contratual encontra previsão em normas coletivas de determinadas categorias.

Também o preceito do art. 500 da CLT, pelo qual "*O pedido de demissão do empregado estável só será válido quando feito com a assistência do respectivo sindicato e, se não o houver, perante a autoridade local competente do Ministério do Trabalho ou da Justiça do Trabalho*", corresponde a uma hipótese de autonomia assistida.

4.4. Autonomia coletiva e autonomia pública

Juridicamente, a expressão "autonomia pública" é empregada em dois sentidos. Num primeiro, apresenta-se como a liberdade do cidadão, de participar da formação da vontade do Estado, tornando-se coautor do destino da sua coletividade. É a liberdade propagada pelas teorias democráticas e republicanas. Significa a possibilidade de participação ativa do cidadão no espaço público em igualdade com os demais membros da comunidade, no seu autogoverno[(407)].

Essa noção de autonomia pública já estava presente no pensamento de Rousseau, do povo como legislador de si mesmo, como participante, por meio da vontade geral, do seu próprio destino[(408)].

Em sua doutrina do direito, Kant retoma o pensamento rousseauniano e aponta que o direito humano exsurge como um sistema de direitos em que a liberdade legal do cidadão consiste em obedecer somente à lei da qual participou com sua vontade (assentimento), pois *"O poder legislativo pode pertencer somente à vontade unida do povo, pois uma*

(406) ROPPO, Vincenzo. *Op. cit.*, p. 45.

(407) SARMENTO, Daniel. *Op. cit.*, p. 298.

(408) ROUSSEAU, Jean-Jacques. *O contrato social*. Trad. Antonio de Pádua Danesi. São Paulo: Martins Fontes, 1998. p. 47.

vez que todo direito deve dele proceder, a ninguém é capaz de causar injustiça [(a si mesmo)] *mediante sua lei*"[(409)].

Norberto Bobbio ao conceituar a autonomia tanto no Direito Privado como no Direito Público, embora não se refira expressamente à autonomia pública, tangencia o seu conceito, quando assinala que, no Direito Público, o princípio da autonomia é o fundamento de um Estado democrático, consistente na elaboração das leis pelos próprios cidadãos que a seguirão[(410)].

A Constituição de 1988 consagrou, em vários de seus dispositivos, essa dimensão da autonomia pública, por meio da consagração da cláusula da soberania popular (art. 1º, parágrafo único), da previsão como cláusula pétrea, do voto secreto, direto, universal e periódico (§ 4º do art. 60), da instituição de vários mecanismos de democracia participativa; tudo com vistas à dinamização do sistema político e ao fortalecimento da participação direta do cidadão na condução da coisa pública[(411)].

Num segundo sentido, a expressão "autonomia pública" é empregada para designar a faculdade conferida aos órgãos e serviços públicos para a emissão de regras ou comandos internos orientados pela realização das suas atribuições[(412)].

Como aponta Francesco Santoro Passarelli, "*a autonomia pública que aqui se considera é a potestade atribuída aos diversos entes do Estado de emanar normas eficazes no âmbito da competência dos diversos entes, mas constituída pelo mesmo ordenamento jurídico estatal. As normas emanadas no exercício da autonomia pública, procedendo à regulamentação de determinada matéria, se põem como integrantes da normatividade estatal, das quais reproduzem as características*"[(413)].

Guido Zanobini a delineia como o poder atribuído aos entes públicos e aos próprios órgãos do Estado para emanar normas válidas no âmbito de competência respectivo, as quais integram o ordenamento estatal[(414)]. Nesse mesmo sentido, é a definição de Francisco Amaral[(415)].

A autonomia pública não se confunde com a autonomia coletiva. Esta constitui uma espécie da autonomia privada; por ela, tutelam-se interesses privados de grupos, categoria ou coletividade de pessoas, isto é, interesses coletivos, que não se confundem com o interesse público, primário ou secundário, perseguido pela autonomia pública.

---

(409) KANT, Immanuel. *A metafísica dos costumes...*, p. 156.

(410) BOBBIO, Norberto. *Teoria da norma jurídica...*, p. 92.

(411) SARMENTO, Daniel. *Op. cit.*, p. 328.

(412) FERNANDES, Antônio de Lemos Monteiro. *Op. cit.*, p. 31.

(413) SANTORO-PASSARELLI, Francesco. *Noções de direito do trabalho*. Trad. Mozart Victor Russomano e Carlos Alberto G. Chiarelli. São Paulo: Revista dos Tribunais, 1973. p. 260.

(414) SILVA, Walküre Lopes Ribeiro da. *Op. cit.*, p. 34.

(415) AMARAL, Francisco. *Op. cit.*, p. 339.

Como elucida Santoro-Passarelli, diversamente da autonomia pública, na autonomia coletiva o interesse público não se coloca como objeto, mas como limite desta atividade privada[(416)].

A autonomia privada coletiva medeia entre a autonomia privada individual e a autonomia pública; equivale a uma forma intermediária — a autonomia dos grupos intermediários — que se coloca entre o indivíduo e o Estado, diferentemente das duas primeiras, embora também possua caráter privado como a individual[(417)].

Além disso, as autonomias pública e coletiva apresentam outras diferenças essenciais: a) na forma de atuação; pois a autonomia privada normalmente concretiza-se em negócios jurídicos bilaterais, ao passo que a pública aperfeiçoa-se por meio de atos unilaterais da administração pública; isso em razão da igualdade operante entre os sujeitos no campo da autonomia privada e da condição de supremacia de que se reveste um dos sujeitos na autonomia pública; b) em relação aos limites internos, pois, ao passo que o particular dispõe de plena liberdade, nos limites da lei, na autonomia pública, o ente público usufrui de uma liberdade nos limites de sua discricionariedade; quanto aos fins perseguidos; uma vez que o ente público deve perseguir fins que lhe são impostos por lei, enquanto o particular possui a liberdade de escolha dos fins a serem perseguidos[(418)].

A autonomia normativa pública, porque compreende a satisfação de interesses públicos, não é livre; nela a discricionariedade somente é possível na individuação do interesse público e do melhor modo de satisfazê-lo, por isso, ela tem sempre uma natureza funcional, isto é, uma vez individuado o interesse público, o ato de autonomia pública é a ele vinculado, no âmbito do ordenamento jurídico estatal, diversamente do que sucede com a autonomia coletiva, vinculada somente ao interesse interno do grupo[(419)].

A autonomia privada coletiva — dos grupos intermediários —, por sua vez, é essencialmente livre; ela é manifestação de liberdade para a satisfação do interesse privado. Ela não possui natureza funcional em relação ao interesse público e ao ordenamento estatal[(420)].

Vale ressaltar que a autonomia pública, por sua vez, não se confunde com a autonomia privada do ente público. De fato, também se caracteriza como ato de autonomia

---

(416) SANTORO-PASSARELLI, Francesco. *Noções de direito do trabalho...*, p. 261.

(417) MAZZONI, Giuliano. *Relações coletivas de trabalho*. Trad. Antônio Lamarca. São Paulo: Revista dos Tribunais, 1972. p. 63.

(418) SILVA, Walküre Lopes Ribeiro da. *Op. cit.*, p. 34.

(419) SANTORO-PASSARELLI, Francesco. *Noções de direito do trabalho...*, p. 260. Embora esta diferenciação seja propagada na doutrina juslaboralista, veremos adiante que ela não é determinante para a distinção entre a autonomia pública e a autonomia privada coletiva, uma vez que esta também se apresenta como um poder-função, embora a sua funcionalidade seja diversa da que caracteriza a autonomia pública.

(420) *Id., loc. cit.*

privada individual aquele pelo qual determinado ente público atua no campo do *ius privatorum*. Por exemplo, um município que conclui com determinado proprietário de um bem um contrato de locação ou de compra e venda[(421)].

5. Autonomia privada coletiva no direito do trabalho

5.1. Denominação e conceito

Hodiernamente, a autonomia coletiva é a pedra angular em matéria de relações coletivas de trabalho[(422)]. O seu emprego com referência aos sindicatos surge no contexto da reelaboração do sindicalismo italiano do pós-guerra, e se difundiu principalmente por meio das obras de Francesco Santoro-Passarelli. Em *Nozioni di Diritto del Lavoro,* o jurista italiano reconduziu a "autonomia sindical" ao *genus* da "autonomia privada", ao conformar a capacidade da autorregulamentação negocial de interesses coletivos pelos sindicatos como um ordenamento particular no âmbito do ordenamento geral estatal[(423)].

Atualmente, a autonomia privada coletiva no Direito do Trabalho tem uma dimensão especial, à medida que é considerada uma das principais fontes do Direito Laboral. Seu estudo tornou-se um dos pontos mais enriquecedores na seara da reconstrução democrática das relações de trabalho, principalmente nos países que sofreram forte influência do corporativismo intervencionista do Estado[(424)].

António de Lemos Monteiro Fernandes denomina a autonomia coletiva presente nas relações de trabalho de *"autonomia coletiva profissional"*, definindo-a *como "a possibilidade de composição de interesses coletivos através da emissão de normas pela via do acordo entre grupos sociais radicados no mundo do trabalho — normas abstratamente endereçadas aos membros desses grupos e destinadas, portanto, a reagir sobre as relações individuais entre eles"*[(425)].

Para Mônica Sette Lopes, *"A autonomia coletiva expressa-se na manifestação da vontade de edição de uma norma de conduta destinada a disciplinar as relações dos sujeitos-polos da relação de emprego, com conotação jurídica e âmbito predefinido de validade e eficácia"*[(426)].

Para Pedro Paulo Teixeira Manus, *"A autonomia privada coletiva, no âmbito do Direito Coletivo do Trabalho, é o poder das entidades sindicais de auto-organização e autorregulamentação dos conflitos de trabalho, produzindo normas que regulam as relações atinentes à vida sindical, às relações individuais e coletivas de trabalho entre trabalhadores e empregadores"*[(427)].

(421) PERLINGIERI, Pietro. *Op. cit.,* p. 330.

(422) BELTRAN, Ari Possidonio. *A autotutela nas relações do trabalho.* São Paulo: LTr, 1996. p. 97.

(423) TARELLO, Giovanni. *Teorías e ideologías en el derecho sindical.* Granada: Comares, 2002. p. 48-49.

(424) NASCIMENTO, Amauri Mascaro. *Teoria geral do direito do trabalho...,* p. 124.

(425) FERNANDES, António de Lemos Monteiro. *Op. cit.,* p. 31-32.

(426) LOPES, Mônica Sette. *Convenção coletiva e sua força vinculante.* São Paulo: LTr, 1998. p. 87.

(427) MANUS, Pedro Paulo Teixeira. *Negociação coletiva e contrato individual de trabalho.* São Paulo: Atlas, 2001. p. 102.

Walküre Lopes Ribeiro da Silva, partindo de uma concepção normativa, que a autora aponta como pressuposto metodológico do seu estudo, define a autonomia privada coletiva como a *"atuação normativa dos particulares, por meio de suas organizações representativas, na esfera das relações coletivas de trabalho, no contexto de um ordenamento que se apresenta como um sistema de normas oriundas de uma pluralidade de fontes, estatais e não estatais"*[(428)].

Em síntese, pode-se definir a autonomia privada coletiva no Direito do Trabalho, como o poder de autorregulamentação das relações de trabalho, ou de matérias correlatas, pelos grupos profissionais e econômicos, por meio de suas organizações representativas. A negociação coletiva é o seu instrumento, as normas coletivas de trabalho o seu produto.

A expressão típica da autonomia privada coletiva são as normas geradas no seio dos grupos interessados *(ab intus)*. No campo do Direito do Trabalho, a autonomia privada coletiva se manifesta primordialmente pela elaboração de acordos e convenções coletivas de trabalho. Estas são as normas geradas, na expressão de António de Lemos Monteiro Fernandes, pela autonomia coletiva profissional[(429)].

5.2. Fundamentos

Embora seja impossível determinar uma evolução linear do ordenamento jurídico trabalhista, tendo em vista que, desde os seus primórdios, ele mostrou-se pluralista por excelência, é fato que esse ordenamento peculiar vem marcado por fases históricas de predomínio de uma ou outra fonte normativa, variando segundo as circunstâncias políticas e sociais de cada época e lugar, deixando-se entrever ora momentos de predomínio da autonomia privada individual, ora da heteronomia estatal ou ainda da autonomia privada coletiva.

O Direito do Trabalho nasceu sob os influxos do liberalismo econômico e do dogma da autonomia da vontade nas relações entre os particulares, com o consequente afastamento do Estado dessas questões. O contrato individual, fundado no dogma da autonomia da vontade e tendo como pressuposto a igualdade formal das partes, tornou-se, nesse período, a principal fonte de regulamentação das relações individuais de trabalho, sendo considerado um negócio jurídico sujeito às regras gerais do Direito Civil[(430)].

Desde o princípio, embora o empregassem, as relações de trabalho sempre foram refratárias ao dogma da autonomia da vontade, pois, fundado no princípio da igualdade formal das partes, ele tornou-se um dos principais instrumentos de exploração dos trabalhadores que, diante da manifesta desigualdade material e da abundante oferta de mão de obra, estavam subjugados à situação de superioridade do empregador.

(428) SILVA, Walküre Lopes Ribeiro da. *Op. cit.*, p. 28.

(429) FERNANDES, António de Lemos Monteiro. *Op. cit.*, v. 2, p. 33.

(430) *Id. ibid.*, p. 38.

Assim, desde o início, e principalmente na Era Moderna, o dogma da autonomia da vontade e, consequentemente, da autonomia privada individual, foi utilizado como forma de submissão dos trabalhadores ao poder econômico dos empregadores. Por isso, como bem elucida Guillermo Lopez Guerra, o *slogan* "não à autonomia privada individual", foi uma das expressões dos alvores do Direito do Trabalho. *"Autonomia privada para ninguém e para nada."*[(431)]

A questão social, conjugada com a luta e a pressão dos trabalhadores, levou à progressiva intervenção legislativa do Estado nas relações de trabalho, por meio de uma legislação tuitiva e imperativa, que deu azo ao primado da heteronomia estatal na regulamentação das relações de trabalho, de modo a suprir a insuficiência da autonomia privada em face da desigualdade material dos sujeitos. É *"o surto da regulamentação laboral heterônoma que, aliás, coincide com a formação do Direito do Trabalho enquanto ramo destacado do ordenamento jurídico"*[(432)].

A desigualdade intrinsecamente presente nas relações de trabalho e o fato da prestação de serviços estar visceralmente ligada à pessoa do trabalhador determinaram que as relações de trabalho se desvinculassem das obrigações do Direito Civil para adquirir um estatuto próprio, em princípio com a legislação tuitiva do Estado que ao longo da história mostrou-se insuficiente e geralmente pouco eficaz.

Por fim, — e sem querer indicar uma sucessão cronológica — como bem observou António de Lemos Monteiro Fernandes, *"registrou-se o desenvolvimento do associativismo profissional, a progressiva afirmação dos interesses coletivos e o reconhecimento do poder de autorregulação desses interesses através da negociação entre as correspondentes organizações de categoria — é o momento da autonomia coletiva, enquanto terceira via de conformação das condições de trabalho"*[(433)].

Como bem resumiu Américo Plá Rodriguez, *"A união dos trabalhadores se situa no início do fenômeno trabalhista e constitui a resposta natural à injustiça e à exploração dos empresários. A princípio, a união dos trabalhadores atraiu a atenção pública para o fenômeno laboral. Dessa atenção para o fenômeno laboral derivou a legislação do trabalho. Essa legislação foi reconhecendo a realidade social e sindical, o que significou suprimir entraves à união e, num segundo momento, criar estímulos para a união dos trabalhadores. Na medida em que se formaram associações profissionais, surgiu uma nova forma de criação do Direito do Trabalho: a de origem profissional e extraestatal, que teve nas convenções coletivas sua expressão máxima"*[(434)].

---

(431) LOPEZ GUERRA, Guillermo. *Op. cit.*, p. 91.

(432) FERNANDES, António de Lemos Monteiro. *Op. cit.*, v. 2, p. 38-39.

(433) *Id. ibid.*, p. 39.

(434) PLÁ RODRIGUEZ, Américo. *Princípios de direito do trabalho*. Trad. Wagner D. Giglio. São Paulo: LTr, 1997. p. 24-25.

A autonomia privada coletiva no Direito do Trabalho surgiu a partir da manifestação do fenômeno social do unionismo e da ação sindical, fenômeno consistente no confiar às coalizões, temporárias ou estáveis (permanentes), a defesa de interesses comuns a uma série de sujeitos que se encontram na mesma posição profissional e, portanto, titulares de uma série de situações econômicas e jurídicas análogas, dando ensejo ao nascimento de interesses coletivos, cuja gestão é transferida à coletividade mais ou menos organizada(435).

O reconhecimento do associacionismo profissional e dos seus instrumentos de atuação, como a negociação coletiva, a greve e o *lockout*, deu ensejo à aceitação geral da autonomia privada coletiva como modo de conformação das relações de trabalho.

A autonomia privada coletiva tem como fundamento essencial a consciência coletiva dos trabalhadores. É a denominada consciência de grupo ou de classe que teve origem na concentração operária nas cidades, à época da Revolução Industrial, e o estreitamento dos laços de solidariedade entre os trabalhadores, em virtude das condições precárias e similares de vida e de trabalho, que geraram interesses comuns e laços de união(436).

À luta individual seguiu-se uma ação coletiva embasada na busca de uma pretensão comum e idônea à satisfação das necessidades comuns dos trabalhadores. Esta pretensão comum consiste no denominado interesse coletivo, isto é, a pretensão pertencente a um grupo, categoria ou classe de pessoas globalmente consideradas. O interesse coletivo fundamenta a autonomia privada coletiva, tal como o interesse individual justifica a autonomia privada individual.

No entanto, somente a partir da Segunda Guerra Mundial, com a ascensão dos regimes democráticos, que se criou o ambiente propício para o desenvolvimento da autonomia privada coletiva. Ela passou a adquirir foros precisos de juridicidade com a reorganização democrática da sociedade italiana após a experiência do regime totalitário e corporativista. Por isso, coube principalmente aos juristas italianos o desenvolvimento doutrinário da teoria da autonomia privada coletiva no Direito do Trabalho.

É esta reorganização do Direito do Trabalho no âmbito privado o fundamento histórico do desenvolvimento da autonomia privada coletiva. Com a redemocratização da sociedade italiana, o Direito do Trabalho, que durante o período corporativista era informado pelo princípio da autoridade, passou a ser regido pelo princípio da liberdade, em todas as suas formas: liberdade dos singulares, liberdade das associações, liberdade dos grupos, liberdade dos sindicatos(437).

---

(435) D'EUFEMIA, Giuseppe. *Diritto sindacale*. Napoli: Morano, 1967. p. 6.

(436) SANTOS, Ronaldo Lima dos. *Op. cit.*, p. 35.

(437) SANTORO-PASSARELLI, Francesco. *Pluralismo e partecipazione*. Ordinamento e diritto civile. Ultimi saggi. Napoli: Jovene Editore, 1988, p. 250, *apud* RÜDIGER, Dorothee S. *Op. cit.*, p. 17.

Em oposição à tradição corporativista totalitária, postou-se a versão democrática de intervenção estatal nas relações coletivas de trabalho. O objetivo foi reduzir a desigualdade material subjacente à relação capital e trabalho, a partir do reconhecimento da legitimidade dos conflitos e reivindicações operárias de maior participação na empresa e na sociedade(438).

O Estado passou a reconhecer a autonomia privada coletiva e, assim, o poder de autorregulamentação dos grupos sociais trabalhistas, como uma das vertentes da liberdade sindical e do direito de associação, subtraindo a antiga concepção corporativista do sindicato como *longa manus* do Estado no controle dos conflitos sociais.

Os regimes totalitários, que vigoraram na primeira metade do Século XX na Europa, não conseguiram fulminar o pensamento social europeu que norteou o constitucionalismo social, pois ele voltou com força no período posterior à Segunda Guerra Mundial, influenciando a reconstrução dos sistemas de relações de trabalho em bases democráticas em praticamente toda a Europa continental. Além de criar novéis conceitos, esse pensamento permitiu a instauração de outras dinâmicas nas relações de trabalho. A legitimação dos sindicatos veio acompanhada do reconhecimento dos direitos de negociação coletiva e de greve e fomentou instrumentos de reequilíbrio destinados a incidir nas desiguais relações travadas entre empresários e trabalhadores. O modelo sindical que adveio na esteira do modelo de Weimar expandiu-se pela Europa Ocidental(439).

Tal origem conceitual não significa que os modelos sindicais tenham sido uniformes. Mesmo os modelos sindicais nacionais consolidados nos diversos países da Europa, no período pós-guerra, apresentaram importantes diferenças quando comparados entre si, embora estivessem lastreados nos princípios da liberdade sindical e da autonomia coletiva, cujos pressupostos encontram-se no estado democrático de Direito(440).

As diferenças constatadas entre os diversos modelos sindicais demonstram que o fenômeno coletivo pode alcançar graus diversos de intervenção do ordenamento jurídico estatal, e que a relação entre os dois ordenamentos pode apresentar múltiplas formas, decorrentes do modo como ocorre a regulamentação do fenômeno coletivo, sendo relevante que esta potencial diversidade encontre seu limite no respeito ao princípio da liberdade sindical(441).

Não se pode olvidar do importante e acentuado papel das organizações internacionais na consolidação do direito de associação em todo o mundo, na efetivação dos

(438) BENITES FILHO, Flávio Antonello. Autonomia coletiva e estado democrático de direito. *Revista de Direito do Trabalho*, São Paulo, ano 28, n. 106, p. 28, abr./jun. 2002.

(439) BENITES FILHO, Flávio Antonello. *Op. cit.*, p. 28-31.

(440) *Id. ibid.*, p. 31.

(441) *Id. ibid.*, p. 32.

princípios da liberdade sindical e no fomento à negociação coletiva. A universalização do direito de sindicalização com as declarações e normas internacionais, como a Declaração Universal dos Direitos Humanos, o Pacto Internacional dos Direitos Civis e Políticos de 1966 e o Pacto Internacional sobre Direitos Econômicos, Sociais e Culturais de 1966, foi de máxima relevância para o norteamento das legislações internas dos países no sentido de adotar princípios sindicais democráticos(442).

As atividades desenvolvidas pela Organização Internacional do Trabalho foram fundamentais para a consolidação dos direitos sindicais no mundo e para o incremento dos princípios da liberdade sindical e da autonomia privada coletiva. Ganharam grande relevo os estatutos normativos por ela aprovados; o denominado Código Internacional do Trabalho, composto por suas recomendações e convenções, entre as quais se destacam as referentes às seguintes matérias: direito de associação (agricultura) (Convenção n. 11, de 1921); direito de associação em territórios não metropolitanos (Convenção n. 84, de 1947); direito de sindicalização e de negociação coletiva (Convenção n. 98, de 1949); trabalho em plantações (Convenção n. 110 de 1957); liberdade sindical e proteção ao direito de sindicalização (Convenção n. 87, de 1948); proteção e facilidades para os representantes dos trabalhadores nas empresas (Convenção n. 135, de 1971); organização de trabalhadores rurais (Convenção n. 141, de 1975); consultas tripartites para aplicação das normas internacionais de trabalho (Convenção n. 144, de 1976); direito de sindicalização e de negociação coletiva de servidores públicos (Convenção n. 151, de 1978); fomento da negociação coletiva (Convenção n. 154, de 1981)(443).

A Convenção n. 87, adotada na Conferência de São Francisco, de 1948, por solicitação do Conselho Econômico e Social das Nações Unidas, representa um marco na edição de normas internacionais de direito sindical, sendo considerada o mais importante dos instrumentos normativos da Organização Internacional do Trabalho(444).

A autonomia privada coletiva não surgiu como antítese do princípio protetor; ela objetiva exatamente uma maior efetivação desse princípio, ante as mudanças fáticas que apontam para a necessidade de incrementar outros instrumentos de tutela dos interesses dos trabalhadores, diante da insuficiência, historicamente demonstrada, do ordenamento jurídico estatal para essa missão.

Em todo o Direito do Trabalho, há um ponto de partida e um ponto de chegada; o primeiro é representado pela união dos trabalhadores; o segundo pela melhoria das suas condições. Direito Individual e Direito Coletivo constituem apenas diferentes caminhos para se percorrer o mesmo itinerário. Ambos constituem modalidades de um mesmo

(442) SANTOS, Ronaldo Lima dos. *Op. cit.*, p. 41.

(443) SANTOS, Ronaldo Lima dos. *Op. cit.*, p. 41.

(444) *Id., loc. cit.*

fenômeno, pois o princípio da proteção constitui o critério fundamental que orienta o Direito do Trabalho[(445)].

Vale ressaltar que durante a experiência do *Welfare State*, a legislação social do Estado prevaleceu sobre os instrumentos de autonomia coletiva. Atualmente, com a diminuição do papel do Estado e a constatação da ineficiência da sua ação, observa-se um retorno aos mecanismos de composição das condições de trabalho, entre eles, tanto a autonomia individual quanto a coletiva.

Trata-se da combinação entre autonomia e heteronomia estatal, que é dosada de modo muito variável em cada ordenamento jurídico, sendo que atualmente parece tender para uma maior expressão da autonomia coletiva em face do direito estatal, com a remessa da autonomia privada individual para o exercício de funções meramente residuais[(446)].

Em resumo, são fundamentos do surgimento e do reconhecimento da autonomia privada coletiva no Direito do Trabalho: a) a presente desigualdade material das partes nas relações individuais de trabalho, o que impossibilita a adoção plena da autonomia privada individual, fundada no princípio da autonomia da vontade; b) o fenômeno da organização coletiva dos trabalhadores; c) o registro de interesses coletivos, isto é, pertencentes à classe, categoria ou coletividade de trabalhadores globalmente considerados; d) a presença constante das entidades sindicais como órgãos de representação dos interesses das coletividades de trabalhadores; e) o poder de organização e autodeterminação das coletividades de trabalhadores; f) o reconhecimento dos sindicatos como legítimos representantes dos interesses das coletividades de trabalhadores; g) a recepção pelo ordenamento jurídico dos instrumentos de manifestação da autonomia coletiva como a greve, a negociação coletiva e os acordos e convenções coletivas de trabalho.

5.3. Natureza jurídica

5.3.1. Pressuposto metodológico

A determinação da natureza jurídica da autonomia privada depende do modo como ela é concebida em face da sua relação com o ordenamento jurídico estatal, isto é, corresponde à indagação se a autonomia privada constitui um poder originário ou um poder derivado do estatal[(447)].

Pelo prisma positivista, num ordenamento jurídico complexo (aquele que possui mais de uma fonte normativa), encontram-se fontes indiretas que podem ser distinguidas em reconhecidas e delegadas, conforme derivam, respectivamente, da recepção de

---

(445) PLÁ RODRIGUEZ, Américo. *Op. cit.*, p. 25-28.

(446) FERNANDES, Antonio de Lemos Monteiro. *Op. cit.*, v. 2, p. 39.

(447) SILVA, Walküre Lopes Ribeiro da. *Op. cit.*, p. 29.

normas de ordenamentos diversos e precedentes ou da delegação do poder de produção de normas jurídicas. No reconhecimento ou recepção, o ordenamento jurídico acolhe um instituto ou preceito já existente na sociedade; na delegação, delega seu poder normativo e manda fazer a regra, ordenando uma produção futura. O costume é espécie de fonte reconhecida; o regulamento de fonte derivada[(448)].

Em relação à autonomia privada, Norberto Bobbio, assinala que o seu enquadramento entre as fontes delegadas ou reconhecidas não é nítido, pois "*se se coloca em destaque a autonomia privada, entendida como capacidade dos particulares de dar normas a si próprios numa certa esfera de interesses, e se considerarmos os particulares como constituintes de um ordenamento jurídico menor, absorvido pelo ordenamento estatal, essa vasta fonte de normas jurídicas é concebida de preferência como produtora independente de regras de condutas que são aceitas pelo Estado. Se, ao invés, colocamos o acento no poder de negociação como poder delegado pelo Estado aos particulares para regular os próprios interesses num campo estranho ao interesse público, a mesma fonte aparece como uma fonte delegada*"[(449)].

Desse modo, definir a natureza da autonomia privada coletiva, em última análise, significa decidir se ela é um poder normativo natural, originário e privado que antecede ao Estado ou se consiste um poder do próprio Estado e por este delegado aos particulares.

5.3.2. Natureza jurídica da autonomia privada individual

A doutrina, de um modo geral, considera a autonomia privada individual como um fenômeno social que reside fora do direito e é reconhecido por este[(450)]. Nesse sentido, é o posicionamento de Renato Scognamiglio ao afirmar que o ato de autonomia

---

(448) BOBBIO, Norberto. *Teoria do ordenamento jurídico...*, p. 38-40. Na realidade, a consideração das fontes reconhecidas e delegadas adquire caráter metajurídico, à medida que, para sua explicação, recorre-se às teorias jusnaturalistas referentes à passagem do estado natural ao estado civil, que dá origem ao poder civil originário a partir do contrato social. Esse contratualismo apresenta-se de dois tipos diferentes, cuja adoção de um ou outro resvalará na concepção das fontes de direito. Na teoria contratual de Hobbes, a estipulação do contrato social vem acompanhada da renúncia de todos os direitos do estado natural e, assim, o poder civil nasce sem limites, de modo que qualquer limitação futura aparece como uma autolimitação. No contratualismo lockiano, o poder civil é fundado para o asseguramento do gozo dos direitos naturais, que continuam a existir no estado civil, limitando o poder civil. No primeiro, as demais fontes de normativação seriam todas derivadas, no segundo subsistiriam fontes originárias (reconhecidas). *Id. Ibid.*, p. 43-44.

(449) BOBBIO, Norberto. *Teoria do ordenamento jurídico...*, p. 38-40. Na realidade, a consideração das fontes reconhecidas e delegadas adquire caráter metajurídico, à medida que, para sua explicação, recorre-se às teorias jusnaturalistas referentes à passagem do estado natural ao estado civil, que dá origem ao poder civil originário a partir do contrato social. Esse contratualismo apresenta-se de dois tipos diferentes, cuja adoção de um ou outro resvalará na concepção das fontes de direito. Na teoria contratual de Hobbes, a estipulação do contrato social vem acompanhada da renúncia de todos os direitos do estado natural e, assim, o poder civil nasce sem limites, de modo que qualquer limitação futura aparece como uma autolimitação. No contratualismo lockiano, o poder civil é fundado para o asseguramento do gozo dos direitos naturais, que continuam a existir no estado civil, limitando o poder civil. No primeiro, as demais fontes de normativação seriam todas derivadas, no segundo subsistiriam fontes originárias (reconhecidas). *Id. Ibid.*, p. 41.

(450) FERRI, Luigi. *Op. cit.*, p. 4.

privada é um fenômeno social que o ordenamento jurídico reconhece(451). Do mesmo modo, se posiciona Pietro Trimarchi ao assinalar que *"o negócio jurídico, antes de ser um fato jurídico, é um fato social"*(452).

Salvatore Romano, nos seus apontamentos sobre a autonomia privada e à luz da teoria institucionalista considera-a um poder originário. Segundo o autor *"o ordenamento privado, historicamente originário relativamente ao próprio ordenamento público, preexiste a este e as suas criações são totalmente independentes e, às vezes, em nítido contraste com este"*(453).

Emilio Betti, em sua análise aprofundada da autonomia privada, não tem dúvida em concebê-la como um poder reconhecido. O autor ilustra sua posição a partir de considerações de ordem social; assinala que os interesses disciplinados pelo Direito Privado existem na vida social independentemente de sua tutela jurídica. Esses interesses movem-se de diversos modos peculiares, em qualquer parte que se reconheça aos indivíduos bens de sua propriedade, submetidos à sua iniciativa individual. Na vida social, os indivíduos sempre procuraram instrumentos para criar os meios correspondentes ao alcance de seus fins práticos, antes de qualquer intervenção da ordem jurídica, sendo o negócio jurídico mais um desses instrumentos(454).

O negócio jurídico surgiu por impulso das necessidades, isto é, como ato que os particulares dispõem para o futuro; como regulação vinculante dentro de suas relações recíprocas. Mesmo em sociedades mais primitivas, ou em antigos tribunais formados antes da existência de um Estado, o contrato cumpria, na forma mais rudimentar, a função de escambo de mercadorias. Apesar da ausência de um ordenamento superior, o contrato possuía uma força vinculante, notada tanto nos contratos destinados a desempenhar

---

(451) SCOGNAMIGLIO, Renato. *Contributo alla teoria del negozio giuridico*. Napoli: Casa Editrice Eugenio Jovene, 1950. p. 91.

(452) TRIMARCHI, Pietro. *Atto giuridico e negozio giuridico*. Milan, 1940. p. 42, *apud id., loc.* cit. Apesar da nossa afirmação inicial sobre a predominância do entendimento doutrinário com relação à natureza jurídica da autonomia privada, temos que ressaltar que Luigi Ferri, um dos maiores estudiosos do fenômeno jurídico em análise, não coaduna desse pensamento. Para o citado autor, sem o direito *"não se pode conceber a autonomia privada, nem os negócios jurídicos, que são sua manifestação. O problema da autonomia privada é, antes de tudo, um problema de limites, e de limites que são sempre o reflexo de normas jurídicas, à falta das quais o mesmo problema não poderia sequer estabelecer-se, a menos que se queira identificar a autonomia com a liberdade natural ou moral do homem".* Para o autor, a autonomia privada não constitui uma atividade originária, pois ela encontra a fonte de sua validez nas normas legais, das quais recebe as fronteiras, formais e materiais, da sua atuação. Para ele, trata-se *de "um poder conferido aos indivíduos por uma norma superior"*, que regula sua atuação, com o estabelecimento de encargos e limitações; a lei emerge como fonte de validez da norma negocial, podendo tanto ampliar como restringir a esfera de expressão da autonomia (FERRI, Luigi. *Op. cit.*, p. 42-43). Também Francisco Amaral não considera a autonomia privada um direito originário. Segundo ele, *"Tal poder não é, porém, originário e ilimitado. Deriva do ordenamento jurídico estatal, que o reconhece, e exerce-se nos limites que esse fixa, limites esses crescentes, devido à passagem do Estado de direito para o Estado intervencionista ou assistencial"* (AMARAL, Francisco. *Op. cit.*, p. 338).

(453) ROMANO, Salvatore. "Autonomia privata" (*appunti*). In: *STUDI in onore di Francesco Messineo*. Milano: Giuffrè, 1959. p. 352.

(454) BETTI, Emilio. *Op. cit.*, p. 45.

funções mercantis e de disposições de bens, como a compra e venda e o arrendamento, em suas variadas formas, como também nos que cumpriam finalidade de cooperação, como a sociedade e o mandato. Eram contratos baseados tão somente na boa-fé e no respeito à palavra dada(455).

Como bem elucidou Antônio Junqueira de Azevedo, *"O negócio jurídico é uma criação do povo. Ele é, antes de mais nada, um fato social. Não é o direito posto, o direito formalmente constituído pelo Estado legislador, que cria o negócio jurídico. Não é ele, também, uma construção teórica, doutrinária, realizada, através de progressiva abstração, por grandes juristas; o máximo que se pode dizer é que, em determinado momento histórico, alguns estudiosos tomaram consciência de sua existência e, a partir daí, isto é, de duzentos anos para cá, começaram a teorizar sobre ele"*(456).

Somente depois do atingimento de um certo grau de desenvolvimento, essa forma de comprometimento social foi reconhecida e sancionada pela ordem jurídica. O ordenamento jurídico simplesmente elevou os contratos à categoria dos negócios jurídicos, não fazendo outra coisa senão reconhecer, com vistas à sua função socialmente transcendente, aquele vínculo que pela consciência social os mesmos particulares sentiam haver contraído nas relações entre si(457).

Antes de serem elevados à categoria de negócios jurídicos, os contratos já funcionavam como critérios vinculantes, como normas de conduta a serem observadas, e cujo

(455) *Id. ibid.*, p. 45-46.

(456) AZEVEDO, Antônio Junqueira de. *Negócio jurídico e declaração negocial...*, p. 3. A citação do autor nesse item, referente à discussão da natureza jurídica da autonomia privada individual, faz-se somente na parte em que seu pensamento coincide com os nossos fundamentos, pois, é de se ressaltar que para o eminente Professor da Faculdade de Direito do Largo São Francisco, o fundamento ideológico do negócio jurídico não reside na autonomia privada, mas na Filosofia estoica, mais especificamente, no chamado "personalismo ético-social" e na fides, como fundamentos ideológicos, respectivamente, mediatos (últimos) e imediatos (próximos). Segundo o autor, o "personalismo ético-social" contém três princípios basilares: *"1º) O homem, além de sua natureza animal, tem natureza racional, à qual não pode faltar. Todos os homens são iguais entre si. Todos os homens são pessoas. 2º) Os demais seres, inclusive os animais, não são pessoas; são coisas. 3º) Os homens formam, entre si, pela razão, que todos têm, uma espécie de comunidade. A comunidade dos homens exige, dos próprios homens, colaboração."* A fides, por sua vez, revela-se pela constância e pela sinceridade nas palavras e nas convenções (*Id. ibid.*, p. 71-76).

(457) BETTI, Emilio. *Op. cit.*, p. 47. Betti, para ainda ilustrar seu entendimento, nos brinda com outro exemplo: o do *fideicomisso* romano. Segundo ele, *"Este negócio é um produto genuíno da vida social romana, que somente tardiamente foi posto sob a proteção do Direito. Teve, em sua origem, e conservou sempre, o caráter de um pedido que o disponente fazia ao herdeiro ou a outra pessoa a quem beneficiava* mortis causa *para que transmitisse a um terceiro, por conta do disponente, a totalidade ou uma parte dos bens recebidos. Indubitavelmente, o pedido criava, desde o princípio, um vínculo de caráter moral e social para o destinatário, fundado sobre a* fides; *este vínculo devia ser nos primeiros tempos suficiente para assegurar a realização do encargo. Somente quando, ao relaxar os costumes sociais, o vínculo se revelou inadequado, pela crescente frequência dos casos de inobservância, sentiu-se a necessidade de uma tutela mais enérgica. Interveio, então, o Direito, primeiramente com Augusto, nos casos mais flagrantes de violação (Inst. 2, 23, 1); depois, e pouco a pouco, também os demais. Efetuada a ingerência do Direito, não mudou essencialmente o teor formal e substancial do negócio, nem o espírito com que as partes o praticavam. A transformação somente alcançou os efeitos"* (*Id. ibid.*, p. 47).

descumprimento vinha acompanhado de sanções, tanto de caráter específico (como medidas de vingança, desforra e autotutela), como de caráter genérico (perda ou diminuição da credibilidade social, com a consequente impossibilidade ou dificuldade de realizar novos tratos). Só posteriormente, a sanção do direito lhe foi acrescentada, exatamente como um reconhecimento da autonomia[(458)].

Assim, em virtude do reconhecimento pelo direito, os negócios da vida privada adquiriram a qualidade de negócios jurídicos, de modo a tornarem-se instrumentos que o ordenamento disponibiliza aos particulares para reger seus interesses, mas continuam a ser atos de autonomia privada[(459)].

5.3.3. Natureza jurídica da autonomia privada coletiva

A determinação da natureza jurídica da autonomia privada coletiva não se diferencia do modo de aferição da natureza jurídica da autonomia privada individual, isto é, trata-se de, a partir da constatação da existência de uma pluralidade de centros de produção normativa, debater acerca de se o poder dos grupos sociais é originário ou derivado do próprio Estado. Em sendo originário, corresponde a considerá-lo anterior ao Estado, e por ele apenas reconhecido; dizê-lo derivado, equivale a considerá-lo uma potestade normativa delegada pelo Estado aos grupos sociais.

Para *Neves Mujica*, a natureza jurídica da autonomia privada coletiva depende do tipo de pluralismo presente em determinado ordenamento jurídico: pluralismo conflitivo ou pluralismo orgânico. No primeiro, o Estado limita-se a garantir a livre atividade dos grupos sociais; no segundo, o Estado assume um rol de contrapartida social, com o objetivo de implementar sua política orgânica. Nesse sentido, a autonomia coletiva adquire um caráter originário no pluralismo conflitivo e natureza derivada no pluralismo orgânico, onde estaria subordinada ao ordenamento estatal[(460)].

Foi exatamente a passagem do pluralismo orgânico para o conflitivo que encimou a concepção da autonomia privada coletiva no regime italiano do pós-guerra, trazendo como consequência o entendimento predominante da sua natureza de fonte jurídica reconhecida[(461)].

No Direito Comparado, especificamente no que respeita à Itália, berço da concepção de autonomia privada coletiva, a doutrina defende de modo consensual a sua natureza de poder originário. Com a substituição do modelo corporativista pelo democrático, os

---

(458) BETTI, Emilio. *Op. cit.,* p. 48.

(459) *Id., loc. cit.*

(460) NEVES, Mujica. El convenio colectivo como norma, en *Asesoría Laboral*, n. 20, agosto, 1992, *apud* COSMÓPOLIS, Mario Pasco. *Op. cit.,* p. 131-132.

(461) SILVA, Walküre Lopes Ribeiro da. *Op. cit.,* p. 30.

doutrinadores passaram a negar que a atuação normativa dos trabalhadores e dos empregadores coletivamente organizados se desse pela via da delegação do poder normativo pelo Estado, como era apregoado pela doutrina sustentada no período fascista[(462)].

Vale ressaltar que a atuação coletiva dos trabalhadores, e a respectiva contraposição dos empregadores, singular ou coletivamente organizados, deitou raízes na sociedade liberal do Século XVIII, antes mesmo da intervenção tutelar do Estado nas relações de trabalho, donde se conclui que a autonomia coletiva é mesmo anterior ao próprio Direito do Trabalho.

A autonomia privada coletiva e as próprias relações coletivas de trabalho surgiram a partir da criação espontânea de um poder social por parte dos trabalhadores como meio de estabelecer um contrapeso ao poder normativo e decisório dos empregadores[(463)]. Ela não foi criada ou delegada pelo poder estatal; foi social e espontaneamente constituída pelos trabalhadores coletivamente organizados para satisfazer uma premente necessidade normativa.

Atualmente, predomina na doutrina juslaboralista a concepção da autonomia privada não como um poder derivado do Estado exercido por meio de um processo de delegação, mas a de um poder originário, até mesmo antecedente ao Estado, que o reconhece e aos seus efeitos jurídicos.

Ubaldo Prosperetti sustentava, já em 1955, a natureza de ordenamento jurídico originário dos ordenamentos sindicais[(464)]. Por sua definição, António de Lemos Monteiro Fernandes demonstra considerá-la uma fonte reconhecida, ao assinalar que *"a autonomia coletiva é a capacidade reconhecida pelo Estado a certos grupos sociais organizados de emitirem, por um processo próprio de expressão do confronto entre os interesses coletivos correspondentes (o negócio coletivo), normas que simultaneamente constituem fórmulas de equilíbrio entre interesses e padrões de conduta para os membros dos mesmos grupos nas suas relações individuais (isto é, limitações à autonomia privada"*[(465)]. Para Sergio Pinto Martins, *"A autonomia é originária do grupo e não uma delegação do Estado"*[(466)].

Já Octavio Bueno Magano considera a autonomia privada coletiva como um poder delegado, assinalando que a *"Autonomia é o poder de autorregulamentação dos próprios interesses. A sua caracterização supõe, antes de tudo, um sistema de normas ao qual se submete a própria entidade donde nasceram. Ademais, é preciso sublinhar tratar-se de poder derivado, limitado pelo poder estatal. Nem por isso deixa de ser poder genuíno porque gera,* motu proprio, *normas jurídicas, não se resolvendo em mera faculdade de agir"*[(467)].

---

(462) *Id., loc. cit.*

(463) COSMÓPOLIS, Mario Pasco. *Op. cit.*, p. 127.

(464) SILVA, Walküre Lopes Ribeiro da. *Op. cit.*, p. 30.

(465) FERNANDES, António de Lemos Monteiro. *Op. cit.*, v. 1, p. 32.

(466) MARTINS, Sergio Pinto. *O pluralismo no direito do trabalho*. São Paulo: Atlas, 2001. p. 125.

(467) MAGANO, Octavio Bueno. *Op. cit.*, p. 14.

O autor, no entanto, em momento posterior da sua obra, ao discursar sobre a natureza da convenção coletiva de trabalho, sublinha, implicitamente, a natureza de poder originário da autonomia privada coletiva ao afirmar que *"Caracterizada a convenção como negócio jurídico, admite-se implicitamente que se trata de emanação de um poder autônomo, a saber, o poder dos grupos profissional e econômico, qualquer que seja a forma pela qual estejam organizados. Exclui-se, em consequência, a ideia de que a convenção derive de poder delegado do Estado"*[(468)].

Giuliano Mazzoni, com esteio em Santoro-Passarelli, sustenta que *"o ordenamento jurídico do Estado reconhece aos grupos sociais intermediários o poder de regularem seus próprios interesses, da mesma maneira que o reconhece para os indivíduos, no sentido de que o reconhecimento da autonomia coletiva apresenta o mesmo fundamento e o mesmo significado da autonomia individual"*[(469)].

No mesmo sentido, é a posição de Ari Possidonio Beltran, para quem a autonomia privada coletiva consiste *"no reconhecimento em que a ordem jurídica do Estado outorga aos grupos sociais intermediários de regularem seus próprios interesses"*[(470)].

Se a solução do problema da distinção das fontes em reconhecidas e delegadas depende, como propugnado pela doutrina, da concepção que se adota em face da formação e da estrutura de um ordenamento jurídico, particularmente vislumbramos a natureza de fonte reconhecida para a autonomia privada coletiva.

A tese do poder derivado decorre de um vício de pensamento consistente em atribuir ao Estado uma existência diversa da própria sociedade que o criou, como se fosse um ente destacado desta. Olvidam-se os seus partidários, que tanto o Estado como o ordenamento jurídico decorrem de uma manifestação da sociedade.

A própria história do desenvolvimento do sindicalismo e, consequentemente, da autonomia privada coletiva dos trabalhadores, demonstra a sua natureza de ordenamento originário, uma vez que, até o seu reconhecimento, foi ela primeiramente proibida, depois tolerada e, por fim, reconhecida pelo Estado. No período de proibição, a realidade social dos trabalhadores e as doutrinas que vigoravam impediram seu sufocamento pelo Estado e determinaram a sua sobrevivência ainda que não reconhecida pelo ordenamento jurídico estatal.

O fato de a autonomia privada coletiva ter sido proibida pelo Estado, em determinado momento da história, demonstra a sua natureza de poder originário, pois se ele fosse delegado, ela não teria subsistido durante o período de oposição estatal, bastando que o Estado revogasse a delegação para extirpá-la do mundo jurídico.

(468) *Id. ibid.*, p. 156.

(469) MAZZONI, Giuliano. *Op. cit.*, p. 63.

(470) BELTRAN, Ari Possidonio. *Op. cit.*, p. 98.

A autonomia privada coletiva não foi criada, como um novo centro de produção jurídica, pelo poder constituído para satisfazer uma necessidade normativa, mas decorreu mesmo de uma limitação a ele imposta pela realidade social; limitação esta que inicialmente chocou-se com uma realidade normativa estatal. Somente após muita luta foi devidamente reconhecida pelo Estado.

A autonomia privada coletiva, como realidade social, é anterior ao surgimento do Estado, pois já existia em muitas sociedades pré-estatais. Com o reconhecimento pelo Estado, a autonomia privada coletiva apenas ganhou objetividade, como instituto jurídico, e maior expressão jurídico-formal.

A normatização das coletividades de trabalhadores integrou-se ao ordenamento jurídico do Estado, sem que, por isso, as associações sindicais fossem transformadas em órgãos do Estado. Com essa integração, a autonomia coletiva adquire maior positividade oficial e objetivação em relação à sua validade e eficácia. Quanto maior o grau de positividade da autonomia privada coletiva, menos ela se rege pelo assentimento constante e direto das vontades que a formaram, operando com eficácia *erga omnes*. No entanto, a sua existência preexiste e independe deste reconhecimento ou integração pelo ordenamento jurídico estatal.

Há uma incongruência no pensamento daqueles que sustentam o caráter delegado da autonomia privada coletiva nos regimes democráticos. Se nos regimes totalitários os sindicatos exprimiam a tutela de interesses públicos, nas democracias, eles atuam na defesa de interesses privados, embora coletivos, de grupos determinados; finalidade esta incompatível com uma concepção do Estado como garantidor do interesse geral da comunidade de cidadãos. A confusão que se observa, e aqui reiteramos, é entre o conceito de atividade delegada e a eficácia normativa adquirida pela autonomia privada coletiva como decorrência do seu reconhecimento formal pela ordem jurídica estatal. Cite-se, à guisa de exemplificação, a eficácia normativa garantida pelo ordenamento estatal no Brasil aos acordos e convenções coletivas respectivamente em relação a todos os trabalhadores de uma empresa e membros de uma categoria.

Pela posição predominante do Estado como centro geométrico de positivação jurídica, vê-se, historicamente, uma defesa da força centrípeta do ordenamento estatal sobre os demais ordenamentos jurídicos presentes nos diversos círculos sociais menores (família, grupos gentílicos, corporações, sindicatos etc.), com vistas a garantir a unidade do ordenamento jurídico sob o crivo da soberania do Estado. Essa força expansionista, nos dizeres de Miguel Reale, não equivale a proferir que *"o Direito se torne todo do Estado, o que seria ir além do que os fatos consentem, mas é dizer que não há hoje em dia relação de Direito que, direta ou indiretamente, se não ligue ao sistema de Direito que o Estado declara"*[(471)]. É esta a concepção do Estado como centro geométrico de positividade do direito.

(471) REALE, Miguel. *Teoria do direito e do Estado...*, p. 30.

Conforme esse pensamento positivista, a autonomia privada coletiva não recebe o seu "ser" do Estado, mas resta direcionada a ele como a um ponto ideal de convergência. Como bem salientou Del Vecchio, o Estado *"é apenas o ponto ideal de convergência, ao qual se deverão referir todas as determinações jurídicas que pertencem a um sistema"*[(472)].

5.3.4. Autonomia privada coletiva como poder-função

Além da histórica controvérsia a respeito da natureza jurídica da autonomia privada coletiva, ou seja, se seria um poder normativo originário ou reconhecido, uma outra dicotomia vem tornar mais aguçado o tema: consiste a autonomia privada coletiva num poder-função ou um poder-não função?

Embora a distinção entre poder-função e poder-não função ainda não esteja bem delimitada pela doutrina, uma vez que há diversas posições e controvérsias sobre estas duas figuras, pode-se afirmar, na linha do pensamento de Santi Romano, que os poderes-função ou ofício são aqueles exercidos em interesse não próprio ou não exclusivamente próprio do titular do poder, ou norteados por um interesse objetivo; já os poderes-não função são exercidos nos interesses dos próprios titulares[(473)].

Em regra, os poderes-função são encontrados principalmente no campo do direito público, mas também ocorrem muitos exemplos deles no direito privado, como no direito de família, onde a doutrina costuma recordar o poder parental[(474)].

Luigi Ferri considera que a autonomia privada individual não constitui um poder-função, uma vez que ela não é atribuída ao indivíduo para a consecução de um objeto ou um fim que se lhe imponha como necessário. Para Ferri, a diferença entre poder-função e poder que não corresponde a uma função deve basear-se na natureza dos fins perseguidos ou tutelados. Assim, estaríamos diante de um poder-função quando o interesse tutelado ou o fim a ser perseguido fossem interesses ou fins superiores, isto é, que se impõem à vontade dos indivíduos ou de órgãos públicos como interesses ou fins necessários[(475)].

Na concepção do autor, poder-função seria aquele que tem como finalidade a persecução de um interesse público e, tendo em vista, que o Estado não indica os fins da autonomia privada coletiva, nem lhe propõe os interesses a que deva servir, mas apenas se limita a indicar-lhe suas fronteiras externas, isto é, limites negativos, ela não teria a conotação de um poder-função[(476)].

---

(472) DEL VECCHIO, Giorgio. *Lições de filosofia do direito...*, p. 349.

(473) ROMANO, Santi. *Frammenti di un dizionario*. Milano: Giuffrè, 1947, p. 179, *apud* FERRI, Luigi. *Op. cit.*, p. 48.

(474) FERRI, Luigi. *Op. cit.*, p. 47-48.

(475) *Id. ibid.*, p. 47-49. Esta contundência do autor não significa, no seu entendimento, que toda autonomia privada é exercida no interesse do próprio titular, posto que o autor considera que, em algumas hipóteses, os poderes que não são função podem ser exercidos no interesse de um sujeito distinto de seu titular, citando, como exemplo, o testamento, no qual o interesse perseguido não é o do testador.

(476) *Id. ibid.*, p. 10. Embora o autor italiano tenha elaborado um amplo estudo a respeito da autonomia privada, o enfoque que se extrai da sua obra é que ela está assentada na autonomia privada individual, sem que se verifique uma visão holística e sistemática que também envolvesse a autonomia privada coletiva, embora

A definição de poder-função de Luigi Ferri embasa-se na dicotomia do interesse público e privado. Por isso, ao examinar a autonomia normativa dos sindicatos, o autor constata que, na sua dinâmica, estão em jogo interesses coletivos de extensas categorias de pessoas, de cunho privado, por isso, para ele, não se trata de um direito-função, uma vez que a atividade exercida pelos sindicatos não pode ser direcionada para a persecução de fins públicos, mas a um interesse de parte e, por assim dizer, de um interesse privado[(477)].

Hodiernamente, no entanto, a natureza da autonomia privada coletiva como poder-função deve ser extraída, não da ultrapassada dicotomia interesse público *versus* interesse privado, mas da contextualização da definição dada por Santi Romano no universo dos interesses transindividuais, entre eles, o coletivo. Assim, no exercício da autonomia privada coletiva, o sindicato (ente representativo da coletividade) não atua na tutela de interesse próprio, do qual seria o titular, mas na proteção de interesses coletivos (transindividuais) da categoria; é essa persecução, direta ou indireta, da satisfação do interesse coletivo que lhe confere a natureza de direito-função.

Na seara das relações coletivas de trabalho, Octavio Bueno Magano parece não acolher a tese da natureza de direito-função da autonomia privada coletiva, ao concluir que as entidades sindicais não se apresentam como representantes do poder de uma entidade fictícia como a categoria, mas figuram como sujeitos de um poder autônomo[(478)].

Nas razões do eminente professor, entretanto, não se observa a elaboração da noção de interesse coletivo como objeto da autonomia privada coletiva; suas formulações partem do pressuposto de que a autonomia privada coletiva não se vincula à satisfação dos interesses individuais dos trabalhadores e de que a categoria profissional é uma entidade fictícia, incapaz, por isso, da emissão de um ato de vontade[(479)]. No entanto, como veremos a seguir, o interesse coletivo não está vinculado a uma concepção ontológica de categoria (concepção que já havíamos refutado em *Sindicatos e* Ações Coletivas[(480)], e que não mais encontra ressonância significativa em toda a doutrina do Direito do Trabalho), mas à formação de uma vontade coletiva, suscetível de presença em qualquer coletividade relativamente organizada ou coesa, e mesmo em comunidades inorganizadas.

A noção de direito-função dirigida à autonomia privada coletiva, em nenhuma hipótese, significa conceder-lhe uma atuação restritiva. A restrição ou não de sua atuação

---

tenha, em algumas passagens, a ela se referido. Os primeiros estudos de Luigi Ferri, aliás, a respeito do assunto, deram-se no campo do direito privado sucessório e o enfoque individual tramita por toda a obra do autor. Assim, a assertiva de que a autonomia privada nunca corresponde a um poder-função deve ser compreendida dentro do direcionamento individualístico da obra do autor. No campo da autonomia privada coletiva, a temática ganha outras dimensões.

(477) *Id. ibid.*, p. 313.

(478) MAGANO, Octavio Bueno. *Op. cit.*, p. 141.

(479) *Id., loc. cit.*

(480) SANTOS, Ronaldo Lima dos. *Op. cit.*, p. 176 e segs.

dependerá do significado mais amplo ou mais restrito que se conceda ao conteúdo da expressão "interesse coletivo". Em sendo restrito esse conteúdo, estar-se-á restringindo a liberdade sindical; quanto mais amplo, maior será a área de atuação dos sindicatos. Assim, vemos com reservas, e como violadores do princípio da liberdade sindical, os arts. 511 e 521 da CLT que limitam os interesses a ser perseguidos pelos sindicatos, mormente a proibição genérica do exercício de *"quaisquer atividades não compreendidas nas finalidades mencionadas no art. 511, inclusive as de caráter político-partidários"* (art. 521, aliena *d*, CLT).

5.3.4.1. Definição de interesse coletivo como objeto do direito-função

A noção da autonomia privada coletiva como um direito-função traz implícita a exigência de que toda a atuação sindical no exercício desse poder tenha, direta ou indiretamente, mediata ou imediatamente, como finalidade essencial a tutela dos interesses coletivos dos trabalhadores e não de interesses próprios do ente sindical e de seus diretores.

A persecução do interesse da coletividade de trabalhadores mais que um objetivo da autonomia privada coletiva exercida pelos sindicatos é um pressuposto desta, o que a caracteriza como um poder-função.

Sendo o interesse coletivo o objeto de satisfação da autonomia privada coletiva, mister se faz traçar suas características principais, pois, sem um devido delineamento desse interesse, qualquer especulação sobre a autonomia privada coletiva torna-se incompleta, tendo em vista que toda a atuação sindical se faz em derredor daquele.

No campo jurídico-trabalhista, tornou-se clássica a definição de interesse coletivo elaborada por Francesco Santoro-Passarelli, segundo a qual esse interesse *"é o de uma pluralidade de pessoas por um bem idôneo, apto a satisfazer uma necessidade comum. Não é soma dos interesses individuais, mas sua combinação. É indivisível, pois se satisfaz, não por muitos bens, aptos a satisfazerem necessidades individuais, mas por um único bem apto a satisfazer a necessidade da coletividade. O interesse coletivo, que não é o interesse geral de toda a coletividade organizada, também se distingue do individual. É por isso mesmo um interesse privado; não é, ainda, um interesse público"*[(481)].

Com esteio na moderna doutrina dos interesses transindividuais, definimos o interesse coletivo como aqueles interesses que *"constituem uma síntese dos interesses de sujeitos determinados ou determináveis que formam um grupo, uma coletividade ou uma categoria organizada e coesa — que os veicula e tutela — a partir da existência de um vínculo jurídico entre eles ou destes com uma parte contrária, de modo a constituir um todo indivisível, cujo gozo é permitido a todos os membros do grupo, numa relação de comunhão em que a fruição por um não impede a de outros e a sua violação* atinge a todos os membros do grupo concomitantemente[(482)].

---

(481) SANTORO-PASSARELLI, Francesco. *Noções de direito do trabalho...*, p. 11.

(482) SANTOS, Ronaldo Lima dos. *Op. cit.*, p. 76-77.

Um interesse será coletivo quando representar a síntese de pretensões de um grupo determinado ou determinável de indivíduos, unidos entre si ou com a parte contrária por um liame jurídico comum. Não se confunde, assim, com o interesse pessoal do grupo, sendo igualmente diverso dos interesses individuais dos seus membros, dos concernentes à pessoa moral ou jurídica e da mera soma de interesses pessoais dos membros do grupo[(483)].

Esse interesse coletivo não é predefinido, sua dimensão dependerá da natureza do seu objeto e da abrangência subjetiva do grupo ao qual se refere, podendo ter a amplitude de uma categoria, de uma profissão ou de círculos menores, como os trabalhadores de uma empresa ou mesmo de um setor específico desta[(484)].

Essa é a denominada concepção de interesse coletivo *stricto sensu*, isto é, como uma das espécies dos interesses transindividuais (também denominados de coletivos *lato sensu*), designação gênero que abrange como espécies os interesses difusos, os coletivos *stricto sensu* e os individuais homogêneos, conforme a tripartição legal do art. 81 do Código de Defesa do Consumidor (Lei n. 8.078/1990).

Considerando-se o crescente alargamento da base da atuação sindical para setores sociais não estritamente vinculados às relações de emprego, a expressão interesse coletivo como objeto da autonomia privada coletiva deve ser tomada em seu sentido amplo, isto é, como sinônimo de interesses transindividuais (coletivos *lato sensu*) para abranger também os interesses difusos e individuais homogêneos, para cuja tutela possuem legitimidade as entidades sindicais[(485)].

Assim, o interesse coletivo objeto da autonomia privada coletiva abrange os interesses coletivos *stricto sensu*, os interesses difusos, definidos como os interesses *"transindividuais, de natureza indivisível, de que sejam titulares pessoas indeterminadas e ligadas por circunstâncias de fato"* (art. 81, III, Lei n. 8.078/1990), e os interesses individuais homogêneos, ou seja, *"aqueles interesses individuais de pessoas determinadas, comumente disponíveis e de fruição singular, mas decorrentes de uma origem comum, que lhes concede homogeneidade e possibilita o seu tratamento conjunto e uniforme, sem que, por tal fato, percam a nota da sua individualidade"*[(486)].

Voltaremos a discorrer sobre o conteúdo de cada um desses interesses, quando analisarmos a sua tutela por meio dos acordos e convenções coletivas de trabalho e a função operacional das normas coletivas. Por ora, deve ser fixado que o interesse coletivo não se confunde com o interesse privado de cada membro da coletividade ou com o interesse geral da sociedade ou, mesmo, com o denominado interesse público. Seu conteúdo não

(483) *Id. ibid.*, p. 80.

(484) NASCIMENTO, Amauri Mascaro. *Curso de direito do trabalho...*, p. 647.

(485) SANTOS, Ronaldo Lima dos. *Op. cit.*, p. 478.

(486) *Id. ibid.*, p. 99.

está restrito a esferas predefinidas (como a noção de categoria), podendo abranger coletividades ou grupos de pessoas ligados a um interesse maior, mesmo sob a tutela sindical. Também não estão necessariamente restritos às relações de emprego, pois se expandem pela esfera maior das relações de trabalho e suas temáticas.

5.4. Dimensões

Embora tenhamos buscado uma definição razoável para o fenômeno da autonomia privada coletiva, temos de ressaltar o relativismo que acompanha qualquer definição jurídica no tempo e no espaço em que é elaborada, de modo que se apresenta inviável determinar o exato e definitivo sentido da sua proposição. Em relação ao conteúdo ou dimensão da autonomia privada coletiva, Amauri Mascaro Nascimento aponta a existência de duas concepções: uma restrita e uma ampla.

Os adeptos da concepção restrita centralizam o conteúdo da autonomia privada coletiva na concepção estrita da atividade normativa dos particulares. Assim, a autonomia privada coletiva envolveria o poder normativo dos particulares, seu procedimento (a negociação coletiva) e o seu resultado (normas coletivas de trabalho).

Como anota Amauri Mascaro Nascimento, para os sequazes dessa corrente, a autonomia privada coletiva significa o "*poder conferido aos representantes institucionais dos grupos sociais de trabalhadores e empregadores de criar vínculos jurídicos regulamentadores das relações de trabalho. A negociação coletiva é o seu procedimento de concretização. Os contratos coletivos de trabalho, expressão aqui tomada no sentido genérico, são o resultado, da sua elaboração, o instrumento jurídico pelo qual se expressa e corporifica-se*"(487).

A concepção ampla da autonomia privada coletiva a considera um princípio que fundamenta tanto a negociação coletiva como a liberdade sindical e a autotutela dos trabalhadores. Sob essa tríplice visão, a autonomia privada coletiva abrange o poder de instituir normas e condições de trabalho (poder normativo) e a liberdade de constituição, organização e atuação das associações sindicais (incluindo-se a greve e os demais métodos de autotela), independentemente de autorização prévia do Estado e sem interferências deste(488).

O conceito amplo compreende realidades distintas, mas que se apresentam inter-relacionadas, como a auto-organização dos grupos de representação de interesses (como os sindicatos), o grau de independência dos grupos econômicos e profissionais perante o Estado, o poder normativo do grupo e a liberdade de negociação coletiva(489).

---

(487) NASCIMENTO, Amauri Mascaro. *Teoria geral do direito do trabalho...*, p. 125.

(488) *Id. ibid.*, p. 126.

(489) *Id.* "A autonomia coletiva como fonte do direito do trabalho na América Latina". Roma e America: diritto romano comune: rivista di diritto dell'integrazione e unificazione del diritto. In: *Europa e in América Latina*, n. 2, p. 112, 1996.

Giuliano Mazzoni adota um conceito amplo de autonomia coletiva. Segundo o autor, a autonomia coletiva pode ser vista por três ângulos básicos: a) autonomia institucional; b) autonomia de organização; c) autonomia normativa. A autonomia coletiva, na perspectiva do autor, corresponderia a uma larga esfera de manifestação da atividade sindical, como a greve, a negociação coletiva etc.[(490)].

Amauri Mascaro Nascimento adota uma posição mais abrangente ao afirmar que a autonomia privada coletiva fundamenta tanto a liberdade sindical como a negociação coletiva, de modo a referir-se às relações entre os sindicatos e o Estado e o sistema de normas do Direito do Trabalho.[(491)] Também, Walküre Lopes Ribeiro *da Silva*, no seu estudo sobre a autonomia privada coletiva, deixa explícita a sua opção pela dimensão mais ampla[(492)].

António de Lemos Monteiro Fernandes, implicitamente, adota a corrente ampliativa ao considerar *"uma manifestação porventura mais vincada da autonomia coletiva"* a regra do art. 57º/2 da CRP que atribui aos trabalhadores, por intermédio de sindicatos ou assembleias plenárias, o exclusivo poder de delimitar o âmbito dos interesses a serem defendidos por meio de movimento grevista, com proibição da limitação legal desse âmbito[(493)].

Flávio Antonello Benites, após elucidar que, ao seu ver, a concepção ampliativa da autonomia privada coletiva deita raízes na Inglaterra do Século XIX, com a adoção do denominado *laissez-faire* coletivo, assinala tratar-se de um modelo de relações de trabalho baseado no conceito de tutela negativa, implantado a partir de um pacto implícito entre Estado e organizações sindicais a favor do institucionalismo, isto é, na aceitação do capitalismo liberal e no abandono das concepções socialistas revolucionárias. Nesse sistema abstencionista, a autonomia privada coletiva engloba todas as áreas de atuação sindical, como a negociação coletiva, a greve e o locaute, tendo como limite a ordem pública do Estado liberal[(494)].

Esclarece, no entanto, que tal circunstância histórica não significa que o conceito amplo de autonomia privada coletiva esteja vinculado aos regimes de capitalismo liberal, posto que a sua existência concreta depende do grau de intervencionismo estatal nas relações de trabalho, o que se apresenta diversificado nos diversos países.

Embora nascida no seio de uma concepção liberal, a maior parte dos Estados adota essa dimensão mais ampla da autonomia privada coletiva, de modo semelhante ao do chamado "garantismo tutelar", cuja base encontra-se na Constituição da República de

---

(490) MAZZONI, Giuliano. *Op. cit.*, p. 62-63.

(491) NASCIMENTO, Amauri Mascaro, *Teoria geral do direito do trabalho...*, p. 124-125.

(492) SILVA, Walküre Lopes Ribeiro da. *Op. cit.*, p. 35.

(493) FERNANDES, António de Lemos Monteiro. *Op. cit.*, v. 1, p. 32.

(494) BENITES FILHO, Flávio Antonello. *Op. cit.*, p. 33, *passim*.

Weimar de 1919, e que na definição de Flávio Antonello Benites trata-se da concepção simultânea do Direito do Trabalho como produto do Estado e da autotutela dos trabalhadores, que o complementa para corrigir a desigualdade jurídica econômica realmente existente. Ou na esteira da legislação de sustento italiana, como apregoado por Gino Giugni. Ou, ainda, no intervencionismo positivo adotado por Espanha e Portugal após o hiato histórico do totalitarismo(495).

Por seus aspectos essenciais, um modelo de ampla autonomia privada coletiva pressupõe a observância dos seguintes princípios fundamentais: a) liberdade de fundar sindicatos; b) liberdade de constituição de órgãos não associativos, como os órgãos tripartites, as representações de trabalhadores na empresa; c) liberdade de elaboração dos estatutos sindicais, salvo a presença de uma legislação de princípios gerais para fomentar a democracia sindical e impedir estatutos antidemocráticos ou a perpetuação de grupos no poder ou atos contrários à liberdade sindical; d) exercício da concertação social; e) direito de participação na elaboração do regulamento interno das empresas; f) liberdade de negociação coletiva, da qual surgem os convênios coletivos, quanto ao procedimento, ao conteúdo, aos níveis em que é praticada(496).

5.5. Delineamento na Constituição de 1988

A Constituição Federal de 1988, além de consagrar o pluralismo jurídico, reconheceu a autonomia privada coletiva como um centro de produção de normas jurídicas e a consagrou como um direito dos trabalhadores, com o reconhecimento de seu produto, os acordos e convenções coletivas (e da vontade coletiva neles contida — art. 7º, VI, XIII, XXVI) e do seu procedimento, a negociação coletiva (art. 7º, XIV; art. 8º, VI).

Embora aludidos preceitos sejam suficientes para a consagração da concepção restrita de autonomia privada coletiva, a CRFB/1988 não assegura dizer que o ordenamento jurídico brasileiro garante uma autêntica e ampla autonomia privada coletiva dos particulares nas relações de trabalho.

Vimos que uma concepção ampla de autonomia privada coletiva fundamenta-se sobre os princípios da liberdade sindical, a permear desde a constituição das organizações de trabalhadores até a elaboração de contratos coletivos e pactos sociais.

Conquanto manifesto o nítido caráter democrático da CRFB/1988, ela mesclou alguns elementos de autonomia e liberdade sindicais com outros de heteronomia e intervencionismo, de modo a impossibilitar a adoção de um modelo sindical segundo os princípios da Convenção n. 87 da OIT.

---

(495) BENITES FILHO, Flávio Antonello. *Op. cit.*, p. 34-38.

(496) NASCIMENTO, Amauri Mascaro. Do corporativismo para a autonomia coletiva. *Revista LTr:* legislação do trabalho. Suplemento Trabalhista, São Paulo, v. 31, n. 1, p. 1-2, 1995.

Após ensaiar uma imersão na liberdade sindical, a CRFB/88 manteve disposições com ela incompatíveis, entre as quais se destacam: a) manutenção do monopólio de representação e da unicidade sindical; b) limitação à liberdade de definição das bases do sindicato, ao determinar que a base territorial não seja inferior à área de um município, o que inviabiliza a constituição de sindicatos por empresas; c) consagração da categoria como único critério de agregação profissional; d) manutenção da contribuição sindical compulsória, abrangente de todos os membros da categoria; e) criação da contribuição confederativa; f) manutenção da organização sindical piramidal (sindicatos, federações e confederações), com exclusão das centrais sindicais, tendo em vista o critério de agregação por categorias e a adoção da unicidade sindical(497). Além disso, manteve o poder normativo da Justiça do Trabalho como veículo de solução estatal dos conflitos coletivos de trabalho (art. 114, § 2º, CRFB/1988), cuja essência de funcionamento não foi alterada com o advento da Emenda Constitucional n. 45/04, que concedeu nova redação ao citado dispositivo constitucional, como enunciamos algures(498).

Todos os preceitos da Constituição Federal de 1988 contrários a um regime de liberdade sindical contribuem diretamente para a atrofia da autonomia privada coletiva; mas alguns deles atingem com maior intensidade esse fenômeno sindical. A adoção do critério de agregação profissional por categorias, por exemplo, ao predefinir a área de atuação dos sindicatos, impossibilita que a própria coletividade se auto-organize em derredor da noção de interesse coletivo e delimite seu campo subjetivo (dos indivíduos que comporão a coletividade representada) pelo vínculo de solidariedade em torno desse interesse e não pelo critério legalmente definido. O interesse coletivo, atualmente, é preestabelecido pela dimensão da categoria, quando a base de representação deveria ser determinada pelo interesse a ser perseguido.

O monopólio de representação sindical, com a proibição de mais de uma entidade sindical numa mesma categoria econômica ou profissional na mesma base territorial, impossibilita que a coletividade de trabalhadores possa eleger como representante de seus interesses o sindicato que julgar mais adequado, mais preparado ou mais familiarizado com a tutela do interesse objetivado. A representação adequada *(adequacy representation)* do *ente esponenziale* torna-se difícil de ser alcançada neste sistema, o que enfraquece e, muitas vezes, fada ao fracasso os atos de autonomia privada coletiva, entre eles, a negociação coletiva.

A previsão de uma contribuição sindical compulsória igualmente realça a incompatibilidade da organização sindical atual com um modelo pluralista, pois colabora para a deformação da própria organização sindical e, consequentemente, dos mecanismos de

(497) SANTOS, Ronaldo Lima dos. *Op. cit.*, p. 50-51.

(498) Nesse sentido, reportamo-nos ao nosso trabalho: Aspectos da atuação do Ministério Público do Trabalho em matéria sindical (EC n. 45/2004) à luz dos princípios do Comitê de Liberdade Sindical da OIT. *Revista do Ministério Público do Trabalho*, São Paulo, ano XVI, n. 31, p. 164-189, mar. 2006.

autonomia privada coletiva, à medida que habilita ao sindicato um poderio econômico desvinculado de qualquer critério de representatividade. Ademais, a existência de tal contribuição implica captação de meios por imposição estatal, de forma que o sindicato torna-se dependente do Estado, o que também é incompatível com um modelo pluralista assentado na liberdade sindical(499).

Embora presentes essas anomalias no sistema sindical brasileiro, observamos claramente a existência de largos espaços para o incremento da autonomia privada coletiva, pois, assim como vaticinamos alhures(500), pela plena legitimação sindical para a defesa dos interesses transindividuais, mesmo na organização sindical delineada pela CRFB/1988, nada impede, e tudo aconselha, a incrementação da autonomia privada coletiva, com todas as dificuldades advindas com a atual configuração do sistema, pois são amplos os espaços para o seu desenvolvimento, conquanto não nos olvidemos da necessidade premente da instauração de um regime de liberdade sindical nos moldes traçados pela Organização Internacional do Trabalho na sua Convenção n. 87.

5.6. Quadro sinóptico das autonomias privadas individual e coletiva

DIFERENÇAS	AUTONOMIA PRIVADA INDIVIDUAL	AUTONOMIA PRIVADA COLETIVA
DIMENSÃO SOCIAL	Relações individuais	Relações Coletivas de Trabalho
INTERESSES TUTELÁVEIS	Interesses concretos de sujeitos determinados	Interesse coletivo de grupo, categoria ou classe de pessoas ou interesses individuais de sujeitos determináveis
PROCEDIMENTO	Fase de tratativas ou de pontuação	Negociação coletiva
PRODUTO	Negócio jurídico	Acordos e convenções coletivas

(499) MAGANO, Octavio Bueno. *Op. cit.*, p. 18.

(500) SANTOS, Ronaldo Lima dos. *Op. cit.*, p. 480.

Capítulo IV

Aspectos Gerais dos Acordos e Convenções Coletivas

1. Denominação e conceito

A legislação brasileira consagrou a utilização de duas denominações para designar as espécies de normas coletivas elaboradas pelos atores sociais: acordo coletivo de trabalho e convenção coletiva de trabalho.

Essa distinção é típica e exclusiva do direito brasileiro. No direito comparado, a regra é a utilização de um mesmo nome para todas as normas coletivas, sendo que a sua diferenciação dá-se pelos sujeitos pactuantes, pelo conteúdo ou pelo papel reservado a cada norma no ordenamento jurídico.

Nos demais países, não se distingue acordo e convenção coletiva de trabalho, mas habitualmente são utilizadas outras expressões para intitular instrumentos normativos com maior esfera de incidência, como o contrato coletivo e o pacto social.

Nos graus inferiores, são diversas as denominações utilizadas para identificar as normas coletivas de trabalho, das quais podemos destacar: convênio de normas de trabalho e salário (Guillermo Cabanellas), convenção coletiva de condições de trabalho (Gallart y Folch), concordata de trabalho (Juan Ballela), regulamento corporativo, contrato de tarifa, convenção sindical normativa (José Martins Catharino), convenção coletiva de trabalho, acordo coletivo de trabalho, contrato coletivo de trabalho e convênio coletivo de trabalho[(501)].

Na França, Bélgica e Luxemburgo, a designação mais adotada é convenção coletiva de trabalho. Na Itália, geralmente, é utilizado contrato coletivo, mas também encontramos "*concordato di tarifa*" (Messineo), "*regolamento corporativo*" (Costamagna) e "*trattato intersindacale*". Na Alemanha, habitualmente utiliza-se "*tarifvertrag*" (contrato de salários); mas também é usada "*betriebsvereinbarung*" (contrato de estabelecimento). Os países anglo-saxônicos comumente empregam a expressão "*collective bargaining*"[(502)].

---

(501) MAGANO, Octavio Bueno. *Op. cit.*, p. 156.

(502) GOMES, Orlando; GOTTSCHALK, Elson. *Op. cit.*, p. 612.

Em Portugal, emprega-se a expressão contrato coletivo(503). Na Espanha, utiliza-se contrato coletivo. A Recomendação n. 91 da Organização Internacional do Trabalho (de 1951), sobre os contratos coletivos, adota tanto a expressão convenção coletiva de trabalho quanto contrato coletivo de trabalho para nominar o mesmo fenômeno.

A CLT define convenção coletiva de trabalho como *"o acordo de caráter normativo pelo qual dois ou mais sindicatos representativos de categorias econômicas e profissionais estipulam condições de trabalho aplicáveis, no âmbito das respectivas representações, às relações individuais de trabalho"* (art. 611, *caput,* CLT).

A CLT também prevê expressamente os acordos coletivos de trabalho, ao prescrever que *"É facultado aos sindicatos representativos de categorias profissionais celebrar Acordos Coletivos com uma ou mais empresas da correspondente categoria econômica, que estipulem condições de trabalho, aplicáveis no âmbito da empresa ou das empresas acordantes às respectivas relações de trabalho"* (art. 611, § 1º, CLT).

Segundo a Recomendação n. 91 da OIT, *"a expressão contrato coletivo compreende todo acordo escrito relativo a condições de trabalho e de emprego, celebrado entre um empregador, um grupo de empregadores ou uma ou várias organizações de empregadores, por um lado, e por outro, uma ou várias organizações representativas de trabalhadores ou, na ausência de tais organizações, representantes dos trabalhadores interessados, devidamente eleitos e autorizados por estes últimos, de acordo com a legislação nacional"*(504).

Como se observa dos termos da Recomendação, a expressão contrato coletivo é empregada indistintamente para nomear tanto as normas coletivas editadas por um ou mais empregadores com a representação dos trabalhadores como aquelas celebradas por organizações sindicais de empregadores, ou seja, abrange nossos acordos e convenções coletivas de trabalho sob uma só denominação.

Em geral, as definições encontradas não se distanciam da conceituação legal, mantendo as suas características básicas. Mozart Victor Russomano, por exemplo, define convenção coletiva de trabalho como *"o convênio entre sindicato operário e o sindicato patronal correspondente ou empresas individualmente consideradas, tendo por objeto principal a estipulação de normas a serem respeitadas através dos contratos individuais de trabalho e por objeto secundário a criação de direitos e obrigações assumidas pelos convenentes a título próprio"*(505).

Para *Carlos Moreira De Luca,* a convenção coletiva de trabalho — e também o acordo coletivo — consiste no *"negócio jurídico formal, através do qual sindicatos ou outros*

(503) CORDEIRO, António Menezes. *Manual de direito do trabalho.* Coimbra: Almedina, 1991. p. 174.

(504) *INTERNATIONAL LABOUR ORGANIZATION.* Dispoível em: <**http://www.ilo.org/br/ilolex/cgi-lex/convds.pl?R091 14.4.04**>. Link errado!

(505) RUSSOMANO, Mozart Victor. *Princípios gerais de direito sindical.* Rio de Janeiro: Forense, 1995. p. 150.

sujeitos devidamente legitimados compõem conflitos de interesses e de direitos entre grupos profissionais que compreendam empregados e empregadores"[(506)].

No Brasil, não há uma diferença essencial entre o acordo e a convenção coletiva. Eles diferem-se apenas quanto aos sujeitos pactuantes e em relação à sua abrangência. Quanto aos sujeitos, a convenção coletiva possui natureza eminentemente intersindical, porque celebrada com a presença de sindicatos em ambos os polos, isto é, sindicato profissional e sindicato da categoria econômica; o acordo coletivo, por sua vez, caracteriza-se pela presença de um sindicato profissional de um lado e, de outro, pela existência de uma ou mais empresas que atuam diretamente no próprio nome, sem a necessidade da presença do sindicato patronal.

Em relação à abrangência, a convenção coletiva abrange a todos os membros (trabalhadores e empregadores) das categorias representadas pelos sindicatos convenentes, filiados ou não aos respectivos sindicatos (efeitos erga omnes), já o acordo coletivo se restringe aos trabalhadores da(s) empresa(s) pactuante(s), ou conforme delimitado no instrumento pelas partes, podendo corresponder a um setor ou a um estabelecimento da empresa, também com efeitos erga omnes (filiados e não filiados).

Como os dois instrumentos possuem a mesma natureza jurídica, sem diferenças substanciais entre eles, é comum a utilização em sentido amplo da expressão convenção coletiva de trabalho para designar genericamente ambos os institutos.

As expressões convênios coletivos, normas coletivas e instrumentos normativos são comumente empregadas em sentido genérico para denominar todas as espécies de normas decorrentes da autonomia privada coletiva dos particulares e, algumas vezes, apenas para se referir aos acordos e convenções coletivas.

Neste trabalho, por vezes, utilizaremos as expressões convenção coletiva, convênios coletivos, normas coletivas, contrato coletivo ou instrumentos normativos genericamente, para não nos tornarmos repetitivos. Essa generalidade é facilmente extraída do contexto em que a expressão é utilizada. Quando presente alguma característica ou aspecto peculiar do acordo coletivo, não constante da convenção coletiva ou vice-versa, utilizaremos um a nomeação específica.

(506) DE LUCA, Carlos Moreira. *Convenção coletiva de trabalho:* um estudo comparativo. São Paulo: LTr, 1991. p. 134.

1.1. Quadro sinóptico das diferenças entre acordos e convenções coletivas

DIFERENÇAS	ACORDO COLETIVO DE TRABALHO	CONVENÇÃO COLETIVA DE TRABALHO
PREVISÃO LEGAL	Art. 611, § 1º, CLT	Art. 611, *caput*, CLT
SUJEITOS PACTUANTES	Sindicato profissional e uma ou mais empresas	Caráter intersindical Sindicato profissional e sindicato patronal
ABRANGÊNCIA SUBJETIVA	Trabalhadores(as) de uma ou mais empresas, de uma filial, de um estabelecimento ou de um setor da empresa	Trabalhadores (as) e empregadores pertencentes às categorias convenentes
ABRANGÊNCIA TERRITORIAL (ESPACIAL)	Base territorial da(s) empresa(s), da filial, do estabelecimento ou do setor	Ponto de intersecção (coincidência) entre as bases territorias dos sindicatos convenentes
EFEITOS	*Erga omnes* = alcance de filiados e não filiados ao sindicato	*Erga Omnes* = alcance de filiados e não filiados aos sindicatos

2. Natureza jurídica

Questionar sobre a natureza jurídica de determinado instituto, equivale a analisar, a partir de seus elementos essenciais, como ele se enquadra no mundo jurídico. Em relação aos convênios coletivos, por exemplo, significa definir qual o seu caráter normativo, ou seja, se se trata de um contrato, de uma lei ou de um ato normativo *sui generis*.

A determinação da natureza jurídica de um instituto permite identificar qual o conjunto de regras e princípios que lhe são aplicáveis. Por exemplo, ao se considerar o convênio coletivo como uma espécie de contrato, estar-se-á, automaticamente, afastando a possibilidade de se recorrer à analogia para a sua aplicação, método de integração de leis, que seria plenamente aceitável caso a norma coletiva fosse considerada uma lei. Do mesmo modo, as regras de interpretação serão distintas conforme se entender tratar a norma coletiva de um contrato ou de uma lei.

Com vistas à explicação da natureza jurídica dos convênios coletivos, destacaram-se três correntes doutrinárias: a contratualista, a normativista e a mista(507), às quais *Segadas Vianna* acrescenta a corrente extracontratual(508).

(507) Essa é a tripartição mais aceita entre os juslaboralistas; sendo encontrada em diversos autores: MAGANO, Octavio Bueno. *Convenção coletiva de trabalho*. São Paulo: LTr, 1972. p. 44; GOMES, Orlando; GOTTSCHALK, Elson. *Op. cit.*, p. 602. NASCIMENTO, Amauri Mascaro. *Curso de direito do trabalho...*, p. 733; RUSSOMANO, Mozart Victor. *Op. cit.*, p. 154 e ss.

(508) SÜSSEKIND, Arnaldo Lopes; TEIXEIRA FILHO, João de Lima; MARANHÃO, Délio; VIANNA, Segadas. *Instituições de direito do trabalho*. 18. ed. atual. por Arnaldo Süssekind e João de Lima Teixeira Filho. São Paulo: LTr, 1997. p. 1.158-1.159.

O delineamento dessas diversas correntes revela a evolução doutrinária a respeito da natureza jurídica dos convênios coletivos: num primeiro momento, enfatizou-se a manifestação de vontade das partes (contratualismo); depois, concedeu-se relevância à sua vocação à regulamentação de relações jurídicas de terceiros (normativismo) e, posteriormente, intentou-se a conciliação entre contratualidade e normatividade (teoria mista)[(509)].

Entre estes momentos, surgiram teses que se afastaram tanto das figuras do contrato como da lei, procurando fundamentar a eficácia ultrassubjetiva da convenção coletiva por outros elementos que não o contrato ou a lei (pacto social, solidariedade necessária, uso e costume industriais).

A partir de um contexto pluralista, e em razão das especificidades dos convênios coletivos, para a determinação da sua natureza, foram superadas tanto premissas do direito privado quanto do direito público. No direito público, superou-se o conceito de monopólio normativo do Estado; na teoria do direito privado, mais especificamente, dos contratos e negócios jurídicos, ultrapassou-se o princípio da igualdade das partes e o do subjetivismo exacerbado, além de impor-se o reconhecimento da autonomia privada coletiva[(510)].

A corrente contratualista compreende as teorias do mandato, da gestão de negócios e da estipulação em favor de terceiros, às quais *Segadas Vianna* acrescenta as da personalidade moral fictícia e da representação legal[(511)]. A corrente normativista abrange as teorias institucional, corporativista, do ato-união, regulamentar e da lei delegada. A corrente extracontratual inclui as teorias do pacto social, da solidariedade necessária e do uso e costume industriais.

2.1. Correntes contratualista

2.1.1. Fundamentos

As correntes contratualistas pretendem explicar a natureza jurídica dos convênios coletivos por meio das figuras contratuais clássicas do direito civil. Para isso, baseia-se no caráter obrigacional das normas coletivas de trabalho, decorrente da vontade das partes convenentes, cuja aplicação, por isso, seria, em princípio, restrita aos membros das entidades contratantes.

Para explicar o caráter vinculativo da norma coletiva em relação aos sujeitos individuais, essas correntes se utilizaram de figuras contratuais nas quais um terceiro (representante, mandatário etc.) atua em favor do interesse de outrem, podendo criar, inclusive, obrigações para este.

(509) DE LUCA, Carlos Moreira. *Op. cit.*, p. 127.

(510) *Id. ibid.*, p. 128.

(511) SÜSSEKIND, Arnaldo Lopes; TEIXEIRA FILHO, João de Lima; MARANHÃO, Délio; VIANNA, Segadas. *Op. cit.*, p. 1.157.

Estas teses civilistas surgiram no período anterior à Primeira Guerra Mundial, em países como Alemanha, França e Itália, com vistas a dar explicação para um fenômeno de fato observado nas relações de trabalho, dos convênios coletivos já estavam sendo, costumeiramente, empregados por trabalhadores e empregadores[(512)].

Evidente que, em virtude da não percepção da complexidade do novo fenômeno, as primeiras tentativas de defini-los partiram de concepções contratuais já conhecidas na literatura jurídica. Como salientou Mozart Victor Russomano, *"Era natural que se procurasse enquadrar a nova figura dentro dos princípios da teoria contratualista, imperante em todos os domínios do Direito"*[(513)].

Embora se observe uma evolução no que concerne à desvinculação do interesse individual dos respectivos membros da atuação coletiva do ente representativo, todas as teses contratualistas — além dos equívocos específicos de cada uma —, em geral, apresentaram-se insuficientes para explicar todos os aspectos normativos das convenções coletivas, principalmente aqueles relacionados com o caráter obrigatório destas em relação aos indivíduos não membros das entidades pactuantes. Assim, essas correntes acabaram sendo refutadas como tentativas de explicar a natureza jurídica das convenções coletivas. Em verdade, intentaram conceder formas velhas a um fenômeno novo.

As principais teorias contratualistas são:

a) do mandato;

b) da gestão de negócios;

c) da estipulação em favor de terceiros;

d) da personalidade moral fictícia;

e) da representação legal.

2.1.2. Teoria do mandato

Uma das primeiras figuras contratuais utilizadas para explicar o caráter obrigatório das convenções coletivas foi a do mandato. Consiste ele no negócio jurídico pelo qual uma das partes concede poderes à outra para, em seu nome, praticar atos e administrar interesses (art. 653 do Código Civil). Aquele que outorga poderes denomina-se mandante; o outorgado tem a designação de mandatário.

É essencial à figura do mandato a ideia de representação, pela qual o mandante age em nome do mandatário na prática de atos jurídicos de interesses desse último. A procuração é o típico instrumento do mandato.

Segundo a teoria do mandato, ao ingressar no sindicato, os associados, ao aderir aos estatutos deste último, outorgam-lhe, tacitamente, poderes para que aja em seu nome

(512) GOMES, Orlando; GOTTSCHALK, Elson. *Op. cit.*, p. 604.

(513) RUSSOMANO, Mozart Victor. *Op. cit.*, p. 154

e interesse, de forma que o sindicato passa a atuar como mandatário dos associados, isto é, como representante dos interesses individuais destes. Essa tese teve várias vertentes, cada uma delas tentando justificar um ou outro aspecto da norma coletiva, geralmente não abrangido pela tese anterior.

Pela teoria do mandato legal, o poder de representação sindical não deriva de ato de vontade dos associados, ao aderirem aos estatutos da entidade, mas de norma legal imperativa, que possibilita ao sindicato não somente a defesa dos interesses individuais dos associados, mas também a estipulação geral de convênios coletivos de trabalho.

Para a tese do mandado irrevogável e do mandato conferido no interesse de terceiros, a impossibilidade dos associados contraporem os seus interesses individuais decorre da sua subordinação aos interesses dos outros trabalhadores, por meio da disciplina da profissão(514).

A teoria do órgão intermediário considera que o sindicato age na negociação coletiva como órgão ou instrumento pelo qual se manifestam as vontades individuais da maioria dos associados, de forma que estes agem por intermédio daquele, e não o sindicato por delegação dos associados(515).

A própria existência de uma diversidade de teses contratuais embasadas na figura do mandato demonstra a impropriedade de seu emprego para a explicação da natureza jurídica da convenção coletiva. Como se observa, a ânsia de justificar essa natureza jurídica das normas coletivas levou à construção de teorias cuja relação com o mandato limita-se apenas ao emprego do nome deste instrumento contratual, sendo os seus conteúdos completamente diversos da essência desse instituto.

Entre as críticas à tese do mandato pode-se destacar: a) a sua impropriedade para justificar a eficácia ultracontraente da convenção coletiva em relação aos não associados, que, por essa condição, não teriam outorgado poderes ao sindicato, pois não aderiram aos seus estatutos; b) a incongruência entre o conceito de representação com fundamento na vontade do outorgante e a possibilidade de o sindicato agir inclusive em sentido contrário aos interesses da minoria vencida de associados; c) o fato de o sindicato, ao celebrar convenção coletiva, agir no interesse da coletividade, categoria ou do grupo de trabalhadores e não na tutela de interesses individuais dos associados; d) a circunstância de a representação dos interesses dos trabalhadores, globalmente considerados, não ser passível de revogação *ad nutum*, isto é, ao inteiro arbítrio do constituinte, como ocorre no mandato; e) a não adstrição do sindicato aos limites que poderiam ser fixados pelas vontades individuais dos associados, uma vez que a entidade sindical possui poderes gerais para atuação na defesa dos interesses da coletividade de trabalhadores.

---

(514) GOMES, Orlando; GOTTSCHALK, Elson. *Op. cit.*, p. 603.

(515) RUSSOMANO, Mozart Victor. *Op. cit.*, p. 155.

2.1.3. Teoria da gestão de negócios

Diante da manifesta insuficiência da utilização do mandato para a explicação da natureza jurídica convênio coletivo, a corrente contratualista se voltou para a figura da gestão de negócios, dadas as semelhanças entre essas duas formas contratuais do direito civil.

Consiste a gestão de negócios na intervenção de alguém na gerência de negócio alheio, sem autorização do interessado (dono do negócio), passando a dirigi-lo conforme o interesse e a vontade presumível deste último, responsabilizando-se o gestor perante o interessado e as pessoas com quem contratar (art. 861 do Código Civil).

A gestão de negócios é conhecida como quase-contrato, em razão da ausência de acordo prévio de vontades entre as partes, pressuposto para o nascimento do vínculo contratual. O gestor assume o negócio alheio, geralmente, sem a ciência do dono do negócio que, geralmente, por determinado motivo, encontra-se ausente ou impossibilitado de atuar na tutela do seu próprio direito ou bem da vida.

Esta é a principal diferença com a figura do mandato. Se o dono do negócio conhece a gestão, ele tem a faculdade de impedi-la, mas se não o faz, ele a está aprovando, tornando-a, por meio deste conhecimento e da aprovação, uma figura equivalente ao mandato. Ambas as figuras também se distinguem pelo fato de o mandato implicar a realização de um ato jurídico, ao passo que a gestão de negócios pode envolver tanto a conclusão de um ato jurídico (gestor que contrata, em nome do representado, a reconstrução de um telhado em ruínas) como de um ato material (como o auxílio prestado a um barco que corre o risco de naufragar)(516).

Pela teoria da gestão de negócios, os sindicatos atuariam como gestores de negócios de terceiros, isto é, dos trabalhadores e empregadores individualmente considerados(517).

Além das críticas contra a tese do mandato serem também pertinentes à da gestão de negócios, avultam-se outras críticas específicas, referentes a aspectos dessa figura contratual e incompatíveis com o fenômeno da convenção coletiva: a) a gestão de negócios praticamente pressupõe a ausência do dono do negócio, enquanto a norma coletiva é precedida por assembleia dos trabalhadores, que se reúnem também para a sua ratificação(518); b) a vontade da coletividade de trabalhadores não é presumida, como na gestão de negócios, mas deve ser expressa(519); c) a atuação sindical na elaboração da norma coletiva possui um sentido de permanência, ao passo que a gestão de negócios carrega a marca da transitoriedade; d) a gestão de negócios tem como elemento fundamental

(516) RODRIGUES, Silvio. *Op. cit.*, p. 277-299.

(517) RUSSOMANO, Mozart Victor. *Op. cit.*, p. 156.

(518) RUSSOMANO, Mozart Victor. *Op. cit.*, p. 157.

(519) *Id., loc. cit.*

a utilidade individual que dela deve provir ao dono do negócio; já o foco principal da norma coletiva é o interesse coletivo, cujo benefício não necessariamente acarreta uma vantagem individual.

2.1.4. Teoria da estipulação em favor de terceiros

A teoria da estipulação em favor de terceiros consistiu numa tentativa de justificar a extensão normativa da norma coletiva a trabalhadores não vinculados aos sindicatos e, concomitantemente, de fundamentar a possibilidade de o sindicato atuar em juízo na exigência de cumprimento do convênio coletivo; possibilidade geralmente não se vislumbrava na figura clássica do mandato do direito civil.

A estipulação em favor de terceiro consiste na elaboração de um contrato entre duas pessoas, pelo qual se acorda que a vantagem dele resultante reverter-se-á em benefício de uma terceira pessoa, não participante da relação contratual(520); sendo prevista no art. 436 do Código Civil que prescreve, *in verbis*: *"O que estipula em favor de terceiro pode exigir o cumprimento da obrigação."*

Trata-se de uma relação jurídica que envolve a figura de três pessoas: o estipulante, o promitente (devedor) e o beneficiário (terceiro). A sua principal característica está em que tanto o estipulante quanto o beneficiado (terceiro) podem exigir o cumprimento da obrigação (parágrafo único do art. 437 do Código Civil)(521).

É atribuída ao francês Barthélemy Reynaud o ensaio de elucidação da natureza jurídica da convenção coletiva pela aplicação da figura da estipulação em favor de terceiros. Por esta construção, o sindicato de trabalhadores (estipulante) fixa perante o sindicato de empresas ou uma ou mais empresas (promitente) condições de trabalho em favor dos trabalhadores (terceiros), associados do sindicato, ou pertencentes à coletividade, conforme o caso.

Entre as críticas à esta concepção, sobressaem-se as seguintes: a) os associados do sindicato não podem ser assemelhados a terceiros estranhos à relação, uma vez que constituem a própria coletividade formadora da entidade sindical(522) e titular do interesse coletivo; b) a estipulação é constituída em favor do terceiro, sendo que nas normas coletivas de trabalho são fixadas obrigações tanto para trabalhadores e empregadores como para as próprias partes convenentes; c) das normas coletivas podem resultar cláusulas

---

(520) RODRIGUES, Silvio. *Op. cit.*, p. 93.

(521) *Silvio Rodrigues* elenca os seguintes exemplos: a) do sócio principal (estipulante) que se retira de uma sociedade, estipulando que a sociedade (promitente) destinaria o produto da venda do imóvel onde funcionava a empresa para o seu irmão (beneficiário); b) o seguro de vida, em que uma pessoa (estipulante), por meio do pagamento de prêmios anuais recebe da seguradora (promitente) a promessa de pagar a terceiros (beneficiários) uma quantia em dinheiro por ocasião da sua morte (RODRIGUES, Silvio. *Op. cit.*, p. 94).

(522) GOMES, Orlando; GOTTSCHALK, Elson. *Op. cit.*, p. 603.

que, ao invés de conceder vantagens, criam limitações aos direitos dos trabalhadores e empregadores[(523)]; d) na estipulação de terceiros, o estipulante pode reservar-se o direito de substituir o terceiro independentemente da sua anuência e da do outro contratante (art. 438 do Código Civil), sendo impossível tal substituição na hipótese de contrato coletivo de trabalho.

2.1.5. Teoria da personalidade moral fictícia

A tese da personalidade moral fictícia considera o sindicato como uma entidade fictícia. Ela o identifica com os seus próprios associados, de modo que a elaboração do contrato coletivo pelo sindicato equivaleria à sua celebração pelos próprios associados, isto é, como se estes, pessoalmente, tivessem-no celebrado, sem que estivessem na condição de terceiros como na teoria da estipulação em favor de terceiros[(524)].

Esse pensamento sofre críticas na medida em que o sindicato não constitui uma pessoa fictícia, e os seus interesses não se confundem inteiramente com os dos respectivos associados[(525)]. O sindicato representa um interesse coletivo, síntese de interesses da coletividade, não se identificando com os interesses individuais dos associados e nem com a mera soma de seus interesses. O interesse coletivo é abstrato e indivisível, e pertence a toda uma coletividade globalmente considerada. Ele convive plena e paralelamente com os interesses individuais dos membros que compõem essa coletividade, podendo, inclusive, contrapor-se a alguns destes.

Por outro lado, por meio da contratação coletiva de trabalho, as partes convenentes fixam direitos e obrigações para elas mesmas, de observância somente para os sujeitos contratantes, isto é, de interesse próprio e exclusivo das entidades sindicais. Estes interesses não se confundem com os interesses das coletividades de trabalhadores, podendo, inclusive, ser-lhes contrários, como ocorre nas hipóteses de cobranças abusivas de contribuições sindicais.

2.1.6. Teoria da representação legal

Na esteira da falência das teses contratualistas clássicas para a explicação da eficácia ultracontraente das convenções coletivas, surgiu a teoria da representação legal.

Segundo esta, as normas convenções coletivas são produto de um poder delegado pela lei às entidades profissionais e econômicas para a representação das suas respectivas categorias, de modo que o contrato por elas celebrado obriga a todos os componentes do grupo que se situem no seu âmbito de representação, assim como na representação

(523) RUSSOMANO, Mozart Victor. *Op. cit.*, p. 157.

(524) SÜSSEKIND, Arnaldo Lopes; TEIXEIRA FILHO, João de Lima; MARANHÃO, Délio; VIANNA, Segadas. *Op. cit.*, p. 1.158.

(525) *Id., loc. cit.*

no direito civil, responderiam os representados pelos compromissos assumidos pelo representante(526).

Seus teóricos partem de uma concepção orgânica da categoria, personificada pelo sindicato, e não composta por uma pluralidade de indivíduos(527); suas premissas são incompatíveis com as modernas teorias a respeito da autonomia privada coletiva como poder espontâneo e originário, reconhecido pelo direto estatal e não delegado por este.

2.1.7. Quadro sinóptico das correntes contratualistas

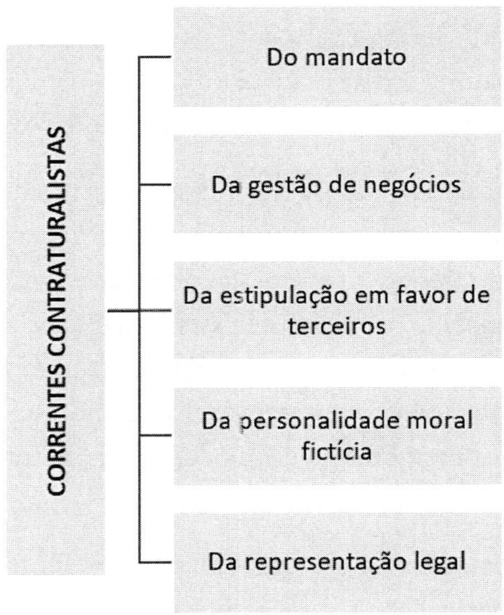

2.2. Correntes extracontratualistas

2.2.1. Fundamentos

As teorias extracontratualistas surgiram da insuficiência das explicações contratuais para a o fenômeno vinculante dos convênios coletivos a sujeitos não participantes das entidades convenentes. Como reação direta à antiga concepção contratual, os novos entendimentos se lastrearam em mecanismos extracontratuais de vinculação dos trabalhadores aos preceitos normativos coletivos.

A força obrigatória dos convênios coletivos passou a ser justificada por meio de elementos não volitivos, mas que por algum outro caráter, apontado por seus teóricos, obrigaria a todos os membros de uma coletividade, como a adesão tácita à vontade da maioria (teoria do pacto social), a subordinação da vontade individual

(526) SÜSSEKIND, Arnaldo Lopes; TEIXEIRA FILHO, João de Lima; MARANHÃO, Délio; VIANNA, Segadas. *Op. cit.*, p. 1.158.

(527) *Id., loc. cit.*

à vontade da maioria (teoria da solidariedade necessária), a força obrigatória dos usos e costumes (teoria do uso e costume industrial), o poder organizacional do grupo (teoria institucional) ou a solidariedade social (teoria do ato-união).

2.2.2. Teoria do pacto social

Para esta corrente de pensamento, a norma coletiva equivale à celebração de um pacto pelo indivíduo que ingressa num sindicato, em razão do qual ele assume a obrigação de acolher as decisões da maioria dos associados, tornando-as aplicáveis a si mesmo(528). Ao celebrar o pacto social, o indivíduo renuncia à sua autonomia da vontade para submeter-se à vontade da maioria.

Essa tese recebeu diversas críticas, primeiro porque se fundamenta na concepção de vontade da maioria, o que vai ao desencontro das modernas teorias a respeito da vontade coletiva como uma síntese de interesses individuais; síntese esta não coincidente com a vontade da maioria numérica dos membros da coletividade; segundo porque pressupõe uma renúncia da autonomia da vontade individual em face da vontade da maioria, hipótese não consagrada nos diversos ordenamentos jurídicos, uma vez que, embora sofra limitações no campo das relações de trabalho, a autonomia individual continua a existir e atuar nas relações individuais.

Em praticamente todos os sistemas jurídicos, o que se vê é uma relativa supremacia da vontade coletiva sobre a individual, que continua a existir, inclusive com preeminência em determinadas situações, como nas hipóteses de aplicação do princípio da norma mais favorável. O que se tem, atualmente, é uma interação entre autonomia da vontade individual e autonomia privada coletiva, sem que a existência de uma pressuponha a evanescência da outra.

2.2.3. Teoria da solidariedade necessária

Pela teoria da solidariedade necessária, a natureza jurídica do contrato coletivo de trabalho repousa no princípio da subordinação da vontade individual à vontade da maioria(529). Por pertencer a um direito coletivo, superior aos direitos individuais, as normas coletivas tornar-se-iam obrigatórias também para os não contratantes pela subordinação do interesse individual ao coletivo em razão da solidariedade social(530).

Esta tese parte de uma premissa equivocada ao identificar a vontade coletiva com a vontade da maioria. Em direito sindical, não existe uma necessária subordinação dos

(528) SÜSSEKIND, Arnaldo Lopes; TEIXEIRA FILHO, João de Lima; MARANHÃO, Délio; VIANNA, Segadas. *Op. cit.*, p. 1.159.

(529) SÜSSEKIND, Arnaldo Lopes; TEIXEIRA FILHO, João de Lima; MARANHÃO, Délio; VIANNA, Segadas. *Op. cit.*, p. 1.159.

(530) NASCIMENTO, Amauri Mascaro. *Curso de direito do trabalho...*, p. 734.

interesses individuais ao interesse da maioria, mas a interesses de ordem coletiva, que podem não coincidir com o interesse da maioria(531).

A tese da solidariedade necessária aproxima-se daquela do pacto social à medida que ambas se fundamentam na concepção da supremacia da vontade da maioria sobre a vontade individual. Elas se afastam, porém, em relação ao fundamento dessa supremacia, uma vez que, pela primeira, a vontade da maioria impõe-se pela solidariedade necessária, ao passo que, pela segunda, é o pacto social, representado pela norma convenção coletiva, que justifica a renúncia do interesse individual ao coletivo.

A união formada por laços de solidariedade tem como objetivo o fortalecimento do indivíduo por meio de uma conjunção de forças, o que não implica uma anulação da esfera individual pela comunidade solidariamente unificada. A solidariedade decorre de uma manifestação espontânea do grupo social, em razão da uniformidade das condições de vida; ela não exsurge por imposição da maioria.

2.2.4. Teoria do uso e costume industrial

A teoria do uso e costume industrial nasceu de uma reformulação das teses civilísticas de base contratual, que se mostraram insuficientes para explicar a eficácia normativa e o efeito ultracontraente das convenções coletivas.

Para solucionar o problema da eficácia ultracontraente, as normas coletivas passaram a ser consideradas como uso ou costume industrial. Como uso industrial e, assim, exigível perante os tribunais, as convenções coletivas podem ser oponíveis aos trabalhadores e empregadores não representados pelas entidades sindicais pactuantes, mas que se encontrem na base de representação dessas entidades(532).

A crítica a ela reside no fato de os usos não serem escritos, ao passo que as convenções coletivas constituem negócios formais, que se aperfeiçoam pela forma escrita. Por outro lado, os usos nascem espontaneamente da vida do grupo social, sendo que as normas coletivas, para surtirem efeitos, devem preencher algumas formalidades(533). Por fim, não é menos verdade que as normas coletivas, muitas vezes, vêm, precisamente, derrogar os usos até então vigentes.

2.2.5. Teoria da instituição

A teoria institucional, principal corrente pluralista do direito, além da sua influência sobre diversas correntes jurídicas e filosóficas que versam sobre a relação entre direito e Estado, fez-se bastante influente sobre os pensamento jurídico do Direito do Trabalho.

---

(531) SÜSSEKIND, Arnaldo Lopes; TEIXEIRA FILHO, João de Lima; MARANHÃO, Délio; VIANNA, Segadas. *Op. cit.*, p. 1.159.

(532) NASCIMENTO, Amauri Mascaro. *Curso de direito do trabalho...*, p. 734.

(533) *Id., loc. cit.*

Sua presença é marcante na elaboração de institutos típicos do Direito do Trabalho ou na justificação destes.

Em relação aos contratos coletivos, o institucionalismo dos franceses Maurice Hauriou, Georges Renard, Paul Cuche e Emmanuel Gounot, entre outros, credita a normatividade da convenção coletiva à existência da instituição. Cada instituição constitui um centro de produção normativa, um mundo jurídico subsistente, um ordenamento.

A instituição dá origem ao direito. A instituição personifica-se pela presença dos seguintes elementos: a) a ideia de obra a realizar; b) o poder organizado; e c) a comunhão do grupo. A instituição é o substrato sociológico e conferidor de força normativa ao regramento do grupo, que obriga a todos os seus membros. Suas normas constituem as regras estruturais e funcionais do grupo.

Paul Cuche classifica as instituições em três espécies: a) instituições-regras; b) instituições-mecanismos; c) instituições-organismos. Para ele, o sindicato constituiu um tipo de instituição-organismo, e a convenção coletiva enquadra-se no grupo das instituições-regras[(534)].

Para Emmanuele Gounot, a norma coletiva constitui a carta ou o estatuto de uma instituição, cuja base social é o agrupamento profissional. Cada ramo profissional é considerado um organismo coletivo; apresentando-se como um corpo unitário, com órgãos e autonomia próprios. A circunstância de pertencer a essa instituição automaticamente submete o indivíduo à sua disciplina, constante dos regulamentos de fábrica e das convenções coletivas[(535)].

O fundamento da instituição não prosperou como tentativa de justificativa da natureza jurídica das convenções coletivas de trabalho. Como outrora demonstrado pela corrente pluralista normativa, as normas vêm antes das instituições, e não o contrário. O sindicato não preexiste aos agrupamentos dos trabalhadores, mas do vínculo associativo destes. O processo de constituição dos sindicatos pressupõe a fixação de regras — que lhe são anteriores — a respeito dos seus fins, funções e meios de ação, que são absorvidas por seus estatutos.

A norma coletiva não se confunde com os estatutos da entidade, pois nela são estipuladas condições de trabalho a serem observadas nas relações individuais de trabalho. Os trabalhadores, por sua vez, participam da elaboração das normas coletivas, submetendo--se, assim, em última análise, não às regras prefixadas pela instituição, mas consentidas por eles próprios.

---

(534) CUCHE, Paul *apud* GOMES, Orlando; GOTTSCHALK, Elson. *Op. cit.*, p. 605.

(535) GOUNOT, Emmannuele. *L'autonomie de la volonté.* Contribution à l'étude critique de l'individualisme juridique. Paris, 1912, *apud id., loc. cit.*

Por outro lado, a experiência de outros países tem demonstrado que a norma coletiva pode ser elaborada por agrupamentos que não constituem uma instituição, como a comissão de empresa, do direito alemão, e o comitê de empresa, do direito espanhol.

2.2.6. Teoria corporativista

A teoria corporativista fundamenta o poder de produção de normas jurídicas nas corporações — das quais o sindicato é apenas uma das suas espécies: uma corporação entre as diversas corporações existentes na sociedade. Como vimos, no pluralismo corporativista, as corporações, na concepção de Mihail Manoïlesco, são organizações de origem coletiva e pública, formadas por um agrupamento de pessoas físicas ou jurídicas, e identificadas pela função social que exercem na sociedade.

Para esta corrente pluralista do direito, as corporações constituem a única e legítima base sobre a qual repousam o poder político e a autoridade legislativa. Seu poder normativo decorre automaticamente da sua função social, sendo esta a fonte do seu poder normativo.

Cada corporação tem autonomia para instituir as regras para seu funcionamento e cumprimento das suas funções. Essa competência normativa não provém de qualquer assentimento dos indivíduos e nem constitui um poder delegado do Estado; ela é inerente ao exercício das funções corporativas. Por exercer uma função, tem a corporação o poder normativo para atuar.

Para a tese corporativista, a convenção coletiva é a *"expressão da vontade corporativa do grupo produtor, promulgada pelo órgão representativo do mesmo"*(536). A corporação é considerada uma unidade jurídica da qual emanam normas disciplinares de uma determinada atividade(537).

Vale repetir que o aspecto público das corporações não se confunde com o caráter estatal. Nas lições de Manoïlesco, o público decorre da formação plural da corporação e da sua funcionalidade social. Foi durante os regimes totalitários da Europa, da primeira metade do Século XX, que se dissipou o conceito de corporação como órgão estatal. A diferença torna-se relevante porque, no primeiro caso, as normas coletivas decorrem de um poder autônomo das corporações, ao passo que, na segunda hipótese, trata-se de um poder regulamentar derivado.

2.2.7. Teoria do ato-união

A tese solidarista ou do ato-união foi elaborada pelo francês Leon Duguit, sendo logicamente decorrente da sua concepção pluralista funcional. Para Duguit, o direito possui um sólido fundamento, anterior ao Estado, que reside exatamente na solidariedade social, também denominada interdependência social.

---

(536) SÜSSEKIND, Arnaldo Lopes; TEIXEIRA FILHO, João de Lima; MARANHÃO, Délio; VIANNA, Segadas. *Op. cit.*, p. 1.158.

(537) GOTTSCHALK, Egon Felix. *Norma pública e privada no direito do trabalho*. São Paulo: LTr, 1995. p. 50.

Segundo Duguit, a formação da regra jurídica não advém do Estado, mas da totalidade do corpo social, pois a sociedade constitui um fato primário que se impõe automaticamente aos homens, independentemente da vontade humana. O jurista nega o caráter absoluto da autonomia da vontade e do monismo estatal. A obrigação da norma é decorrente da solidariedade social, em derredor da qual consolida-se a união dos indivíduos.

Duguit concebe duas espécies de atos jurídicos, os unilaterais e os plurilaterais. Estes são divididos em três subespécies: a) os contratos; 2) os atos coletivos; e 3) as uniões. No ato-união, observa-se uma coincidência de vontades que resulta na criação de uma regra, uma norma de atividades, dando lugar a um estatuto. Os convênios coletivos seriam uma espécie de estatuto(538). A sua força obrigatória e o seu caráter normativo resultariam da imposição decorrente da solidariedade social.

Embora a história demonstre que a solidariedade, ao lado da consciência de classe, constitui mola propulsora do movimento sindical, o convênio coletivo não decorre de uma coincidência de vontades, como prega a tese da solidariedade necessária, mas da concepção de interesse coletivo, que se caracteriza por uma síntese dos interesses individuais. A coincidência de vontades, presente no ato-união, é uma ficção fundamentada na uniformidade de pretensões individuais; uniformidade difícil ou impossível de obtenção, mesmo numa comunidade homogênea, como a formada pelos trabalhadores de uma mesma empresa, setor ou estabelecimento.

2.2.8. Quadro sinóptico das correntes extracontratualistas

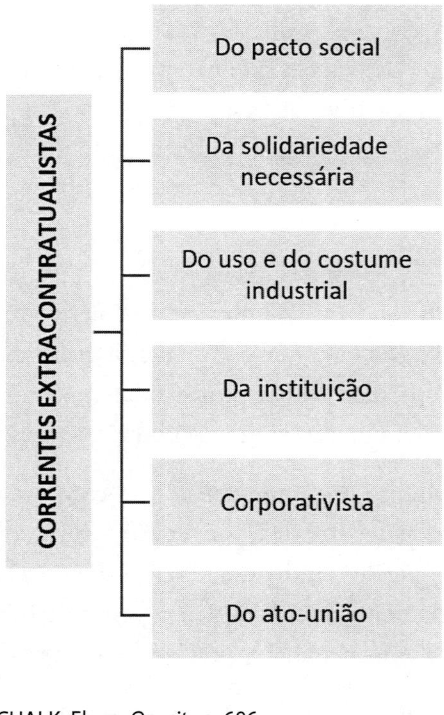

(538) GOMES, Orlando; GOTTSCHALK, Elson. *Op. cit.*, p. 606.

2.3. Correntes normativistas

2.3.1. Fundamentos

Os normativistas, com fulcro no anacronismo apresentado pelo contratualismo jurídico para fundamentar a natureza jurídica dos convênios coletivos, abandonaram ou rechaçaram as teorias contratuais, para defender o caráter normativo dos contratos coletivos.

Para as correntes normativistas, o contrato coletivo possui o caráter genérico de uma verdadeira "lei profissional", com a criação de normas gerais e abstratas que abrangem os associados do sindicato ou a totalidade da categoria profissional, conforme delineado em cada sistema jurídico[539]. Essa corrente compreende as teorias regulamentar e da lei delegada.

2.3.2. Teoria regulamentar

Para os séquitos da teoria regulamentar, além de o contrato coletivo não se enquadrar nos esquemas contratuais clássicos do direito civil, sua força normativa e a sua eficácia ultracontraentes não podem ser explicadas pela simples dicotomia interesse individual *versus* interesse da maioria, como vimos nas críticas levantadas às teses extracontratuais do pacto social e da solidariedade necessária.

Para essa corrente de pensamento, a norma coletiva é uma lei profissional que abrange associados e não associados dos sindicatos, isto é, como verdadeira lei, possui força normativa abrangente de pessoas que não participaram diretamente da sua elaboração. Para a maioria dos normativistas, essa lei tem natureza privada; mas encontramos também concepções a respeito da origem pública desse poder, como o fundamento da lei delegada.

2.3.3. Teoria da lei delegada

Segundo a teoria da lei delegada, o contrato coletivo constitui resultado de uma delegação legislativa do Estado para que os sindicatos elaborem normas sobre as condições de trabalho de determinados grupos profissionais e econômicos, cujas abrangências objetiva e subjetiva dependem da dimensão do poder que lhes foi atribuído.

Segadas Vianna é adepto do fundamento extracontratual da lei delegada. Para o autor, a extracontratualidade decorre de a convenção norma coletiva ser considerada um ato individual, de alcance jurídico individual e ato subjetivo. Torna-se lei delegada por obrigar a todos inominadamente, mas não tem o poder de derrogar as normas estatais, podendo, entretanto, ampliar os benefícios previstos em lei e criar outros. Não se trata de

(539) RUSSOMANO, Mozart Victor. *Op. cit.*, p. 154.

um contrato, posto que por este criam-se relações jurídicas individuais, o que não ocorre na convenção coletiva[540].

Uma das críticas levantadas contra esta construção reside no fato de que a hipótese de delegação de poder legislativo pressupõe considerar o sindicato como pessoa jurídica de direito público[541]. No entanto, consideramos que, independentemente da natureza jurídica da entidade sindical, a tese da lei delegada não encontra ressonância por motivos anteriores a esta questão, posto que, conforme vimos no capítulo anterior, a autonomia privada coletiva, que fundamenta a elaboração de acordos e convenções coletivas, possui natureza jurídica de fonte reconhecida e não de fonte delegada pelo Estado. A autonomia privada coletiva antecede à própria estruturação do Estado.

Além disso, sendo a autonomia privada coletiva um poder originário, que se manifestou até mesmo contra a vontade do Estado, durante o período de proibição das associações, não se pode admitir que o seu produto — as normas coletivas — seja resultado de um poder delegado. A autonomia privada coletiva teve criação social e espontânea por parte do grupo dos trabalhadores, estabelecendo um contrapoder decisório ao dos empregadores; ela não teve origem no Estado, foi criada pelos próprios trabalhadores para a satisfação de seus interesses.

2.3.4. Quadro sinóptico das correntes normativistas

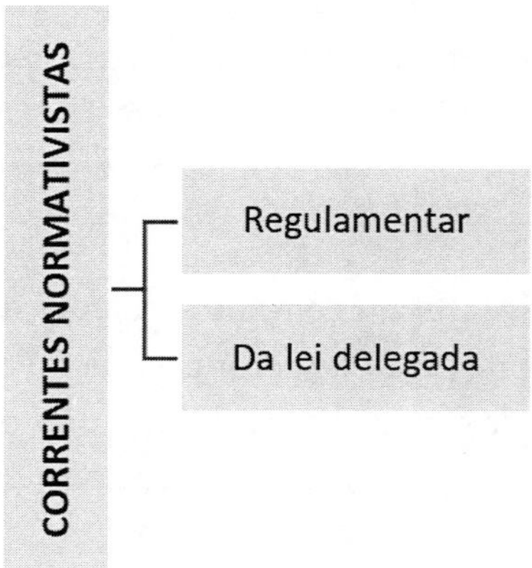

2.4. Corrente mista

A corrente mista abrange a maioria absoluta dos juslaboralistas (Kaskel-Dersch, Nipperdey, Nikish, Krotoschin, Paul Durand, Jaussaud, Rivero, Savatier, Octavio Bueno Magano, Carlos Moreira De Luca, Mozart Victor Russomano). Essa classificação constitui um *tertium genus* entre as correntes contratualistas e regulamentares. Seus adeptos

(540) SÜSSEKIND, Arnaldo Lopes; TEIXEIRA FILHO, João de Lima; MARANHÃO, Délio; VIANNA, Segadas. *Op. cit.*, p. 1.162.

(541) MARANHÃO, Délio. *Direito do trabalho*. 13. ed. São Paulo: Ed. da Fundação Getúlio Vargas, 1985. p. 315.

consideram o contrato coletivo como um instituto híbrido: quanto à formação, identifica-se com um contrato; por seu conteúdo, equivale a uma norma jurídica.

A concepção mista é praticamente resumida na clássica e célebre definição de Francesco Carnelluti, segundo a qual *"O contrato coletivo é um híbrido, que tem corpo de contrato e alma de lei; mediante o mecanismo contratual desempenha uma força, que transcende o direito subjetivo, e desencadeia um movimento, que vai além da relação jurídica entre as partes"*. Possui corpo de contrato, porque se aperfeiçoa como uma acordo de declaração de vontades; tem alma de lei, porque, em seu conteúdo, regula relações jurídicas em princípio abstratas, que se concretizam *ad futurum* com a sua aplicação.

A corrente mista parte do pressuposto de que há verdades a serem consideradas tanto do lado dos contratualistas quanto dos normativistas, embora compreenda que cada uma destas correntes, considerada isoladamente, seja insuficiente para a explicação do fenômeno, o que força reconhecer que a norma coletiva possui características peculiares e originais, nos quadros do direito, constituindo um ato *sui generis*, híbrido de contrato e lei(542).

Após definir a convenção coletiva como *"o negócio jurídico através do qual sindicatos estipulam condições de trabalho"*, Octavio Bueno Magano elucida que *"A concepção da convenção coletiva como negócio jurídico já é, por si, indicativa de sua natureza jurídica. Trata-se de negócio jurídico resultante da autonomia das partes convenentes. Vale dizer, que se particulariza como negócio jurídico bilateral, ou, mais especificamente, como contrato normativo. É contrato porque expressa o mútuo consentimento das partes convenentes, a respeito de um objeto e é normativo em virtude de sua aptidão para determinar o conteúdo de contratos individuais"*(543).

Para Carlos Moreira De Luca, a convenção coletiva de trabalho se qualifica como um contrato normativo, manifestação do reconhecimento constitucional da autonomia privada coletiva como fonte de direito. Por ela, são criadas obrigações bilaterais e elaboradas normas que se organizam em um sistema, atuando como direito objetivo para as pessoas a ela submetidas(544).

Após afirmar que a convenção coletiva constitui uma figura especial, situada horizontalmente ao lado dos contratos clássicos, Mozart Victor Russomano a considera uma "figura jurídica especial", de natureza híbrida, porque figura entre os contratos (por sua forma — aparência externa) e as leis materiais (em razão dos seus efeitos normativos),

---

(542) MAGANO, Octavio Bueno. *Convenção coletiva de trabalho...*, p. 59.

(543) *Id. Manual de direito do trabalho...*, v. 3, p. 157. *Carlos Moreira De Luca*, em sua obra sobre a convenção coletiva, enquadra *Octavio Bueno Magano* entre os adeptos da teoria normativista da lei delegada; porém, o autor fez uso da edição de 1984 do *Manual de direito do trabalho* de *Magano*; na edição por nós utilizada, é manifesta a posição de *Magano* sobre a natureza contratual da convenção coletiva.

(544) DE LUCA, Carlos Moreira. *Op. cit.*, p. 133.

embora o autor ressalte que a sua posição não o capitula dentro da tese do contrato inominado(545).

A ideia de natureza híbrida da convenção coletiva prevalece no pensamento juslaboralista, tendo sido apreendida pelo legislador pátrio ao definir, no art. 611 da CLT, a convenção coletiva de trabalho como o *"acordo de caráter normativo"*. A norma coletiva, no ordenamento jurídico brasileiro (art. 611, CLT), possui natureza mista; pois, de um lado, nasce do ajuste de vontades do sujeitos pactuantes [sindicatos profissionais e sindicatos patronais ou empresa (s)]; do outro, seu conteúdo normativo incide sobre os sujeitos das relações de trabalho, atuando como verdadeira norma heterônoma em relação a estes, cujas cláusulas devem ser observadas e cumpridas.

2.5. Quadro sinóptico das correntes sobre a natureza jurídica das normas coletivas

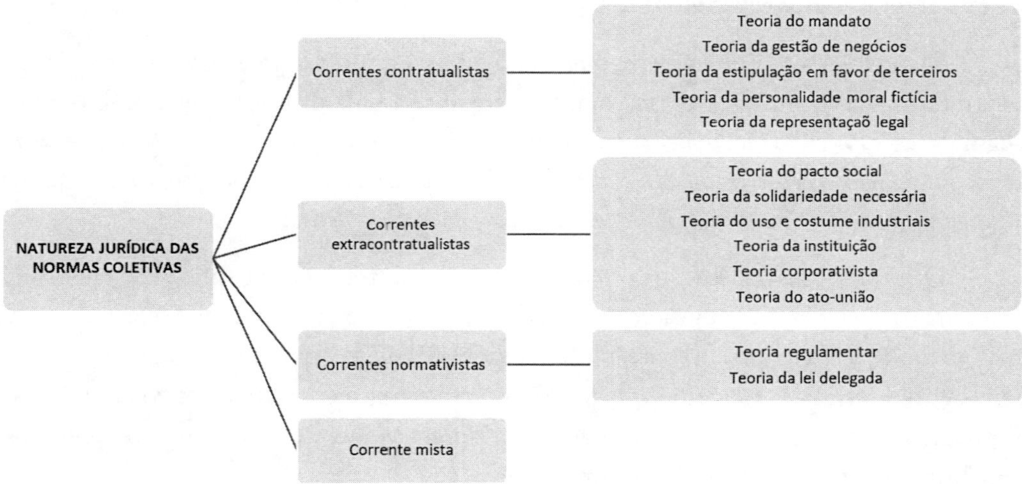

3. Distinção de outras figuras

3.1. Contratos de tarifa

Não há uma diferença essencial entre o contrato coletivo e o contrato de tarifa. Ambos constituem espécies de contrato normativo de aplicação a uma coletividade de trabalhadores. Eles se diferem apenas em relação à denominação e ao enfoque do conteúdo de suas regulamentações.

Contrato de tarifa é o nome de origem alemã *(tarifvertrag)* atribuído aos contratos coletivos de trabalho. Essa nomeação peculiar tem como objetivo enfatizar a fixação de salários, mas, como adverte Garcia Oviedo, essa expressão alemã é pouco feliz para nomear a norma coletiva, pois esta não está restrita a questões de salários; seu conteúdo é muito mais complexo e estende-se a diversos outros aspectos da relação de trabalho(546).

(545) RUSSOMANO, Mozart Victor. *Op. cit.*, p. 164-165.

(546) GARCIA OVIEDO, Carlos. *Tratado elemental de derecho social.* Tercera edición. Sevilla, 1948. p. 263, *apud* ALONSO OLEA, Manuel. *Pactos colectivos y contratos de grupo*. Granada: Ed. Comares, 2000. p. 34-35.

Como exemplo de contrato de tarifa, Giovanni Nicolini cita, com esteio no pensamento alemão, o contrato coletivo celebrado pelos fabricantes de lixas e os trabalhadores desse setor em Remscheid, onde se dipõe que *"já que os preços pactuados ou a ajustar no futuro valem como tarifas mínimas de um lado, nenhum fabricante de lixas poderia pagar preços inferiores, de outro, nenhum trabalhador poderia trabalhar por um valor superior"*. Esses contratos de tarifa já possuíam nítido caráter normativo, como se observa do § 32 do contrato de tarifa celebrado em Berlim para os trabalhadores e empregadores da indústria dos instaladores de tubos que dispunha que *"os contratos particulares que contrastem com a finalidade ou com o conteúdo da tarifa são inválidos"*. Igual força normativa invocava o contrato coletivo estipulado para os trabalhadores do Batiments, ao dispor que *"os empregados e os operários envolvidos na presente convenção não podem assumir qualquer compromisso escrito ou verbal suscetível de modificar as cláusulas ou de eliminá-las"*(547).

Manoel Alonso Olea adverte que o fato de o contrato de tarifa versar sobre salários não retira a sua natureza de pacto coletivo, nem enseja uma distinção entre ambos, pois, segundo as suas palavras, *"onde existe o* animus normandi *e o pacto tem como causa e como efeito substancial o efeito regulador, e não o constitutivo, ainda que a regulação se refira pura e simplesmente a salários, a nosso juízo, existe uma convenção coletiva"*(548).

O autor vai mais além e nega, como sustentam outros, que o contrato de tarifa seja um primeiro estágio na evolução histórica da convenção coletiva, pois ele é contrato normativo desde o início. Atualmente, tanto para a teoria alemã, quanto nas referências a ela feitas pela doutrina estrangeira, as expressões *tarifvertrag* e contrato coletivo de trabalho expressam o mesmo instituto, não havendo diferenças quanto à forma e ao conteúdo, constituindo, portanto, meros sinônimos(549).

3.2. Acordos de empresa

Em nossa legislação, não há diferenças substanciais quanto ao conteúdo dos acordos e das convenções coletivas de trabalho, dado que ambos possuem a mesma natureza jurídica e podem versar sobre as mesmas matérias. Como ressaltamos alhures, esta nominação não é encontrada na legislação de outros países para normas coletivas que sejam idênticas na sua essência, sendo comumente utilizada a expressão genérica contrato coletivo.

No Brasil, quando nos reportamos ao acordo coletivo de trabalho, enfatizamos a presença de um ou mais empregadores concretamente individualizados em um dos polos da negociação coletiva, podendo esta versar sobre as mais diversas condições de trabalho,

(547) NICOLINI, Giovanni. A contratação coletiva no ordenamento italiano. In: FREDIANI, Yone; ZAINAGHI, Domingos Sávio (Coords.). *Relações de direito coletivo Brasil-Itália*. São Paulo: LTr, 2004. p. 75-76.

(548) ALONSO OLEA, Manuel. *Op. cit.*, p. 35.

(549) *Id. ibid.*, p. 34-36.

de modo que os conteúdos materiais da convenção e do acordo coletivo identificam-se fática e juridicamente.

Em outros países, há figuras que, a uma primeira vista, podem causar confusão com os nossos acordos coletivos de trabalho — como os acordos de empresa, presentes nos direitos francês, português e espanhol — mas que na realidade constituem instrumentos distintos dos acordos coletivos do direito brasileiro.

A principal característica do acordo de empresa do direito comparado decorre da pressuposição da existência de um convênio coletivo de nível superior (*v. g.*, setorial) ao qual se vincula. Como elucida Flávio Antonello Benites, com fulcro no direito espanhol, a sua finalidade é complementar o convênio coletivo aplicável, de modo a incrementar as condições por ele previstas, sendo firmados por empregadores e comitês de empregados(550).

No direito espanhol, também existem os convênios coletivos de empresa, celebrados entre o empregador e o comitê de empresa ou delegados de pessoal ou seções sindicais, que permite às partes se afastarem de determinado convênio coletivo de setor anteriormente fixado, inclusive para a negociação de condições *in pejus*, em relação àquele convênio setorial(551).

No direito francês, também é encontrada a figura do acordo de empresa ou de estabelecimento celebrado por empregador e empregados, agentes dos sindicatos mais representativos. A dimensão do seu conteúdo dependerá da prévia existência ou não de um contrato coletivo aplicável às partes que o celebram. No primeiro caso, o acordo de empresa se limitará simplesmente a adaptar as disposições do contrato coletivo às particularidades das empresas ou disciplinar alguma matéria não regulada no convênio de maior amplitude. No segundo, o objeto do acordo será amplo, podendo disciplinar as mais diversas matérias pertinentes às condições de trabalho(552).

Como ressaltou Octavio Bueno Magano, "*O modelo brasileiro de acordo coletivo está muito mais próximo do francês do que do alemão. Do ponto de vista subjetivo, cumpre sublinhar que tanto o francês quanto o brasileiro excluem a legitimação de representantes de trabalhadores para o celebrar. Do ponto de vista objetivo, a lei brasileira não chega, como a francesa, a condicionar a abrangência do acordo aos termos da convenção, mas confere clara prioridade a esta em relação àquela*"(553).

---

(550) BENITES FILHO, Flávio Antonello. *Direito sindical espanhol:* a transição do franquismo à democracia. São Paulo: LTr, 1997. p. 127-129.

(551) *Id., loc. cit.*

(552) MAGANO, Octavio Bueno. *Manual de direito do trabalho...*, v. 3, p. 158.

(553) MAGANO, Octavio Bueno. *Manual de direito do trabalho...*, v. 3, p. 159.

Em Portugal, a expressão acordo coletivo designa convênios celebrados entre associações sindicais e uma pluralidade de entidades patronais ou empresas. A expressão acordo de empresa identifica as convenções elaboradas por associações sindicais e apenas uma entidade patronal ou empresa(554).

3.3. Pactos de empresa

Os pactos de empresa são encontrados no direito alemão, onde figuram ao lado dos contratos coletivos de trabalho. Distinguem-se destes a últimos a pelos sujeitos que os celebram e por seu objeto. Os pactos de empresas são celebrados entre o empregador e uma comissão de empresa, ao passo que o contrato coletivo tem como partes, em ambos os polos, as entidades sindicais. Os pactos se distinguem também pela dimensão de seu conteúdo, dado que este é limitado às matérias compreendidas no âmbito de competência das comissões de empresa(555).

Os pactos de empresa do direito alemão não se equivalem, assim, aos nossos acordos coletivos de trabalho, uma vez que estes não possuem limitação quanto à matéria, podendo abranger qualquer disciplina, mesmo que já seja objeto de uma convenção coletiva. Por outro lado, os acordos coletivos do direito brasileiro são firmados por sindicatos profissionais e empregador(es), ao passo que nos pactos de empresa os trabalhadores são representados pela comissão de empresa(556).

3.4. Contratos de grupo

A distinção entre contrato coletivo e contratos de grupo repousa na diferenciação entre coletividade e pluralidade de pessoas. O contrato coletivo é elaborado em derredor do interesse coletivo, abstrato e indivisível de uma coletividade de pessoas; já os contratos de grupo têm como base os interesses individuais de uma pluralidade de indivíduos. O primeiro envolve a coletividade globalmente considerada; o segundo refere-se a uma multiplicidade de pessoas consideradas em conjunto.

No contrato coletivo, há uma síntese de interesses individuais (essência do interesse coletivo) que não se confunde com os interesses individuais de cada um dos membros da coletividade, que se despersonalizam, dando lugar a um interesse abstrato e indivisível. Nos contratos de grupo, existe uma união de interesses individuais que giram em derredor de um objetivo único, como a realização de uma certa atividade que pressuponha a presença de uma determinada pluralidade de trabalhadores para a sua realização, cujas funções se complementam formando uma atividade única, decorrente da sua atuação conjunta. Tem-se, como exemplo, os trabalhos desenvolvidos por músicos

(554) CORDEIRO, António Menezes. *Op. cit.*, p. 174.

(555) MAGANO, Octavio Bueno. *Manual de direito do trabalho...*, v. 3. p. 158.

(556) *Id., loc. cit.*

que formam uma orquestra. Nos pactos de grupos, os interesses individuais continuam subsistentes, pois cada trabalhador efetua um contrato de trabalho individual com o empregador comum.

Manoel Alonso Olea, no seu elaborado estudo *Pactos colectivos y contratos de grupo*, define contrato de grupo como aquele pelo qual um empregador contrata uma pluralidade (grupo) de trabalhadores para a realização de um trabalho comum(557).

O autor distingue ambas as figuras a partir de dois aspectos fundamentais: os sujeitos e o objeto. Quanto aos sujeitos, o pacto coletivo exige a presença de uma organização sindical, com todos os fenômenos representativos daí decorrentes; o contrato de grupo, por sua vez, somente reclama a presença de um grupo de trabalhadores, em relação aos quais se contrata uma tarefa comum(558).

Em relação ao objeto, os pactos coletivos têm como finalidade o estabelecimento de normas de caráter geral que servem de base para os contratos de trabalho — individuais ou de grupo —, ao passo que os contratos de grupo, como nos contratos individuais de trabalho, têm como objeto o cumprimento de obrigações recíprocas entre empregador e trabalhadores, consistentes na prestação de serviços pelos trabalhadores e no pagamento de uma remuneração pelo empregador(559).

A diferença objetiva entre ambas as figuras reside no fato de o contrato de grupo ter como efeito primário e imediato a constituição de uma relação de emprego, ao mesmo tempo que o objeto do pacto ou convenção coletiva é a regulamentação de relações de trabalho de pessoas distintas das convenentes(560). A rigor, não existe um contrato de grupo, mas uma contratação do grupo para a realização de um trabalho que pressupõe a presença de todos os seus integrantes.

O contrato de grupo não se confunde com os contratos de trabalho justapostos. Nesta última hipótese, o empregador contrata com cada trabalhador de modo independente para a prestação de serviços ou para a execução de uma obra, cuja realização pressupõe a presença de vários trabalhadores concomitantemente; há, neste caso, uma série de contratos de trabalho individuais.

No contrato de grupo, o empregador pactua com o grupo em conjunto, e consigna com tal grupo o serviço ou a obra comum, de modo a estabelecer uma relação jurídica que vincula a todo o grupo(561), embora a formalização dos contratos de trabalho dê-se em separado, com cada integrante. A composição do grupo possui relevância para o trabalho

(557) ALONSO OLEA, Manuel. *Op. cit.*, p. 16.

(558) *Id. ibid.*, p. 15.

(559) *Id., loc. cit.*

(560) ALONSO OLEA, Manuel. *Op. cit.*, p. 41.

(561) *Id. ibid.*, p. 138-139.

a executar, sendo cada membro importante para a empreita, como na hipótese de uma orquestra. Nos contratos de trabalhos justapostos, a substituição de um trabalhador por outro não tem relevância; no contrato de grupo, essa substituição torna-se relativamente impraticável, como numa banda musical.

No contrato de grupo, não há a necessidade da nomeação de um representante do grupo. A contratação do grupo em conjunto dá-se por uma pluralidade de contratos individuais de trabalho, mas com a formação de um vínculo jurídico unitário e único entre o grupo de trabalhadores e o empregador[(562)].

No Brasil, em geral, são denominados contratos de equipe. Como elucida Délio Maranhão, *"o contrato de equipe resolve-se num feixe de contratos individuais"*[(563)]. Um exemplo típico do contrato de grupo ou do contrato de equipe — como é conhecido no direito brasileiro — é o da contratação de uma orquestra ou de um grupo musical por um empregador. Cada membro do grupo efetua um contrato com o empregador; mas a realização do trabalho pressupõe a presença de todo o grupo.

3.5. Contrato coletivo

Ainda impera no direito do trabalho brasileiro uma certa penumbra sobre a figura do contrato coletivo de trabalho. Embora comumente utilizada como sinônimo de acordos e convenções coletivas de trabalho, a expressão contrato coletivo, em nosso ordenamento jurídico, é empregada para qualificar um outro tipo de norma coletiva; um *tertium genus* normativo.

A CLT utiliza essa expressão em várias de suas disposições, porém, não como uma figura autônoma, mas como sinônimo de acordo ou convenção coletiva. Essa identificação entre esses convênios coletivos é típica de países que não desenvolveram a negociação coletiva em esferas mais amplas, como as negociações articuladas italianas.

Em Portugal, António Menezes Cordeiro emprega a expressão convenção coletiva como gênero do qual são espécies o contrato coletivo, o acordo coletivo e os acordos de empresa[(564)].

A antiga redação do art. 611 da CLT empregava a expressão contrato coletivo, tendo sido alterada para convenção coletiva de trabalho pelo Decreto n. 21.761/32, que forneceu nova redação a esse dispositivo legal. Com esse mesmo significado, a expressão contrato coletivo havia sido inserida no art. 137 da Constituição Federal de 1937[(565)].

---

(562) ALONSO OLEA, Manuel. *Op. cit.*, p. 40-41.

(563) MARANHÃO, Délio. *Op. cit.*, p. 166.

(564) CORDEIRO, António Menezes. *Op. cit.*, p. 174.

(565) Constituição Federal de 1937: *"Art. 137. A legislação do trabalho observará, além de outros, os seguintes preceitos:*

a) os contratos coletivos de trabalho concluídos pelas associações, legalmente reconhecidas, de empregadores, trabalhadores, artistas e especialistas, serão aplicados a todos os empregados, trabalhadores, artistas e especialistas que elas representam;

Somente com o advento da Lei n. 8.542, de 23.12.1992, que dispôs sobre política salarial, o contrato coletivo de trabalho foi legalmente concebido como um instituto normativo autônomo, ao lado do acordo e da convenção coletiva de trabalho[566]. Esta norma fora revogada pela Lei n. 10.192/2001.

A previsão do contrato coletivo, entretanto, tinha se limitado à menção do seu nome, sendo que nada mais especificou o legislador em relação a essa figura, deixando em aberto seu conteúdo, seus níveis de atuação, sua abrangência e a legitimação para a sua celebração. A antiga Lei n. 8.630/1993, Lei dos Portuários (derrogada pela Lei n. 12.815/2013), previa a figura do contrato coletivo de trabalho em alguns dos seus dispositivos (arts. 19, 28, 49 e 57).

Surgiram diversas teorias a respeito da conceituação jurídica do contrato coletivo de trabalho, destacando-se três importantes interpretações, a limitativa, a ampliativa e a reformista[567].

Para a teoria limitativa, o contrato coletivo equivaleria aos acordos e convenções coletivas de trabalho com uma denominação apenas diferente, não constituindo um novo nível de negociação. Esta corrente, à época, desprezou que a Lei n. 8.542/1992 empregara uma nova designação, ao lado das já existentes acordo e convenção coletiva, de forma a indicar um novo instituto, isto é, uma nova espécie de norma coletiva.

A tese ampliativa considera que o contrato coletivo de trabalho constitui um novo nível de negociação e de legitimação para negociar, constituindo um nível mais amplo de negociação do que os acordos e convenções coletivas, uma vez que teria abrangência de mais de um setor econômico ou profissional.

Para os reformistas, representados por algumas correntes sindicais, a introdução do contrato coletivo pela nova lei representou uma superação do corporativismo e a

---

b) os contratos coletivos de trabalho deverão estipular obrigatoriamente a sua duração, a importância e as modalidades do salário, a disciplina interior e o horário de trabalho"; (...)

(566) Lei n. 8.542/92: *"Art. 1º A política nacional de salários, respeitado o princípio da irredutibilidade, tem por fundamento a livre negociação coletiva e reger-se-á pelas normas estabelecidas nesta lei. § 1º As cláusulas dos acordos, convenções ou contratos coletivos de trabalho integram os contratos individuais de trabalho e somente poderão ser reduzidas ou suprimidas por posterior acordo, convenção ou contrato coletivo de trabalho. § 2º As condições de trabalho, bem como as cláusulas salariais, inclusive os aumentos reais, ganhos de produtividade do trabalho e pisos salariais proporcionais à extensão e à complexidade do trabalho, serão fixados em contrato, convenção ou acordo coletivo de trabalho, laudo arbitral ou sentença normativa, observadas, dentre outros fatores, a produtividade e a lucratividade do setor ou da empresa".* Ambos os artigos foram revogados pela Medida Provisória 1.675-42, de 25.9.1998, constantemente reeditada. A Lei n. 8.419/1992, embora não empregasse integralmente a expressão "contrato coletivo", sobre ele já dispunha ao prescrever, em seu art. 1º, que *"As condições de trabalho, bem como as cláusulas salariais, inclusive os aumentos reais, ganhos de produtividade do trabalho e pisos salariais proporcionais à extensão e à complexidade do trabalho, serão fixados em contrato, convenção ou acordo coletivo de trabalho, laudo arbitral ou sentença normativa, observadas, dentre outros fatores, a produtividade e a lucratividade do setor ou da empresa".*

(567) NASCIMENTO, Amauri Mascaro. *Compêndio de direito sindical*. São Paulo: LTr, 2000. p. 348-349.

consequente valorização da autonomia privada coletiva, constituindo um motivo para a rediscussão e a reelaboração dos conceitos e dos institutos tradicionais do direito coletivo e a construção de novas bases para o modelo de relações de trabalho no Brasil.

Embora o contrato coletivo não tenha se firmado no ordenamento jurídico brasileiro[(568)], ele se encontra sedimentado em muitas experiências jurídicas de outros países, principalmente daqueles cujos ordenamentos consagram a pluralidade sindical e operam com o conceito de representatividade sindical, em vez da noção de representação. As leis destes países, como França e Espanha, preveem a possibilidade de celebração de contratos coletivos com efeitos *erga omnes* por entidades sindicais com capacidade de atuação em âmbito nacional, interprofissional ou intersetorial[(569)].

Octavio Bueno Magano conceitua o contrato coletivo como o instrumento normativo *"pelo qual as entidades sindicais representativas de uma ou mais categorias, ou de um ou mais ramos de atividades econômicas, estipulam normas salariais e condições de trabalho, a serem aplicadas, no âmbito das respectivas representações, às relações de trabalho"*[(570)].

Como esclarece em outro trabalho, a ideia subjacente a projetos que versam sobre a adoção do contrato coletivo no Brasil traz, sob essa nomenclatura, a concepção da prática do ajuste coletivo de âmbito nacional, estabelecido como parâmetro paras as negociações de níveis inferiores, como os acordos e as convenções coletivas[(571)].

O contrato coletivo, assim, constitui um *tertium genus*, com o qual se objetivaria a contratação coletiva com o envolvimento de diversos segmentos das atividades econômicas e profissionais[(572)]. Por esse motivo, os pactos coletivos não possuem espaço para se desenvolver na atual estrutura sindical brasileira, uma vez que uma das ideias relevantes em seu derredor é a fixação de normas mais abrangentes do que as dirigidas e limitadas ao universo de uma categoria específica, critério de agregação profissional sobre o qual se assenta a estrutura sindical brasileira[(573)].

A prática do contrato coletivo foi adotada em países que seguiram o sistema das denominadas contratações articuladas, como a Itália do pós-guerra, nas quais são estipuladas condições em nível nacional, por ramo ou atividade, ou mesmo intercategorial,

---

(568) O contrato coletivo de trabalho no Brasil continua um corpo sem rosto, como havia enunciado Amauri Mascaro Nascimento. Na prática, as entidades sindicais, não adotam o contrato coletivo intercategorial ou intersetorial para as negociações de nível nacional; elas costumam efetuar convenções coletivas de âmbito nacional, com a assinatura de todas as entidades sindicais representantes, a fim de conferir-lhes aplicação nas respectivas áreas atingidas por sua base territorial.

(569) SILVA, Walküre Lopes Ribeiro da. "Abrangência dos contratos coletivos do trabalho. In: *A transição do direito do trabalho no Brasil:* estudos em homenagem a Eduardo Gabriel Saad. São Paulo: LTr, 1999. p. 139.

(570) MAGANO, Octavio Bueno. *Política do trabalho*. São Paulo: LTr, 2001. v. 5, p. 117.

(571) *Id. ibid.*, p. 68.

(572) *Id. ibid.*, p. 78.

(573) DELGADO, Mauricio Godinho. *Op. cit.*, p. 149.

com o reenvio para os níveis mais baixos, primeiro para os das categorias, depois para os das empresas, da aplicação e do desenvolvimento das mesmas regras(574).

3.6. *Pacto social*

3.6.1. Conceito e classificação

Os pactos sociais ou acordos-macros não se confundem com os convênios coletivos de trabalho. Estes têm como objetivo primordial a estipulação de regras e condições de trabalho para reger as relações individuais de trabalho; os pactos sociais, por sua vez, destinam-se ao estabelecimento de diretrizes a serem observadas na celebração de futuras convenções coletivas e nas suas tratativas em torno da fixação das condições de trabalho(575).

Os pactos sociais fundamentam-se na concepção de colaboração entre os atores sociais e o Estado, para a elaboração conjunta de plano de política econômica e social(576), de forma a traçar bases e diretrizes gerais de observância pelos grupos sociais na sua política de atuação e na elaboração de normas coletivas.

Os pactos sociais são típicos instrumentos de democracia participativa e pluralista; consistem em mecanismos de democratização da gestão da coisa pública e da ordenação da vida social, política e econômica. Sua presença é maior nos países com avançado sistema de diálogo social, onde atuam como elementos legitimantes de planificações e decisões tomadas em períodos de crise.

Por meio dos pactos sociais, é fixada uma série de condutas que deverá ser observada pelas organizações empresariais e sindicais em futura negociação coletiva, e pelo governo na elaboração da sua política econômica e social(577).

São acordos que contêm matéria de maior amplitude que os tradicionais convênios coletivos de trabalho. Na Espanha e na Itália, *v. g.*, seu escopo principal foi o combate à inflação e ao desemprego, com a inclusão de medidas das mais variadas, como as de caráter tributário, de natureza previdenciária, matérias relacionadas com o custo do trabalho, o combate ao absenteísmo e o incentivo à negociação coletiva(578).

Destacam-se, ainda, temas relacionados a salários, controle de preços, política de receitas em geral, sendo que, por detrás desse núcleo de matérias, há um segundo plano de temas referentes à sindicalização, à negociação coletiva e à participação, por causa da

---

(574) MAGANO, Octavio Bueno. *Política do trabalho*. São Paulo: LTr, 1995. v. 2, p. 73.

(575) *Id. Manual de direito do trabalho...*, v. 3. p. 160.

(576) NASCIMENTO, Amauri Mascaro. *Compêndio de direito sindical...*, p. 276.

(577) MORENO VIDA, Maria Nieves. La natureza jurídica de los pactos sociales. In: OJEDA AVILÉS, Antonio (Coord.). *La concertación social tras la crisis*. Barcelona: Ariel Derecho, 1990. p. 76.

(578) MAGANO, Octavio Bueno. *Manual de direito do trabalho...*, v. 3. p. 161.

necessidade de contar-se com o apoio do movimento sindical para a regulamentação do primeiro grupo de temas e para a implementação de suas disposições[(579)].

Esses instrumentos podem se aperfeiçoar com ou sem a participação do Estado. No primeiro caso, geralmente, versam sobre a adoção de política econômica e social de ampla dimensão; no segundo, isto é, somente com a participação das entidades sindicais mais representativas, incidem basicamente sobre o campo das convenções coletivas de trabalho e das relações de trabalho[(580)].

Para Maria Nieves Moreno Vida, em linhas gerais, *"o acordo ou pacto social constitui o resultado de um processo de negociação trilateral — ou decisão conjunta — entre o Estado e as organizações de interesses socioeconômicos; concretamente entre o Estado, as organizações sindicais e as associações empresariais"*[(581)].

Antônio Rodrigues de Freitas Júnior denomina pacto social *"o negócio jurídico resultante de entendimentos de caráter político e/ou social, substantivos e/ou procedimentais, que tenham por propósito o estabelecimento de regras genéricas para políticas públicas e para o comportamento dos atores sociais, na conformidade com os interesses por estes veiculados por intermédio de órgãos públicos, de partidos políticos, ou de quaisquer entes capazes de expressar interesses sociais relevantes"*[(582)].

Octavio Bueno Magano os enquadra na categoria dos negócios jurídicos, elucidando que se trata de manifestação da autonomia coletiva[(583)]. Como fruto da autonomia, os pactos sociais também se inserem como fontes do Direito do Trabalho e contribuem para a revelação do seu pluralismo jurídico[(584)].

Os pactos sociais podem ser classificados em pactos sociais de caráter político e pactos sociais em sentido próprio. Eles se diferenciam pelos prismas subjetivo e objetivo. Pelo critério subjetivo, isto é, do ponto de vista dos sujeitos que os celebram, os pactos políticos são estipulados por agremiações partidárias, ao passo que os pactos sociais em sentido próprio têm como estipulantes sindicatos e empresários, com ou sem a participação do Estado. Pelo prisma objetivo, isto é, pelo seu conteúdo, os pactos políticos versam principalmente sobre regras referentes ao sistema político (forma de governo, regime

---

(579) ERMIDA URIARTE, Oscar. Introdución al estudio de la concertación social. In: ______ *et al. La concertación social:* estudios en homenaje al profesor Américo Plá Rodriguez. Montevideo: Amalio, Fernandez, 1985. p. 35. Essa amplitude dos pactos sociais levanta críticas a respeito da legitimidade das entidades representativas de interesses particularizados para dispor sobre matérias e questões que se refletem para muito além das suas bases, interferindo mesmo na vida dos cidadãos, de um modo geral, e dos diversos setores sociais, contrapondo-se, assim, segundo alguns entendimentos, ao poder legislativo dos parlamentos.

(580) MAGANO, Octavio Bueno. *Manual de direito do trabalho...*, v. 3. p. 161.

(581) MORENO VIDA, Maria Nieves. *Op. cit.*, p. 75.

(582) FREITAS JÚNIOR, Antônio Rodrigues de. *Conteúdo dos pactos sociais*. São Paulo: LTr, 1993. p. 24.

(583) MAGANO, Octavio Bueno. *Manual de direito do trabalho...*, v. 3. p. 162.

(584) MARTINS, Sergio Pinto. *Op. cit.*, p. 111.

político, organização partidária, sistema eleitoral, liberdades públicas etc.), ao passo que os pactos sociais abrangem matérias de ordem socioeconômica (regime previdenciário, política salarial, política de emprego, política industrial ou fiscal etc.)[(585)].

Os pactos sociais em sentido próprio, por sua vez, podem ser divididos por critérios objetivo e subjetivo.

Pelo prisma objetivo, os pactos sociais em sentido próprio podem ser classificados em: a) pactos sociais substantivos, que versam sobre temas de direito material, como metas de políticas fiscal, industrial, monetária, salários ou previdência social; b) pactos sociais instrumentais ou procedimentais, pois traçam as regras destinadas à regulação do comportamento dos atores sociais na promoção de seus interesses, como diretrizes sobre direito de greve, procedimento da negociação coletiva, funcionamento de organismos internos de representação sindical ou pessoal nas empresas[(586)].

No aspecto subjetivo, os pactos sociais em sentido próprio podem ser divididos em: a) pactos sociais intersindicais, por envolverem somente centrais sindicais ou confederações sindicais de empregadores e trabalhadores; b) pactos sociais tripartites, caracterizados pela presença de um terceiro sujeito que se adiciona aos representantes dos trabalhadores e dos empregadores, geralmente representado pelo Estado[(587)].

3.6.2. Natureza jurídica dos pactos sociais

Em relação à natureza jurídica dos pactos sociais, há diversas teses a esse respeito.

Antônio Rodrigues de Freitas Junior os concebe como verdadeiros *pactum de contrahendo* ou contrato preliminar, também chamado de pré-contrato: denominações que, segundo o autor, identificam os contratos que têm como objetivo o alcance de um contrato definitivo. Parte o autor da consideração de que os pactos sociais têm como finalidade *"compromissar os pactuantes para que convirjam na direção de alcançar contratos futuros"*, sendo estes representados pelas convenções coletivas de trabalho[(588)].

O contrato, preliminar ou *pactum de contrahendo*, entretanto, consiste numa convenção cujo objeto é a realização de um contrato definitivo, isto é, a conclusão de um negócio futuro; sua principal função é possibilitar às partes o adiamento da celebração de um contrato, sem o risco de perdê-lo. Ele contém apenas uma obrigação de fazer: a celebração do contrato definitivo. O não cumprimento acarreta a supressão da vontade pela declaração judicial ou a conversão em perdas e danos[(589)].

(585) FREITAS JÚNIOR, Antônio Rodrigues de. *Op. cit.*, p. 22-25.

(586) FREITAS JÚNIOR, Antônio Rodrigues de. *Op. cit.*, p. 45.

(587) *Id. ibid.*, p. 45-46.

(588) *Id. ibid.*, p. 29-34.

(589) RODRIGUES, Silvio. *Op. cit.*, p. 37-40. Nesse sentido, dispõe o art. 639 do Código de Processo Civil: *"Se aquele que se comprometeu a concluir um contrato não cumprir a obrigação, a outra parte, sendo isso possível e*

Os pactos sociais não podem ser equiparados aos contratos preliminares, posto que eles não têm por objeto a obrigação de elaboração de convênios coletivos pelas partes pactuantes, como acontece com as partes que firmam um contrato preliminar, a quais se obrigam à celebração do contrato definitivo.

Nos contratos preliminares e nos contratos definitivos, obrigatoriamente, figuram as mesmas partes, ao passo que nos pactos sociais e nos convênios coletivos não há, necessariamente, coincidência de partes; ao contrário, os pactos sociais geralmente são firmados por organizações sindicais ou associações de grau superior, com a presença do Estado, enquanto nos convênios coletivos figuram apenas as associações sindicais de base e, somente excepcionalmente, aquelas associações superiores.

Diante da não identificação de partes, não é possível a fixação de pacto social em que se estipule a obrigatoriedade de celebração de convênios coletivos por outras entidades diversas das estipulantes. O pacto social pode versar sobre o conteúdo das futuras negociações coletivas, não podendo obrigar que as demais entidades sindicais elaborem as respectivas normas coletivas. Não há obrigatoriedade de elaboração, mas, uma vez que as entidades sindicais decidem por ela, deverão observar as diretrizes do pacto social vigente.

Por fim, os contratos preliminares são acompanhados da previsão de sanção em caso do seu descumprimento, ao passo que os pactos sociais, nos dizeres de Sergio Pinto Martins, não são dotados de coação, por representarem apenas um compromisso entre as partes envolvidas, um ajuste de vontade sem a previsão de sanção para o caso de descumprimento das suas regras[(590)]. Os pactos são fonte de disposições normativas e de contratos coletivos, mas não são vinculadores e, geralmente, não possuem meios coativos de exigibilidade do seu cumprimento.

Do mesmo modo que se dá com os convênios coletivos, os pactos sociais não se enquadram em nenhum dos institutos clássicos do direito civil. Como acentuam Maria Manuel Leitão Marques e Antônio Casimiro Ferreira, os pactos não podem ter a sua natureza remetida para o direito privado ou para o direito administrativo, e nem tornados equivalentes a qualquer outro negócio jurídico, pois são pactos com natureza política, cujo cumprimento depende do prestígio dos atores sociais envolvidos e da sua capacidade para traduzi-lo em disposições normativas com caráter vinculativo[(591)].

---

não excluído pelo título, poderá obter uma sentença que produza o mesmo efeito do contrato a ser firmado." Por sua vez, o art. 641 do CPC reza que: *"Condenado o devedor a emitir declaração de vontade, a sentença, uma vez transitada em julgado, produzirá todos os efeitos da declaração não emitida".*

(590) MARTINS, Sergio Pinto. *Op. cit.,* p. 111.

(591) MARQUES, Maria Manuel Leitão; FERREIRA, Antônio Casimiro. A concertação económica e social: a construção do diálogo social em Portugal. *Revista Crítica de Ciências Sociais*, Coimbra, p. 18, mar. 1991.

É por isso que Octavio Bueno Magano os insere na categoria dos negócios jurídicos atípicos(592). Porém, em trabalho posterior, o próprio Magano assinala que a sua natureza jurídica era uma incógnita, razão pela qual ele se olvidaria de trazê-la à tona(593).

Já Maria Nieves Moreno Vida prefere referir-se ao pacto social como *"uma expressão formalizada da concertação social"*, esclarecendo que ele não se parece com nenhum instrumento específico, possuindo natureza própria. Para a autora, o mais adequado é a qualificação de pacto político-social, por entender que a única eficácia que ele possui é a política, pois está desprovido de valor jurídico, de modo a figurar como um "pacto entre cavalheiros", uma vez que repousa na força social e política dos pactuantes e na coação social e política que eles produzem. Os pactos teriam somente uma transcendência jurídica, pois operam de forma indireta por meio de outros instrumentos normativos(594).

3.6.3. Pactos sociais e convenções coletivas

Os pactos sociais diferem-se das convenções coletivas por diversos aspectos: a) os pactos sociais, geralmente, são tripartites, com a presença do Estado, ao passo que as convenções coletivas são bilaterais; b) o conteúdo dos pactos sociais envolve qualquer matéria relacionada com a política de governo (tributária, fiscal, previdenciária, trabalhista — como salários e política de emprego — etc.), sendo mais amplo que o das convenções coletivas, que abrange matérias de interesse dos trabalhadores e dos empregadores; c) os entes legitimados para a celebração de convenções coletivas são previamente definidos em lei, não havendo tal previsão para os pactos sociais, cujas partes que o comporão dependerão da matéria que é objeto, do seu conteúdo, da sua amplitude territorial e dos fatores históricos, políticos, sociais e econômicos do momento de sua celebração; d) as convenções coletivas são dotadas de sanções para o seu descumprimento, já os pactos sociais não possuem eficácia jurídica imediata sobre os seus estipulantes; e) as convenções coletivas, em regra, possuem abrangência territorial menor que a dos pactos sociais, que geralmente são celebrados em esfera nacional.

Oscar Ermida Uriarte acrescenta ainda as seguintes distinções: a) os convênios coletivos possuem incorporação automática nos contratos de trabalho, ao passo que os pactos sociais ou acordos-macros não se incorporam nos convênios coletivos; b) o convênio coletivo pode ocorrer em diversos níveis — estabelecimento, empresa, setor de empresa, ramo de atividade, região, nação e, até, internacional —, sendo que os pactos sociais, geralmente, referem-se a um só nível(595).

---

(592) MAGANO, Octavio Bueno. *Manual de direito do trabalho...*, v. 3. p. 162.

(593) *Id. Politíca do trabalho*. São Paulo: LTr, 2001. v. 4, p. 183.

(594) MORENO VIDA, Maria Nieves. *Op. cit.*, p. 75-81.

(595) ERMIDA URIARTE, Oscar. *Op. cit.*, p. 40. Esta característica das convenções coletivas torna-se cada vez mais irrelevante para a sua diferenciação dos pactos sociais, tendo em vista que, como estes são produtos da concertação social, seu nível de abrangência dependerá da dimensão desta. A doutrina, em geral, já admite

3.6.4. Pactos sociais e contratos coletivos

Os pactos sociais não se confundem com os contratos coletivos de trabalho. Os pactos sociais não versam sobre a estipulação de condições de trabalho, mas traçam diretrizes a serem observadas na celebração de convenções e acordos coletivos; os contratos coletivos, assim como os acordos e convenções coletivas, têm como objeto a fixação de regras e condições de trabalho, com fulcro a reger as relações de trabalho individuais.

Os pactos sociais, em regra, são tripartites, sendo que os contratos coletivos, embora, geralmente, de âmbito nacional, são bipartites, com envolvimento apenas das entidades representativas dos empregadores e dos trabalhadores. Os contratos coletivos possuem eficácia jurídica imediata, diferentemente dos pactos sociais, que possuem eficácia político-social.

3.7. Negociação coletiva

Embora constituam institutos jurídicos correlatos, negociação coletiva e convenção coletiva de trabalho possuem naturezas totalmente distintas. Negociação coletiva é procedimento; convenção coletiva é um contrato normativo pelo qual se estipula condições de trabalho. A negociação coletiva está para a convenção coletiva como a fase de puntuação (tratativas) está para os negócios jurídicos individuais em geral.

A Convenção n. 154 da Organização Internacional do Trabalho (de 1981) define negociação coletiva como *"todas as negociações que têm lugar entre um empregador, um grupo de empregadores ou uma organização ou várias organizações de empregadores, por uma parte, e uma ou várias organizações de trabalhadores, por outra, com o fim de: a) fixar as condições de trabalho e emprego, ou b) regular as relações entre empregadores e trabalhadores, ou c) regular as relações entre empregadores ou suas organizações e uma organização ou várias organizações de trabalhadores, ou lograr todos esses fins de uma vez"* (art. 2º).

Oscar Ermida Uriarte distingue dois significados para o termo negociação coletiva, um amplo e um restrito(596). Em sentido amplo, a negociação coletiva representa todo processo de composição de interesses, o que inclui qualquer espécie de discussão tripartite sobre problemas trabalhistas que, direta ou indiretamente, afetem uma categoria de trabalhadores. Nesse conceito, incluem-se o procedimento de concertação social e os seus produtos (acordos-macros e pactos sociais), além de algumas outras formas

---

a existência de diversos níveis de concertação social, elaborando os conceitos de macroconcertação, média concertação [(*mezzoconcertazione* (Itália), *mesoconcertação* (Portugal)] — nível regional —, e microconcertação (nível empresarial ou setorial). Marino Regini assinala, inclusive, que o tipo de concertação exercido na Itália e na Espanha, no final dos anos setenta e nos primeiros anos oitenta, isto é, uma concertação em nível macro ou médio nacional, se encontra em declínio em todas as partes (REGINI, Marino. El declinar del intercambio político centralizado y la emergencia de formas nuevas de concertación. In: OJEDA AVILÉS, Antonio (Coord.). *Op. cit.*, p. 15).

(596) ERMIDA URIARTE, Oscar. *Op. cit.*, p. 38-39.

de negociação política, cooperação tripartite e a negociação coletiva propriamente dita. Pelo conceito restrito, a negociação coletiva abrange somente as formas de relações e discussões bipartites entre empregadores individuais ou representantes de organizações patronais e representantes de sindicatos profissionais, com o objetivo de conclusão de acordos formais.

A negociação coletiva pode ser direta ou indireta. Será direta quando promovida pelos próprios interessados, sem a intervenção de um terceiro. Será indireta na hipótese de os interessados serem conduzidos no processo de negociação por um terceiro sujeito, como nos casos de mediação e arbitragem(597).

3.8. Concertação social

3.8.1. Conceito e denominação

Nas disciplinas sociais, o termo "concertação" designa a convergência de vontades e atitudes com vistas à determinação ou à resolução de certos assuntos por meio da conciliação e da composição de pontos de vista e interesses distintos ou, às vezes, contraditórios(598).

Na sua acepção sociolaboral, o vocábulo "concertação" é empregado como derivado do verbo concertar que, entre outros significados, designa compor, ajustar, harmonizar, conciliar, decidir por concerto, pactuar, ajustar, combinar, concordar, anuir(599).

Também são utilizados os termos neocorporativismo, acordos sociais, macro-acordos, neocontratualismo, pluralismo organizado ou pactos sociais para nomear o mecanismo da concertação social, conforme seja acentuado um ou outro aspecto desse mesmo fenômeno(600).

No Direito do Trabalho, o termo concertação social é comumente utilizado para apontar uma política de acordo social implementada por governo, trabalhadores e empregadores que, por meio de seus representantes, pactuam sobre situações e matérias de interesse social e econômico.

---

(597) MAGANO, Octavio Bueno. *Politica do trabalho...*, v. 4, p. 112-113. No original, Octavio Bueno Magano define a negociação indireta como aquela praticada na presença de um mediador. Seu conceito foi inspirado no art. 11 da Medida Provisória 1.171/1995, que dispôs, *in verbis*: *"Frustrada a negociação entre as partes, promovida diretamente ou através de mediador, poderá ser ajuizada ação de dissídio coletivo."* Aqui, acrescentamos a arbitragem, como forma de negociação indireta, em face da solução ser dada por um terceiro que se coloca *super partes*. Sob a ótica do autor, o que difere a negociação direta da indireta é a presença de um terceiro no processo, independentemente de ele colocar-se *inter partes* ou *supra partes*.

(598) MORGADO VELENZUELA, Emilio. Algunas consideraciones sobre la concertación social, en confrontación o compromiso en las relaciones de trabajo en los años 80. II Encuentro Iberoamericano sobre relaciones de trabajo, Madri, s/f., p. 91, *apud* ERMIDA URIARTE, Oscar. *Op. cit.*, p. 20.

(599) FERREIRA, Aurélio Buarque de Holanda. *Op. cit.*, p. 519.

(600) ERMIDA URIARTE, Oscar. *Op. cit.*, p. 24-27.

Oscar Ermida Uriarte a define como *"a participação do setor sindical, do setor empresarial e do Estado, na planificação ou adoção de decisões que recaem sobre diferentes âmbitos, mas, especialmente, no econômico e social"*(601).

Para o mestre uruguaio, a concertação social pode ser compreendida como uma nova forma de negociação coletiva ou de autonomia setorial, pois se deve considerar que a negociação coletiva constitui um processo flexível, capaz de adaptação às mais diversas situações econômicas, o que lhe permitiu gerar uma nova manifestação: tripartida e com conteúdo maior que a mera regulamentação de trabalho e questões estritamente relativas à relação de emprego(602).

Pela perspectiva do Estado, a concertação social pode ser concebida como uma possibilidade de avanço sobre a negociação coletiva e a autonomia setorial; pela ótica das partes sociais, a concertação social é vista como uma trilaterização das relações, que possibilita a incorporação ao Estado das negociações de cúpula. Consiste num *tertium genus* entre o intervencionismo estatal e a tendência neoliberal de propensão a um novo *laisser-faire* pluralista(603).

Além das razões práticas, o fundamento teórico da concertação social reside na concepção pluralista da sociedade, em que se reconhece a autonomia privada coletiva dos grupos intermediários, com interesses, direitos e fins próprios, pela qual os trabalhadores e empregadores, devidamente organizados, por meio de seus representantes, regulam suas relações(604). Nesse sentido, a concertação social, como meio de implementação e aplicação do direito, é vista como uma das formas de resposta à crise e à relativa ineficácia do direito estatal(605).

Sua adoção prática expandiu-se durante os períodos de crise econômica e social, como forma de fixar alguns limites de interesse público à ação de empregadores e trabalhadores, ou, como assinala *Oscar Ermida Uriarte*, sua motivação prática reside numa *"determinada necessidade político-econômica conjuntural"*(606).

---

(601) *Id.*, p. 21.

(602) ERMIDA URIARTE, Oscar. *Op. cit.*, p. 22.

(603) *Id. ibid.*, p. 23.

(604) *Id. ibid.*, p. 27.

(605) MARQUES, Maria Manuel Leitão; FERREIRA, Antônio Casimiro. *Op. cit.*, p. 19. Interessante fixar que a concertação social, geralmente, envolve um conteúdo de matérias bastante amplo, abrangendo e valorando interesses mais externos que aqueles, estrita e comumente, representados pelas organizações sociais concertantes. Um exemplo elucidador é representado pela concertação em torno de matéria fiscal, que pode afetar não somente as pessoas vinculadas às organizações sociais concertantes, como os trabalhadores representados pelos sindicatos ou as empresas cuja entidade representante esteja participando das tratativas, mas realmente abrange diversas classes de cidadãos. (GIUGNI, Gino. Gobierno privado y parlamentarismo. In: OJEDA AVILÉS, Antonio (Coord.). *Op. cit.*, p. 12).

(606) ERMIDA URIARTE, Oscar. *Op. cit.*, p. 29.

Essa foi a razão da sua adoção na Itália, no início da década de 80, com o advento da recessão econômica naquele país e do excesso de conflitualidade. Na Espanha, ela teve aplicação durante a transição do franquismo à democracia, em decorrência da crise econômica que vivia aquele país, dando origem aos Pactos de Moncloa (1977)(607) e ao Acordo Básico Interconfederativo (1979)(608).

A concertação social, como se nota, é concretizada pela elaboração de pactos sociais tripartites, comumente de âmbito nacional, que atuam como uma espécie de acordo sobre contratações futuras. Por ela, as organizações comprometem seus próprios poderes legislativos, de modo que ela atua como orientação legislativa, dispondo sobre o conteúdo de negociações futuras. Sua característica principal é a corresponsabilização dos interesses, organizados em derredor de objetivos comuns, e a capacidade de ceder mutuamente. Ela se estabelece a partir de uma zona onde podem ser sobrepostos os respectivos interesses dos atores sociais e na qual pode operar-se o consenso(609). É o que Phillippe Schmitter denomina de "afinidade eletiva" para designar a hipótese de compatibilidade estrutural entre intermediação de interesses e concertação(610).

A triangulação não é essencial à concertação. Admitem-se concertações com dois sujeitos sociais (como empregadores e trabalhadores), com a presença meramente enquadradora dos poderes públicos, que pode se resumir na criação de condições para o exercício da concertação pelos outros dois atores sociais. Há possibilidade também de concertação social bilateral, em que o Estado negocia separadamente com cada ator social(611).

3.8.2. Natureza jurídica

Como sói acontecer com os institutos do direito coletivo do trabalho, é particularmente difícil determinar a natureza jurídica da concertação social. Nessa hipótese, a situação é agravada pela falta de consenso doutrinário sobre o significado da própria expressão (concertação social), além de a sua identificação depender da contribuição de outras disciplinas, como a Sociologia, a Política e a Economia(612).

(607) Embora a primeira experiência espanhola tenha sido com os Pactos de Moncloa, que dispuseram sobre matéria política, social e econômica, na sua elaboração não houve a participação de entidades sindicais, mas somente de partidos políticos (MAGANO, Octavio Bueno. *Política do trabalho...*, v. 4. p. 179).

(608) O cenário peculiar ao desenvolvimento da concertação social não traz o significado de que ela somente subsiste em situações de crise; embora ela tenha sido considerada como uma das respostas às crises econômicas, mesmo depois desta última, existe um complexo de problemas em relação aos quais é primordial a formação de um consenso entre os diversos atores sociais, como política fiscal, cuja política exige um controle de salários e preços —, a revisão do Estado Social. GIUGNI, Gino. *Op. cit.*, p. 11.

(609) MARQUES, Maria Manuel Leitão; FERREIRA, Antônio Casimiro. *Op. cit.*, p. 13.

(610) SCHMITTER, Philippe, *apud id. ibid.*, p. 14.

(611) *Id. ibid.*, p. 15.

(612) GAROFALO, Mario G. Naturaleza jurídica de la concertación social. In: OJEDA AVILÉS, Antonio (Coord.). *Op. cit.*, p. 61.

A concertação social é um procedimento negocial com vistas à elaboração de um pacto social. Ela está para os pactos sociais como a negociação coletiva está para os acordos e convenções coletivas, ou como a fase de pontuação para os contratos individuais.

Trata-se, nos dizeres de Antônio Rodrigues de Freitas Júnior, de um procedimento negocial que *"visa à obtenção de um pacto social em sentido próprio"*, sendo que o fato de o pacto social não ser alcançado ou formalizado não a descaracteriza(613).

Os pactos sociais são, assim, o resultado de uma série de entendimentos e tratativas, os quais recebem o nome de concertação social. Consiste, assim, num procedimento ou método de negociação em um nível mais alto do que o comumente verificado na negociação coletiva, pois, como vimos alhures, os pactos sociais têm finalidade mais ampla que os acordos e convenções coletivas, sendo predominantemente programáticos ou organizacionais. A concertação social constitui o procedimento do qual os pactos sociais são o instrumento(614).

3.8.3. Classificação

A concertação social não se apresenta de maneira homogênea e invariável em todos os países em que é praticada; ela assume variados tipos, formas e modelos, e seu conteúdo é determinado pelas circunstâncias sociais e econômicas conjunturais de cada nação. Mesmo dentro de um mesmo país, sua forma e seu conteúdo podem variar conforme o cenário político e social e a coalizão de forças nela envolvidas.

Apesar da heterogeneidade de considerações sobre a concertação social nos países desenvolvidos, Anuar Francés e Juan Francisco Dieste assinalam que há um denominador comum a todas elas, qual seja, a adoção de estratégias de curto e médio prazos, que são sujeitas a correções periódicas diante de novas situações e dos resultados obtidos(615).

Oscar Ermida Uriarte adota a seguinte classificação para os modelos de concertação social: a) modelos débeis e fortes; b) modelos formais e informais; c) modelos bipartites ou tripartites(616).

---

(613) FREITAS JÚNIOR, Antônio Rodrigues de. *Op. cit.*, p. 25. Nesse sentido, Maria Manuel Leitão Marques e Antônio Casimiro Ferreira elucidam que a concertação se distingue da negociação coletiva, informando que *"Em certa medida a concertação usa em simultâneo métodos de diálogo social e consulta e de negociação coletiva, mas não se identifica com qualquer destas práticas. A via da concertação social não surge apenas como a via para a consolidação de pactos ou contratos sociais. O fato de não surgirem acordos, não esgota as suas virtualidades: estas resultam do encontro regular e permanente dos corpos sociais envolvidos, com vista ao estabelecimento de meros diagnósticos, com base em informação rigorosa, e na procura de uma postura por parte dos intervenientes que recuse o radicalismo apriorístico como forma de satisfazer interesses sociais conflitantes".* (MARQUES, Maria Manuel Leitão; FERREIRA, Antônio Casimiro. *Op. cit.*, p. 15).

(614) NASCIMENTO, Amauri Mascaro. *Compêndio de direito sindical...*, p. 198.

(615) FRANCES, Anuar; DIESTE, Juan Francisco. La concertación en la transición uruguaia. In: ERMIDA URIARTE, Oscar *et al.*. *Op. cit.*, p. 197.

(616) ERMIDA URIARTE, Oscar. *Op. cit.*, p. 32-33.

Um modelo forte ou débil recebe essa qualificação a partir da observação do seu grau de estabilidade, da constância em que é adotada a política de concertação social e do nível de centralização das organizações sociais. O regime austríaco, por exemplo, por possuir poucas organizações, mas bastante centralizadas, e por adotar um regime de concertação permanente, constitui exemplo de modelo forte. Já os modelos latino-americanos se apresentam como fracos, em virtude da falta de tradição no exercício da concertação social e de eles possuírem um maior grau de conflitualidade e de diversidade sindicais.

Independentemente da política de concertação social adotada, uma das principais condições para que ela possa frutificar é a existência de forte representatividade das partes sociais, o que requer que sejam poucas, fortes e representativas. Outros dois requisitos são necessários: o consenso e a vontade da partes em relação à conveniência ou à necessidade da concertação social, e a eficácia e a estabilidade do governo(617).

Por modelo formal devem ser compreendidas aquelas concertações sociais que se realizam com a elaboração de acordos formalmente elaborados, como o Acordo Básico Interconfederativo, de 1979, na Espanha, ou com a sequência de trâmites predeterminados. Os modelos informais prescindem de acordos formais ou de trâmites preestabelecidos.

Embora a concertação social seja essencialmente tripartite, os acordos que lhe seguem podem ser tripartites (com a presença do Estado, trabalhadores e empresários) ou bipartites (somente com trabalhadores e empresários). Deve-se assinalar a possibilidade de concertação social quadripartite, quando também presentes partidos políticos.

Para o exercício da concertação social, os atores sociais podem se valer de órgãos especialmente criados para o seu desenvolvimento, geralmente de integração tripartite. Esses órgãos podem ser previstos por uma fonte convencional (pacto social ou algo similar), ou por uma norma legal ou regulamentadora(618). Como exemplos, temos o Conselho Nacional da Economia e do Trabalho, na Itália(619), o antigo Conselho Permanente da Concertação Social, em Portugal, posteriormente substituído pelo Conselho Econômico e Social, criado pela segunda revisão constitucional de 1989(620).

3.9. Convenção coletiva de consumo

3.9.1. Conceito e conteúdo

A concepção da convenção coletiva de consumo originou-se a partir das experiências normativas e coletivas do Direito do Trabalho. Desse modo, não há uma diferença

(617) ERMIDA URIARTE, Oscar. *Op. cit.*, p. 37.

(618) *Id. ibid.*, p. 40.

(619) GIUGNI, Gino. *Op. cit.*, p. 12.

(620) MARQUES, Maria Manuel Leitão; FERREIRA, Antônio Casimiro. *Op. cit.*, p. 32. Conforme o Decreto-lei n. 74/1984, de 2 de março de 1984, o CPCS era composto por 6 membros do governo; 6 representantes das confederações patronais (CAP-2; CIP; 2 e CCP-2); 6 representantes das confederações sindicais (UGT-3; CGTP-3).

substancial quanto à natureza jurídica da convenção coletiva de consumo e da convenção coletiva de trabalho, posto que ambas constituem produto da autonomia privada coletiva dos particulares, constituindo acordos coletivos com caráter normativo.

A convenção coletiva de consumo é prevista no art. 107, do Código de Defesa do Consumidor (Lei n. 8.078/1990), que permite às entidades civis de consumidores e às associações de fornecedores ou aos sindicatos da categoria econômica a regulamentação das relações de consumo por meio de convenção escrita nas quais sejam estabelecidas as condições referentes ao preço, à qualidade, à quantidade, à garantia e às características dos produtos e serviços, além da possibilidade do estabelecimento de disposições sobre reclamação e composição dos conflitos decorrentes das relações de consumo.

Vicente de Paula Maciel Júnior define a convenção coletiva de consumo como "*o acordo de caráter coletivo firmado entre entidades civis de consumidores de um lado e associações de fornecedores ou sindicatos de categoria econômica, de outro, tendo por objeto o estabelecimento de condições* referentes às relações de consumo, que adquire caráter obrigatório para os filiados às entidades signatárias a partir de seu registro em cartório de títulos e documentos"[(621)].

Para Daniel Roberto Fink, a "*Convenção coletiva de consumo é um meio de solução de conflitos coletivos em que fornecedores e consumidores, por intermédio de suas entidades representativas, estabelecem condições para certos elementos da relação de consumo, de modo a atuarem nos contratos individuais*"[(622)].

3.9.2. Convenção coletiva de consumo e convenções coletivas

Embora sejam produtos da autonomia privada coletiva, a convenção coletiva de consumo se diferencia da convenção coletiva de trabalho em diversos aspectos: a) quanto ao rol de sujeitos legitimados: a convenção coletiva de consumo apresenta maior número de sujeitos legitimados, pois pode ser celebrada por quaisquer entidades civis de consumidores e associação de fornecedores ou sindicatos de categoria econômica, ao passo que as convenções coletivas de trabalho são elaboradas por entidades sindicais ou sindicato profissional, e empregador ou um grupo de empregadores na hipótese dos acordos coletivos; b) com relação à abrangência subjetiva: a convenção coletiva de consumo tem força obrigatória somente em relação aos filiados das entidades signatárias (art. 107, § 2º, Lei n. 8.078/90), já a convenção coletiva de trabalho abrange filiados e não filiados aos sindicatos convenentes; c) quanto ao órgão competente para registro e ao *dies a quo* do prazo de vigência: a convenção coletiva de consumo se torna obrigatória a partir do registro do instrumento no cartório de títulos e documentos (art. 107, § 1º, Lei n. 8.078/90); a

(621) MACIEL JÚNIOR, Vicente de Paula. *Convenção coletiva de consumo*. Belo Horizonte: Del Rey, 1996. p. 130-131.

(622) FINK, Daniel Roberto. Convenção coletiva de consumo. In: GRINOVER, Ada Pellegrini *et al. Código de defesa do consumidor comentado pelos autores do anteprojeto*. Rio de Janeiro: Forense, 2001. p. 912.

convenção coletiva de trabalho entra em vigor 3 (três) dias após o seu depósito na Delegacia Regional do Trabalho (art. 614, CLT); d) quanto ao prazo de vigência: a convenção coletiva de trabalho não pode ser estipulada com prazo superior a 2 (dois) anos, não havendo previsão de prazo máximo para a convenção coletiva de consumo; e) em relação à competência judicial para apreciação das controvérsias: as controvérsias decorrentes da aplicação ou interpretação da convenção coletiva de consumo são de competência da Justiça Comum Estadual(623); os litígios envolvendo o conteúdo da convenção coletiva de trabalho são dirimidos pela Justiça do Trabalho (art. 114, CRFB/1988).

Quanto ao objeto desses instrumentos normativos, para aqueles que entendem taxativo o rol de matérias previsto no art. 107, *caput*, do Código de Defesa do Consumidor (CDC)(624), haveria mais um elemento de diferenciação, à medida que a convenção coletiva de trabalho não encontra limites legais prefixados quanto ao seu conteúdo, ao passo que a convenção coletiva de consumo encontraria limites na taxatividade de matérias do art. 107 do CDC.

3.10. Contrato-tipo

No estudo das convenções coletivas de trabalho, costuma-se mencionar o contrato-tipo que, para uns, seria uma espécie de contrato-normativo semelhante às convenções coletivas de trabalho e, para outros, corresponderia a uma figura totalmente distinta destas.

De um modo geral não há um entendimento doutrinário uniforme sobre a sua configuração, os seus elementos essenciais, o seu conteúdo e suas demais características delineativos do contrato-tipo, havendo uma grande diversidade de posições e definições doutrinárias sobre esse instituto que, na sua maior parte, não traz posições claramente definidas ao estudioso do direito. Muitas definições não possuem qualquer cientificidade ou utilidade, sendo que a maior parte delas apresenta-se tautológica.

---

(623) MACIEL JÚNIOR, Vicente de Paula. *Op. cit.*, p. 168.

(624) Nesse sentido, é o entendimento de Daniel Roberto Fink, para quem *"O dispositivo em questão estabeleceu o objeto da convenção limitando as condições quanto ao preço, à qualidade, à quantidade, à garantia e características de produtos e serviços, bem como quanto à formulação de reclamações e regras para a composição de conflitos"* (FINK, Daniel Roberto. *Op. cit.*, p. 912). Em sentido contrário, Vicente de Paula Maciel Júnior: *"Não vemos problema algum em que se amplie o conteúdo da Convenção Coletiva de Consumo, regulando-se por convenção temas que não foram previstos na lei, desde que tal cláusula não seja menos favorável ao consumidor nem contrarie as normas da Lei n. 8.078/90, que têm caráter de imperatividade (art. 1º). Além desses dois aspectos que devem ser observados, some-se a exigência óbvia de que a cláusula trate necessariamente de relações de consumo"* (MACIEL JÚNIOR, Vicente de Paula. *Op. cit.*, p. 157). Dorothee Susanne Rüdiger também considera o rol exemplificativo. Segundo as suas palavras, *"Nada impede, porém, de interpretar o catálogo do referido artigo como exemplificativo, pois as partes coletivas 'podem regular' os assuntos enumerados. Isso, entretanto, não significa que não possam regular outros. Os objetos de negociação coletiva enumerados no* caput *do artigo são privilegiados pelo legislador. Pela autonomia contratual coletiva, as partes coletivas podem dar vida a cláusulas contratuais coletivas desde que não firam a ordem pública"* (RÜDIGER, Dorothee Susanne. *Contrato coletivo no direito privado*: contribuições do direito do trabalho para a teoria geral do contrato. São Paulo: LTr, 1999. p. 140).

Alguns sustentam que o contrato-tipo tem como objeto específico a regulamentação de salários. Porém, como elucida Manoel Alonso Olea, distinções como essa carecem de utilidade, pois, se o contrato-tipo tem como objeto a regulamentação de salários, o seu elemento fundamental é o normativo, semelhantemente a uma convenção coletiva, de forma que não se justifica a existência de um tipo especial de contrato normativo, porque, se cada matéria disciplinada conduzisse a um novo tipo de norma coletiva, seriam infinitas as espécies dessas normas(625).

Na literatura italiana, há uma miríade de considerações sobre o conteúdo e o objetivo dos denominados contratos-tipos. Há entendimento no sentido de que o contrato-tipo seria semelhante ao contrato de tarifa, à medida que se limitaria à regulamentação de salários, constituindo uma espécie de contrato normativo, ao lado das convenções coletivas. Uma outra posição (defendida por Franco Guidotti), além de acolher a diferença acima apontada, elabora uma construção pouco precisa, ao sustentar que haveria diferença entre contratos normativos que regulam relações futuras, que constituiriam o grupo dos verdadeiros contratos normativos, e aqueles que regulam relações já constituídas e que em nada difeririam de um contrato clássico do direito privado. Essa distinção não encontra ressonância doutrinária, uma vez que um contrato normativo rege tanto as relações presentes quanto as relações futuras. Por fim, outra parte do pensamento italiano vê no contrato-tipo uma espécie de superconvenção coletiva que, em vez de regular relações individuais de trabalho, estabeleceria bases para a elaboração de outras convenções coletivas(626).

Como se observa, as duas primeiras posições da doutrina italiana não possuem qualquer distinção profundamente essencial em relação às convenções coletivas, circunstância que desabilita a concessão de nomes distintos para um mesmo fenômeno. No último caso, do parágrafo anterior, como adverte o próprio Manoel Alonso Olea, melhor seria utilizar a expressão convenção-tipo ou pacto-tipo(627).

O português Mário Júlio de Almeida Costa também destaca o estudo da doutrina italiana sobre o contrato-tipo, no qual ele seria considerado uma das possíveis formas de contrato-normativo. Entretanto, o autor português também salienta a existência de uma diversidade de concepções a respeito da sua figura; alguns autores põem em relevo o fato de não se criar condições genéricas por meio do contrato-tipo, que, nessa hipótese, aplicar-se-ia apenas aos estipulantes; outros, por sua vez, veem no contrato-tipo uma forma de regulamentação concreta do contrato individual, que seria consignado em modelos ou formulários impressos; por fim, uma terceira orientação parte da análise de decisões jurisprudenciais para concluir que o contrato-tipo se caracteriza pela circunstância de as

(625) ALONSO OLEA, Manuel. *Op. cit.*, p. 37.

(626) ALONSO OLEA, Manuel. *Op. cit.*, p. 36-38.

(627) *Id. ibid.*, p. 39.

partes dos contratos individuais utilizarem um esquema negocial, cuja elaboração prévia é remetida às respectivas associações de interesses, de modo que não lhe sejam aplicadas algumas disposições legais próprias dos contratos de adesão, isto é, aqueles em que existe um modelo unilateralmente predisposto por uma das partes[(628)].

Toda essa dificuldade de definição do contrato-tipo demonstra que ele ainda constitui uma célula estranha no corpo dos denominados contratos normativos, sendo, por isso, de uso pouco frequente.

A nota mais presente nas definições encontradas concerne ao seu enquadramento na categoria genérica dos contratos normativos que, como salienta Mário Júlio de Almeida Costa, caracterizam-se "*pela definição imperativa de uma disciplina uniforme, geral e abstrata, a que deve submeter-se a contratação individual celebrada no seu âmbito. Não se destinam, portanto, a uma direta regulamentação de relações concretas entre os contraentes, antes a servir de paradigma cogente para futuros acordos que venham a realizar-se*"[(629)].

Gino Giugni salienta que o contrato-tipo não se confunde com o contrato normativo. No primeiro, a predeterminação decorre de uma das partes e não é vinculante, porque constitui um esquema contratual que se aperfeiçoa em contrato somente no momento da estipulação, podendo ser derrogado pelas partes. O segundo (contrato normativo) aperfeiçoa um vínculo contratual entre as partes, sendo que ele mesmo cria um vínculo obrigacional, cujo conteúdo consiste na obrigação de observar na atividade contratual o quanto convencionado coletivamente[(630)].

Em todas as figuras mencionadas, sobressai-se a noção do contrato-tipo como um instrumento destinado à regulamentação de relações contratuais futuras, seja pela elaboração de cláusulas contratuais gerais, pela predeterminação esquemática, parcial ou total, dos contratos individuais, ou pela diluição do autoritarismo da fixação unilateral das cláusulas do contrato de adesão pelos empresários.

3.11. Contrato individual de trabalho

Na Teoria Geral do Direito do Trabalho, as normas coletivas figuram como fontes autônomas de regras jurídicas, pois são produzidas pelos próprios atores sociais, sendo frutos do exercício da autonomia privada coletiva. Em relação aos contratos individuais de trabalho, no entanto, os acordos e convenções coletivas apresentam-se como fontes heterônomas.

As convenções coletivas possuem um caráter normativo; nelas as partes atuam para a constituição de regras e condições de trabalho aplicáveis a terceiros (empregados

(628) COSTA, Mário Júlio de Almeida. *Op. cit.*, p. 237.

(629) COSTA, Mário Júlio de Almeida. *Op. cit.*, p. 236.

(630) GIUGNI, Gino. *Diritto Sindacale*. Bari: Cacucci, 2001. p. 132.

e empregadores), isto é, elaboram normas de conduta que serão aplicáveis às relações individuais (cláusulas normativas), regras para os próprios sujeitos convenentes (cláusulas obrigacionais); já nos contratos individuais, as partes atuam *in re propria*, na criação de direitos e deveres recíprocos. Os contratos individuais são autossuficientes, posto que bastam por si mesmos para agirem no mundo jurídico; as convenções coletivas, por sua vez, dependem de contratos individuais para atuarem concretamente[(631)].

O contrato de trabalho constitui o negócio jurídico pelo qual os indivíduos regem uma relação interpessoal; a convenção coletiva é um contrato normativo pelo qual os sujeitos legitimados regulamentam uma relação coletiva. Os contratos individuais de trabalho envolvem interesses concretos e divisíveis de titulares determinados e plenamente individualizados; as normas coletivas referem-se a interesses abstratos e indivisíveis de grupo, categoria ou classe de pessoas.

Nos contratos individuais de trabalho, os efeitos jurídicos são circunscritos à esfera jurídica dos respectivos sujeitos, ao passo que as convenções coletivas atingem o círculo jurídico de sujeitos que não participaram da pactuação coletiva. Os contratos de trabalho regem-se pelos interesses individuais dos acordantes; a convenção coletiva guia-se pelo interesse coletivo dos representados.

4. A normatividade da Organização Internacional do Trabalho

Um dos principais objetivos da Organização Internacional do Trabalho reside na universalização e na consolidação dos princípios da liberdade sindical em todo o mundo[(632)]. A Declaração de Filadélfia, sobre os objetivos e propósitos da Organização Internacional do Trabalho, aprovada pela Conferência Internacional do Trabalho em 1944, e, posteriormente, inserida, como anexo, à Constituição da OIT, privilegiou a regulamentação das condições de trabalho por meio dos convênios coletivos, ao prescrever como sua competência *"fomentar em todas as nações programas que permitam lograr o reconhecimento efetivo do direito de negociação coletiva"*[(633)].

São inúmeras as Convenções, Recomendações e Resoluções da OIT a respeito da liberdade sindical, da negociação coletiva e dos convênios coletivos de trabalho, tríade na qual se baseia a autonomia privada coletiva.

A análise do conteúdo das Convenções e Recomendações da OIT demonstra que somente a partir do término da Segunda Guerra Mundial, com a derrocada dos regimes totalitários e a ascensão da democracia, houve uma menção expressa à negociação coletiva em sua normatização, bem como um efetivo fomento à constituição de convenções coletivas de trabalho pelos atores sociais.

---

(631) NASCIMENTO, Amauri Mascaro. *Compêndio de direito sindical...*, p. 278.

(632) SÜSSEKIND, Arnaldo Lopes; TEIXEIRA FILHO, João de Lima; MARANHÃO, Délio; VIANNA, Segadas. *Op. cit.*, p. 1.083.

(633) SÜSSEKIND, Arnaldo. *Direito constitucional do trabalho*. Rio de Janeiro: Renovar, 1999. p. 405.

Embora nem todas as normas da Organização Internacional do Trabalho tratem direta e especificamente das convenções coletivas de trabalho, a íntima correlação entre liberdade sindical, negociação coletiva e contrato coletivo torna de suma importância o conhecimento dos principais instrumentos normativos da OIT que versam sobre estas matérias, uma vez que são temas interdependentes[634]. Por isso, nos reportamos ao capítulo anterior, onde expusemos as principais normas da OIT sobre liberdade sindical e direito de negociação, que explícita ou implicitamente, também se referem às convenções coletivas de trabalho. Destacamos agora as principais Convenções e Recomendações que mencionam, direta ou indiretamente, as convenções coletivas de trabalho.

Seguindo a diretriz da Declaração de Filadélfia, a Convenção n. 84 da Organização Internacional do Trabalho (de 1947), sobre o direito de associação em territórios não metropolitanos, foi a primeira a tratar da garantia e do fomento da negociação coletiva e da constituição de convenções coletivas de trabalho. Seu art. 3º determina que *"Deve-se ditar todas as medidas pertinentes, a fim de garantir aos sindicatos representativos dos trabalhadores interessados, o direito de celebrar contratos coletivos com os empregadores ou com as organizações de empregadores"*.

A Convenção n. 98 (e 1949), sobre os princípios de direito de sindicalização e de negociação coletiva, prescreve que os Estados devem adotar, de acordo com as suas condições nacionais, as medidas adequadas para estimular e fomentar o pleno desenvolvimento dos procedimentos de negociação coletiva e o seu uso entre os empregadores e as suas organizações e as organizações de trabalhadores, para a regulamentação das condições de trabalho por meio de contratos coletivos (art. 4º).

A Recomendação n. 91 (de 1951), sobre contratos coletivos, disciplinou de forma ampla a negociação coletiva e a elaboração dos convênios coletivos, definindo o contrato coletivo e ditando as regras sobre os seus efeitos, a sua extensão, sua interpretação e sua aplicação, além de delinear o procedimento da negociação coletiva.

A Convenção n. 154 (de 1981), sobre negociação coletiva, determina que a legislação nacional terá caráter supletivo das suas disposições, quando elas não forem aplicadas, espontaneamente, pelos interlocutores sociais, por meio de contratos coletivos ou por laudos arbitrais (art. 4º). Por outro lado, referida Convenção prevê como forma de fomento à negociação coletiva, que ela deve recair principalmente sobre as seguintes matérias: a) fixação de condições de trabalho; b) regulamentação das relações entre empregadores e trabalhadores; e c) regulamentação das relações entre empregadores ou suas organizações e uma organização ou várias organizações de trabalhadores (art. 2º).

(634) OLIVEIRA, Paulo Eduardo Vieira. *Convenção coletiva de trabalho no direito brasileiro:* setor privado. São Paulo: LTr, 1996. p. 35.

A Recomendação n. 163 (de 1981), sobre a negociação coletiva, complementa a Convenção n. 154, com disposições de fomento à liberdade sindical e negocial das entidades sindicais.

Atualmente, a maior parte das Convenções da OIT prevê os convênios coletivos de trabalho como um dos modos de implementação das suas disposições nos territórios dos diversos Estados, ao lado da legislação, dos laudos arbitrais, das decisões judiciais ou qualquer outro modo, conforme a prática nacional. Em geral, elas se encerram dispondo que as suas determinações podem ser efetivadas por meio da legislação nacional e dos convênios coletivos. Todas as Convenções mais recentes possuem disposição neste sentido, servindo como exemplificação a Convenção n. 132 (de 1970) sobre férias pagas, a Convenção n. 172 (de 1991) sobre as condições de trabalho em hotéis e restaurantes; a Convenção n. 175 (de 1994) sobre trabalho a tempo parcial, a Convenção n. 177 (de 1996), sobre o trabalho em domicílio, a Convenção n. 183 (de 2000), sobre a proteção da maternidade e a Convenção n. 184 (de 2001), sobre segurança e saúde na agricultura, Convenção n. 151 (de 2010), sobre direito de sindicalização e relações de trabalho na administração pública, entre outras.

A Declaração da OIT (de 1998), sobre os princípios e direitos fundamentais do trabalho, "*Declara que todos os Membros, ainda que não tenham ratificado as convenções aludidas, têm um compromisso derivado do fato de pertencer à Organização de respeitar, promover e tornar realidade, de boa fé e de conformidade com a Constituição, os princípios relativos aos direitos fundamentais que são objeto dessas convenções, isto é:a) a liberdade sindical e o reconhecimento efetivo do direito de negociação coletiva; b) a eliminação de todas as formas de trabalho forçado ou obrigatório; c) a abolição efetiva do trabalho infantil; e d) a eliminação da discriminação em matéria de emprego e ocupação.*"

O reconhecimento e a efetivação da negociação coletiva e as liberdades sindicais individuais e coletivas, paralelamente aos demais princípios enunciados pela OIT, constitui um objetivo que deve ser obrigatoriamente perseguido por todos os Estados-Membros que se incorporam à OIT, independentemente de ratificação das respectivas convenções que os disciplinam, consoante previsto expressamente na Declaração de 1998.

A definição de trabalho decente, formulada pela OIT, em 1999, insere o diálogo social, e consequentemente a negociação coletiva, como um dos quatro objetivos estratégicos cujo ponto de convergência resultam no conceito de trabalho decente, a saber: "*1) o respeito aos direitos no trabalho, especialmente aqueles definidos como fundamentais (liberdade sindical, direito de negociação coletiva, eliminação de todas as formas de discriminação em matéria de emprego e ocupação e erradicação de todas as formas de trabalho forçado e trabalho infantil); 2 a promoção do emprego produtivo e de qualidade; 3) a ampliação da proteção social; 4) e o fortalecimento do diálogo social.*"

A Declaração da OIT sobre a Justiça social para uma Globalização Equitativa (2008), ratifica a importância da liberdade sindical e do reconhecimento da negociação coletiva como elementos primordiais, entre outros por esta Declaração preconizados, para se aspirar, num mundo globalizado, à consecução universal de justiça social, alcançar o pleno emprego, assegurar a sustentabilidade das sociedades abertas e da economia mundial, conquistar a coesão social e lutar contra a pobreza e as desigualdades crescentes.

A Declaração tripartite de princípios as empresas multinacionais e política social (de 1977), emendada e atualizada em 2000, 2006 e 2017, exalta a necessidade de garantia do reconhecimento das organizações de trabalhadores em conformidade com a legislação e práticas nacionais, bem como preconiza a adoção de medidas adequadas para promover e fomentar o pleno desenvolvimento e utilização do mecanismos de negociação coletiva com o objetivo de regulamentar as condições de trabalho.

5. Fundamentos: a concepção de relação jurídica coletiva de trabalho

Por meio da análise das diversas correntes doutrinárias a respeito da natureza jurídica da convenção coletiva — com destaque para as correntes contratualista, normativista e mista —, observamos a complexidade dessa temática, sendo que algumas das teorias identificavam natureza jurídica com fundamento, a fim de justificar a força normativa ultracontraente das normas coletivas.

A natureza jurídica da norma coletiva, porém, não se confunde com os seus fundamentos. A natureza jurídica refere-se ao enquadramento de determinado instituto no mundo jurídico; em relação à convenção coletiva, equivale a perguntar se ela constitui um contrato, uma lei ou ato normativo[(635)].

O vocábulo fundamento, por sua vez, derivado do latim *fundamentum*, designa no mundo jurídico a base ou razão em que se firmam determinadas coisas ou em que se justificam certas ações ou a prática de um ato[(636)]. Indica base, alicerce. Na filosofia, adquire o significado daquilo que constitui o apoio de determinado domínio do ser (tendo assim o sentido de garantia ou razão do ser), como também traduz uma teoria ou um conjunto de conhecimentos (significando, desse modo, o conjunto de preposições de onde esses conhecimentos são deduzidos)[(637)]. A natureza jurídica indica o que é; o fundamento aponta as razões de existir.

---

(635) Não se trata de uma natureza real, mas artificialmente construída no mundo do direito, indicando o que o ser é no mundo jurídico — um contrato? uma lei? Ou, como salienta De Plácido e Silva, "Na terminologia jurídica, assinala, notadamente, a essência, a substância ou a compleição das coisas. Assim, a natureza se revela pelos requisitos ou atributos essenciais e que deve vir com a própria coisa" (SILVA, Oscar José de Plácido e. *Op. cit.*, p. 550).

(636) *Id. ibid.*, p. 373.

(637) FERREIRA, Aurélio Buarque de Holanda. *Op. cit.*, p. 952.

Como assinalado alhures, atualmente, predomina o entendimento doutrinário segundo o qual a convenção coletiva de trabalho possui natureza híbrida; misto de contrato e de lei. Contrato porque resulta de um acordo de declaração de vontades; lei, porque, em seu conteúdo, regula relações jurídicas, em princípio abstratas, que se concretizam *ad futurum* com a sua aplicação.

Já o fundamento desse contrato normativo reside na autonomia privada coletiva. É esta autonomia privada coletiva que exprime a vontade comum abstrata e indivisível de uma coletividade de pessoas, e que justifica a existência de uma figura contratual, de caráter normativo, que incide sobre uma pluralidade de indivíduos. As normas coletivas são o produto da autonomia privada coletiva, assim como os contratos são frutos da autonomia privada individual. A autonomia privada coletiva é exercida por meio de relações jurídicas igualmente coletivas que, por sua vez, dão origem a normas coletivas.

Os contratos derivam de relações jurídicas individuais, as normas coletivas espelham a vontade de grupos contrapostos, que se encontram inseridos numa relação jurídica coletiva, daí a razão de seu resultado (acordos e convenções coletivas) ser igualmente de natureza coletiva.

Como o interesse coletivo não constitui uma soma dos interesses individuais, o contrato coletivo, fruto da autonomia privada coletiva, também *"não é a soma de contratos individuais e não satisfaz os interesses individuais dos inscritos nas associações contraentes, mas o interesse coletivo de todos os inscritos, assim como quaisquer outros atos das associações"*[(638)].

António de Lemos Monteiro Fernandes, com esteio na legislação portuguesa, define a relação jurídica coletiva como aquela *"que se estabelece entre dois grupos, respectivamente, de empregadores e de empregados, sindicalmente representados, ou entre um empresário e um sindicato de trabalhadores, para regular as condições de trabalho dos sócios representados e o comportamento dos próprios grupos em ordem às relações individuais de trabalho consideradas ou aos interesses coletivos dos mesmos grupos"*. A noção de interesse é o suporte da relação coletiva[(639)].

A respeito da dimensão da relação jurídica coletiva há definições restritas e amplas. As definições restritas não incluem no conceito de relação coletiva de trabalho os "fatos coletivos unilaterais", isto é, aqueles atos de iniciativa de apenas um dos agentes da relação coletiva (sindicatos ou empregadores), como a greve, o *lockout* ou uma proposta de contrato coletivo, mesmo que referidos atos sejam dirigidos ao grupo ou à parte

(638) SANTORO-PASSARELLI, Francesco. "Autonomia collettiva, giurisdizione, diritto di sciopero". Scritti in onore di Francesco Carnelutti, V. IV. Diritto pubblico e storia del Diritto. Padova: Cedam, 1950, p. 441, *apud* RÜDIGER, Dorothee S. *A teoria da autonomia privada coletiva:* do direito sindical ao direito dos grupos intermediários..., p. 21.

(639) FERNANDES, António de Lemos Monteiro. *Op. cit.*, v. 1, p. 40-44.

contraposta, com o intuito de fomentar uma resposta. Essa é noção existente no ordenamento jurídico português(640).

No sentido amplo, a relação jurídica coletiva abrange outros fenômenos coletivos de matriz relacional, previstos em lei e com tratamento específico. Essa concepção inclui todas as formas de contratos entre coletividades de trabalhadores e empregadores, ou como aponta António de Lemos Monteiro Fernandes, todos os *"efeitos específicos, mesmo que eles se localizem na fase preparatória duma convenção coletiva — e desde que esses efeitos tendam à definição de novas condições de trabalho (isto é, condições a incluir nos contratos individuais) no âmbito considerado"*(641).

(640) Cf. *Id. ibid.*, p. 40.

(641) *Id. ibid.*, p. 42.

Capítulo V

Aspectos Específicos dos Acordos e Convenções Coletivas

1. Evolução histórico-legislativa no Brasil

A estruturação do regime sindical no Brasil se iniciou com o Decreto n. 979, de 06.01.1903, que dispôs sobre a faculdade de formação de sindicatos rurais aos profissionais da agricultura para a defesa dos seus interesses. Esse Decreto, no entanto, não continha preceitos sobre negociação coletiva ou convenções coletivas de trabalho. Seu objetivo foi muito mais reorganizar e fortalecer o setor rural, que havia se desestruturado com o fim da escravatura e pelas constantes crises do setor, do que propriamente desenvolver o sindicalismo.

Em seguida, adveio o Decreto n. 1.637, de 05.01.1907, que dispôs sobre a criação de sindicatos profissionais e sociedades cooperativas, com o reconhecimento do direito de sindicalização a todos os trabalhadores rurais e urbanos, além de prever os procedimentos para a constituição de sindicatos, com definição das suas funções e de alguns direitos sindicais dos trabalhadores. Esse preceito teve pouca repercussão social, em face do incipiente desenvolvimento da economia brasileira à época. Essa norma também não compreendia disposições sobre negociação coletiva ou convenções coletivas de trabalho.

O Decreto n. 19.770, de 19.3.1931, sobre *"sindicalização das classes patronais e operárias"*, foi o primeiro instrumento legislativo a versar sobre normas coletivas do trabalho; ele conferiu aos sindicatos *"a faculdade de firmarem ou sancionarem convenções ou contratos de trabalho dos seus associados, com outros sindicatos profissionais, com empresas e patrões, nos termos da legislação que, a respeito, for decretada"* (art. 7º), bem como facultou "ao*s sindicatos de patrões, de empregados e de operários celebrar, entre si, acordos e convenções para defesa e garantia dos interesses recíprocos, devendo ser tais acordos e convenções, antes de sua execução, ratificados pelo Ministério do Trabalho, Indústria e Comércio*" (art. 10).

Vale ressaltar que o Decreto n. 19.770, de 19.3.1931 inaugurou a implementação do corporativismo sindical no Brasil, tendo regulamentado minuciosamente a organização sindical: foram definidos os contornos dos sindicatos de empregados e de empregadores, e instituído o sindicato único em relação a cada profissão numa mesma região; a necessidade de, no mínimo, 30 sócios para a constituição de um sindicato; exigência de reconhecimento pelo Ministério do Trabalho; possibilidade de estruturação por categorias, indústrias ou ofício ou profissão; a elaboração de convenções coletivas de trabalho foi tida como prerrogativa dos sindicatos; restringiu-se a atuação dos sindicatos ao ambiente profissional, proibindo-se a difusão de ideologias e atividades políticas; possibilitou-se a criação de federações e confederações sujeitas ao Ministério do Trabalho; proibiu-se a filiação dos sindicatos a entidades internacionais, sem autorização do Ministério do Trabalho; aos sindicatos foram atribuídas funções assistenciais, com a possibilidade de constituição de caixas beneficentes, cooperativas e escolas.

A expressão "convenção coletiva de trabalho" foi inserida no ordenamento jurídico brasileiro pelo Decreto n. 21.761, de 23.8.1932 *("Institui a convenção coletiva de trabalho")*, que a definiu como o *"ajuste relativo às condições do trabalho, concluído entre um ou vários empregadores e seus empregados, ou entre sindicatos ou qualquer outro agrupamento de empregadores e sindicatos, ou qualquer outro agrupamento de empregados"*. Por este diploma legal, as convenções coletivas não eram de titularidade exclusiva das entidades sindicais, pois poderiam ser firmadas por sindicatos, federações ou associações de empregadores ou de empregados.

Esse Decreto não distinguia nominalmente entre acordo e convenção coletiva; a expressão convenção coletiva era utilizada para designar tanto o convênio coletivo celebrado por sindicatos quanto por grupos de empregados e empregadores. Os convênios coletivos eram firmados por "*setor de atividade profissional*", pois a organização sindical, à época, não era organizada por categorias. Era prevista a possibilidade de qualquer agrupamento de empregadores ou empregados de uma mesma região ou do mesmo ramo profissional aderir à convenção coletiva, desde que com o consentimento das partes convenentes (art. 5º). Estatuía também a faculdade de cessão das convenções coletivas de duração indeterminada ou tacitamente prorrogadas por vontade de qualquer das partes convenentes, como também o desligamento de sindicato ou agrupamento convenente, desde que notificada a parte contrária no prazo de 30 (trinta) de antecedência, salvo se tal faculdade fosse expressamente vedada pela convenção.

Pelo regime do Decreto n. 21.761/1932, a convenção coletiva entrava em vigor 30 (trinta) dias após a sua assinatura, salvo se as partes estipulassem outra data (art. 4º); havia a possibilidade de qualquer componente do sindicato ou de outra associação exonerar-se dos seus efeitos, por meio de sua saída, comunicada por escrito no prazo de 10 (dez) dias da data da assembleia ratificadora, do sindicato ou da associação (art. 5º, § 2º); a vigência legal das convenções era de 1 (um) ano, salvo estipulação em contrário, sendo admitida prorrogação tácita, que ocorreria sempre que os convenentes não manifestassem, no prazo de 30 (trinta) dias anteriores ao término da convenção, a intenção contrária à prorrogação (art. 7º); o prazo estipulado pelas partes não poderia ultrapassar 4 (quatro) anos; limite também previsto para as prorrogações sucessivas (art. 7º, § 2º); o Ministro do Trabalho, Comércio e Indústria, nas situações em que a convenção coletiva fosse celebrada em um ou mais Estados ou Municípios por ¾ (três quartos) de empregadores ou empregados do mesmo ramo de atividade profissional, ouvida a Comissão de Conciliação, poderia estender seus efeitos para os demais empregados e empregadores do respectivo ramo, se assim o requeresse um dos convenentes.

O Decreto n. 24.694, de 12.7.1934, que dispôs sobre os sindicatos profissionais, relativamente às normas coletivas, limitou-se a prescrever o poder de as entidades sindicais firmarem e sancionarem convenções coletivas de trabalho, nos termos da legislação respectiva (art. 2º, § 2º), garantindo aos sindicatos os direitos que haviam sido previstos pelo Decreto anterior (n. 19.770, de 19.3.1931). Por esse Decreto, foi concedido o prazo de 6 (seis) meses para que os sindicatos adaptassem seus estatutos às novas disposições.

Quatro dias depois desse Decreto, foi promulgada a Constituição Federal de 1934 (16.7.1934), que, sob um novo título, *"Da ordem econômica e social"*, estabeleceu os princípios a serem observados pela legislação do trabalho; entre os quais figurou o reconhecimento das convenções coletivas de trabalho (art. 121, § 1º, alínea *j*, da CF/34).

Vale ressaltar que a Constituição de 1934 sofreu ressonância da Constituição de *Weimar* e, entre outros direitos trabalhistas, assegurou a liberdade de associação em seu art. 113, inciso 12 (Capítulo II — Dos direitos e garantias individuais do Título III — Da declaração de direitos), e a pluralidade sindical, no art. 120 (Título IV — Da ordem econômica e social), que dispunha, *ipsis verbis*: "Os sindicatos e associações profissionais serão reconhecidos de conformidade com a lei". O parágrafo único do mesmo artigo explicitava que "a lei assegurará a pluralidade sindical e a completa autonomia dos sindicatos". Preceituava, ainda, que as associações sindicais teriam direito de eleger deputados à Câmara Federal.

A Constituição de 1937, sob o título *"Da ordem econômica"*, utilizou a expressão "contratos coletivos de trabalho", deixando explícito seu caráter normativo para todos os empregados representados pelas entidades contratantes (art. 137, alínea *a*); entretanto, em seu art. 139, a Carta Política paradoxalmente previa que os contratos coletivos eram obrigatórios somente para os associados das entidades; as convenções coletivas só poderiam ser estipuladas pelas associações legalmente reconhecidas (art. 138); tal exigência de reconhecimento das entidades sindicais levou à não recepção do Decreto n. 21.761/1932 que previa a possibilidade da celebração de convenção coletiva por associações, grupos de empregados ou empregadores.

O legislador constituinte estabeleceu a obrigatoriedade de constar dos contratos coletivos disposições sobre a sua duração, os valores e as modalidades de salário, a disciplina interior e o horário de trabalho (art. 137, alínea *b*).

A Carta de 1937 proibiu a greve, considerando-a um recurso antissocial e nocivo ao trabalho e ao capital e incompatível com os interesses superiores da nação (art. 139). Com essa determinação, o legislador constituinte praticamente obstou o desenvolvimento da negociação coletiva e, consequentemente, da elaboração de convenções coletivas, ao despojar os trabalhadores do seu maior instrumento de pressão.

O Decreto n. 1.237, de 05.5.1939, que tratou da organização da Justiça do Trabalho no âmbito administrativo, atribuiu aos Conselhos Regionais do Trabalho a competência para estender a toda a categoria, os contratos coletivos, conforme os casos previstos em lei (art. 28, alínea *d*).

O Decreto n. 1.402, de 05.7.1939, que regulamentou a associação em sindicatos, consolidou-se como uma das mais importantes normas do direito sindical brasileiro, pois, por seu intermédio, foi instituído em nosso país o modelo de organização sindical extraído da experiência corporativista italiana. A estrutura sindical delineada pelo Decreto n. 1.402/1939 foi extraída do Título III da *Carta del Lavoro*, que já havia sido a fonte de inspiração da Constituição Federal de 1937.

O Decreto n. 1.402/1939 regulamentou minuciosamente a organização sindical brasileira, delineando uma estrutura sindical que se manteve praticamente conservada até os dias atuais, posto que transposta para a CLT, tendo suas linhas mantidas pela Constituição Federal de 1988.

Em relação às normas coletivas, o Decreto n. 1.402/1939 dispôs que a celebração de contratos coletivos de trabalho era uma prerrogativa das associações profissionais reconhecidas (art. 3º, alínea *c*); prevendo a obrigatoriedade de os sindicatos destinarem um percentual do seu orçamento para a constituição de um fundo de reserva destinado à garantia das responsabilidades das associações pela execução de contratos coletivos (art. 40, § 1º).

Em 1º de maio de 1943, foi aprovada a Consolidação das Leis do Trabalho (Decreto n. 5.452), que entrou em vigor em 10 de novembro do mesmo ano. Em sua redação originária, a CLT utilizou a denominação contrato coletivo de trabalho (art. 611) como sinônimo de convenção coletiva de trabalho, disciplinando minuciosamente a matéria.

Entre suas disposições originais, destacam-se: a) a definição de contrato coletivo; b) a exigência de duas assembleias, uma geral e uma de ratificação, para a aprovação do contrato coletivo; c) a necessidade de homologação da norma coletiva pelo Ministério do Trabalho; d) a previsão de que a vigência da norma coletiva iniciar-se-ia dez dias após a sua homologação pelo Ministério do Trabalho; e) a previsão de um rol de cláusulas obrigatórias; f) a estipulação da duração de 2 (anos) anos para o contrato coletivo; g) a possibilidade de suspensão do contrato coletivo pela autoridade administrativa; e h) a instituição de multas para empregados e empregadores que inserissem nos contratos individuais de trabalho condições contrárias àquelas ajustadas em contrato coletivo[642].

---

(642) OLIVEIRA, Paulo Eduardo Vieira. *Op. cit.*, p. 30-31.

A Lei n. 2.693/1955 alterou diversos dispositivos da CLT, destacando-se a inserção de um § 2º ao art. 611, para conceder às federações e, na falta destas, às confederações representativas de categorias econômicas e profissionais, o poder de celebrar contratos coletivos para reger as relações de categorias não organizadas em sindicatos. É a denominada legitimidade subsidiária, pois somente é exercida na falta da entidade de base com legitimação primária.

A Constituição Federal de 1946, no Capítulo V, intitulado *"Da Ordem Econômica e Social"*, adotou a expressão convenção coletiva de trabalho, ao dispor como direito dos trabalhadores o *"reconhecimento das convenções coletivas de trabalho"* (art. 157, XIII).

A Constituição Federal de 1967, em seu art. 165, inciso XIV, e a Emenda Constitucional n. 1, de 17.10.1969, igualmente no art. 165, inciso XIV, limitaram-se a reproduzir o texto da Constituição Federal de 1946.

O Decreto n. 229, de 28.2.1967 alterou a CLT para introduzir diversas inovações na temática das normas coletivas, entre as quais se destacam: a) a diferenciação entre convenção coletiva de trabalho e acordo coletivo de trabalho; b) a alteração da redação do art. 612, que limitava os efeitos normativos das normas coletivas aos associados das entidades convenentes; c) a exigência de apenas uma assembleia para a validade da convenção, e não mais duas, como constava do regime anterior; d) a alteração do quórum assemblear para a validade das deliberações; e) a eliminação da possibilidade de extensão administrativa da norma coletiva pelo Ministério do Trabalho; f) a obrigatoriedade de inserção de uma cláusula de arbitragem em todo acordo ou convenção coletiva; g) a eliminação da obrigatoriedade de homologação administrativa para a validade das convenções coletivas; h) a proibição de recusa à negociação coletiva; i) o estabelecimento de prazo para o entabulamento da negociação coletiva, que deve ocorrer nos 60 dias anteriores ao término da norma coletiva em vigor; j) a previsão de negociação direta pela comissão de trabalhadores, na hipótese de recusa da entidade sindical em entabular a negociação coletiva; k) a previsão de nulidade de cláusulas de contratos individuais de trabalho que infrinjam normas coletivas em vigor; e l) a cominação de nulidade das cláusulas de acordos e convenções coletivas que não observem as diretrizes da política econômico-financeira do governo[(643)].

A Constituição Federal de 1988, no Capítulo II, intitulado *"Dos direitos sociais"*, em seu Título II, *"Dos direitos e garantias individuais"*, reconheceu expressamente as convenções e os acordos coletivos (art. 7º, XXVI), privilegiando a autonomia privada coletiva em vários de seus dispositivos, ao condicionar a alteração de determinadas condições de trabalho somente por meio da negociação coletiva, como nas hipóteses de irredutibilidade salarial (art. 7º, VI); compensação de horários e redução de jornada (art. 7º,

(643) MAGANO, Octavio Bueno. *Convenção coletiva de trabalho...*, p. 31-32.

XIII); e modificação da jornada de seis horas praticadas nos turnos ininterruptos de revezamento (art. 7º, XIV)[(644)].

2. Legitimação

2.1. Sindicatos e empresas

Em nosso ordenamento jurídico, os sindicatos são, por excelência, os entes legitimados para a celebração das normas coletivas de trabalho (art. 611, CLT), sendo exceção a celebração direta pelos empregados, empregadores e demais entes sindicais, como as federações e as confederações.

A legitimação dos sindicatos é primária, preferindo a de qualquer outro legitimado (federações, confederações ou grupo de trabalhadores), salvo na hipótese de acordo coletivo de trabalho, onde o empregador e/ou os empregadores também figuram como legitimados primários para a sua celebração, evidentemente, ao lado do sindicato profissional (art. 611, § 1º, CLT).

A CRFB/1988 tornou obrigatória a participação dos sindicatos nas negociações coletivas de trabalho (art. 8º, VI). A exigência constitucional não obsta a participação direta de uma ou mais empresas na celebração dos acordos coletivos de trabalho, uma vez que o próprio legislador constituinte acolheu essa possibilidade ao reconhecer tanto as convenções coletivas como os acordos coletivos (art. 7º, XXVI).

Ao reconhecer explicitamente o acordo coletivo, o constituinte albergou uma figura jurídica consolidada nas relações de trabalho, isto é, uma norma coletiva elaborada sem a presença da entidade sindical patronal.

Os que defendem a obrigatoriedade da presença do sindicato patronal nos acordos coletivos, olvidando-se de uma interpretação sistemática dos arts. 8º, VI e 7º, XXVI, da

(644) A Constituição de 1988, possui uma série de preceitos sobre a associação profissional ou sindical, mesclando alguns elementos de autonomia e liberdade sindicais com outros de heteronomia e intervencionismo: a) garantiu a livre criação de sindicatos sem a necessidade de autorização do Estado, salvo o registro no órgão competente; b) consagrou a liberdade de administração e atuação sindicais, com vedação da interferência e da intervenção do poder público; c) dispôs sobre a liberdade de associação em sindicatos, mas manteve o monopólio de representação e a unicidade sindical (não permissão de mais de um sindicato da mesma categoria profissional ou econômica na mesma base territorial); d) garantiu a liberdade de autodefinição das bases e de fixação da base territorial pelos sindicatos, mas condicionou que esta não seja inferior à área de um município (inviabiliza-se a criação de sindicatos por empresa ou estabelecimento); e) manteve a contribuição sindical compulsória e criou a contribuição confederativa; f) aboliu o estágio preliminar de sindicatos sob a forma de associações e a necessidade de reconhecimento pelo Ministério do Trabalho; g) manteve a organização sindical piramidal, com sindicatos, federações e confederações; impossibilitando a inserção das centrais sindicais na organização sindical brasileira; h) previu a liberdade individual de filiação e de desfiliação; i) concedeu aos aposentados o direito de votar e serem votados nas eleições sindicais; j) tornou constitucionalmente obrigatória a participação dos sindicatos nas negociações coletivas de trabalho; k) dispôs sobre o direito de greve; l) conferiu estabilidade aos dirigentes sindicais; e m) consagrou o direito de representação dos trabalhadores nas empresas com mais de duzentos empregados.

CRFB/1988, criam um nova figura jurídica: o acordo coletivo com a participação obrigatória do sindicato patronal; evidentemente, não prevista pelo legislador constituinte. Essa posição também ignora os fundamentos que levaram ao nascimento das normas coletivas nas relações de trabalho, entre os quais se destaca a necessidade de equiparação de forças entre trabalhadores e empregadores, por meio da associação em sindicatos profissionais, o que corrobora a possibilidade de ausência do sindicato patronal na celebração de determinadas normas coletivas.

A previsão constitucional dos acordos coletivos compatibiliza-se com a Recomendação n. 91 da Organização Internacional do Trabalho, que, sob a denominação genérica de contrato coletivo, prevê a possibilidade de elaboração de um convênio coletivo diretamente por um empregador ou por um grupo de empregadores, figura que equivale aos acordos coletivos de trabalho previstos pelo legislador constituinte e há muito consagrado no ordenamento jurídico brasileiro.

2.2. Federações e confederações

2.2.1. Legitimação subsidiária

As federações e as confederações não possuem legitimação primária para a celebração de convenções coletivas; sua legitimação dá-se subsidiariamente, isto é, na ausência da entidade sindical de base. É o que dispõe o art. 611, § 2º, da CLT: *"As Federações e, na falta destas, as Confederações representativas de categorias econômicas e profissionais poderão celebrar convenções coletivas de trabalho para reger as relações das categorias a elas vinculadas, inorganizadas em sindicatos, no âmbito de suas representações"*.

Embora a norma refira-se somente à convenção coletiva de trabalho, prevalece o entendimento pela sua aplicação analógica às hipóteses de acordos coletivos de trabalho, quando não existente entidade sindical representativa dos trabalhadores diretamente interessados no acordo.

2.2.2. Legitimação substitutiva

A legitimação das federações e das confederações também é admitida na hipótese prevista no art. 617, § 1º, da CLT[(645)]. É o que Amauri Mascaro Nascimento denomina de legitimação substitutiva, para diferenciá-la da legitimação subsidiária prevista no art. 611, § 2º, da CLT[(646)].

---

(645) *"Os empregados de uma ou mais empresas que decidirem celebrar Acordo Coletivo de Trabalho com as respectivas empresas darão ciência de sua resolução, por escrito, ao Sindicato representativo da categoria profissional, que terá prazo de 8 (oito) dias para assumir a direção dos entendimentos entre os interessados, devendo igual procedimento ser observado pelas empresas interessadas com relação ao Sindicato da respectiva categoria econômica. § 1º Expirado o prazo de 8 (oito) dias sem que o Sindicato tenha se desincumbido do encargo recebido, poderão os interessados dar conhecimento do fato à Federação a que estiver vinculado o Sindicato e, em falta dessa, à correspondente Confederação, para que, no mesmo prazo, assuma a direção dos entendimentos. Esgotado esse prazo, poderão os interessados prosseguir diretamente na negociação."*

(646) NASCIMENTO, Amauri Mascaro. *Compêndio de direito sindical...*, p. 344.

Trata-se de situação incomum em que os empregados diretamente interessados na celebração de um acordo coletivo deparam-se com a recusa do sindicato da categoria em dar azo à formulação do acordo, hipótese na qual poderão, respectivamente, as federações e as confederações assumirem a direção dos entendimentos, após instadas pelos trabalhadores interessados.

Em conformidade com o art. 617 da CLT, os empregados de uma ou mais empresas interessados na celebração de acordo coletivo de trabalho devem notificar o empregado profissional para, no prazo de 8 (oito) dias, entabular a negociação coletiva; expirado o prazo com recusa injustificada ou ausência de resposta da entidade sindical, poderão, nos termos do dispositivo legal, os trabalhadores interessados dar conhecimento do fato à federação correspondente e, na sua falta, à respectiva confederação, para, no mesmo prazo, assumir a negociação, quando então os interessados poderão prosseguir diretamente na negociação.

A doutrina predominante acolhe a tese de que o art. 617 da CLT, por conter disposição excepcional, foi recepcionado pela CRFB/1988. Nesse sentido, Carlos Moreira De Luca, para quem *"a norma do art. 617 da CLT continua em vigor, por estabelecer regra excepcional, de resto compatível com os preceitos constitucionais"*[(647)].

Solução similar a esta é a contida na Lei n. 7.783/1989 (Lei de Greve), que permite à assembleia geral dos trabalhadores, na falta de entidade sindical, deliberar sobre o movimento grevista, constituindo comissão de trabalhadores (art. 4º, § 2º); nesse caso, como a lei utiliza a expressão entidade sindical em seu sentido genérico — abrangendo sindicatos, federações e confederações —, somente na falta de todas essas associações ou, na sua recusa, poderá a comissão de trabalhadores atuar diretamente. Assim, diante da recusa do sindicato em entabular as negociações e convocar a assembleia dos trabalhadores para a deliberação sobre a greve, cabe aos trabalhadores diretamente interessados notificar a federação respectiva e na falta ou recusa desta à confederação, podendo-se aplicar, analogicamente, os prazos previstos no art. 617 da CLT, que poderão ser mitigados em razão das urgências do caso concreto.

2.3. Comissão de trabalhadores

Como vimos anteriormente, no regime do Decreto n. 21.761, de 23.8.1932, a celebração da convenção coletiva não constituía prerrogativa exclusiva das entidades sindicais; havia a possibilidade de ela ser elaborada com a participação de empregadores ou grupos de empregadores ou qualquer agrupamento de empregados (art. 1º)[(648)].

(647) DE LUCA, Carlos Moreira. *Op. cit.*, p. 138.

(648) *"Art. 1º Entende-se por convenção coletiva de trabalho o ajuste relativo às condições do trabalho, concluído entre um ou vários empregadores e seus empregados, ou entre sindicatos ou qualquer outro agrupamento de empregadores e sindicatos, ou qualquer outro agrupamento de empregados."*

Com a CLT, a legitimidade dos trabalhadores, que era ordinária no regime do Decreto n. 21.761/1932, passou a ter um caráter extraordinário, uma vez que esta atribuiu aos trabalhadores a legitimidade para entabular diretamente o acordo coletivo somente diante da recusa do sindicato profissional em assumir as negociações (art. 617). Trata-se de hipótese excepcional restrita às situações em que há recusa injustificada da entidade sindical em entabular as negociações coletivas. É a denominada legitimação substitutiva, como analisado no item anterior.

No regime da CLT, os empregados de uma ou mais empresas interessados em celebrar acordo coletivo com estas devem notificar por escrito ao sindicato representativo da respectiva categoria profissional para que ele assuma as negociações, sendo-lhe concedido o prazo de 8 (oito) dias para a assunção dos entendimentos. Expirado o prazo e, diante da recusa, expressa ou tácita, do sindicato, os trabalhadores devem observar o mesmo procedimento em relação à federação e à confederação respectivas. Frustrando-se as tentativas, estarão os empregados autorizados a realizar diretamente os procedimentos para a celebração do acordo, iniciando-os com a convocação da assembleia geral dos trabalhadores, nos termos do art. 612 da CLT. O mesmo itinerário se aplica à formação da comissão de trabalhadores prevista na Lei de Greve (Lei n. 7.7783/89).

2.3.1. Constitucionalidade do art. 617 da CLT

Em virtude de a CRFB/1988 ter tornado obrigatória a participação das entidades sindicais na negociação coletiva (art. 8º, VI), a doutrina e a jurisprudência passaram a discutir sobre a recepção ou não do art. 617 da CLT pela nova Carta Política. Apresentaram-se contrários à recepção autores como Mauricio Godinho Delgado[(649)], Amador Paes de Almeida[(650)] e Arnaldo Süssekind[(651)]. A favor da recepção manifestaram-se Sergio Pinto Martins[(652)], Carlos Moreira De Luca[(653)] e Paulo Eduardo Vieira de Oliveira[(654)].

A legitimação conferida aos trabalhadores não viola o preceito constitucional que estabelece a presença obrigatória das entidades sindicais nas negociações coletivas. A obrigatoriedade de participação dos sindicatos na negociação coletiva foi estabelecida com vistas à proteção dos empregados em face dos empregadores, para que não ficassem sujeitos a acordos coletivos que fossem coercitivamente impostos por estes últimos; a presença obrigatória da entidade sindical não pode ser interpretada em desfavor daqueles a quem visa a proteger; entendimento diverso equivale a tornar a coletividade de

(649) DELGADO, Mauricio Godinho. *Op. cit.*, p. 142.

(650) ALMEIDA, Amador Paes de. *CLT comentada*. 2. ed. São Paulo: Saraiva, 2004. p. 298.

(651) SÜSSEKIND, Arnaldo. *Direito constitucional do trabalho...*, p. 410.

(652) MARTINS, Sergio Pinto. *Direito do trabalho*. São Paulo: Atlas, 2001. p. 728.

(653) DE LUCA, Carlos Moreira. *Op. cit.*, p. 138.

(654) OLIVEIRA, Paulo Eduardo Vieira de. *Op. cit.*, p. 76-77.

trabalhadores — verdadeira titular da autonomia privada coletiva — refém da entidade sindical, desvirtuando a teleologia da norma constitucional.

A regra da participação compulsória das entidades sindicais profissionais prevista no art. 8º, VI, da CRFB/1988 ("é obrigatória a participação dos sindicatos nas negociações coletivas de trabalho"), embora consista em importante instrumento de proteção dos trabalhadores e garantidora de uma coesão de classe, não possui natureza absoluta, valendo lembrar que a coletividade de trabalhadores é a real detentora da autonomia privada coletiva, sendo a entidade sindical sua representante, cujas prerrogativas constituem um direito-função, isto é, devem ser exercidas com a finalidade de tutela dos interesses individuais e coletivos dos membros representados. Deste modo, a previsão contida no art. 617 da CLT tem aplicação nas hipóteses em que a entidade sindical injustificadamente ou com interesses contrários à tutela da coletividade recusa-se a entabular a negociação coletiva.

A norma do art. 617 da CLT deve ser lida como hipótese excepcionalíssima, não podendo ser objeto de presunção de recusa injustificada da entidade sindical, mas de prova robusta e contrária tanto da falta de justificativa quanto do caráter benéfico para os trabalhadores do acordo a ser entabulado. Deve-se lembrar que a recusa de negociação pode, inclusive, ser uma estratégia da entidade sindical dentro do próprio processo de negociação. Cite-se, *v.g.*, a negativa da entidade sindical em negociar enquanto o empregador não pagar os salários atrasados dos trabalhadores ou se negar este a reintegrar trabalhadores dispensandos abusivamente durante um movimento paredista.

Essa legitimidade encontra respaldo na Recomendação n. 91 da Organização Internacional do Trabalho, sobre contratos coletivos, que prevê a possibilidade de os próprios trabalhadores diretamente interessados firmarem contratos coletivos com os empregadores ou suas organizações, na ausência de entidade sindical profissional (art. 2º, item 1). Embora a norma constitucional não se refira expressamente à recusa da entidade sindical em entabular a negociação coletiva, a *ratio summa* aconselha a legitimação dos próprios trabalhadores nesta hipótese.

Os equívocos com relação à recepção da legitimação direta dos trabalhadores, na hipótese de recusa das entidades sindicais, decorrem de errôneas interpretações em torno da norma do art. 8º, VI, da CRFB/1988, em razão da qual parte da doutrina prega que a sua *ratio juris* corresponde ao fortalecimento das entidades sindicais. Nesse sentido, por exemplo, é a opinião externada por José Augusto Rodrigues Pinto, ao assinalar que *"O pensamento do legislador constituinte, ao colocar a norma em causa, foi o de fortalecer a posição do sindicato no cenário dos interesses coletivos"*[(655)].

(655) PINTO, José Augusto Rodrigues. *Direito sindical e coletivo do trabalho*. São Paulo: LTr, 1998. p. 223.

A norma constitucional, no entanto, não tem como objetivo o fortalecimento do sindicato, mas a proteção da autonomia privada coletiva por meio da representação sindical; assim, quando esta mesma representação sindical contradiz as finalidades perseguidas pelo preceito constitucional, não deve ser privilegiada. É a hipótese do art. 617 da CLT. O sindicato é apenas um dos instrumentos de fortalecimento da autonomia privada coletiva. Os sindicatos constituem os *enti esponenziali* da autonomia privada coletiva e não os seus verdadeiros titulares.

Na hipótese, o acordo coletivo celebrado diretamente pelos empregados interessados abrangerá todos os empregados da empresa acordante. Como esclarece Carlos Moreira De Luca, "*no acordo os empregados estão sempre representados porque assim o entendemos, mesmo quando seja levado a cabo pelos empregados de uma empresa sem a intervenção sindical, na forma prevista no art. 617 da CLT. Se a lei autoriza a celebração de acordo coletivo, só se pode tratar da figura ora estudada, com todas as características, inclusive a de alcançar os contratos individuais de trabalho que venham a ser celebrados durante sua vigência*"[(656)].

Do mesmo modo, é constitucional a legitimação conferida à comissão de trabalhadores, pelo art. 4º, § 2º, da Lei n. 7.783/1989, para entabular as deliberações a respeito da greve na falta de entidade sindical (sindicato, federação e confederação), ou diante da sua recusa, situação na qual entendemos aplicáveis analogicamente os procedimentos traçados pelo art. 617 da CLT, cujos prazos poderão ser mitigados em razão das urgências do caso concreto[(657)].

2.4. Centrais sindicais

Prevalece na doutrina e na jurisprudência o entendimento pelo qual as centrais sindicais não possuem personalidade sindical, não participando oficialmente da organização sindical delineada pela CRFB/1988.

As entidades sindicais de cúpula, como a CUT (Central Única dos Trabalhadores), a Força Sindical, a UGT (União Geral dos Trabalhadores), a CTB (Central dos Trabalhadores e Trabalhadoras do Brasil), a NCST (Nova Central Sindical dos Trabalhadores);

---

(656) DE LUCA, Carlos Moreira. *Op. cit.*, p. 140.

(657) Nesse ponto, vale ressaltar o pensamento esboçado por Octavio Bueno Magano e Estêvão Mallet, no sentido de negarem a atuação direta da comissão de trabalhadores, quando da recusa da entidade sindical. Conforme seus comentários ao art. 8º, inciso VI, da CF/1988, *in verbis*: *"Outra observação a ser aqui registrada diz respeito ao § 2º do art. 4º da Lei n. 7.783/89, onde se estatui que, na falta de entidade sindical, podem os trabalhadores em greve constituir comissão de negociação para os representar. Tal previsão mostra-se anódina, porque, dada a integração do sindicalismo brasileiro, sempre haverá alguma entidade (federação ou confederação) com possibilidade de exercer a representação em caso de greve. E se a falta de entidade sindical, referida na lei citada, for interpretada como ausência de adesão ao movimento grevista, por parte do sindicato representativo da categoria, então, a regra em foco mostrar-se-á inconstitucional, por contrariar o art. 8º, VI, da Constituição ora em análise, onde se estipula ser obrigatória a participação dos sindicatos na negociação coletiva, ou que compreende a fase de greve, por ser esta última uma ancila daquela"* (MAGANO, Octavio Bueno; MALLET, Estêvão. *O direito do trabalho na constituição*. Rio de Janeiro: Forense, 1993. p. 294-295).

a CSB (Central dos Sindicatos Brasileiros), a Pública (Central do Servidor), a UST (União Sindical dos Trabalhadores), localizam-se acima do sistema confederativo sindical. Ao contrário das demais entidades sindicais — sindicatos, federações e confederações —, elas não observam a regra da unicidade sindical do art. 8º, II, da CRFB/1988, pela qual é vedada a criação de mais de uma organização sindical, em qualquer grau, representativa de categoria profissional ou econômica, numa mesma base territorial.

Algumas centrais sindicais, como a CSP (Central Sindical e Popular Conlutas), a INTERSINDICAL (Central da Classe Trabalhadora), a UNIDADE CLASSISTA, embora não tenham obtido o reconhecimento de sua personalidade jurídica como centrais sindicais, constituem um sindicalismo de fato atuante e representativo.

As centrais sindicais possuem âmbito nacional, sendo que cada uma possui entidades sindicais representativas de diversas categorias que lhe são filiadas (são, por isso, intercategoriais). Desse modo, além de ocuparem o mesmo âmbito territorial, elas representam diversas categorias profissionais.

Embora não participem da organização sindical piramidal brasileira, as centrais sindicais possuem reconhecimento infraconstitucional, uma vez que a elas são conferidas participações em órgãos e conselhos multirrepresentativos, como o Conselho Curador do Fundo de Garantia do Tempo de Serviço (Lei n. 8.036/90), o Conselho Nacional de Previdência Social (Lei n. 8.213/91), o Conselho Deliberativo do Fundo de Amparo ao Trabalhador (Lei n. 7.998/90).

A aquisição de personalidade sindical confere aos sindicatos, entre outras, as seguintes prerrogativas, asseguradas na Constituição Federal e em outras normas infraconstitucionais: representar e defender, inclusive perante as autoridades judiciárias e administrativas, os interesses individuais e coletivos da categoria; participar das negociações coletivas de trabalho; celebrar acordos e convenções coletivas de trabalho; eleger ou designar os representantes da categoria perante órgãos da administração pública, beneficiar-se das contribuições previstas em lei, propor dissídio coletivo perante os Tribunais do Trabalho, convocar a assembleia e deflagrar a greve, garantia de emprego aos candidatos e/ou ocupantes de cargo de direção ou representação sindical[(658)].

Destituídas dos poderes e faculdade decorrentes de personalidade sindical, conforme entendimento doutrinal e jurisprudencial, as centrais não podem celebrar acordos e convenções coletivas. Geralmente, as entidades de cúpula são convidadas pelos entes sindicais a ela filiados para participarem de negociações coletivas; mas a formalização dos instrumentos deve conter a assinatura dos representantes das entidades representadas, para ter validade, vigência e eficácia.

Por meio da Medida Provisória n. 293, de 8.5.2006, que dispunha sobre as cen-

(658) SANTOS, Ronaldo Lima. *Sindicatos e ações coletivas...*, p. 55.

trais sindicais, procurou-se conceder relativa legitimidade às centrais sindicais para participarem de negociações coletivas. Entretanto, mesmo no regime da referida Medida Provisória, as centrais deveriam atuar por meio das entidades sindicais a elas filiadas, como se extrai do seu art. 1º, inciso I. A Medida Provisória n. 293 foi rejeitada pela Câmara dos Deputados (DO 5.9.2006)[659]. A Lei n. 11.648, de 31.3.2008, praticamente reavivou as disposições da MP n. 293/2008, ao conferir reconhecimento infraconstitucional às centrais sindicais, conferindo-lhes as seguintes atribuições e prerrogativas: a) coordenar a representação dos trabalhadores por intermédio das organizações sindicais a elas filiadas; b) participar de negociações em fóruns, colegiados de órgãos públicos e instituições tripartites, nos quais estejam em discussão matérias de interesse geral dos trabalhadores; c) personalidade de *"entidade associativa de direito privado composta por organizações sindicais de trabalhadores"*; d) percebimento do percentual de 10% (dez por cento) da contribuição sindical recolhida dos trabalhadores.

Não obstante a conferição de algumas atribuições e prerrogativas às centrais sindicais pela Lei n. 11.648/2008, as centrais sindicais não se encontram agasalhadas pela estrutura sindical delineada pela CRFB/1988, estando destituídas dos poderes e faculdades decorrentes da personalidade sindical. Desse modo, as centrais não possuem a prerrogativa de celebrar acordos e convenções coletivas. Geralmente, as entidades de cúpula são convidadas pelos entes sindicais a ela filiados para participarem de negociações coletivas; porém a formalização dos instrumentos deve conter a assinatura dos representantes das entidades das categorias representadas, para ter validade, vigência e eficácia. Neste sentido, a Lei n. 11.648/2008 não alterou significativamente a situação fática preexistente, em relação à legitimidade para a elaboração de acordos e convenções coletivas de trabalho.

2.5. Quadro sinóptico da legitimação para acordos e convenções coletivas

LEGITIMAÇÃO		
	Primária (Art. 611, *caput* e § 1º, CLT)	Convenções coletivas
		Acordos coletivos Sindicato profissional e uma ou mais empresas
	Subsidiária (art. 611, § 2º, CLT)	Federação/Confederação
	Subsidiária/Greve (Lei n. 7.783/89)	Comissão de trabalhadores
	Substitutiva (Art. 617, CLT)	Federação/Confederação/Comissão de Trabalhadores

(659) MP n. 293, de 5.8.2006. *"Art. 1º A central sindical, entidade de representação geral dos trabalhadores, constituída em âmbito nacional, terá as seguintes atribuições e prerrogativas:*
I – exercer a representação dos trabalhadores, por meio das organizações sindicais a elas filiadas..."

3. Campo de aplicação

O campo de aplicação de uma norma coletiva é aferido por dois aspectos: o subjetivo, isto é, do grupo, categoria, classe ou coletividade de pessoas sobre os quais incidirão as disposições da norma coletiva, e o objetivo, ou seja, da dimensão territorial abrangida pelos efeitos da norma coletiva.

A abrangência de uma convenção coletiva será extraída da conjugação desses dois critérios, o subjetivo (campo de aplicação pessoal) e o objetivo (campo de aplicação territorial), uma vez que a representação de uma entidade sindical é aferida por meio da análise de ambos os fatores.

3.1. Campo de aplicação subjetivo (pessoal)

O campo de aplicação subjetivo (pessoal) dos acordos e convenções coletivas é extraído da conjugação dos arts. 611 da CLT, 8º, II, da CRFB/1988 e 511 e 513, *a*, da CLT.

As convenções coletivas são aplicáveis em todo o âmbito de representação sindical das entidades convenentes, isto é, a todos os empregados e empregadores das categorias representadas pelos sindicatos pactuantes (art. 8º, II, CRFB/1988), independentemente de serem ou não sócios das respectivas entidades sindicais, pois constitui prerrogativa dos sindicatos "*representar, perante as autoridades administrativas e judiciárias, os interesses gerais da respectiva categoria ou profissão liberal*" (art. 513, *a*, CLT).

A convenção coletiva abrange, assim, todos os membros das respectivas categorias representadas, seja a categoria econômica (art. 511, § 1º, CLT), a categoria profissional (art. 511, § 2º, CLT) ou a categoria profissional diferenciada (art. 511, § 3º, CLT).

A categoria econômica é formada pelas diversas empresas que exercem a mesma atividade econômica, ou que realizem atividades econômicas similares ou conexas. Desse modo, a convenção coletiva abrangerá todas as empresas inseridas na base de representação da entidade sindical patronal. Por exemplo, a convenção coletiva celebrada pelo sindicato das indústrias metalúrgicas de determinado município, abrangerá todas as empresas metalúrgicas daquela cidade, filiadas ou não ao sindicato patronal.

A categoria profissional é formada pelo conjunto de trabalhadores empregados num mesmo setor de atividade econômica (metalúrgicos, bancários, comerciários etc.) ou em setores similares (como bares e restaurantes) ou conexos (químicos e farmacêuticos).

O enquadramento sindical do trabalhador é aferido a partir da atividade econômica da empresa. Desse modo, trabalhadores em indústrias metalúrgicas comporão a base de representação do sindicato dos trabalhadores nas indústrias metalúrgicas, independentemente da profissão exercida (advogado, engenheiro, faxineiro, ferramenteiro).

É o que José Eymard Loguercio denomina de conceito relacional, uma vez que o conceito de categoria profissional exige um correspondente, relacionado ao dele, que é a categoria econômica[(660)]. Trata-se do denominado paralelismo sindical, criado pela Lei Rocco de 1926, na Itália, transportado para a Carta Del Lavoro de 1927 e posteriormente para nosso ordenamento jurídico durante o período Vargas. A associação sindical constituída com base nesse critério de agregação profissional é denominada de sindicato vertical, em contraposição ao sindicato horizontal, cujo critério de agregação corresponde ao ofício ou à profissão, independentemente da atividade econômica exercida pelo empregador.

A convenção coletiva alcançará todos os empregados componentes da base de representação do sindicato profissional convenente, como, *v. g.*, todos os empregados em estabelecimentos bancários de determinada cidade, sócios ou não do sindicato profissional.

Os acordos coletivos abrangem somente os empregados vinculados ao empregador ou empregadores que dele participaram. Sua eficácia subjetiva se estende a todos os empregados da(s) empresa(s) pactuante(s), ainda que não sejam associados do sindicato representativo da respectiva categoria profissional.

O acordo coletivo pode ter o seu campo de abrangência reduzido pelas partes acordantes, podendo ser limitado a um setor ou a um estabelecimento específico da empresa.

3.1.1. Campo de aplicação subjetivo e categoria profissional diferenciada

A categoria profissional diferenciada constitui exceção à regra da aferição do enquadramento sindical do grupo profissional pela natureza da atividade econômica preponderante desenvolvida pela empresa. A categoria profissional diferenciada se fundamenta no critério de agregação por ofício ou profissão, independentemente da atividade econômica exercida pelos empregadores; critério em derredor do qual se estruturam os denominados sindicatos horizontais, diversamente dos sindicatos verticais, constituídos com base na natureza da atividade econômica do empregador.

A base da categoria diferenciada é a existência de um estatuto profissional especial ou a presença de condições de vida similares dos trabalhadores, em virtude do exercício da mesma profissão (art. 511, § 3º, CLT). Ela é formada pelos trabalhadores que exercem uma mesma profissão (professores, músicos, jornalistas, aeronautas, aeroviários), independentemente da atividade econômica exercida pelos empregadores.

(660) LOGUERCIO, José Eymard. *Pluralidade sindical:* da legalidade à legitimidade no sistema sindical brasileiro. São Paulo: LTr, 2000. p. 52.

Diversas categorias diferenciadas estão previstas no quadro de atividades e profissões constantes dos arts. 570 e 577 da CLT, pelo qual se efetuava o respectivo enquadramento sindical por ato do Ministério do Trabalho; quadro este que não fora recepcionado pela CRFB/1988, que vedou a interferência e a intervenção do Poder Público na organização sindical (art. 8º, I, CRFB/1988), bem como garantiu a liberdade de criação e delimitação das bases sindicais, excetuando-se as balizas impostas pelo próprio legislador constituinte (art. 8º, II, CRFB/88). Atualmente, referido quadro possui valor meramente exemplificativo.

Diante do preceito do art. 8º da CRFB/1988, a liberdade de criação de categoria diferenciada insta somente que os trabalhadores, profissionais liberais ou trabalhadores autônomos exerçam profissões diferenciadas por força de estatuto profissional especial ou em consequência de condições de vida singulares (art. 511, § 3º, CLT), podendo agrupar-se em sindicato representativo da respectiva atividade ou profissão. O Tribunal Superior do Trabalho, no entanto, consolidou entendimento no sentido de que somente por lei podem configurar-se as categorias diferenciadas[(661)].

Diversamente dos sindicatos verticais, em que as categorias possuem alto grau de concentração subjetiva e territorial, os membros dos sindicatos horizontais encontram-se espraiados por empresas que exercem as mais diversas atividades econômicas.

Numa mesma empresa, podem ser encontrados trabalhadores representados por sindicatos verticais (cujo critério de agregação é a atividade econômica do empregador) e outros por sindicatos horizontais (cujo critério de agregação é o ofício ou profissão). Assim, é comum que numa empresa metalúrgica encontrem-se trabalhadores representados pelo sindicato dos trabalhadores das indústrias metalúrgicas, ao lado de trabalhadores vinculados a sindicatos representantes de categorias diferenciadas como na hipótese de haver professores no estabelecimento.

O sistema sindical brasileiro, predominantemente verticalizado, incorporou a figura do sindicalismo horizontal, ao consagrar a possibilidade de formação de categorias profissionais diferenciadas, cuja base de agregação esteia-se no ofício ou na profissão.

A mescla desses dois critérios de agregação profissional acarreta diversos problemas para a elaboração e aplicação das convenções coletivas. Na maior parte das vezes, observa-se a ausência de um sindicato patronal correspondente à categoria profissional diferenciada, deixando em aberto o aspecto relacional entre categoria profissional e categoria econômica. Na hipótese de inexistência de sindicato profissional representativo da

---

(661) *"Empregados de empresa de processamento de dados. Reconhecimento como categoria diferenciada. Impossibilidade. É por lei e não por decisão judicial, que as categorias diferenciadas são reconhecidas como tais. De outra parte, no que tange aos profissionais da informática, o trabalho que desempenham sofre alterações, de acordo com a atividade econômica exercida pelo empregador"* (Orientação Jurisprudencial n. 36 da SDC-TST).

categoria diferenciada, os empregados estarão submetidos às normas coletivas formalizadas pelo sindicato profissional representativo da categoria dos demais trabalhadores da empresa (categoria profissional correspondente à atividade econômica preponderante da empresa).

Quando presente sindicato representativo de categoria profissional diferenciada, são constatadas várias dificuldades para a elaboração de uma norma coletiva que abranja a todos os trabalhadores representados, em virtude da dispersão destes por diversas empresas com atividades distintas.

Para que uma norma coletiva que verse sobre condições de trabalho de certa categoria profissional diferenciada seja aplicável à determinada empresa, faz-se mister que esta tenha participado da sua elaboração, diretamente ou por meio da sua entidade sindical representativa (sindicato patronal). Isto equivale a dizer que o sindicato profissional deverá elaborar uma convenção coletiva com todas as entidades sindicais representativas dos setores econômicos (metalurgia, comércio, transportes etc.) que possuam empregados exercentes da profissão representada. Essa norma coletiva pode ser elaborada conjunta ou separadamente com cada entidade sindical patronal.

Esse entendimento foi esposado pelo Tribunal Superior do Trabalho, por meio da sua Súmula n. 374: *"Norma coletiva. Categoria diferenciada. Abrangência. Empregado integrante de categoria profissional diferenciada não tem o direito de haver de seu empregador vantagens previstas em instrumento coletivo no qual a empresa não foi representada por órgão de classe de sua categoria."*

Na falta de norma específica regulamentadora das condições de trabalho de empregados de categorias diferenciadas, ou nos casos em que as empresas nas quais trabalham seus membros não sejam partes na norma coletiva ou não estejam representadas por seus respectivos sindicatos, os trabalhadores estarão todos submetidos aos efeitos da mesma norma coletiva aplicável à categoria profissional preponderante, isto é, aquela correspondente à atividade econômica predominante na empresa. Ex.: professor em empresa metalúrgica submete-se às normas coletivas celebradas entre o empregador e o sindicato dos trabalhadores das indústrias metalúrgicas ou ao acordo coletivo correspondente, não obstante a aplicação das normas peculiares do seu estatuto profissional, no que for mais favorável. No sistema sindical brasileiro, a regra é o enquadramento do empregado pela atividade preponderante do empregador, na ausência de enquadramento específico, segue-se a regra geral, até porque o enquadramento sindical não leva em consideração o ofício ou a profissão do empregado. Equivale a dizer que, na estrutura sindical brasileira, não há empregado sem representação normativa[662].

---

(662) Neste diapasão, nosso sistema adota solução diversa do Código de Trabalho de Portugal, o qual, ao regulamentar a concorrência de convênios coletivos, dispõe que o instrumento de negociação coletiva de trabalho negocial de um setor de atividade afasta a aplicação de um instrumento da mesma natureza cujo

Neste aspecto, discordamos de Amauri Mascaro Nascimento, ao assinalar que na ausência de norma coletiva específica da categoria diferenciada, não há aplicação aos trabalhadores desta da norma coletiva da categoria correspondente à atividade preponderante da empresa, salvo na hipótese de extensão prevista em cláusula da própria norma coletiva[(663)].

A questão se apresenta controvertida nos Tribunais, havendo decisões em ambos os sentidos no que concerne à aplicação de norma coletiva da categoria predominante aos trabalhadores de categoria diferenciada não efetivamente representados por seus sindicatos no âmbito da empresa[(664)].

Esta problemática não se confunde com a extensão de regime legal de determinadas categorias gerais a categorias diferenciadas. Esta é a orientação predominantemente seguida pelo Tribunal Superior do Trabalho, como se observa da sua Súmula n. 117, *in verbis*: *"Não se beneficiam do regime legal relativo aos bancários os empregados de estabelecimento de crédito pertencentes a categorias profissionais diferenciadas."* Assim, trabalhador regido por estatuto profissional específico (advogado, engenheiro, médico) não tem alterado estatuto profissional para ser regido pelo estatuto legal da categoria geral dos trabalhadores da empresa[(665)].

âmbito de aplicação se define por profissão ou profissões relativas ao mesmo setor de atividade (art. 535). Em nosso ordenamento, podem coexistir normas coletivas para a categoria profissional preponderante e para a categoria profissional diferenciada, sem que a existência daquela afaste a aplicação desta.

(663) NASCIMENTO, Amauri Mascaro. *Curso de direito...*, p. 746.

(664) *"(...) CONVENÇÃO COLETIVA DE TRABALHO. ABRANGÊNCIA. O fato da empresa contar em seu quadro funcional, com empregados de diferentes profissões, não afasta a aplicação da regra geral de que o enquadramento sindical é dado pela atividade preponderante da empresa. O pertencer o empregado à* ***categoria*** *profissional* ***diferenciada*** *não o exclui,* "ipso facto"*, da abrangência dos pactos coletivos celebrados por seu empregador, mesmo porque, a teor de jurisprudência já sumulada, "empregado integrante de* ***categoria*** *profissional* ***diferenciada*** *não tem o direito de haver de seu empregador vantagens previstas em instrumento coletivo no qual a empresa não foi representada por órgão de classe de sua* ***categoria****" (Orientação Jurisprudencial n. 55 da SDI-1). Recurso de revista não conhecido."* (TST, RR n. 425885/1998, 4ª Turma, Rel. Juiz Convocado Horácio R. de Senna Pires, DJ 27.6.2003.) *"ENQUADRAMENTO SINDICAL. VIGILANTE. CATEGORIA DIFERENCIADA. Tendo o reclamante exercido a função de vigilante, que, por força da Lei n. 7.102/83, com a alteração dada pela Lei n. 8.863/94 (art. 10, § 4º), integra categoria diferenciada, seu enquadramento, para todos os efeitos legais e para fim de instrumentos coletivos, se dá, não em função da atividade preponderante da reclamada (indústria química), mas sim da categoria profissional a que pertence. Recurso de revista conhecido e provido."* (TST, RR n. 1037/2000-001-04-00, 4ª Turma, Rel. Min. Milton de Moura França, DJ 10.12.2004.)

(665) *"ADVOGADO. CONTRATAÇÃO ANTES DA LEI N. 8.906/94. BANCÁRIO. CATEGORIA DIFERENCIADA. APLICAÇÃO DO ENUNCIADO N. 117 DO TST. De acordo com os arts. 511, § 2º, e 581, § 2º, ambos da CLT, nas empresas que possuem várias atividades, os empregados serão enquadrados segundo aquela que for preponderante. O art. 511, § 3º, da CLT, entretanto, estabelecendo exceção, traz a lume o conceito de categoria profissional diferenciada, fixando-a como aquela "que se forma dos empregados que exerçam profissões ou funções diferenciadas por força de estatuto profissional especial ou em consequência de condições de vida singulares". No caso dos autos, toda a controvérsia diz respeito ao fato de o reclamante, advogado contratado antes da Lei n. 8.906/94, pertencer ou não à categoria diferenciada, de modo a se saber se a ele são aplicáveis as disposições da CLT, pertinentes aos bancários. Antes do advento da Constituição de 1988, para que os sindicatos pudessem se constituir, era necessário que a categoria, cuja representação fosse pretendida, encontrasse previsão no quadro de atividades e profissões a que se refere o art. 577 consolidado, ou estivesse em conformidade com as subdivisões que, sob proposta da Comissão do*

3.1.2. Campo de aplicação subjetivo e equiparação salarial

O instituto da equiparação salarial vem previsto no art. 461 da CLT(666). Como se observa da norma, há uma série de exigências para que se verifique a igualdade salarial entre dois trabalhadores (paragonado = aquele que requer a equiparação; e paradigma = aquele com quem se requer a equiparação).

Nas primeiras três edições desta obra, afirmávamos que o art. 461 da CLT consistia num "*dos instrumentos de concretização de concretização dos princípios da não discriminação e da isonomia nas relações de trabalho*", no entanto, melhor analisando a questão à luz dos princípios axiológicos dos direitos humanos e das alterações perpetradas pela Lei n. 13.467/2017 no referido dispositivo legal, verificamos que o art. 461 da CLT viola frontalmente os princípios da não discriminação e da isonomia enunciados nos arts. 3º, I e IV; 4º, II; 5º, I, *caput*; e 7º, XXX , XXXI e XXXII, da CRFB/1988.

Enquadramento Sindical, fossem criadas pelo Ministério do Trabalho. Este cenário, entretanto, não mais subsiste atualmente, ante o comando inserto no art. 8º, I, da Lei Magna, que veda ao Poder Público qualquer interferência ou intervenção na organização sindical. Nesse contexto, para que se tenha por configurada a hipótese de categoria profissional diferenciada, basta que os empregados que a componham "exerçam profissões ou funções diferenciadas por força de estatuto profissional especial ou em consequência de condições de vida singulares" (CLT, art. 511, § 3º), pouco importando a sua previsão ou não no quadro mencionado pelo art. 577 da CLT. Ora, o reclamante, advogado, já exercia, antes da edição da Lei n. 8.906/94, profissão diferenciada por força de estatuto profissional (Lei n. 4.215/63). Deve, pois, ser enquadrado no conceito de categoria profissional diferenciada, fato que excepciona a aplicação das normas especiais pertinentes à categoria dos bancários. Ressalte-se, por outro lado, o Enunciado n. 117 do TST que estabelece: "Não se beneficiam do regime legal relativo aos bancários os empregados de estabelecimentos de crédito pertencentes a categorias profissionais diferenciadas" (RA 140/1980, DJ 18.12.1980). Recurso de revista conhecido e provido." (TST, RR n. 101162/1999, 4ª T., Rel. Milton de Moura França, DJ. 12.9.2003) *"ENGENHEIRO. ENQUADRAMENTO SINDICAL. BANCÁRIO. HORAS EXTRAS. CATEGORIA PROFISSIONAL DIFERENCIADA. LEGISLAÇÃO ESPECÍFICA. LEI N. 4.950/66. Para que se tenha por configurada a hipótese de categoria profissional diferenciada, basta que os empregados que a componham exerçam profissões ou funções diferenciadas por força de estatuto profissional especial ou em consequência de condições de vida singulares" (CLT, art. 511, § 3º), pouco importando a sua previsão ou não no quadro outrora mencionado pelo art. 577 da CLT. Ora, o Autor, engenheiro, exercia então profissão diferenciada por força de estatuto profissional (Lei n. 4.950/66), em tudo se adequando ao que disposto no art. 511, § 3º, da CLT. Dessa forma, não se vislumbra como não o enquadrar no conceito de categoria profissional diferenciada, excepcionando-o, assim, da aplicação das normas especiais pertinentes à categoria dos bancários (art. 224 e seguintes da CLT)."* (TST, RR n. 569155/1999, 2ª T., Rel. Juiz Convocada Amélia Li Chum, DJ 11.10.2001.)

(666) *"Art. Art. 461. Sendo idêntica a função, a todo trabalho de igual valor, prestado ao mesmo empregador, no mesmo estabelecimento empresarial, corresponderá igual salário, sem distinção de sexo, etnia, nacionalidade ou idade. § 1º Trabalho de igual valor, para os fins deste Capítulo, será o que for feito com igual produtividade e com a mesma perfeição técnica, entre pessoas cuja diferença de tempo de serviço para o mesmo empregador não seja superior a quatro anos e a diferença de tempo na função não seja superior a dois anos. § 2º Os dispositivos deste artigo não prevalecerão quando o empregador tiver pessoal organizado em quadro de carreira ou adotar, por meio de norma interna da empresa ou de negociação coletiva, plano de cargos e salários, dispensada qualquer forma de homologação ou registro em órgão público. § 3º No caso do § 2º deste artigo, as promoções poderão ser feitas por merecimento e por antiguidade, ou por apenas um destes critérios, dentro de cada categoria profissional. § 4º – O trabalhador readaptado em nova função por motivo de deficiência física ou mental atestada pelo órgão competente da Previdência Social não servirá de paradigma para fins de equiparação salarial. 5º A equiparação salarial só será possível entre empregados contemporâneos no cargo ou na função, ficando vedada a indicação de paradigmas remotos, ainda que o paradigma contemporâneo tenha obtido a vantagem em ação judicial própria. § 6º No caso de comprovada discriminação por motivo de sexo ou etnia, o juízo determinará, além do pagamento das diferenças salariais devidas, multa, em favor do empregado discriminado, no valor de 50% (cinquenta por cento) do limite máximo dos benefícios do Regime Geral de Previdência Social.*

O princípio da isonomia salarial não se confunde com equiparação salarial. Por seu intermédio, a ordem jurídica trabalhista obsta a existência de diferenças salariais baseadas em considerações fortuitas, arbitrárias ou injustificadas, bem como em atos discriminatórios do empregador, quando fundamentado em fatores como sexo, idade, cor, estado civil, saúde e condição social (art. 7º, XXX e XXXI, CRFB/1988), entre outros, ou fomentado por motivos como antipatia, perseguição, ignorância, preconceitos, temores, intolerância, elementos históricos, culturais, sociológicos, econômicos e psicológicos, políticos, econômicos, em qualquer diferença real ou imaginária com vistas a prejudicar determinado indivíduo ou grupo em detrimento de outro etc.

Sem analisarmos o mérito da norma trabalhista[667], o legislador infraconstitucional optou por prever uma série de requisitos para a caracterização do direito à equiparação salarial, ao determinar, no art. 461 da CLT, a observância dos seguintes critérios: a) identidade de empregador entre os trabalhadores; b) trabalho no mesmo estabelecimento empresarial; c) exercício da mesma função; d) igualdade de produtividade e de perfeição técnica; e) diferença de tempo de serviço para o mesmo empregadador não superior a quatro anos e a diferença de tempo na função não superior a 2 (dois) anos; f) inexistência de quadro organizado em carreira ou de plano de cargos e salários adotado por meio de norma interna da empresa ou de negociação coletiva, dispensada a homologação por órgão público; g) contemporaneidade dos trabalhadores (paragonado e paradigma) na exercício da função; h) paradigma não readaptado na função pelo órgão da Previdência Social em razão de deficiência física ou mental. Comprovada a presença dos requisitos, compete ao empregador o ônus da prova de fato impeditivo, modificativo ou extintivo da equiparação salarial (Súmula n. 6, VIII, TST).

Ao passo que o pagamento de salários é realizado por critérios que consideram o trabalho abstrato dos trabalhadores, no campo da equiparação exige-se não somente o cotejo entre trabalhos concretos como há requisitos injustificáveis como os critérios de mesma perfeição técnica e mesma produtividade, trabalhos realizados num mesmo estabelecimento, entre outros. As exigências do art. 461, além de injustificáveis, violam os princípios da isonomia e da não discriminação, tornando praticamente inaplicável qualquer equiparação no caso concreto.

Embora pouco divulgado na doutrina, um outro requisito para a equiparação salarial entre dois ou mais trabalhadores revela-se na necessidade de que o trabalhador paradigma e o equiparando estejam submetidos a um mesmo estatuto jurídico. Desse

(667) A menção ao mérito da norma trabalhista refere-se à análise da sua compatibilidade com os princípios axiológicos dos Direitos Humanos (Liberdade, Igualdade e Fraternidade), pois, entre outros aspectos, ao exigir identidade de funções, o legislador afastou-se do princípio isonômico, obstando a possibilidade de equiparação entre trabalhadores que exerçam funções similares. Por outro lado, o pressuposto negativo de ausência de diferença de dois anos na função poderia servir somente como presunção relativa contra o empregado, jamais como óbice à equiparação, se comprovada a mesma perfeição técnica, produtividade etc.

modo, mesmo após o preenchimento de todos os requisitos previstos no art. 461 da CLT, não é possível a equiparação entre trabalhadores que estejam submetidos a legislações de naturezas diversas, *v. g.*, trabalhadores de um determinado município, em que se verifica que um está sujeito ao regime da CLT e outro ao regime estatutário. Trata-se de pressuposto normativo da equiparação salarial: que paragonado e paradigma estejam sujeitos a um mesmo estatuto normativo, compreendendo que as normas coletivas aplicáveis a ambos sejam as mesmas.

Esta questão tinha maior repercussão antes da alteração do art. 461 da CLT pela Lei n. 13.467/2017, que não se referia a trabalho em um mesmo estabelecimento, mas numa mesma localidade.(668) O Tribunal Superior do Trabalho, por meio da Súmula n. 6, havia consolidado o entendimento no sentido de que a expressão *"mesma localidade"* contida no art. 461 da CLT, *"refere-se, em princípio, ao mesmo município, ou a municípios distintos que, comprovadamente, pertençam à mesma região metropolitana"* (Súmula n. 6, item X).

Admitindo-se a possibilidade de equiparação salarial entre trabalhadores de um mesmo empregador, mas situados em municípios diferentes de uma mesma região metropolitana, pode ocorrer que a diferença de tratamento salarial ou remuneratório entre os trabalhadores decorra da circunstância de eles estarem vinculados a entidades sindicais distintas, uma vez que situados em bases territoriais de sindicatos diversos da mesma categoria profissional, e, consequentemente, sujeitos a normas coletivas diferentes. Nesta hipótese, embora presentes os demais requisitos para a equiparação salarial, não será cabível a aplicação do instituto se a diferença remuneratória decorrer da aplicação de norma coletiva restrita a um dos estabelecimentos do empregador, em virtude deste situar-se no âmbito de representação de outro sindicato, estando os empregados sujeitos a estatutos normativos distintos. *In casu*, a diferença de tratamento decorreu da própria ordem jurídico-trabalhista, cuja organização sindical estatuída na CRFB/1988 e delineada na CLT não se encontra lastreada nos princípios de liberdade sindical preconizados pela OIT, impossibilitando, por vezes, que trabalhadores de uma mesma região metropolitana composta por municípios distintos sujeitem-se a uma uniformidade de representação e de normatização coletiva.

Cite-se, por exemplo, a região do ABCD paulista, composta pelos municípios de Santo André, São Bernardo, São Caetano e Diadema, em que uma empresa atue em dois ou mais municípios. Ao se considerar tratar-se de uma mesma região metropolitana, um empregado da empresa que exerça suas atividades em estabelecimento situado, *v. g.*, em

---

(668) Como asseverava Mauricio Godinho Delgado *"A localidade preconizada na CLT diz respeito ao "mesmo sítio geográfico básico, o mesmo lugar que tenha as mesmas precisas características socioeconômicas, a ponto de não justificar tratamento salarial diferenciado entre trabalhadores pelo empregador", enquadrando-se no tipo legal do art. 461 a noção de cidade, de município, região metropolitana etc."* (DELGADO, Mauricio Godinho. *Curso de direito do trabalho*. 6. ed. São Paulo: LTr, 2007. p. 792.)

Diadema, poderia pleitear equiparação salarial ou remuneratória com outro que estivesse exercendo as mesmas atividades em outro estabelecimento da empresa, porém, situado no município de São Bernardo do Campo, salvo se a diferença remuneratória decorrer de aplicação de norma coletiva de sindicato cujo âmbito de representação abranja somente o segundo estabelecimento. Entendimento diverso corresponderia a estender os efeitos de uma norma coletiva a campos subjetivos e objetivos diversos daqueles representados pelas entidades convenentes.

Arnaldo Süssekind analisa a situação em que a desigualdade salarial decorre do cumprimento de acordo coletivo ou sentença normativa, posicionando-se no sentido de que esses instrumentos não podem afastar a aplicação da Convenção n. 100 da OIT, sobre igualdade de salários, salvo em se tratando de vantagens pessoais. Neste contexto, coadunamos do mesmo entendimento, uma vez que, ao que parece, os trabalhadores estão sujeitos a um mesmo estatuto jurídico (mesma norma coletiva), que os diferencia para fins da sua aplicação, não se confundindo com a hipótese por nós anteriormente analisada(669). Entretanto, mesmo a situação ventilada pelo autor não se encontra pacificada na jurisprudência(670), devendo ser elucidada nos casos concretos, com vistas à análise da justificativa e razoabilidade das distinções.

3.2. Campo de aplicação objetivo (territorial)

A base territorial de representação da entidade sindical é de livre definição pelos trabalhadores ou empregadores interessados, não podendo ser inferior à área de um município (art. 8º, III, CRFB/1988).

A convenção coletiva abrange a todos os membros das categorias profissional (trabalhadores) e econômica (empresas) que se encontrem na base territorial representada pelos sindicatos convenentes. A hipótese mais comum é a da igualdade de bases territoriais dos sindicatos profissional e econômico, situação na qual a convenção coletiva terá aplicação equivalente aos âmbitos territoriais de ambos os sindicatos. Na hipótese de acordo coletivo, a base territorial de sua aplicação será aquela definida pelas partes no instrumento normativo, podendo corresponder aos parques produtivos ou comerciais de uma ou mais empresas, a uma filial, estabelecimento ou setor da empresa.

---

(669) SÜSSEKIND; Arnaldo *et al. Instituições de Direito do Trabalho*. v. 1, 17. ed., São Paulo: LTr, 1997. p. 439-440.

(670) *"Salário normativo. Contrato de experiência. Limitação. Tempo de Serviço. Possibilidade. Não fere o princípio da isonomia salarial (art. 7º, XXX, da CF/88) a previsão de salário normativo tendo em vista o fator tempo de serviço."* (Orientação Jurisprudencial n. 25 da SDC do TST). *III — **Equiparação salarial.** Distinção de salário prevista em **norma coletiva.** Se os próprios instrumentos coletivos declaram a diferença de piso normativo entre motoristas de micro-ônibus e motoristas de veículos grandes, não há que se falar em **equiparação salarial** com paradigma que exercia a função antes de discriminada a diferença **salarial** pelos instrumentos normativos."* (TRT 2ª Região, RO, Proc. n. 00768-2005-341-02-00, Rel. Juiz Delvio Buffulin, DOE/SP 10.11.2006). *"Salário normativo. Menor empregado. Art. 7º, XXX, da CF/88. Violação. Os empregados menores não podem ser discriminados em cláusula que fixa salário mínimo profissional para a categoria."* (Orientação Jurisprudencial n. 26 da SDC do TST)

Algumas vicissitudes, no entanto, em relação às convenções coletivas, merecem uma análise específica.

3.2.1. Sindicatos com âmbitos territoriais distintos

Nas situações em que os sindicatos profissional e econômico possuírem diferentes campos territoriais de representação, a convenção coletiva celebrada terá eficácia limitada à área territorial comum entre os dois sindicatos, o que equivale a dizer que ela incidirá sobre a base territorial de menor dimensão.

Por exemplo, numa convenção coletiva celebrada entre o sindicato dos bancários da cidade do Rio de Janeiro e a Federação dos Bancos do Estado do Rio de Janeiro, a eficácia da norma coletiva limitar-se-á à área territorial comum entre as duas entidades sindicais, ou seja, a cidade do Rio de Janeiro, pois as demais áreas do Estado provavelmente estarão sob a representação de outros sindicatos de trabalhadores bancários.

Do mesmo modo, sendo, por exemplo, o sindicato profissional de âmbito estadual e o patronal de âmbito municipal, a norma coletiva terá aplicação na área territorial comum, isto é, o município representado pelo sindicato patronal.

A diferença de dimensão territorial pode ser contornada com a celebração de convenção coletiva entre diversas entidades sindicais ou com as federações ou confederações, possibilitando que a norma coletiva abranja a toda a área de representação do sindicato com maior dimensão territorial, nas hipóteses em que o campo objetivo deste coincida com a base de representação daquelas entidades sindicais de grau superior.

3.2.2. Desmembramento de sindicatos

É possível o desmembramento de sindicato que possui grande extensão objetiva em dois ou mais sindicatos, com a consequente reformulação da antiga base territorial, que ficaria repartida entre os novos sindicatos.

Diante do desmembramento da área territorial de um sindicato, os trabalhadores que passaram a compor a base territorial de outra entidade sindical continuarão, em princípio, com seus contratos de trabalho regidos pela convenção coletiva celebrada pelo ex-sindicato, uma vez que tanto o empregador quanto a coletividade de trabalhadores participaram da sua elaboração, não havendo diferença quanto às partes materiais.

3.2.3. Transferência de empregados

3.2.3.1. Definição de transferência no direito coletivo

Em sentido amplo, transferência é o ato pelo qual o empregador altera o local de trabalho do empregado, mudando-o de setor, de seção, de filial ou estabelecimento[(671)].

(671) MARTINS, Sergio Pinto. *Direito do trabalho...*, p. 283.

Na seara do direito individual do trabalho, para efeitos de repercussão na relação de emprego e nos direitos do trabalhador, considera-se transferência somente aquela alteração do local de trabalho que necessariamente implique mudança de domicílio do empregado (art. 469, CLT).

A transferência do empregado pode ocorrer de dois modos: a) provisória, nas hipóteses de necessidade de serviço e por período predeterminado, como o tempo necessário para a realização de uma obra ou um serviço (art. 469, § 3º, CLT); b) definitiva, nas situações em que o empregado é transferido de forma permanente para outra localidade, seja com a sua anuência (art. 469, *caput*, CLT) ou pela extinção do estabelecimento em que trabalha (art. 469, § 2º, CLT).

Ao contrário do direito individual, a transferência do empregado para outro local de serviços repercutirá no direito coletivo independentemente da alteração de domicílio, pois a vinculação do empregado a determinado sindicato dá-se a partir da conjugação da atividade econômica da empresa com o local da prestação de serviços.

No âmbito coletivo, essa localidade da prestação de serviços é denominada por Carlos Moreira de Luca como a "a sede do empregado"(672). A mera transferência para outro local de prestação de serviços, mesmo sem alteração de domicílio, desde que coloque o empregado na esfera de representação de outro sindicato, é o suficiente para causar efeitos na seara do direito coletivo.

Desse modo, com relação à aplicação das normas coletivas, a eventual transferência do empregado para outra localidade de prestação de serviços poderá colocá-lo ou retirá-lo do âmbito de incidência de determinada norma coletiva, dependendo, evidentemente, da natureza da transferência operada, se provisória ou definitiva.

3.2.3.2. Aplicação na transferência provisória

Na hipótese de transferência provisória, na qual o empregado é transferido para localidade de prestação de serviços (como outro estabelecimento ou filial da empresa), que se encontre sob a representação de outra entidade sindical profissional, não haverá alteração do estatuto jurídico do trabalhador, que continuará vinculado ao sindicato profissional de origem e às normas coletivas por ela pactuadas. A sede do empregado continuará a mesma, havendo momentânea alteração do local da prestação dos serviços.

3.2.3.3. Aplicação na transferência definitiva

Na transferência definitiva do trabalhador para localidade que compõe a base territorial de outro sindicato, o empregado passará a sujeitar-se à sua representação e às normas coletivas por ele celebradas, cessando a aplicação da norma coletiva da antiga localidade.

(672) DE LUCA, Carlos Moreira. *Op. cit.*, p. 142.

A aplicação da norma coletiva do novo local de prestação de serviços opera-se pelo simples fato de o empregado passar a laborar em localidade sujeita à representação de outro sindicato. Desse modo, a ressalva de Sergio Pinto Martins de que não haverá transferência (tecnicamente) se o empregado é transferido para outro município, mas sem alteração de domicílio, deve ser entendida pelo prisma do direito individual, pois, sob a ótica do direito coletivo, se o outro município constituir base de representação de outro sindicato, haverá alteração no estatuto jurídico do empregado.

Por outro lado, mesmo havendo mudança de domicílio, com repercussões na seara da relação individual de trabalho, a transferência poderá não ocasionar qualquer alteração em relação à aplicação de norma coletiva, como se verifica nas hipóteses em que o sindicato possui representação estadual, com abrangência tanto da nova cidade em que passou a laborar o empregado quanto da cidade em que trabalhava antes da transferência.

4. Conteúdo

O conteúdo de uma norma coletiva corresponde ao conjunto de matérias, normas e condições de trabalho contidos nas cláusulas que a compõem. A classificação do conteúdo de uma convenção coletiva é aferida a partir da natureza dessas obrigações e matérias.

Há diversas classificações doutrinárias quanto aos tipos de cláusulas normativas, que variam conforme a visão analítica de cada autor, embora entre elas observem-se vários pontos em comum, de forma que não raramente constata-se a alteração da denominação quanto a cláusulas que são essencialmente idênticas.

Segundo Kaskel e Hueck-Nipperdey as cláusulas das normas coletivas são de três espécies: a) de envoltura, referentes a aspectos de validade das próprias normas coletivas, como a forma, a duração, a terminação e a revisão; b) normativas, cujo objetivo é reger os contratos individuais de trabalho; e c) obrigacionais, correspondentes às disposições que estipulam obrigações para as próprias partes convenentes[(673)].

Mário de La Cueva as divide em: a) *disposições transitórias*, pertinentes, *v. g.*, a fatos eventuais como a greve e a readmissão de empregados.; b) *disposições que se referem ao contrato coletivo de trabalho considerado em si mesmo*; referentes à duração, finalidades etc.; c) *normas sobre as condições gerais de trabalho*, que regulamentam a prestação de serviços[(674)].

---

(673) *Apud* SÜSSEKIND, Arnaldo Lopes; TEIXEIRA FILHO, João de Lima; MARANHÃO, Délio; VIANNA, Segadas. *Op. cit.*, v. 2, p. 1.164.

(674) LA CUEVA, Mario de, *apud id., loc. cit.*

Octavio Bueno Magano distingue as seguintes cláusulas: a) normativas; b) de benefício individual; c) de conclusão; d) solidárias; e) relativas à constituição interna da empresa; f) obrigacionais; e g) facultativas(675). Paulo Eduardo de Oliveira segue essa mesma linha de pensamento(676).

Amauri Mascaro Nascimento diferencia apenas duas espécies de cláusulas: as normativas e as obrigacionais; inserindo nesses dois conceitos os demais tipos mencionados pela doutrina(677). Sergio Pinto Martins adota posicionamento semelhante, distinguindo somente esses dois tipos de cláusulas(678).

Em nossa obra, adotaremos a seguinte classificação: a) quanto à obrigatoriedade, cláusulas obrigatórias e facultativas; b) de acordo com o objetivo e os sujeitos, cláusulas obrigacionais e normativas; c) consoante a função, cláusulas operacionais autorizativas e operacionais instrumentais.

4.1. Cláusulas obrigatórias e facultativas

Com corpo de contrato e alma de lei (Carnelutti), os acordos e convenções coletivas, do mesmo modo que ocorre com os contratos especiais ou nominados e os negócios jurídicos solenes do direito comum, estão sujeitos à observância de determinados requisitos para a sua validade. Entre esses requisitos, inserem-se as denominadas cláusulas obrigatórias, isto é, disposições sobre matérias que devam constar, *ex vi legis*, obrigatoriamente, da norma coletiva.

Geralmente, são cláusulas que versam sobre aspectos das próprias normas coletivas, como prazo de duração, procedimentos de revisão, designação dos sindicatos convenentes etc., mas há também cláusulas obrigatórias com caráter normativo, isto é, que versam sobre os direitos e deveres dos empregadores e trabalhadores(679).

O art. 613 da CLT contém um rol de cláusulas obrigatórias; ele estabelece o conteúdo mínimo das convenções e acordos coletivos, que deve obrigatoriamente conter: a designação dos sindicatos convenentes ou dos sindicatos e empresas acordantes (inciso I); o prazo de vigência (inciso II); as categorias ou classes de trabalhadores abrangidas (inciso III); as condições ajustadas para reger as relações individuais de trabalho durante sua vigência (inciso IV); normas para a conciliação das divergências surgidas entre os convenentes por motivos de aplicação das cláusulas (inciso V); disposições sobre os processos de prorrogação e de revisão total ou parcial (inciso VI); os direitos e deveres

---

(675) MAGANO, Octavio Bueno. *Convenção coletiva de trabalho..., passim.*

(676) OLIVEIRA, Paulo Eduardo. *Convenção coletiva de trabalho..., passim.*

(677) NASCIMENTO, Amauri Mascaro. *Compêndio de direito sindical...*, p. 304.

(678) MARTINS, Sergio Pinto. *Direito do trabalho...*, p. 733.

(679) SÜSSEKIND, Arnaldo Lopes; TEIXEIRA FILHO, João de Lima; MARANHÃO, Délio; VIANNA, Segadas. *Op. cit.*, v. 2, p. 1.164.

dos empregados e empresas (inciso VII); as penalidades para os sindicatos convenentes, empregados e empresas na hipótese de violação das suas cláusulas (inciso VIII).

Como se observa do rol de cláusulas obrigatórias previstas no art. 613 da CLT, consta a necessidade de disposições sobre "condições ajustadas para reger as relações individuais de trabalho", isto é, a obrigatoriedade de cláusulas normativas. Essa previsão decorre do fato de as cláusulas normativas, que regem as relações individuais de trabalho, constituírem o núcleo de um acordo coletivo, sem as quais ele não seria considerado como tal, restringindo-se a mero contrato entre as partes convenentes.

As cláusulas facultativas são aquelas que dispõem sobre matérias cuja inserção nos acordos e convenções coletivas apresenta-se como faculdade das partes convenentes que, baseadas em critério de oportunidade e conveniência, decidem sobre as vantagens e desvantagens da sua inclusão no instrumento normativo em elaboração.

Assim, além das cláusulas que são obrigatórias, os participantes podem incluir outros dispositivos que venham a atender aos interesses de seus representados, respeitadas as garantias mínimas estipuladas nas leis cogentes em matéria trabalhista. Cite-se como exemplo a cláusula compromissória, as cláusulas operacionais autorizativas e instrumentais.

A facultatividade pode ser expressa ou implícita. Será expressa na existência de lei que conceda às partes convenentes a faculdade de dispor sobre determinada matéria ou instituto, sem lhes obrigar à sua adoção. É a hipótese do art. 621 da CLT, que faculta a inserção nos acordos e convenções coletivas de trabalho de disposições sobre a constituição e funcionamento de comissões mistas de consulta e colaboração e sobre participação nos lucros[(680)]. Será implícita na hipótese em que a facultatividade da cláusula é extraída da interpretação *contrario sensu* das normas que preveem cláusulas obrigatórias, donde se conclui que constituem disposições facultativas todas aquelas que não estejam previstas como obrigatórias, mas que, ainda assim, podem ser inseridas nos acordos e convenções coletivas de trabalho.

4.1.1. Inconstitucionalidade de cláusulas obrigatórias não essenciais

Embora o *caput* do art. 613 da CLT refira-se a todas as disposições nele elencadas como obrigatórias, na realidade, nem todas elas possuem essa característica, uma vez que a ausência de algumas delas não interfere na eficácia da norma coletiva ou é automaticamente substituída por uma disposição legal.

São essencialmente obrigatórias somente as disposições cujas presenças são fundamentais para a formação, eficácia, vigência ou validade da norma coletiva, *v. g*,

(680) *"Art. 621. As Convenções e os Acordos poderão incluir entre as suas cláusulas disposição sobre a constituição e funcionamento de comissões mistas de consulta e colaboração, no plano da empresa e sobre participação nos lucros. Estas disposições mencionarão a forma de constituição, o modo de funcionamento e as atribuições das comissões, assim como o plano de participação, quando for o caso."*

denominação dos convenentes ou acordantes, categoria ou classe abrangida, as cláusulas normativas, direitos e deveres dos empregados e empresas.

A obrigatoriedade legal de cláusulas que não constituem pressupostos de existência, validade, eficácia ou vigência da norma coletiva, por ser oriunda de uma política legislativa intervencionista do Estado à época da sua previsão, não foi recepcionada pela nova ordem constitucional, cujo princípio da liberdade sindical, consagrado no art. 8º, *caput*, da CRFB/1988, reserva à autonomia privada coletiva dos trabalhadores a liberdade de determinar o conteúdo da norma coletiva em conformidade com os interesses da coletividade.

O art. 613 da CLT, na realidade, contém uma série de disposições que não são obrigatórias, de modo que a sua falta não acarreta nulidade ou impede a eficácia, a validade ou a vigência da norma coletiva, como as disposições previstas nos incisos V (normas para reger o processo de conciliação) e VII (previsão de penalidades para as partes convenentes ou para os empregados e as empresas). Na ausência de previsão de prazo de vigência, vigora o limite máximo de 2 (dois) anos previsto no art. 614, § 3º, da CLT, salvo se outra interpretação resultar da análise do conjunto do conteúdo das demais disposições.

4.1.2. Inconstitucionalidade da previsão de multa para os empregados

Entre as cláusulas que devam constar obrigatoriamente numa norma coletiva previstas no art. 613 da CLT, inclui-se a previsão de *"penalidades para os Sindicatos convenentes, os empregados e as empresas, em caso de violação de seus dispositivos"* (inciso VII).

Este dispositivo está estritamente relacionado com a norma do art. 622 da CLT que, ao consagrar a regra da primazia da convenção coletiva sobre os contratos individuais de trabalho, em complemento ao art. 619 do estatuto celetista que também a consagra, prevê que os trabalhadores e empregadores que fixarem condições de trabalho contrárias àquelas estabelecidas em norma coletiva sujeitam-se às multas nela previstas. A norma em comento estipula inclusive a multa máxima para o trabalhador, a qual, *ipsis litteris*, *"não poderá exceder da metade daquela que, nas mesmas condições, seja estipulada pela empresa"* (art. 622, parágrafo único).

Como ressaltado no item anterior, embora a previsão de penalidade para as partes convenentes ou para os trabalhadores e empregadores esteja incluída no rol de cláusulas obrigatórias do art. 613, na realidade, trata-se de cláusula meramente facultativa, uma vez que não se inclui entre as disposições essenciais para o aperfeiçoamento, vigência, eficácia ou validade da norma coletiva, não tendo a obrigatoriedade legal da sua instituição recepcionada pela hodierna ordem constitucional, cujo princípio da liberdade sindical, consagrado no art. 8º, *caput*, da CRFB/1988, reserva à autonomia privada coletiva dos trabalhadores a liberdade de determinar o conteúdo da norma coletiva em conformidade com os interesses da coletividade.

Além da inconstitucionalidade da obrigatoriedade legal de fixação de cláusulas normativas que não constituam pressupostos de existência, eficácia, validade ou vigência da norma coletiva, eventual imposição de multa em norma coletiva aos empregados, *sponte propria*, pelas partes convenentes, também não encontra lastro constitucional, pois o reconhecimento dos acordos e convenções coletivas na atual ordem constitucional incluiu-se como um direito social dos trabalhadores, estando inserido no Capítulo II (Dos Direitos Sociais) do Título II (Dos Direitos e Garantias Fundamentais), como um instrumento de melhoria da condição social dos trabalhadores (art. 7º, *caput*, CRFB/1988), fruto da autonomia privada da coletividade, da qual os sindicatos atuam como representantes. A normatização coletiva tem como objetivo a paridade de armas com os empregadores, em benefício dos trabalhadores representados, razão pela qual não se justifica a previsão de multa normativa para os empregados — titulares da autonomia privada coletiva — com reversão para as entidades sindicais ou a qualquer outro órgão ou ente.

A possibilidade de aplicação de multas aos empregados estava inserida em ordens constitucionais em que os sindicatos atuavam como entes colaboradores do Estado, inclusive com funções delegadas, com exercício de um *munus publicum*, consistente no apaziguamento dos conflitos entre as forças da produção, em benefício da harmonia econômico-social preconizada pelo Estado. Por isso que, nas ordens constitucionais anteriores, os direitos sociais estavam vinculados à ordem econômica (CF/37, *"Da Ordem Econômica"*; CF/46, *"Título V Da Ordem Econômica e Social"*; CF/67, *"Título III Da Ordem Econômica e Social"*).

A notoriedade da limitação da autonomia individual do trabalhador nas relações de trabalho e a sua submissão ao poder de direção do empregador, que tem o poder de estabelecer as condições de trabalho, determinaram o conteúdo tuitivo da legislação do trabalho e da esfera coletiva de normatização. Esse caráter tutelar no confronto entre disposições individuais e coletivas vem consagrado em diversos dispositivos legais sempre em benefício da parte hipossuficiente, geralmente com a cominação de nulidade do ato ou de aplicação de multa administrativa para o empregador, como se observa, *v. g.*, do art. 444 da CLT, tendo em vista que o empregador possui o poder de determinação das condições de trabalho.

Desse modo, eventual disposição normativa que preveja a aplicação de multa aos trabalhadores viola o princípio da proteção e do caráter tuitivo dos acordos e convenções coletivas, sendo flagrantemente inconstitucional diante do art. 7º, *caput*, da CRFB/1988 e ilegal em face do art. 444 da CLT, que prevê apenas a ineficácia ou nulidade da condição de trabalho desfavorável ao empregado, no mesmo esteio da Recomendação n. 91, de 1951, da OIT, segundo a qual os empregadores e trabalhadores que estejam obrigados por um contrato coletivo não devem ter o poder de estipular disposições que lhes sejam contrárias, determinando que *"as disposições em tais contratos de trabalho devem ser consideradas nulas e substituídas de ofício pelas disposições correspondentes do contrato coletivo"*, excetuando-se as regras individuais que sejam mais favoráveis aos trabalhadores.

4.2. Cláusulas obrigacionais e normativas

Nos acordos e convenções coletivas, as partes pactuantes estipulam obrigações para serem cumpridas entre si, como também elaboram cláusulas pelas quais fixam normas e condições para reger as relações individuais de trabalho. As primeiras são denominadas de cláusulas obrigacionais, ao passo que as segundas recebem a denominação de cláusulas normativas.

Por meio das cláusulas obrigacionais, os sujeitos convenentes — sindicatos, ou sindicato e empresa(s) — estipulam obrigações recíprocas para serem cumpridas por eles próprios, não possuindo relação direta com as relações individuais de trabalho. Eles assumem, em nome próprio, obrigações para si, resultando em compromissos diretos e concretos; por isso, a natureza jurídica das cláusulas obrigacionais aproxima-se das disposições que figuram em contratos civis, comerciais etc.[(681)]. Délio Maranhão denomina as cláusulas obrigacionais de "cláusulas contratuais", definindo-as como *"as que estabelecem direitos e obrigações*, diretamente, entre as partes: sindicatos convenentes, ou sindicato e empregador"[(682)].

Por elas, são criadas obrigações imediatas, que incidem diretamente sobre fatos concretos, ao passo que as cláusulas normativas, por disporem em caráter geral, incidem sobre outros atos jurídicos — os contratos individuais de trabalho, isto é, atuam no mundo fático de modo indireto, por meio dos contratos individuais de trabalho[(683)].

Nas convenções coletivas, as cláusulas obrigacionais abrangem o sindicato da categoria profissional e o da categoria econômica; nos acordos coletivos, as obrigações vinculam o sindicato da categoria profissional e a empresa ou empresas pactuantes.

O art. 617 da CLT prevê algumas disposições obrigatórias que possuem conteúdo obrigacional, como normas para a conciliação das divergências surgidas entre os convenentes (inciso V), disposições sobre os processos de prorrogação e de revisão, total ou parcial dos dispositivos dos acordos e convenções coletivas (inciso VI) e cláusulas que prescrevem penalidades para as partes convenentes (inciso VIII).

As cláusulas normativas, por sua vez, constituem o verdadeiro núcleo dos acordos e convenções coletivas. Por meio delas, os sujeitos convenentes estipulam regras e condições de trabalho que regerão os contratos individuais de trabalho, figurando como

---

(681) RUSSOMANO, Mozart Victor. *Op. cit.*, p. 180.

(682) MARANHÃO, Délio. *Op. cit.*, p. 323.

(683) RUSSOMANO, Mozart Victor. *Op. cit.*, p. 180-181.

normas heterônomas para os empregados e empregadores representados nos acordos e convenções coletivas.

Elas constituem fontes de normas jurídicas, criadoras e reveladoras do direito, sem equiparação a nada que já esteja reconhecido e assentado na teoria dos contratos. As cláusulas normativas atuam de modo geral e abstrato da mesma forma que as leis e outras regras de conduta[(684)].

As cláusulas normativas são a essência das normas coletivas, o que habilita predizer que sem a sua presença não existe norma coletiva, pois o que restaria seria somente um instrumento bilateral entre as partes convenentes, sem efeitos *erga omnes* em face dos representados. Por essa razão que o art. 613, IV, da CLT elenca as disposições normativas entre as cláusulas obrigatórias dos acordos e convenções coletivas.

Entre essas cláusulas, há disposições sobre reajustes salariais ou aumentos reais de salários, previsão de estabilidades específicas, majoração de adicionais legais como os relativos às horas extraordinárias, ao trabalho noturno, ao exercício de atividades em situações insalubres ou periculosas, concessão de auxílio-alimentação, fornecimento de cestas básicas, remuneração por acúmulo de funções etc., enfim, todas as espécies de matérias pertinentes às condições de trabalho e ao contrato de trabalho.

4.3. Cláusulas operacionais

Como visto, basicamente, a doutrina diferencia as cláusulas coletivas em obrigatórias ou facultativas e obrigacionais ou normativas.

Paralelamente a estas cláusulas, podem ser inseridas nos acordos e convenções coletivas de trabalho disposições que, embora não sejam classificadas exatamente como obrigacionais ou normativas, procedimentalizam institutos jurídicos previstos em lei, ou operacionalizam a efetivação de direitos que, conquanto consagrados em lei, apresentam-se na forma de conceitos jurídicos indeterminados, isto é, com conteúdo abstrato ou demasiadamente genérico, de modo que a sua aplicação necessita de uma concreção de seu conteúdo e da forma da sua tutela para ter eficácia efetiva em ambientes distintos, são, por isso, denominadas de cláusulas operacionais, e encontram-se subdivididas em duas espécies: operacionais autorizativas e operacionais instrumentais.

4.3.1. Cláusulas operacionais autorizativas

As cláusulas operacionais autorizativas consistem em disposições constantes dos acordos e convenções coletivas pelas quais as partes acordantes ou convenentes legitimam a adoção de um instituto ou procedimento previsto em lei, mas que tem a sua implementação condicionada à regulamentação por norma coletiva. São normas em que

(684) RUSSOMANO, Mozart Victor. *Op. cit.*, p. 180-181.

se conjuga a heteronomia estatal com a autonomia privada coletiva, conciliando-se o intervencionismo direcionador do Estado com a discricionariedade dos grupos sociais.

Denominam-se autorizativas porque sua função é autorizar a adoção e a implementação de determinado instituto ou procedimento, previamente previstos em lei, nas relações individuais de trabalho. Trata-se de um processo pelo qual a implementação da legislação estatal nas relações individuais de trabalho fica condicionada à autorização pelos acordos e convenções coletivas, de modo que, na ausência desta, nula será adoção direta pelos sujeitos das relações individuais de trabalho.

Arion Sayão Romita denomina de constitutivas essas espécies de disposições; definindo-as como as *"(...) cláusulas que autorizam as empresas a celebrarem contratos de trabalho do tipo flexível"*. Para o autor, não se trata nem de cláusulas com efeitos obrigacionais nem com efeitos normativos, mas de um terceiro efeito: constitutivo da legitimação para que as partes possam estipular contratos de trabalho flexíveis; elucidando que, no Brasil, essas espécies de disposições são autorizadas pela Lei n. 9.601/98 (que dispõe sobre o contrato de trabalho por prazo determinado e dá outras providências).

Embora, na essência, as cláusulas mencionadas pelo autor sejam as mesmas que denominamos de operacionais autorizativas, entendemos melhor essa denominação, tendo em vista que a expressão "cláusulas constitutivas", tecnicamente, tem o seu emprego consagrado na doutrina para designar as cláusulas que têm como finalidade a criação (constituição) de direitos e condições de trabalho. O próprio autor, ao se referir ao conteúdo da Lei n. 9.601/98, fala em autorização, ao mencionar que *"Esta lei delega aos instrumentos coletivos a faculdade de autorizar a opção por esquemas contratuais flexíveis"*[(685)].

Entre as cláusulas operacionais autorizativas decorrentes da nossa legislação, predominam as regras que versam sobre flexibilização de determinados aspectos das relações de trabalho, como a adoção de formas contratuais atípicas, a implementação de banco de horas (art. 59, § 2º, CLT), implementação do regime de tempo parcial (art. 58-A, § 2º, CLT), suspensão do contrato (art. 476 – A , CLT) etc.

Via de regra, a legislação estatal participa com a previsão do instituto e com a elaboração de regras que restringem, modificam ou diminuem direitos dos empregados sujeitos a esses regimes especiais, deixando à autonomia privada coletiva o poder de autorizar ou não a adoção do instituto pelos sujeitos dos contratos individuais de trabalho, a faculdade de regulamentar outros aspectos da relação especial de trabalho, como também garantir a livre manifestação dos empregados quando da adesão a estas formas especiais de trabalho.

---

(685) ROMITA, Arion Sayão. Efeitos da cessação de vigência da convenção coletiva de trabalho. *Trabalho & Doutrina*, n. 23, p. 66, dez. 1999.

A Lei n. 9.601/1998, por exemplo, que dispõe sobre o contrato por prazo determinado, delega à autonomia privada coletiva a instituição dessa espécie contratual no seio de determinada coletividade de trabalhadores e empregadores(686). Esse mesmo diploma alterou o art. 59 da CLT para possibilitar a adoção do denominado banco de horas, condicionando sua implementação à previsão em acordos ou convenções coletivas.

No esteio da Convenção n. 175 da Organização Internacional de Trabalho sobre trabalho a tempo parcial, o art. 58-A da CLT, inserido pela Medida Provisória n. 2.164/2001 e alterado pela Lei n. 13.567/2017, trouxe à baila esse regime de trabalho, considerando-o *"aquele cuja duração não exceda a trinta horas semanais, sem possibilidade de horas suplementares semanais, ou, ainda, aquele cuja duração não exceda a vinte e seis horas semanais, com a possibilidade de acréscimo de até seis horas suplementares semanais"* (*caput* do art. 58-A). Não se trata somente de uma redução da jornada de trabalho do trabalhador, o que é passível em qualquer forma de contratação, mas de uma nova modalidade de contratação, com repercussão em diversos direitos trabalhistas do empregado. A adoção do regime de tempo parcial dos atuais empregados da empresa depende de previsão em acordo ou convenção coletiva e deve ser manifestada pelo trabalhador em consonância com o que dispuserem essas normas coletivas (art. 58-A , § 2º, CLT)(687).

A inserção do trabalho a tempo parcial em nossa legislação deu-se com limitada participação das entidades sindicais, seja em razão de sua não participação na elaboração da lei que permitiu a adoção desse regime, seja pelo limitado papel conferido à autonomia privada coletiva pela legislação estatal, que praticamente ficou restrita à regulamentação da conversão de regime, de tempo integral para parcial, pelos atuais empregados das empresas.

A circunstância de o regime de trabalho a tempo parcial ter sido adotado por via de Medida Provisória afronta os princípios da Convenção n. 175 da Organização Internacional do Trabalho, que determina que a adoção da legislação sobre esse regime deva ser efetuada após prévia consulta às organizações de empregadores e de trabalhadores (art. 11).

Em relação à participação dos sindicatos, o art. 58-A da CLT limitou-se a adotar parcialmente o art. 10 da Convenção n. 175 da OIT, para delegar a essas entidades

---

(686) Lei n. 9.601/1998: *"Art. 1º As convenções e os acordos coletivos de trabalho poderão instituir contrato de trabalho por prazo determinado, de que trata o art. 443 da Consolidação das Leis do Trabalho — CLT, independentemente das condições estabelecidas em seu § 2º, em qualquer atividade desenvolvida pela empresa ou estabelecimento, para admissões que representem acréscimo no número de empregados."*

(687) Para Amauri Mascaro Nascimento, a conversão do tempo normal em parcial depende da previsão em acordo e convenção coletiva em virtude de haver redução da jornada de trabalho. Segundo o autor: *"A conversão de tempo integral em parcial depende de opção formal manifestada pelo empregado, na forma prevista em instrumento decorrente de negociação coletiva, uma vez que nesse caso estará havendo redução da jornada de trabalho dos empregados, lícita mediante acordo ou convenção coletiva, na forma disposta pela Constituição."* (NASCIMENTO, Amauri Mascaro. *Iniciação ao direito do trabalho...*, p. 272).

somente a adoção de medidas para que a alteração de um trabalho a tempo completo pelo regime de tempo parcial, e vice-versa, pelos atuais empregados, fosse realizada de modo livre e volitivo.

A própria Convenção n. 175 prescreve que as suas disposições podem ser implementadas pelos convênios coletivos (art. 11), dando inclusive maior relevância à forma convencional que à legislação estatal, reservando a esta um papel subsidiário, ao prever que suas disposições *"devem ser aplicadas mediante legislação, exceto na medida em que surtam efeito em virtude de convênios coletivos"* (art. 11).

Nos termos da Convenção n. 175, os atores sociais têm a faculdade de aperfeiçoar o regime de trabalho a tempo parcial; eles podem dispor sobre os percentuais de empregados que determinada empresa poderá contratar por esse regime, com a possibilidade de revisão periódica desses percentuais; adotar medidas de facilitação ao acesso ao trabalho a tempo parcial, que responda às necessidades dos trabalhadores e dos empregadores (art. 9º), entre as quais se enquadra o fomento à satisfação das necessidades de grupos específicos como desempregados, trabalhadores com responsabilidades familiares, trabalhadores com idade avançada, trabalhadores desqualificados e trabalhadores que estejam realizando cursos ou que prosseguem em sua formação profissional (art. 9º, item 2, alínea *c*), e/ou a restrição da aplicação desse regime a determinadas categorias de trabalhadores ou de estabelecimento, toda vez que a sua inclusão puder acarretar problemas específicos, mas de suma relevância (art. 3º, item 2).

Outra hipótese legislativa de cláusulas operacionais autorizativas consiste na suspensão do contrato de trabalho para qualificação profissional, instituída pela Medida Provisória n. 1.726, de 3.11.1998, que acrescentou o art. 476-A à CLT. Esse dispositivo legal possibilitou a suspensão do contrato de trabalho, por um período de dois a cinco meses, com vistas à participação do empregado em curso ou programa de qualificação profissional oferecido pelo empregador. A suspensão do contrato de trabalho depende de "*autorização concedida por intermédio de acordo ou convenção coletiva de trabalho*" (art. 476-A, § 1º, CLT).

Trata-se de mais um instituto legal cuja implementação nas relações individuais de trabalho depende de autorização contida em acordo ou convenção coletiva de trabalho. Essa autorização é necessária porque o regime de suspensão para qualificação profissional repercute em diversos outros aspectos da relação de emprego, como o não pagamento de salários durante o respectivo período de suspensão.

Diversos aspectos do regime de suspensão tiveram a sua regulamentação delegada à autonomia privada coletiva, como a definição do valor de eventual ajuda compensatória, sem natureza salarial, a ser concedida pelo empregador (art. 476-A, § 3º, CLT); o estabelecimento de multa ao empregador para a hipótese de dispensa do empregado no transcurso do período de suspensão contratual ou nos três meses subsequentes ao seu retorno ao trabalho, sendo de, no mínimo, cem por cento sobre o valor da última remuneração mensal anterior à suspensão do contrato (art. 476-A, § 5º, CLT); a previsão de multa para o caso de não ser ministrado o curso ou programa de qualificação profissional ou de o empregado permanecer trabalhando para o empregador no período de suspensão (art. 476-A, § 6º, CLT); a possibilidade de prorrogação do período de suspensão (art. 476-A, § 7º, CLT).

4.3.2. Cláusulas operacionais instrumentais

São denominadas de operacionais instrumentais as cláusulas dos acordos e convenções coletivas que concretizam o procedimento a ser observado pelos sujeitos das relações individuais de trabalho para a efetivação de um princípio jurídico, valor social ou determinado direito previsto em lei, mas que não possui eficácia fática, em virtude da ausência de regulamentação a respeito de aspectos complementares para a sua observância ou por constituir em conceito jurídico indeterminado (fluído, dúbio, genérico ou extremante abstrato), de modo a não se tornar eficaz em virtude da miríade de especificidades da realidade, cuja complexidade exige uma definição dos objetivos da norma e dos procedimentos para o seu alcance.

As cláusulas operacionais instrumentais não se confundem com as tradicionais cláusulas normativas, uma vez que não têm como objetivo precípuo a fixação de direitos e obrigações a serem observados pelos sujeitos dos contratos individuais de trabalho.

Também não constituem cláusulas essencialmente obrigacionais, tendo em vista que a sua finalidade não é a estipulação de direitos e obrigações para as próprias partes convenentes. Sua função precípua é a instrumentalização de princípios, valores ou direitos que, embora previstos em lei, necessitam de uma objetivação normativa específica para a sua efetivação.

A instrumentalização (concretização) de direitos por meio dos acordos e convenções coletivas pode ocorrer:

a) ex dispositione legis, isto é, nos casos em que a norma instituidora de um direito remete à normatização coletiva a elaboração do procedimento para a sua efetivação em determinado círculo social; remessa que poderá estar contida em normas constitucionais, infraconstitucionais ou internacionais;

b) ex necessitate legis, nas situações em que os próprios atores sociais atuam direta e espontaneamente na elaboração do procedimento a ser observado para a salvaguarda de determinado princípio ou direito, cuja previsão legal não proporciona os elementos normativos necessários para a sua implementação, seja pela presença de conceito jurídico indeterminado na hipótese normativa ou pela falta de normas de estatuição. Exemplo de cláusula operacional *ex necessitate legis* é a definição em acordo ou convenção coletiva do conteúdo da expressão "atividade penosa", com vistas a determinar as atividades compreendidas nesse conceito e as suas repercussões materiais nos contratos de trabalho, como a previsão da diminuição da jornada de trabalho para os trabalhadores que exercem esse tipo de atividade ou de adicional salarial;

c) ex necessitate facta, nas situações em que o valor social, embora não transposto para a ordem jurídica oficial, encontre guarida nas normas decorrentes da autonomia privada coletiva.

Entre as cláusulas operacionais instrumentais, há disposições que versam sobre proteção de interesses transindividuais — difusos, coletivos e individuais homogêneos —, como as normas operacionais que instrumentalizam a proteção da intimidade e da vida privada do empregado; a proscrição do trabalho infantil, a proteção do trabalhador adolescente; a coibição das práticas discriminatórias em matéria de emprego e ocupação; o fomento ao emprego, a proteção contra o desemprego; a tutela do meio ambiente do trabalho, a eliminação do trabalho escravo.

Do mesmo modo que as cláusulas operacionais encontram justificativa na complexidade das relações sociais que dificulta a elaboração de normas legais sobre os diversos aspectos de cada realidade social, levando o legislador a socorrer-se de conceitos jurídicos indeterminados, a relevância dessa espécie de cláusulas decorre também do fato de que muitos aspectos das relações de trabalho — apesar de, num determinado momento estarem suficientemente regulamentados —, sofrerem constantes transformações, principalmente em razão dos impactos econômicos e tecnológicos, levando à defasagem da legislação em face da situação normatizada, tornando-se imprescindível uma atualização da norma; nem sempre levada a efeito, e com celeridade, pelos órgãos legislativos.

Como advertiu Tereza Aparecida Asta Gemignani, *"Se a realidade muda rapidamente, impedindo a solidificação necessária para a elaboração de um complexo processo legislativo, é muito melhor reconhecer às partes a possibilidade de preencher essa lacuna através do exercício da autonomia privada, principalmente se esta se processa pela via coletiva, através dos sindicatos, entidades de defesa do trabalhador, do que deixar a porta aberta para uma perigosa anomia"*[(688)].

Não se trata somente de um processo de complementação das normas legais ou de uma simples suplementação de seus aspectos econômicos, como ocorre na hipótese de previsão de adicionais salariais maiores que os previstos em lei, mas de um verdadeiro suprimento de uma necessidade normativa, com vistas à salvaguarda de princípios, direitos e valores normativos e sociais, por meio da objetivação fática e procedimental desses elementos.

(688) GEMIGNANI, Tereza Aparecida Asta. *Op. cit.*, p. 40.

Como exemplo de cláusula operacional instrumental, pode-se citar a previsão de atividades consideradas penosas. A CRFB/1988 estabelece o pagamento de um adicional de remuneração para as atividades penosas, insalubres ou perigosas, nos termos definidos em lei infraconstitucional. A expressão "atividades penosas", assim como os termos atividades insalubres e perigosas, constitui conceito jurídico indeterminado, cujo conteúdo geralmente é preenchido por uma legislação complementar, que determine o rol de atividades penosas, os métodos para a sua eliminação ou neutralização e os respectivos adicionais de remuneração para os trabalhadores submetidos a esse tipo de atividade. Entretanto, até o presente momento a matéria não foi regulamentada pela legislação infraconstitucional.

Tratando-se de conceito jurídico indeterminado, os atores sociais podem, por meio das convenções e acordos coletivos de trabalho, em conformidade com a natureza das atividades desenvolvidas nos respectivos setores econômicos, fixar as atividades consideradas penosas, elaborar os planos para a eliminação das suas causas ou a neutralização de seus efeitos, prever a redução da jornada para os trabalhadores sujeitos a esse tipo de atividade e estipular o pagamento de adicional de remuneração para as hipóteses em que a eliminação ou a neutralização do elemento prejudicial à saúde não sejam possíveis.

Na elaboração de normas coletivas sobre atividades penosas, os sindicatos e os empregadores podem fazer uso de diversos estudos técnicos e jurídicos sobre a matéria, incluindo os estudos da Fundacentro, os projetos de lei sobre atividades penosas em trâmite no Congresso Nacional, o rol de atividades, por muito tempo, consideradas penosas pela legislação previdenciária para efeitos de aposentadoria especial e o direito comparado.

Ainda, à guisa de exemplificação, pode-se citar a previsão de cláusulas normativas instrumentalizadoras da tutela e da vida privada do empregado nas relações de trabalho. Esse direito à intimidade e à vida privada foi consagrado na Declaração Universal dos Direitos Humanos, de 1948, em seu art. XII: *"Ninguém será sujeito à interferência na sua vida privada, na sua família, no seu lar ou na sua correspondência, nem a ataques à sua honra e reputação. Todo homem tem direito à proteção da lei contra tais interferências ou ataques."*

A CRFB/1988 tutela expressamente a intimidade e a vida privada, ao prescrever, no art. 5º, inciso X, que *"são invioláveis a intimidade, a vida privada, a honra e a imagem das pessoas, assegurando o direito à indenização pelo dano material ou moral decorrente de sua violação"*. Essa proteção também se manifesta nos incisos X e XI do mesmo artigo, que preveem, respectivamente, a inviolabilidade de domicílio e do sigilo de correspondência e das comunicações telegráficas(689).

Trata-se de conceitos multifacetários, cuja aplicação pressupõe a análise de uma miríade de situações que suscitam a sua proteção, por métodos e procedimentos específicos que podem ser previstos nas normas coletivas de trabalho, pois, por serem direitos da personalidade, eles acompanham os indivíduos em todas as suas relações sociais, inclusive, e principalmente, nas relações de trabalho, onde o direito de propriedade e o poder de controle do empregador, aliados à hipossuficiência e ao estado de subordinação jurídica dos empregados, propiciam uma série de violações da intimidade e da vida privada dos trabalhadores.

Essa violação pode ocorrer em vários momentos da relação de emprego: a) no processo de seleção, antes da formação do contrato; b) no controle e fiscalização do desenvolvimento do trabalho por meio do emprego de aparelhos eletroeletrônicos (audiovisuais); c) na realização dos exames periódicos, ocasião em que se tem acesso a informações confidenciais dos empregados, o que traz à problemática da divulgação dos seus resultados; d) após o término da relação de emprego, com a divulgação de dados do empregado adquiridos no curso desta(690); e) no monitoramento das correspondências eletrônicas dos empregados; f) na realização de revistas nos trabalhadores etc.

Em todas essas hipóteses, apesar de já existir um desenvolvimento doutrinário e jurisprudencial sobre a matéria, ainda há várias situações que se encontram em uma zona de penumbra, a qual impossibilita, de imediato, a verificação da compatibilidade do poder diretivo exercido pelo empregador com o respeito à esfera da intimidade e da vida privada do empregado, podendo os atores sociais instrumentalizarem a tutela da intimidade e da vida privada dos empregados à regulamentação de condutas e procedimentos como o modo de realização de revistas, a forma de utilização de aparelhos eletrônicos para fiscalização dos serviços etc., com vistas a garantir a integridade psicossomática e a vida privada e a intimidade dos trabalhadores.

O caminho do diálogo social entre sindicatos e empregadores constitui um dos meios mais adequados, diante da proximidade dos atores sociais da realidade das relações de trabalho, podendo-se prever cláusulas operacionais instrumentais de proteção da intimidade e da vida privada dos empregados nos acordos e convenções coletivas de trabalho.

---

(689) Inciso XI: *"a casa é asilo inviolável do indivíduo, ninguém nela podendo penetrar sem consentimento do morador, salvo em caso de flagrante delito ou desastre, ou para prestar socorro, ou, durante o dia, por determinação judicial."* Inciso XII: *"é inviolável o sigilo de correspondência e das comunicações telegráficas, de dados e das comunicações telefônicas, salvo, no último caso, por ordem judicial, nas hipóteses e na forma que a lei estabelecer para fins de investigação criminal ou instrução processual penal."*

(690) SANTOS, Ronaldo Lima dos. *Sindicatos e ações coletivas...*, p. 151-152.

4.4. Quadro sinóptico das espécies de cláusulas de acordos e convenções coletivas

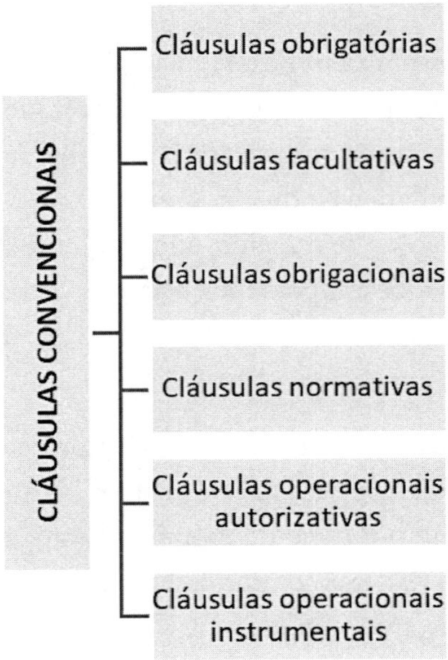

5. Requisitos de existência, validade ou eficácia

5.1. Fundamentos

A doutrina predominante considera os acordos e convenções coletivas de trabalho um híbrido de contrato e lei, pois, quanto à formação, identificam-se com um contrato; por seu conteúdo, equivalem a uma norma jurídica. Eles se aperfeiçoam por meio de declarações de vontade dos sujeitos convenentes, caracterizando-se como negócios jurídicos coletivos, posto que resultantes da autonomia da vontade das partes pactuantes, caracterizando-se como verdadeiros contratos normativos, em face da sua aptidão para fixar o conteúdo dos contratos individuais de trabalho[(691)].

Assim, como o negócio jurídico está sujeito a uma série de requisitos para que seja considerado juridicamente válido, os acordos e convenções coletivas de trabalho, como atos volitivos dos representantes dos empregadores e dos empregados, também estão sujeitos a determinados requisitos para aquisição de validade.

Como elucida Antônio Junqueira de Azevedo, *"Entende-se perfeitamente que o ordenamento jurídico, uma vez que autoriza a parte, ou as partes, a emitir declaração de vontade, à qual serão atribuídos efeitos jurídicos de acordo com o que foi manifestado como querido, procure cercar a formação desse especialíssimo fato jurídico de certas garantias, tanto no interesse das próprias partes, quanto no de terceiros e no de toda a ordem jurídica"*[(692)]. A autonomia

(691) MAGANO, Octavio Bueno. *Manual de direito do trabalho...*, v. 3. p. 157.

(692) AZEVEDO, Antônio Junqueira de. *Negócio jurídico:* existência, validade e eficácia..., p. 42.

privada corresponde a uma vertente da liberdade, mas não é sinônimo de arbítrio; os indivíduos possuem diversas possibilidades de escolha, contudo, atuam no âmbito de uma sociedade organizada, sujeitando-se a determinadas necessidades.[(693)]

A invalidade do negócio jurídico e a ineficácia dela decorrente provêm de fatores que a consciência social e a própria lei consideram fundamentais para a ordenação do funcionamento prático do negócio, como também para atender aos limites sociais que a autonomia privada deve observar, e para proteger os interesses das próprias partes e de terceiros que, embora sejam estranhos ao negócio, não deixam de suportar seus efeitos indiretos.[(694)]

Os requisitos de validade são elementos imprescindíveis para que os acordos e convenções coletivas de trabalho possuam validade (formação regular) no mundo jurídico.[(695)] Geralmente, na passagem da lei para a esfera da autonomia privada, prevalecem os requisitos formais sobre os materiais. As normas referentes a contrato, por exemplo, na maioria das vezes, constituem regras destinadas a determinar a forma pela qual a negociação deve ser exercida e representada para produzir consequências no mundo jurídico, restando às normas sobre requisitos materiais (conteúdo) um espaço muito reduzido.[(696)]

Na seara das relações coletivas de trabalho, os requisitos de validade dos acordos e das convenções coletivas têm como função principal tutelar a formação e a representação da vontade coletiva dos trabalhadores e a produção de efeitos sobre os contratos individuais de trabalho.

5.1.1. Inexistência, invalidade e ineficácia

O tratamento genérico do tema dos elementos dos acordos e convenções coletivas como requisitos de validade deve ser compreendido dentro da teoria geral dos atos e fatos jurídicos onde são distinguidos os âmbitos de existência, validade e eficácia do negócio jurídico.

Como espécie de fato jurídico, o exame do negócio se realiza nos planos da existência, validade e eficácia[(697)]. Os acordos e convenções coletivas, como negócios jurídicos coletivos, embora com caráter normativo, submetem-se a esses três planos normativos, devendo, assim, preencher os elementos de existência, observar os requisitos de validade e cumprir os fatores de eficácia, como forma de obtenção de sua plena realização.

---

(693) DI MARZIO, Fabrizio. *La nullità del contratto*. Padova: Cedam, 1999. p. 1.

(694) BETTI, Emilio. *Op. cit.*, p. 405.

(695) PIAS, Cristiane Ferraz. Das normas previstas em acordos e convenções coletivas de trabalho e a possibilidade de sua integração nos contratos individuais de emprego. In: DALLEGRAVE NETO, José Affonso (Coord.). *Direito do trabalho contemporâneo:* flexibilização e efetividade. São Paulo: LTr, 2003. p. 346.

(696) BOBBIO, Norberto. *Teoria do ordenamento jurídico...*, p. 57.

(697) AZEVEDO, Antônio Junqueira de. *Negócio jurídico:* existência, validade e eficácia..., p. 24.

A doutrina juslaboralista emprega genericamente a expressão "requisitos de validade" para assinalar todas as formas de incompletude do negócio jurídico; conduta comum em outros ramos do direito. Como atesta Jose Luis de Los Mozos, essa imprecisão técnico-linguística está presente na doutrina e na legislação, de modo que é comum encontrar-se cominações de nulidade onde se observa a inexistência do próprio negócio jurídico[(698)].

Não há uma uniformidade doutrinária a respeito da existência desses três planos normativos dos negócios jurídicos. Por exemplo, há autores que contestam o campo da inexistência (Messineo, Valles e Valverde[(699)]), outros, o da ineficácia ou da invalidade.

Por outro lado, também não há uma concordância doutrinária sobre a localização de determinados elementos ou requisitos em cada um desses planos, *v. g*, alguns autores inserem a forma do negócio jurídico nos elementos de existência (Junqueira Azevedo[(700)]), ao passo que outros a remete ao âmbito de validade (Los Mozos[(701)]).

A par de toda essa dissonância doutrinária, razões genéricas motivam o acolhimento dos três planos normativos, motivo pelo qual eles são comumente considerados pela doutrina moderna.

Em relação ao plano da existência, por exemplo, Scognamiglio considera corresponder à forma mais radical de ineficácia jurídica na escala de eficácia do negócio jurídico, que apresenta diversos graus; ela reflete a mais absoluta ineficácia[(702)].

Por outro lado, imperativos lógicos e materiais evidenciam que é oportuno distinguir-se a ineficácia do negócio jurídico conforme ela decorra de defeitos intrínsecos ou de circunstâncias intrínsecas ao negócio. Os primeiros atuam no momento de formação do negócio, ao passo que as segundas têm lugar sobre o negócio concluído e perfeito[(703)].

Elucidados esses aspectos, em linhas gerais, pode-se assinalar que negócio jurídico inexistente é aquele que se apresenta desprovido de um ou mais elementos que são essenciais para que ele tenha nascimento; correspondem ao grupo de elementos indispensáveis para a constituição do negócio jurídico, sendo, por isso, denominados de elementos constitutivos; sem eles, o negócio jurídico não existe enquanto tal.

Para Jose Luis de Los Mozos, o consentimento e o objeto são os elementos indispensáveis para a existência do negócio jurídico; equivale a dizer que, sem esses elementos, o negócio jurídico é inexistente[(704)].

---

(698) MOZOS, Jose Luis de los. *El negocio jurídico:* estudios de derecho civil. Madrid: Montecorvo, 1987. p. 139.

(699) *Id. Ibid.*, p. 126-127.

(700) AZEVEDO, Antônio Junqueira de. *Negócio jurídico:* existência, validade e eficácia..., p. 32.

(701) MOZOS, Jose Luis de los. *Op. cit.*, p. 141.

(702) SCONAMIGLIO, *apud* LOS MOZOS, Jose Luis de. *Op. cit.*, p. 128-129.

(703) BETTI, Emilio. *Op. cit.*, p. 405.

(704) MOZOS, Jose Luis de los. *Op. cit.*, p. 140.

Antonio Junqueira de Azevedo classifica os elementos de existência do negócio jurídico em: a) gerais, comuns a todos os negócios, podendo ser extrínsecos (forma, objeto e circunstâncias negociais) ou extrínsecos (agente, lugar e tempo do negócio); b) categoriais, próprias de cada espécie de negócio (exemplo, o consenso na compra e venda, a disposição de bem para depois da morte, no testamento); e c) particulares, presentes em um negócio determinado por vontade das partes (condição, termo e encargo)(705).

Os denominados requisitos de validade correspondem às exigências estabelecidas pela ordem jurídica para que o negócio jurídico ingresse no mundo jurídico com formação completamente regular. Consiste na conformidade do negócio jurídico com as regras jurídicas. Essa concordância decorre da observância dos caracteres que a lei exige que estejam presentes nos elementos do negócio jurídico. Os requisitos de validade correspondem a adjetivos que se somam aos elementos de existência, daí falar-se em objeto lícito, possível e determinado; forma livre ou conforme prescrição legal; agente capaz etc(706).

Para Emilio Betti, negócio jurídico inválido é o que não se apresenta apto para produzir efeitos jurídicos, pela falta de um de seus elementos essenciais ou de qualquer dos seus pressupostos necessários. A invalidez corresponde à inidoneidade para produção de efeitos jurídicos. Ela deriva da correlação lógica entre requisitos e efeitos do ato jurídico(707).

O plano da eficácia corresponde à produção de efeitos jurídicos pelo negócio jurídico. Ineficaz é o negócio jurídico que não se encontra apto para a produção de efeitos no mundo jurídico. Eficaz é o negócio jurídico que preencha as expectativas criadas por determinados elementos, os denominados fatores de eficácia, como a condição suspensiva, que suspende a produção de efeitos pelo negócio jurídico enquanto ela não for verificada(708).

Distinguem-se a ineficácia *lato sensu*, correspondente à ineficácia decorrente da invalidade do negócio jurídico, e a ineficácia *stricto sensu*, observada nas situações em que o negócio jurídico é inteiramente válido, mas inapto para a produção de efeitos jurídicos(709).

A ineficácia pode ser originária ou superveniente. No primeiro caso, o fator que determina a não produção de efeitos está presente desde a formação do contrato, como na hipótese de contrato inválido e do contrato submetido à condição suspensiva; na segunda situação, a ineficácia opera posteriormente à formação do negócio, tornando

---

(705) AZEVEDO, Antônio Junqueira de. *Negócio jurídico:* existência, validade e eficácia..., p. 32.

(706) *Id. Ibid.*, p. 42-43.

(707) BETTI, Emilio. *Op. cit.*, p. 405.

(708) AZEVEDO, Antônio Junqueira de. *Negócio jurídico:* existência, validade e eficácia..., p. 49-55.

(709) ROPPO, Vincenzo. *Op. cit.*, p. 735.

ineficaz um contrato inicialmente eficaz, como nas hipóteses de condição resolutiva e de resolução por onerosidade excessiva (*rebus sic stantibus*)(710).

Validade e eficácia não se confundem. Validade e invalidade são predicados dos negócios jurídicos enquanto atos, e referem-se à conformidade ou inconformidade do ato às disposições legais. Eficácia e ineficácia constituem predicados do contrato como relação, e dizem respeito à operacionalidade desta relação, isto é, à sua capacidade de originar uma relação contratual em que são produzidos efeitos jurídicos. Por isso, embora interdependentes, é possível um contrato válido, mas com uma relação ineficaz (pendente de condição suspensiva), ou um contrato inválido, mas com uma relação eficaz (até a declaração da sua invalidade)(711).

5.2. Assembleia dos trabalhadores

A coletividade de trabalhadores é a verdadeira titular da autonomia privada coletiva, sendo o sindicato apenas o representante dessa coletividade e do seu interesse coletivo. Não pode o sindicato, *sponte propria*, determinar o conteúdo da norma coletiva. Esse conteúdo deve ser definido pelo verdadeiro titular do direito coletivo: a coletividade dos trabalhadores; pois cada cláusula coletiva, em essência, espelha o interesse do grupo, cuja vontade é representada pelas decisões tomadas em assembleias dos trabalhadores.

Para aferição da vontade coletiva, o art. 612 da CLT determina que a celebração de acordos e convenções coletivas deve ser precedida por deliberação de uma assembleia geral dos trabalhadores, devidamente convocada para essa finalidade, sob pena de nulidade da norma coletiva celebrada.

Essa assembleia deve observar os quóruns para comparecimento e votação estabelecidos no art. 612 da CLT, quais sejam: a) em se tratando de convenção coletiva: 2/3 (dois terços) dos associados do sindicato, em primeira convocação e 1/3 (um terço) dos associados em segunda convocação; b) no caso de acordo coletivo: 2/3 (dois terços) dos interessados, em primeira convocação e 1/3 (um terço) dos interessados em segunda convocação.

Para as entidades sindicais com mais de 5.000 (cinco mil) associados, o quórum para a primeira convocação, tanto para convenção quanto para acordo coletivo, segue as regras acima. Em segunda convocação, o quórum é reduzido para 1/8 (um oitavo) dos associados (art. 612, CLT).

O quórum legal para os acordos coletivos é aferido com base no número de empregados da empresa convenente, não servindo como parâmetro o número de associados do sindicato. Como elucida Octavio Bueno Magano: *"Em se tratando de acordo coletivo, o 'quórum' não se apura entre os associados, mas entre empregados da empresa convenente"*(712).

(710) ROPPO, Vincenzo. *Op. cit.*, p. 737.

(711) DI MARZIO, Fabrizio. *Op. cit.*, p. 7.

(712) MAGANO, Octavio Bueno. *Convenção coletiva de trabalho...*, p. 90.

Por outro lado, a redução do quórum para 1/8 dos associados nas hipóteses em que os sindicatos tenham mais de 5.000 (cinco mil) membros não se aplica aos acordos coletivos, pois na deliberação destes concorrem todos os trabalhadores interessados, sendo que o parágrafo único do art. 612 se refere somente a associados, e não à redução de interessados(713).

O quórum para comparecimento e aprovação também deve ser observado nos processos de prorrogação, revisão, denúncia ou revogação dos acordos e convenções coletivas (art. 615, *caput*, CLT).

A convocação de assembleia pelo sindicato pode ocorrer depois da negociação entre os sindicatos ou entre sindicato profissional e empresa, em que se formalize uma minuta de convenção ou acordo coletivo de trabalho. Não há necessidade de assembleia para a aprovação da pauta de reivindicações levada à negociação e nem para autorizar a diretoria do sindicato a negociar. Ao aprovar a convenção ou o acordo coletivo, consequentemente, os empregados estarão aprovando as reivindicações. No entanto, a realização de assembleia para aprovação da pauta de reivindicações, antes de iniciadas as negociações, confere maior autenticidade ao seu conteúdo, como expressão da vontade coletiva dos trabalhadores.

Há controvérsia sobre a constitucionalidade do art. 612 da CLT diante do art. 8º, I, da CRFB/1988, que consagra a autonomia sindical. Segadas Vianna posiciona-se nesse sentido, ao enunciar que a CRFB/1988 vedou a interferência e intervenção na organização sindical, de forma que "restaram revogadas as exigências constantes na legislação ordinária (art. 612, CLT) acerca do quórum para convocação e deliberação em assembleia", baseando-se o autor inclusive na Lei de Greve (Lei n. 7.783/89), que remete às entidades sindicais a previsão das formalidades de convocação e o *quórum* para deliberação, tanto da deflagração quanto da cessação da greve(714). José Augusto Rodrigues Pinto considera que a liberdade de organização e autodeterminação sindicais, previstas no art. 8º, I, da CRFB/1988, afastam a cogência do art. 612 da CLT, devendo a matéria ser regida pelo estatuto da entidade sindical(715). Nesse mesmo sentido expressa-se José Cláudio Monteiro de Brito Filho(716).

No âmbito jurisprudencial, não obstante a existência de algumas decisões dissonantes, prevalecia o entendimento de que o art. 612 da CLT fora recepcionado pela CRFB/1988, condicionando a validade do acordo ou da convenção coletiva à observância dos quóruns previstos no dispositivo legal supracitado. Atualmente, em consonância

(713) *Id.*, p. 90-91.

(714) SÜSSEKIND, Arnaldo Lopes; TEIXEIRA FILHO, João de Lima; MARANHÃO, Délio; VIANNA, Segadas. *Op. cit.*, p. 1167.

(715) PINTO, José Augusto Rodrigues. *Direito sindical e coletivo do trabalho*. São Paulo: LTr, 1998. p. 217.

(716) BRITO FILHO, José Cláudio Monteiro. *Direito sindical*. São Paulo: LTr, 2007. p. 189-90.

com os princípios de liberdade sindical da OIT, vem-se consolidando jurisprudência no sentido do privilegiamento da autonomia privada coletiva e do quórum estatutário para a celebração dos acordos e convenções coletivas.

> "RECURSO DE REVISTA. CONVENÇÃO COLETIVA DE TRABALHO. QUÓRUM DA ASSEMBLEIA. PUBLICIDADE. O acórdão regional registrou que, embora as Convenções Coletivas de Trabalho tenham sido celebradas sem a observância do quórum previsto no art. 612 da CLT, respeitou-se o quórum definido no estatuto da entidade sindical. Recurso de Revista não conhecido. (TST – RR: 16960420125180009, relatora: Maria Cristina Irigoyen Peduzzi, *DJ* 13.04.2016, 8ª Turma, Publicação: *DEJT* 15.04.2016)

> "AGRAVO DE INSTRUMENTO. RECURSO DE REVISTA. VIGÊNCIA DA LEI N. 13.467/2017. AUTORA. AÇÃO DE DECLARAÇÃO DE INEFICÁCIA DE CONVENÇÃO COLETIVA DE TRABALHO. ASSEMBLEIA DE APROVAÇÃO. INOBSERVÂNCIA DO QUÓRUM DO ART. 612 DA CLT. 1 – Deve ser reconhecida a transcendência na forma autorizada pelo art. 896-A, § 1º, parte final, da CLT (critério "e outros") quando se mostra aconselhável o exame mais detido da controvérsia devido às peculiaridades do caso concreto. O enfoque exegético da aferição dos indicadores de transcendência em princípio deve ser positivo, especialmente nos casos de alguma complexidade, em que se torna aconselhável o debate mais aprofundado da matéria. 2 – Controverte-se sobre a validade de norma coletiva aprovada em assembleia convocada especificamente para sua discussão e celebração que, a despeito de não cumprir o quórum do art. 612 da CLT, observou as disposições previstas nos estatutos das entidades signatárias. Embora aponte nulidade decorrente da inobservância do art. 612 da CLT, a empresa autora da presente ação pleiteia o reconhecimento da ineficácia da convenção coletiva apenas em relação a ela, e não à categoria econômica inteira. 3 – Se, de uma parte, o princípio da liberdade sindical, em suas dimensões positiva e negativa, garante as prerrogativas de livre criação e filiação, bem como de livre dissolução e desfiliação, de uma entidade sindical; o princípio da autonomia sindical, de outra parte, garante a prerrogativa de autogestão de tais entidades. 4 – Sob essa segunda perspectiva, e complementar àquela da liberdade sindical, as entidades sindicais detém autonomia em sua estruturação interna e em sua atuação externa, desvinculadas de controles estatais ou patronais. Tal autonomia abrange, portanto, entre outras prerrogativas, a elaboração dos estatutos. 5 – Cumpre ressaltar que a liberdade e a autonomia sindicais, além das reconhecidas funções normativas e axiológicas que lhe são próprias enquanto princípios, observaram patente valorização na Constituição Federal, de forma que constituem vetores que irradiam a interpretação de toda a ordem jurídica infraconstitucional. São, ainda, albergadas na Convenção n. 98 da OIT, que cuida do "direito de sindicalização e de negociação coletiva". 6 – Nesse sentido, o rígido quórum do art. 612 da CLT, que dispõe sobre a convocação de assembleia geral específica para celebração de acordos e convenções coletivas, afronta a autonomia sindical. Tal matéria é própria à livre autogestão das entidades sindicais, que podem dispor, em seus estatutos, dos quóruns que entenderem adequados à representatividade necessária para legitimar a negociação coletiva; observados os demais princípios constitucionais. 7 – Sob essa mesma ótica, e com o cancelamento de sua Orientação Jurisprudencial n. 13, a Seção de Dissídios Coletivos do TST, na esteira do art. 859 da CLT, tem minimizado o quórum de aprovação da instauração de dissídio coletivo por iniciativa do sindicato da categoria profissional, a fim de reconhecer que não se submete ao quórum estabelecido no art. 612 da CLT. 8 – No caso, «confrontando a publicação da convocação, a ata da assembleia geral e a lista de presença, verifica-se que os atos da federação patronal respeitaram as previsões estatutárias pertinentes, com exceção do quórum legal (art. 612 da CLT), visto que seu estatuto não prevê presença e aprovação por um número mínimo de interessados, associados ou não, para deliberar sobre a celebração de eventual convenção coletiva de trabalho". Sob esse prisma,

o TRT manteve a sentença que julgou improcedente a presente ação de declaração de ineficácia de convenção coletiva, registrando inclusive que "o Poder Judiciário, no Direito Coletivo do Trabalho, não deve alçar em nível de maior importância a forma, em menosprezo aos interesses da coletividade e da finalidade essencial da negociação coletiva". 9 – O acórdão do TRT encontra-se, portanto, em harmonia com a jurisprudência da SDC acerca da inaplicabilidade do quórum do art. 612 da CLT nas hipóteses em que houve assembleia convocada especificamente para a discussão e celebração da norma coletiva, em observância ao estatuto da entidade sindical signatária. 10 – Agravo de instrumento a que se nega provimento." (AIRR-298-02.2017.5.13.0004, 6ª)

Essa questão da recepção ou não do art. 612 da CLT pela CRFB/1988 decorre da própria natureza híbrida da estrutura sindical delineada na atual ordem constitucional, que mesclou elementos de autonomia (liberdade) e heteronomia (intervenção) sindicais, afastando-se dos princípios de liberdade sindical preconizados pela Organização Internacional do Trabalho.

De fato, a inconstitucionalidade do art. 612 da CLT seria manifesta se a organização sindical brasileira observasse os amplos princípios de liberdade sindical, nos quais se inserem as liberdades de criação (pluralismo) e funcionamento das entidades sindicais, bem como o reconhecimento da sua autonomia e autodeterminação. Nesse cenário, o próprio regime de pluralidade ensejaria a atuação do sindicato mais representativo, consoante os critérios legais, remetendo a questão do quórum estatutário para um nível secundário.

A consagração pelo legislador constituinte de institutos contrários aos princípios da liberdade sindical (unicidade sindical, divisão por categorias, previsão de área mínima de representação não inferior a um município, contribuição sindical compulsória), demonstrando que a violação da liberdade sindical principia na própria CRFB/1988, com a previsão do sindicato único, baseado nos critérios de representação legal (num sistema de unicidade) e não de representação efetiva (num sistema de pluralidade), que colabora para um quadro de baixa representatividade de grande parte dos sindicatos, determina, no entanto, que parte da doutrina e da jurisprudência considere razoável que os sindicatos observem os quóruns do art. 612 da CLT, com vistas a garantir que estejam atuando com fidelidade aos interesses da categoria representada, isto é, aferir a representatividade da entidade sindical. Segundo esta posição, como em nosso ordenamento, ao contrário de outros regimes, o sindicato possui a representação de toda a categoria, a questão do quórum não pode ser uma questão *interna corporis* da entidade sindical. Invoca-se, ainda, nesse sentido, que os quóruns do art. 612 da CLT, embora demasiados altos numa primeira convocação (2/3), apresentam-se ínfimos numa segunda convocação, principalmente para as entidades sindicais com mais de 5.000 (cinco mil) associados.

O cancelamento das Orientações Jurisprudenciais ns. 13 e 21 da Seção de Dissídios Coletivos do TST não trouxe nenhum feixe de luz sobre a questão, uma vez que ambos entendimentos jurisprudenciais tratavam da legitimação das entidades sindicais para a suscitação de dissídio coletivo, porém, condicionando equivocadamente a legitimação sindical à observância do *quórum* assemblear de validade previsto no art. 612, isto é, determinava a observância de uma regra de direito material para aferir a legitimação processual das entidades sindicais em matéria de dissídio coletivo, em detrimento da regra processual específica do art. 859 da CLT, que trata do *quórum* assemblear para a suscitação da instância coletiva.

Em se tratando de dissídio coletivo, o Tribunal Superior do Trabalho consolidou entendimento no sentido de que a aprovação da pauta de reivindicação pela assembleia dos trabalhadores constitui condição legitimante da atuação sindical em juízo. Esse é o conteúdo da Orientação Jurisprudencial n. 8 da SDC do TST: *"Dissídio coletivo. Pauta reivindicatória não registrada em ata. Causa de extinção. A ata da assembleia de trabalhadores que legitima a atuação da entidade sindical respectiva em favor dos seus interesses deve registrar, obrigatoriamente, a pauta reivindicatória, produto da vontade expressa da categoria"*.

In casu, a necessidade de aprovação da pauta decorre do fato de a coletividade dos trabalhadores não participarem diretamente do dissídio coletivo, sendo esta a única hipótese de manifestação dos verdadeiros titulares da autonomia privada coletiva.

5.3. Forma escrita

As convenções e os acordos coletivos devem ser celebrados por escrito (art. 613, parágrafo único, CLT); trata-se de forma solene, cuja observância é requisito essencial para a validade da norma coletiva. Como assevera Paulo Eduardo de Oliveira, *"A lei faz da convenção coletiva ou acordo um contrato solene: a forma escrita exigida não é, apenas,* ad probationem, *mas* ad substantiam, *de que decorre nulidade a sua não observância"*(717). O *Estatuto de los Trabajadores* espanhol exige a forma escrita para os convênios coletivos, culminando com nulidade a sua inobservância. No mesmo sentido, dispõem o Código de Trabalho de Portugal (art. 532) e o *Code du Travail* francês (L. 132-2), sendo que este último exige o uso da língua francesa, sob pena de inoponibilidade das disposições redigidas em língua estrangeira aos trabalhadores (L. 132-2-1).

A forma escrita é exigida tanto para elaboração da convenção coletiva quanto para os processos de prorrogação, revisão e revogação. Não se admite a prorrogação tácita como ocorria no regime do Decreto n. 21.671, de 23.8.32, que determinava a prorrogação da convenção coletiva se os convenentes não manifestassem, no prazo de 30 (trinta) dias anteriores ao seu término, a intenção contrária à prorrogação (art. 7º).

A forma escrita deve ser isenta de emendas, rasuras, cotas marginais ou interlineares. As normas coletivas deverão ser formalizadas em tantas vias quantos forem os sindicatos convenentes ou as empresas acordantes e mais uma destinada ao registro no Ministério do Trabalho.

---

(717) OLIVEIRA, Paulo Eduardo Vieira. *Op. cit.*, p. 100.

5.4. Depósito no Ministério do Trabalho

A convenção coletiva não precisa ser homologada, como ocorria no sistema anterior ao Decreto n. 229, de 28.2.1967; no entanto, para a sua vigência, há necessidade de dar-lhe publicidade. Essa publicidade é realizada de dois modos, um formal, consistente no depósito de uma via da norma coletiva no órgão responsável do Ministério do Trabalho, e outro informal, por meio da afixação de cópias da norma coletiva nos locais de trabalho e nas sedes do sindicato.

O depósito de uma via da norma coletiva no órgão responsável do Ministério do Trabalho deve ocorrer dentro de 8 (oito) dias da sua assinatura (art. 614, *caput*, CLT). A observância desse requisito é de fundamental importância, pois a norma coletiva entra em vigor 3 (três) dias após a data do seu depósito (art. 614, § 1º, CLT). A não realização do depósito no órgão do Ministério do Trabalho obsta, assim, a entrada em vigor da norma coletiva.

Em se tratando de categoria que já possua norma coletiva em vigor, após observados os prazos legais, a nova norma coletiva vigorará a partir do dia imediato ao término da norma coletiva anterior, tal como ocorre com a vigência da sentença normativa (art. 616, § 3º, CLT)[(718)].

Dentro do prazo de 5 (cinco) dias do depósito da norma coletiva no órgão do Ministério do Trabalho, devem ser afixadas cópias autênticas das convenções ou acordos coletivos, de modo visível, nas respectivas sedes dos sindicatos e nos estabelecimentos das empresas compreendidas no seu âmbito de aplicação (art. 614, § 2º, CLT).

5.4.1. Natureza do ato de depósito

O recebimento da convenção ou do acordo coletivo pelo Ministério do Trabalho consiste em verdadeiro ato administrativo, pois é executado por um ente da administração pública direta no exercício de poder público. O ato administrativo, na definição de Maria Sylvia Zanella di Pietro, consiste numa declaração do Estado, com observância da lei, que produz efeitos jurídicos imediatos, sob o regime jurídico de direito público e sujeita a controle pelo Poder Judiciário[(719)].

Ato de natureza administrativa, o recebimento da convenção ou do acordo coletivo, quanto ao grau de liberdade da administração pública, é um típico ato de natureza vinculada. Assim, ao contrário dos atos discricionários, correspondentes àqueles que *"a Administração pratica com certa margem de liberdade de avaliação ou decisão, segundo critérios de conveniência e oportunidade formulados por ela mesma, ainda que adstrita à lei*

(718) MANUS, Pedro Paulo Teixeira. Negociação coletiva e contrato individual no direito do trabalho Brasileiro. In: FREDIANI, Yone; ZAINAGHI, Domingos Sávio (Coords.). *Op. cit.*, p. 72.

(719) DI PIETRO, Maria Sylvia Zanella. *Direito administrativo*. 12. ed. São Paulo: Atlas, 2000. p. 181.

reguladora da expedição deles"[720], o recebimento da norma coletiva para depósito não permite ao órgão do Ministério do Trabalho avaliar o conteúdo da norma coletiva ou o preenchimento dos seus requisitos de validade, bem como se recusar ao seu recebimento por constatar alguma irregularidade, pois o conteúdo do seu ato é restrito ao depósito da norma coletiva para fins de publicidade, não restando espaço para análise do mérito.

Como típico ato vinculado, ele é caracterizado pela mínima liberdade de ação do agente público[721], em razão da existência de prévia e objetiva tipificação da lei do único comportamento possível do agente público na execução do ato, no qual a administração não interfere com nenhuma apreciação subjetiva[722].

Diante da constatação de qualquer irregularidade pelo agente do Ministério do Trabalho ao receber determinada norma coletiva para depósito, caber-lhe-á denunciá-la aos interessados ou ao Ministério Público do Trabalho, para a tomada das providências cabíveis.

5.4.2. Consequências da não realização do depósito

O depósito da norma coletiva no órgão do Ministério do Trabalho é requisito fundamental para a sua entrada em vigor, que ocorre três dias após o seu depósito (art. 614, § 1º, CLT). De acordo com legislação atual, a mera assinatura dos convenentes não será suficiente para a entrada em vigor da norma coletiva, tal como ocorria no sistema do Decreto n. 21.761, de 23.8.1932, cujo regime determinava que a entrada em vigor da norma ocorreria 30 (dias) após a sua assinatura[723].

---

(720) MELLO, Celso Antônio Bandeira de. *Curso de direito administrativo*. 11. ed. São Paulo: Malheiros, 1999. p. 306.

(721) MEIRELLES, Hely Lopes. *Direito administrativo brasileiro*. 26. ed. São Paulo: Malheiros, 2001. p. 109.

(722) MELLO, Celso Antônio Bandeira de. *Op. cit.*, p. 306.

(723) Não obstante a exigência prevista no art. 614, § 1º, da CLT, há entendimento jurisprudencial no sentido de que o depósito não constitui condição *sine qua non* para a entrada em vigor da norma coletiva, de forma que esta possui vigência a partir da assinatura pelos seus signatários: "*Recurso de Embargos. Acordos coletivos de trabalho. Ausência de depósito perante a autoridade competente. Vício formal que não invalida o conteúdo da negociação coletiva. Interpretação do art. 614,* caput, *da CLT. A interpretação do art. 614,* caput, *da CLT deve guardar harmonia com a nova Constituição Federal, que alterou profundamente a organização sindical e a autonomia das partes para a negociação coletiva, estabelecendo princípios rígidos que vedam a intervenção do Poder Público nessa relação, presente no regramento jurídico infraconstitucional antecessor, e que reconhecem as convenções e os acordos coletivos, incentivando a negociação coletiva. Nessa ótica, a exigência de depósito das convenções e acordos coletivos no órgão ministerial não tem outra finalidade senão dar publicidade a esses ajustes, para fins de conhecimento de terceiros interessados. O conteúdo do ajuste coletivo firmado livremente entre as partes legitimadas não pode ser questionado pelo Poder Público e, sendo assim, o descumprimento da exigência do seu depósito não pode invalidá-lo, à medida que independe de qualquer manifestação do Estado. As normas e condições de trabalho negociadas de comum acordo entre as partes convenentes valem por si só, criando direitos e obrigações entre elas a partir do momento em que firmado o instrumento coletivo na forma da lei. O descumprimento da formalidade prevista no art. 614 da CLT importa apenas infração administrativa, mas não maculará o conteúdo das negociação coletiva, gerador de novos direitos e condições de trabalho. Do contrário, as partes teriam que buscar a invalidação de todo o instrumento coletivo, mediante instrumento processual próprio, e não, particularizadamente, de uma cláusula que lhe foi desfavorável, como no presente caso, beneficiando-se das demais. Recurso de*

A não realização do depósito da norma coletiva torna as suas obrigações juridicamente inexigíveis. O legislador vinculou a produção de efeitos jurídicos ao depósito no Ministério do Trabalho. Como ressalta Octavio Bueno Magano, sem o depósito, a norma coletiva ficará desprovida de força normativa, mas as partes podem cumprir espontaneamente os seus preceitos(724).

O *Code du Travail* da França possui dispositivo semelhante, ao determinar que os textos das convenções coletivas são aplicáveis, salvo estipulação em contrário, a partir do dia seguinte ao seu depósito perante o serviço competente (art. L. 132-10). Como elucida Gérard Couturier, esta formalidade de depósito não parece prescrever nulidade, mas determina, em princípio, a entrada em vigor da convenção ou do acordo, devendo-se entender como serviço competente, a Direção Departamental do Trabalho, e não o Conselho de *Prud'hommes*. Por estipulações em contrário, entendem-se as cláusulas que podem retardar a entrada em vigor do convênio, como também aquelas que preveem uma aplicação antecipada(725).

No ordenamento espanhol, os convênios devem ser apresentados perante a autoridade trabalhista competente somente para efeitos de registro, dentro do prazo de quinze dias a partir da sua firmação, o qual o publicará em veículo de comunicação oficial e o remeterá ao órgão público competente para o seu depósito, sendo que o convênio entra em vigor na data acordada pelas partes (*Estatuto de los Trabajadores*, art. 90).

5.4.3. Consequências da não publicidade no prazo de 5 (cinco) dias

Como vimos, a não realização do depósito da norma coletiva no Ministério do Trabalho impede a obtenção de força normativa, tornando-a juridicamente inexigível. Já a não observância do disposto no art. 614, § 2º, da CLT, referente à afixação, no prazo de 5 (cinco) dias, de cópias nas sedes dos sindicatos e nos estabelecimentos das empresas onde deve ser aplicada a norma coletiva, configura mera infração administrativa, tendo em vista que o legislador possibilitou que o *dies a quo* de vigência da norma coletiva (art. 614, § 1º, CLT) ocorra anteriormente à sua ampla divulgação, uma vez que ela passa a viger 3 (três) dias após o depósito e a fixação das cópias dá-se até 5 (cinco) dias após ele.

---

embargos não conhecido." (TST, E-ED-RR-563420/1999.3, SBDI-1, Min. Relator Vieira Mello Filho, DJ 10.8.2007). *"RECURSO DE REVISTA. 1. PRELIMINAR DE NULIDADE DO JULGADO POR NEGATIVA DE PRESTAÇÃO JURISDICIONAL. Inviabiliza-se o conhecimento do recurso de revista quando a parte não ampara suas alegações em ofensa a dispositivo de lei ou da constituição. 2. Acordos coletivos. Registro. Não observância. O descumprimento da formalidade prevista no art. 614 da CLT, registro e arquivo, não acarreta a invalidade do conteúdo da negociação coletiva, geradora de novos direitos e condições de trabalho. 3. INTERVALO INTRAJORNADA. REDUÇÃO. NORMA COLETIVA. Nos termos do entendimento consubstanciado na Orientação Jurisprudencial n. 342 da SBDI-1 desta Corte, não é válida cláusula de acordo ou convenção coletiva de trabalho que preveja a supressão ou redução do intervalo intrajornada. Recurso de revista conhecido e provido."* (TST, RR n. 241/2003-092-03-00, 8ª T., Min. relª. Dora Maria da Costa, *DJ* 8.2.2008)

(724) MAGANO, Octavio Bueno. *Convenção coletiva de trabalho...*, p. 86.

(725) COUTURIER, Gérard. *Traité de droit du travail 2:* les relations collectives de travail. Presses Universitaires de France, 2001. p. 478-479.

6. Prazo de vigência

A CLT não prevê prazo mínimo para a vigência das convenções e acordos coletivos, mas prescreve que as normas coletivas não poderão ser estipuladas com duração superior a 2 (dois) anos (art. 614, § 3º).

Os interessados poderão fixar prazo inferior ao limite máximo estabelecido na lei. Geralmente, os acordos e convenções coletivas são estipulados com vigência de 1 (um) ano, para que o seu término coincida com a data-base da categoria, conforme os preceitos das Leis ns. 6.708/1979 e 7.238/1984.

É de se constatar que a tradição heterônoma de regulamentação das relações trabalhistas e sindicais no Brasil fez com que o legislador confiasse mais na decisão dos tribunais trabalhistas, ao conceder a possibilidade de o Tribunal fixar prazo de até 4 (quatro) anos para a vigência da sentença normativa proferida em dissídio coletivo (art. 868, parágrafo único, CLT), ao passo que o prazo máximo para as normas coletivas espontaneamente celebradas pelos atores sociais é de 2 (dois) anos. Vale ressaltar que o prazo de 4 (anos) era previsto como limite temporal para os acordos e convenções coletivas pelo revogado Decreto n. 21.761, de 23.8.1932 (§ 4º).

No direito brasileiro, pela literalidade da lei, não se admite norma coletiva por tempo indeterminado, pois a própria lei prevê prazo máximo de 2 anos. Em outros países, admitem-se convenções coletivas fixadas com prazo de vigência maior ou sem determinação de prazo (prazo indeterminado).

7. Prorrogação

A prorrogação consiste na ampliação das disposições de um acordo ou convenção coletiva de trabalho por um período de vigência superior ao inicialmente previsto, prolongando-se a sua duração.

Por exigência do art. 615 da CLT, o processo de prorrogação praticamente segue o mesmo procedimento para a elaboração da norma coletiva. A proposta deve ser submetida à apreciação da assembleia geral dos sindicatos convenentes ou das partes acordantes, com observância dos quóruns previstos nos estatutos da entidade sindical (art. 612,CLT), devendo o instrumento de prorrogação também ser registrado no mesmo órgão em que foi depositada a norma coletiva prorrogada.

A prorrogação deve observar os prazos e os procedimentos do art. 614 da CLT, entrando em vigor 3 (três) dias após a realização do seu depósito (art. 615, CLT) no órgão do Ministério do Trabalho.

O Decreto n. 21.761, de 23.8.1932, admitia a possibilidade de prorrogação tácita da convenção coletiva, sempre que os convenentes não manifestassem, pelo menos trinta dias antes de terminar o ano ou o prazo estipulado, a intenção contrária à prorrogação. A prorrogação era a regra, a extinção pela fluência do prazo de vigência era a exceção. Por outro lado, seja por estipulação inicial ou por prorrogação, nenhuma convenção coletiva poderia vigorar por mais de quatro anos (art. 7º, § 2º, Decreto n. 21.761/1932). O "Estatuto de los Trabajadores" da Espanha adota solução semelhante ao prever que salvo acordo contrário entre as partes, os convênios coletivos se prorrogam anualmente se não houver denúncia expressa pelas partes (art. 86).

Pela literalidade da redação atual do art. 615 da CLT, não se admite prorrogação tácita de norma coletiva, devendo o processo de prorrogação observar o mesmo procedimento para a formalização inicial dos acordos e convenções coletivas, previsto nos arts. 612 e 614 da CLT. Inverteu-se a regra do Decreto n. 21.761/1932, sendo, atualmente, *ex vis legis*, a prorrogação uma exceção, que, por isso, deve ser expressa, de modo que não haveria prorrogação automática, cessando-se ao termo final, os efeitos da norma coletiva.

7.1. Cláusula de prorrogação tácita

No regime da legislação expressa da CLT, a estipulação de cláusula em acordo ou convenção coletiva com a previsão de prorrogação tácita, para o caso de ausência de manifestação das partes em prazo determinado seria considerada nula por violar disposição expressa do art. 615 da CLT, que prevê procedimento específico para o procedimento de prorrogação.

De fato, para o processo de prorrogação, a legislação trabalhista exige a deliberação expressa da assembleia geral dos trabalhadores no momento em que se objetiva a prorrogação, além da observância dos requisitos do art. 614 da CLT, os quais estariam burlados com a previsão de cláusula de prorrogação tácita. Da mesma forma que se exige a manifestação da coletividade dos trabalhadores para a elaboração da convenção coletiva, para a aferição da vontade coletiva do grupo, o assim ocorre com a prorrogação.

Pelo regime da CLT, em virtude da contingencialidade da norma coletiva, a necessidade de prorrogação não poderia ser decidida *a priori*, ainda que com manifestação da coletividade, uma vez que a prorrogação é movida pelo princípio da atualidade de norma coletiva, que exige que a deliberação sobre a necessidade da prorrogação seja efetuada de acordo com os fatos e circunstâncias do momento.

7.2. Prorrogações sucessivas e prazo máximo

A CLT fixou em 2 (dois) anos o prazo máximo de vigência de um acordo ou convenção coletiva de trabalho. Esse limite máximo é previsto para o período de vigência de determinada norma coletiva, não impedindo que esses instrumentos normativos sejam sucessivamente prorrogados por período superior ao biênio legal.

No regime da CLT, a prorrogação, por dever de observância prática dos mesmos requisitos para criação do instrumento (art. 615, CLT), praticamente equivale à formação de uma nova convenção coletiva com conteúdo materialmente idêntico ao da norma anterior. Após a conclusão do processo de prorrogação, tem início o termo *a quo* da nova convenção coletiva, que poderá ter prazo de vigência de até 2 (dois) anos[(726)].

A duração máxima de dois anos constitui limite para cada norma coletiva, não revelando óbice para que haja sucessivas prorrogações, pois, a cada prorrogação, inicia-se o termo *a quo* da nova norma coletiva e, consequentemente, novo termo *a quo* do prazo máximo de vigência.

Quanto a este aspecto, Amauri Mascaro Nascimento assinala que a prorrogação pode ultrapassar os dois anos, inclusive com ilimitadas prorrogações sucessivas, pois *"prorrogar é ampliar a duração do instrumento coletivo para durar mais do que regularmente, e limitar a dois anos não é prorrogar, é usar o prazo normal; a situação que se forma quando, findo o prazo, novo acordo é ajustado entre as partes é igual à que ocorre quando há prorrogação; logo, não há razão para burocratizar quando, mais prático, é prorrogar"*[(727)].

Somente durante a vigência do Decreto n. 21.761, de 23.8.1932, que determinava a prorrogação tácita da norma coletiva, é que as prorrogações sucessivas estavam sujeitas ao prazo máximo de 4 (quatro) anos.

No atual regime das normas coletivas, pode haver sucessivas prorrogações, desde que observados os preceitos do art. 615 da CLT; mas cada prorrogação deve obedecer ao limite legal máximo de 2 (dois) anos para a vigência de cada norma coletiva.

Não se constata relevância na diferenciação efetuada por Paulo Eduardo Vieira de Oliveira no sentido de que a prorrogação efetuada dentro do prazo máximo legal de duração da convenção coletiva deve ter vigência restrita ao restante do prazo, o que não sucederia, segundo o autor, com a prorrogação efetuada após o prazo máximo de vigência da norma[(728)]. Como afirmado alhures, com a prorrogação tem início o termo *a quo* da norma coletiva renovada, que poderá ter vigência pelo período máximo de 2 (dois) anos, independentemente do *quantum* de vigência da norma prorrogada.

8. Revisão

A revisão da convenção ou do acordo coletivo consiste na reavaliação e alteração de uma ou mais de suas disposições para ajustá-las às novas condições fáticas. Sua possibilidade vem prevista no *caput* do art. 615 da CLT, devendo o processo de revisão observar o mesmo procedimento para a elaboração da norma coletiva, previsto nos arts. 612 e

---

(726) OLIVEIRA, Paulo Eduardo Vieira de. *Op. cit.*, p. 87.

(727) NASCIMENTO, Amauri Mascaro. *Compêndio de direito sindical...*, p. 356-357.

(728) OLIVEIRA, Paulo Eduardo Vieira. *Op. cit.*, p. 87.

614 da CLT. As modificações introduzidas por força de revisão passarão a viger 3 (três) dias após o seu depósito no órgão do Ministério do Trabalho. Deve-se ressaltar que a vontade coletiva é manifestada pela assembleia de trabalhadores, não se podendo efetuar um processo de revisão sem a consulta aos trabalhadores, pois é destes a titularidade da autonomia privada coletiva.

O legislador não fixou os critérios ou o momento adequado para manifestação da pretensão de quaisquer das partes à revisão da norma coletiva em vigor. O fundamento da revisão é encontrado na cláusula *rebus sic stantibus*, também conhecida por teoria da imprevisão, que se fundamenta na existência de fatos incomuns e imprevisíveis que tornem impossível a manutenção daquilo que se estabeleceu numa contratação, tornando necessária a revisão do acordo ou, em casos excepcionais, a sua cessação. Sua aplicação é observada nos contratos de execução diferida, sendo decorrência lógica da presença de princípios salutares de equidade em situação de exceção.

A doutrina juslaboralista predominante segue a exigência de motivação por fato superveniente para a revisão dos acordos e convenções coletivas de trabalho. Nesse sentido, Alice Monteiro Barros(729), Carlos Moreira De Luca(730) e Paulo Eduardo de Oliveira(731).

Com esteio no art. 14, II, da Lei n. 7.783/1989 (Lei de Greve), a revisão deve ser *"motivada pela superveniência de fato novo ou acontecimento imprevisto que modifique substancialmente a relação de trabalho"*, tornando impossível o seu cumprimento ou a sua continuidade altamente prejudicial a uma das partes. A *rebus sic stantibus* (teoria da imprevisão), ao lado da *exceptio non adimpleti contractus* (exceção do contrato não cumprido), figuram como as únicas hipóteses justificativas da greve quando existente norma coletiva em vigor (art. 14, I e II, Lei n. 7.783/1989).

9. Denúncia e revogação

9.1. Conceitos

O legislador previu a possibilidade de *"denúncia ou revogação, total ou parcial"*, dos acordos e convenções coletivas (art. 615, *caput*, CLT). Embora tenham sido empregadas duas expressões distintas (denúncia e revogação), há uma relativa penumbra na doutrina a respeito do significado de cada uma delas no âmbito do direito coletivo do trabalho.

A primeira dúvida recai sobre a utilização dos dois vocábulos: eles foram utilizados como sinônimos ou com significados distintos pelo legislador? Esta indagação resulta da utilização da conjunção alternativa "ou" entre os termos "denúncia" e "revogação" em

---

(729) BARROS, Alice Monteiro de. Noções de direito sindical. In: BARROS, Alice Monteiro de (Coord.). *Estudos em memória de Célio Goyatá*. 3. ed. São Paulo: LTr, 1997. v. 2. p. 670.

(730) DE LUCA, Carlos Moreira. *Op. cit.*, p. 154.

(731) OLIVEIRA, Paulo Eduardo Vieira de. *Op. cit.*, p. 87.

vez da conjunção aditiva "e". O uso da conjunção alternativa "ou" parece, num primeiro momento, apontar para a ideia de que ambos os vocábulos expressariam um significado comum.

Paulo Eduardo Vieira de Oliveira parece conferir idêntico significado a ambas as expressões ao referir-se a elas no singular ao assinalar que *"A denúncia ou revogação total ou parcial é figura (...)"* embora o autor reconheça a existência de diferenças entre as duas figuras no âmbito do direito contratual(732).

Octavio Bueno Magano distingue claramente ambas as expressões, definindo a denúncia como ato pelo qual uma das partes convenentes notifica a outra do término da convenção ou do acordo coletivo de trabalho, com o fulcro de evitar a prorrogação automática da norma coletiva, o que, segundo o autor, teria pouca aplicabilidade, no ordenamento jurídico brasileiro, em face da previsão de prazo nas normas coletivas. Já, no que se refere à revogação, Octavio Bueno Magano utiliza o vocábulo no sentido de distrato(733). Sergio Pinto Martins possui esse mesmo entendimento(734).

Délio Maranhão concebe a revogação como um modo de dissolução próprio dos contratos a título gratuito(735), como na doação; perspectiva que também a tornaria inconciliável com os acordos e convenções coletivas, uma vez que estes constituem negócios jurídicos onerosos.

Orlando Gomes, no seu aprofundado estudo sobre os contratos no direito civil, elucida que a resilição bilateral (distrato) é uma forma de revogação e que o termo denúncia é empregado para designar a resilição unilateral dos contratos por prazo indeterminado(736).

A revogação também é considerada uma forma de extinção *ad nutum* de contratos fundados na confiança recíproca entre as partes (como o mandato), hipótese em que a lei permite a dissolução a qualquer tempo por simples declaração de vontade e independentemente de aviso-prévio(737).

Em regra, tanto a denúncia quanto a revogação são consideradas espécies de resili-

---

(732) OLIVEIRA, Paulo Eduardo Vieira de. *Op. cit.*, p. 87.

(733) MAGANO, Octavio Bueno. *Convenção coletiva de trabalho...*, p. 94.

(734) MARTINS, Sergio Pinto. *Direito do trabalho...*, p. 739.

(735) SÜSSEKIND, Arnaldo Lopes; TEIXEIRA FILHO, João de Lima; MARANHÃO, Délio; VIANNA, Segadas. *Op. cit.*, p. 563. Paulo Eduardo de Oliveira possui esse entendimento em relação à denúncia como resilição unilateral, afirmando que *"As partes convenentes de uma convenção ou acordo podem, por resilição, exingui-la bilateralmente desfazendo o pactuado. Inexiste, todavia, possibilidade de a convenção ou acordo coletivo serem extintos por denúncia unilateral, que se basearia em um direito potestativo em que a declaração de vontade de uma das partes tem caráter receptício"* (OLIVEIRA, Paulo Eduardo Vieira de. *Op. cit.*, p. 88).

(736) GOMES, Orlando. *Contratos*. 25. ed. Rio de Janeiro: Forense, 2002. p. 184-186.

(737) *Id. Ibid.*, p. 187.

ção do contrato. A revogação, uma resilição bilateral; a denúncia, uma resilição unilateral. Ambas consistem numa declaração receptícia de vontade, configurando um poder potestativo que opera extrajudicialmente[(738)]. Deve-se ressaltar que a tanto a denúncia quanto a revogação pelo sindicato profissional devem ser precedidas de consulta à coletividade de trabalhadores, por meio de assembleia devidamente convocada, pois, sendo os titulares das autonomia privada coletiva, é deles a titularidade tanto para firmar quanto para denunciar, revogar, rever ou prorrogar a norma coletiva. No entanto, apesar da previsão legal da denúncia e da revogação, verifica-se a incompatibilidade da denúncia com a natureza das normas coletivas, conforme veremos a seguir.

9.2. Denúncia dos acordos e convenções coletivas

A denúncia, resilição unilateral, é instituto típico dos contratos por tempo indeterminado. Ela é comumente aplicada aos negócios jurídicos de trato sucessivo (que perduram no tempo), que regulamentam relações jurídicas continuativas.

Em princípio, a previsão de seu cabimento nos acordos e convenções coletivas de trabalho, pelo art. 615 da CLT, falece de sentido, uma vez que não é possível a elaboração de acordos e convenções coletivas de trabalho por tempo indeterminado. Na ausência de fixação convencional de prazo, a convenção não vige indefinidamente, pois incide automaticamente o período máximo de 2 (anos), previsto no art. 614, § 3º, da CLT; consequência também observada nas hipóteses de normas coletivas com prazo de vigência fixado em período superior a dois anos.

A doutrina, em geral, nega a possibilidade de denúncia da convenção ou do acordo coletivo.

Para Carlos Moreira de Luca, o instituto da denúncia imotivada não é compatível com a natureza dos acordos e das convenções coletivas, não admitindo o autor a denúncia por descumprimento de suas cláusulas normativas ou obrigacionais[(739)].

Paulo Eduardo de Oliveira considera que não há possibilidade de extinção de um convênio coletivo por denúncia unilateral, cuja base é um direito potestativo de cunho receptício[(740)].

Mozart Victor Russomano aponta que, a rigor técnico, não se poderia falar em denúncia ou rescisão como formas de extinção do convênio coletivo, uma vez que a legislação brasileira pressupõe que a denúncia observe as mesmas formalidades da sua celebração, sendo, portanto, ato bilateral[(741)].

---

(738) GOMES, Orlando. *Contratos...*, p. 187. Para o autor, a revogação *"distingue-se da denúncia, porque esta põe fim, diretamente, à relação obrigacional, enquanto aquela extingue o contrato e, só como consequência mediata, a relação, fazendo cessar,* ex tunc *ou* ex nunc*, os efeitos do negócio"* (*Id., loc. cit.*).

(739) DE LUCA, Carlos Moreira. *Op. cit.*, p. 158.

(740) OLIVEIRA, Paulo Eduardo Vieira. *Op. cit.*, p. 88.

(741) RUSSOMANO, Mozart Victor. *Op. cit.*, p. 218.

Alice Monteiro de Barros entende que se o objetivo da denúncia é evitar a prorrogação automática da convenção coletiva é desnecessária a sua previsão legal, tendo em vista que nossa legislação veda a celebração de convenções coletivas por prazo indeterminado[(742)].

Em relação aos acordos e convenções coletivas de trabalho, o instituto da denúncia teria significado no regime normativo delineado pelo Decreto n. 21.761, de 23.8.1932, que facultava aos sindicatos a fixação da duração do ajuste, possibilitando a estipulação com duração determinada, indeterminada ou para certo serviço especificado (art. 6º)[(743)]. O § 4º do art. 7º desse Decreto previa a possibilidade de cessação da convenção coletiva *"por vontade de qualquer das partes convenentes"*, além de possibilitar o desligamento de *"todo componente de sindicato ou agrupamento convenente"*.

9.3. Revogação dos acordos e convenções coletivas

Revogação é a resilição bilateral do negócio jurídico. No direito coletivo do trabalho, a revogação consiste no *"ato bilateral pelo qual as partes do acordo ou da convenção coletiva resolvem desfazer, total ou parcialmente, o instrumento pactuado"*[(744)].

Está prevista no art. 615 da CLT como uma das formas de extinção dos acordos e convenções coletivas de trabalho. Pode ser total ou parcial. Será total quando abranger a integralidade do acordo ou da convenção coletiva; será parcial quando versar sobre uma ou mais disposições da norma coletiva.

Assim como os processos de prorrogação e revisão, a revogação deve ser submetida à apreciação da assembleia geral dos sindicatos convenentes ou das partes acordantes, com observância dos quóruns previstos nos estatutos das entidades sindicais (não obstante entendimentos pela aplicação do art. 612 da CLT), devendo ser registrada no mesmo órgão em que se deu o depósito da norma coletiva originária, com observância do procedimento do art. 614 da CLT, passando a vigorar 3 (três) dias após a realização do depósito (art. 615, CLT).

9.3.1. Revogação tácita ou por substituição (sucessão de normas coletivas)

Nossa legislação não acolhe expressamente a possibilidade de revogação tácita ou por substituição (nesta hipótese, pela simples superveniência de nova convenção coletiva).

O art. 615 da CLT determina expressamente as formalidades que devem ser observadas no processo de revogação, de modo que a simples elaboração de nova convenção

(742) BARROS, Alice Monteiro de. *Op. cit.*, p. 670.

(743) Embora o Decreto n. 21.761, de 23.8.1932, possibilitava a elaboração de convenção coletiva por prazo indeterminado, paradoxalmente, determinava que *"Seja por estipulação inicial ou por prorrogação, nenhuma convenção coletiva poderá vigorar por mais de quatro anos"* (art. 7º, § 2º).

(744) NASCIMENTO, Amauri Mascaro. *Compêndio de direito sindical...*, p. 357.

coletiva durante período de vigência na norma anterior, não retiraria a eficácia desta que continuará vigendo durante o prazo nela fixado.

Para *Mozart Victor Russomano*, no entanto, haveria a possibilidade de revogação pela simples superveniência de nova convenção coletiva, uma vez que o autor diferencia a extinção por mútuo consentimento, da revogação. Para ele, a extinção por mútuo consentimento resulta da recíproca concordância das partes, ao passo que a revogação do convênio se efetua por meio da elaboração de um novo convênio, que substitui o primeiro. No seu pensamento, há uma equiparação da revogação dos convênios coletivos ao fenômeno jurídico que ocorre com as leis, que são revogadas, simplesmente pela substituição de seus dispositivos por outros preceitos(745).

Causa espécie a posição do autor, uma vez que ele não acolhe a teoria normativa — hipótese em que se poderia falar que a revogação das convenções se equivale à das leis —, pois ele considera a convenção coletiva uma "contratação com fins normativos", tendo, por isso, natureza híbrida(746). Ao considerar a convenção coletiva uma forma de contrato, não se pode aplicar-lhe os princípios que regem as revogações das leis.

Desse modo, uma vez que a CLT exige procedimento formal para a revogação de uma norma coletiva, a superveniência de nova norma coletiva não produz o efeito de revogação da norma anterior, de forma que ambas continuam vigendo (salvo se findo o prazo da norma anterior) resolvendo-se a questão pela aplicação do princípio da norma mais favorável. Há duas convenções vigentes, ambas válidas e eficazes, então, aplica-se a norma mais favorável. Em se tratando de direitos humanos sociais, esta é a regra vigente, inclusive no âmbito internacional, entre tratados e convenções internacionais de direitos humanos.

O rigor legal pode ser atenuado nas hipóteses em que a nova norma coletiva prevê expressamente a revogação parcial ou total das disposições do instrumento normativo anterior ou, se da natureza das cláusulas resultar demonstrada a vontade inequívoca das partes em revogar uma condição anteriormente fixada com a nova regulamentação da matéria. Nessa última hipótese, deve-se adotar a solução do Código do Trabalho de Portugal, no sentido de que *"A mera sucessão de convenções coletivas não pode ser invocada para diminuir o nível de proteção global dos trabalhadores"* (art. 560).

A revogação, descrita nos termos do parágrafo anterior, embora não realizada nos estritos termos do art. 615 da CLT possui similar natureza, tendo em vista que os requisitos para a elaboração da norma são os mesmos exigidos para o processo de revogação,

(745) RUSSOMANO, Mozart Victor. *Op. cit.*, p. 217-218.

(746) *Id. ibid.*, p. 164. Temos que ressaltar, porém, que, embora o autor considere a convenção coletiva como uma figura especial, colocada, horizontalmente, ao lado dos contratos clássicos, em outro momento, afirma que *"não se lhe aplicam os princípios e normas que regem os contratos, razão pela qual nossa afirmativa não nos capitula dentro da teoria do contrato inominado"* (*Id., loc. cit.*).

somente alterando-se a forma desta que não ocorre em instrumento normativo autônomo ou em termo aditivo, mas no bojo de uma nova norma coletiva.

10. Suspensão

Na seara das relações individuais, a suspensão do contrato individual de trabalho consiste na cessação temporária e total dos seus efeitos[(747)]. Transportado o conceito para o direito coletivo do trabalho, pode-se definir a suspensão como a paralisação temporária, total ou parcial, pela vontade das partes ou por necessidade dos fatos (como nas hipóteses de caso fortuito ou força maior), dos efeitos dos acordos e convenções coletivas. Será total quando abrangente da integralidade do acordo ou da convenção coletiva, e parcial quando incidir apenas sobre uma ou algumas das suas disposições.

A doutrina, de uma forma geral, não se refere à figura da suspensão de normas coletivas, não havendo disposição legal sobre a matéria[(748)]. Durante o regime do Decreto n. 21.761/1932, havia a previsão de suspensão, temporária ou definitiva, da execução das convenções coletivas, em casos de força maior, como a escassez de fundos ou de encomendas, a juízo das Comissões de Conciliação. Uma vez suspensa por força maior, a convenção coletiva poderia ser prorrogada por ordem das Comissões de Conciliação por período equivalente ao da interrupção. Evidentemente que as hipóteses elencadas no Decreto supracitado não suscitam a automática suspensão, tendo em vista que se inserem nos riscos da atividade econômica, os quais não podem ser transferidos aos trabalhadores (art. 2º, CLT).

Uma vez que as partes convenentes possuem a faculdade legal de denunciar ou revogar os acordos e convenções coletivas, o que ocasiona a sua extinção, subentende-se que possuem o direito de simplesmente suspender os seus efeitos, uma vez que esse ato implica tão somente uma cessação temporária dos efeitos da norma coletiva.

A suspensão não implica o desaparecimento da convenção coletiva, sendo geralmente associada à ocorrência de determinadas circunstâncias que exigem a cessação dos efeitos da norma coletiva para o restabelecimento de certa situação, como ocorre na suspensão por motivos de força maior, como uma guerra[(749)].

Quanto à influência do período de suspensão sobre a vigência da norma coletiva, deve-se distinguir as situações de suspensão total daquelas em que há suspensão parcial. Em se tratando de suspensão total da norma coletiva, as partes podem deliberar sobre se o tempo de suspensão deverá ser ou não computado na contagem do prazo. Nas hipóteses de suspensão parcial, esta não influenciará no período de vigência da norma, uma vez

(747) MARTINS, Sergio Pinto. *Direito do trabalho...*, p. 291.

(748) OLIVEIRA, Paulo Eduardo Vieira de. *Op. cit.*, p. 87.

(749) RUPRECHT, Alfredo J. *Relações coletivas de trabalho*. São Paulo: LTr, 1995. p. 454-455.

que a norma coletiva como um todo não sofrerá os efeitos da suspensão; a cláusula ou o conjunto de cláusulas suspensas vigerá até o prazo final do acordo ou convenção coletiva, independentemente do tempo de duração da suspensão.

A suspensão de uma norma coletiva deve ser precedida de consulta à coletividade de trabalhadores, por meio de assembleia devidamente convocada, pois, sendo os trabalhadores os titulares das autonomia privada coletiva, é deles a titularidade para firmar, denunciar, revogar, rever, prorrogar ou suspender os efeitos da norma coletiva.

11. Efeitos da extinção sobre os contratos individuais de trabalho

Em nosso ordenamento jurídico, os acordos e as convenções coletivas devem ser estipulados por prazo determinado, o qual não poderá ultrapassar o período de 2 (dois) anos, em virtude de expressa determinação legal (art. 614, § 3º, CLT).

O término de uma norma coletiva é seguido de diversas implicações jurídicas sobre as relações individuais de trabalho, sendo que a principal questão versa sobre a questão da incorporação ou não das vantagens adquiridas por força da convenção coletiva aos contratos individuais de trabalho.

Inicialmente, a CLT limitou-se a prever a extinção dos acordos e convenções coletivas nos casos de término do prazo de vigência, denúncia ou revogação, sem regulamentar, no entanto, os efeitos decorrentes da extinção, total ou parcial, da norma coletiva, sobre os contratos individuais de trabalho, principalmente nas hipóteses em que não ocorre sucessão de normas coletivas. Estava assim disposto o art. 614, § 3º, da CLT em sua redação original: "§ 3º. Não será permitido e*stipular duração de Convenção ou Acordo superior a 2 (dois) anos.*"

Nesta linha de raciocínio, a questão crucial versa sobre a incorporação ou não das cláusulas normativas dos acordos e convenções coletivas findos sobre os contratos individuais de trabalho.

Na doutrina e na jurisprudência, encontramos uma miríade de posicionamentos em um sentido ou no outro, de forma que o estudioso do direito, mesmo após analisar diversos entendimentos sobre a questão, não consegue extrair uma conclusão satisfatória.

Arion Sayão Romita já advertia para a necessidade de regulamentação da questão dos efeitos do término da vigência de uma convenção coletiva sobre os contratos individuais de trabalho[(750)]. Nesse sentido, era seguido por Cristiane Ferraz Pias, que asseverava que: "*a necessidade de regulamentação acerca do tema em foco é iminente, pois, no vácuo legislativo existente, qualquer solução pode ser dada à causa, o que impossibilita a segurança jurídica tão almejada por todos os ramos do direito.*"[(751)]

(750) ROMITA, Arion Sayão. *Op. cit.*, p. 64.

(751) PIAS, Cristiane Ferraz. *Op. cit.*, p. 336.

A posição desses autores partia de um conceito que faz equivaler segurança jurídica à existência de previsão legal. Não é difícil observar quantas questões que, embora tenham previsão legal, também são objeto de diversas controvérsias.

Num regime eminentemente pluralista, não é o ordenamento estatal que deve dispor sobre os efeitos do término das convenções coletivas sobre os contratos individuais de trabalho; esses efeitos devem ser definidos a partir de uma sistematização da matéria que considere a vontade coletiva e a natureza do direito previsto na norma coletiva.

A dificuldade de resolução desta questão da integração ou não das cláusulas normativas aos contratos individuais do trabalho, bem como a constante invocação de norma estatal para a solução da controvérsia, decorrem da incipiente e superficial compreensão do fenômeno da autonomia privada coletiva e de todo o plexo de institutos que a cerca, como instrumento de conquista e efetivação de direitos dos trabalhadores.

Na doutrina, encontramos diversas correntes sobre a temática da incorporação ou não dos direitos previstos em normas coletivas aos contratos individuais de trabalho. Entre as quais se destacam: a) integrativa ou da incorporação; b) negativista ou da não incorporação; c) da vantagem individual adquirida ou das cláusulas ultranormativas; d) incorporação por ausência de sucessão normativa coletiva.

O ponto comum entre as diversas correntes é que todas elas consideram que a questão da incorporação ou não das cláusulas dos convênios coletivos aos contratos individuais de trabalho diz respeito somente às cláusulas normativas, isto é, àquelas que preveem condições para reger as relações individuais de trabalho, não abrangendo, assim, as normas obrigacionais, que seriam sempre temporárias, razão pela qual há um relativo consenso sobre a cessação dos seus efeitos quando expirada a vigência da norma coletiva.

11.1. Teoria integrativa

Pela teoria integrativa ou da incorporação, os direitos previstos nas cláusulas normativas dos acordos ou convenções coletivas integram-se definitivamente aos contratos de trabalho vigentes, perdurando durante todo o período de duração da relação de emprego, independentemente da expiração do prazo de vigência do instrumento normativo.

Para esta corrente, a integração é consequência automática da convenção coletiva, de modo que nas hipóteses de extinção ou de elaboração de nova convenção coletiva, não poderá haver deterioração das condições de trabalho daqueles que vinham se beneficiando de um regime mais favorável. Assim, o término da norma coletiva surte efeitos somente para os trabalhadores contratados após a sua extinção, que já não eram beneficiados por elas.

Há diversos tipos de fundamentação para a defesa da tese da integração das cláusulas normativas aos contratos individuais de trabalho, o que habilita concluir que, na realidade, há várias teorias da incorporação, uma vez que encontramos argumentos diversos entre os doutrinadores que comungam desse entendimento.

Mozart Victor Russomano fundamenta a integração com base no princípio da inalterabilidade das condições de trabalho e na regra do direito adquirido. Consoante o autor, *"O princípio medular da inalterabilidade do contrato individual de trabalho, somado à defesa que a ciência jurídica empresta aos direitos adquiridos, pode impedir que a simples extinção do convênio coletivo faça com que desapareçam as prerrogativas que, por força dela, passaram a figurar no contrato individual"*. A cessão ocorre *ad futurum*, isto é, o término dos efeitos atinge somente os contratos individuais de trabalho celebrados após a extinção da norma coletiva, que continua produzindo efeitos sobre os contratos de trabalho já existentes durante a sua vigência(752).

Para Délio Maranhão, embora a extinção da convenção coletiva seja acompanhada pela imediata cessação dos efeitos das cláusulas obrigacionais em relação às partes e das cláusulas normativas com relação aos novos e futuros contratos individuais de trabalho, o mesmo não ocorre com os contratos por ela modificados ou celebrados durante o prazo de sua vigência, que continuam regidos pelas normas da convenção extinta, que a eles se incorporam, não podendo ser alterados, conforme a locução do art. 468 da CLT(753). Segadas Vianna também se sustenta no art. 468 da CLT para justificar a incorporação das cláusulas normativas nos contratos individuais de trabalho(754).

Arnaldo Süssekind retira o fundamento para a incorporação do art. 114, § 2º, da CRFB/1988. Do fato de a Constituição determinar que nos processos de dissídios coletivos sejam observadas *"as disposições convencionais e legais mínimas"*, o autor deduz que se *"a Carta Magna mandou respeitar as normas da convenção ou do acordo coletivo que sobrevivem, no plano das relações individuais de trabalho, porque, até que suas cláusulas normativas sejam revogadas ou alteradas por novo acordo ou convenção, elas integram os contratos individuais do trabalho dos respectivos destinatários"*(755).

11.1.1. Críticas à teoria integrativa

A teoria integrativa recebe diversas críticas, direcionadas a cada um dos seus fundamentos, tendo em vista que a maior parte de seus adeptos utilizam critérios do direito individual para justificar a incorporação de normas coletivas aos contratos de trabalho, além de basearem as suas alegações na subordinação da autonomia privada coletiva às disposições estatais.

(752) RUSSOMANO, Mozart Victor. *Op. cit.*, p. 216.

(753) MARANHÃO, Délio. *Op. cit.*, p. 324.

(754) SÜSSEKIND, Arnaldo Lopes; TEIXEIRA FILHO, João de Lima; MARANHÃO, Délio; VIANNA, Segadas. *Op. cit.*, p. 1.166.

(755) SÜSSEKIND, Arnaldo. *Direito constitucional do trabalho...*, p. 423.

As primeiras críticas a esta teoria sustentavam a insuficiência da legislação estatal para o solucionamento da questão, uma vez que não há legislação que determine a integração.[756] A Lei n. 7.788/1989, que estabelecia que as vantagens salariais asseguradas aos trabalhadores nas convenções coletivas somente poderiam ser reduzidas ou suprimidas por normas coletivas posteriores (art. 1º), foi revogada pela Lei n. 8.030/1990 (art. 14). A Lei n. 8.222/1991, por sua vez, teve o seu art. 1º, que trataria da matéria, vetado pelo Presidente da República.

Posteriormente, adveio a Lei n. 8.542/1992 que, no seu art. 1º, §1º, dispôs que *"As cláusulas dos acordos, convenções ou contratos coletivos de trabalho integram os contratos individuais de trabalho e somente poderão ser reduzidas ou suprimidas por posterior acordo, convenção ou contrato coletivo de trabalho"*. Esse dispositivo legal foi reconfirmado pela Lei n. 8.880/1994 que, em seu art. 26, dispôs que *"Após a conversão dos salários para URV de conformidade com os arts. 19 e 27 desta Lei, continuam asseguradas a livre negociação e a negociação coletiva dos salários, observado o disposto nos §§ 1º e 2º do art. 1º da Lei n. 8.542, de 1992"*. A Medida Provisória n. 1.053, de 30.6.1995, revogou esse preceito, deixando de constar essa matéria na legislação, salvo pelas presenças sempre constantes do art. 613, IV e do art. 614, § 3º, da CLT, que tratam do período prefixado de vigência das normas coletivas.

O princípio da inalterabilidade das condições de trabalho, previsto no art. 468 da CLT, tem como objetivo salvaguardar os interesses dos trabalhadores na relação de trabalho com o empregador, constituindo uma limitação ao pleno exercício da autonomia da vontade nas relações individuais de trabalho, ao passo que as normas coletivas são elaboradas com fulcro na autonomia privada coletiva, cujos exercício e fundamentos — dissertados no Capítulo III — são incompatíveis com a aplicação a elas de norma constituída para reger a autonomia privada individual. Nas relações individuais de trabalho, a norma do art. 468 veio tutelar a autonomia individual numa situação de desigualdade entre as partes; já a normatização coletiva esteia-se numa equiparação de forças entre os atores sociais.

Para fundamentar a aplicação do art. 468 da CLT aos direitos concedidos em normas coletivas, Cristiane Ferraz Pias chega à construção de que o art. 468 da CLT não excepcionou os convênios coletivos, uma vez que os conceitos destes foram introduzidos na CLT pelo Decreto lei n. 229, de 28.2.1967, isto é, em momento posterior à elaboração do próprio art. 468 da CLT, de tal modo que referido dispositivo teria aplicação indiscriminada aos contratos individuais e coletivos[757].

(756) Embora discorramos sobre este fundamento e seu histórico, atualizando o tema, devemos ressaltar que a Lei n. 13.467/2017, a denominada Reforma Trabalhista, alterou o art. 614, § 3º da CLT para assim dispor: "§ 3º Não será permitido estipular duração de convenção coletiva ou acordo coletivo de trabalho superior a dois anos, sendo vedada a ultratividade".

(757) PIAS, Cristiane Ferraz. *Op. cit.*, p. 166.

Por esse prisma, no entanto, a interpretação mais razoável seria no sentido de que o art. 468 da CLT não se aplicaria aos acordos e convenções coletivas, uma vez que estes institutos não haviam sido inseridos na CLT quando da elaboração e inserção do art. 468, de modo que este não poderia ter como objetivo a sua aplicação a esses institutos de direito coletivo de trabalho, tanto que se encontra inserido no Título IV da CLT, intitulado *"Do contrato individual de trabalho"*.

Mônica Sette Lopes, ao discorrer sobre a relação entre a convenção coletiva e o contrato individual de trabalho e, depois de concluir pela supremacia hierárquica das convenções sobre os contratos individuais, ressaltou, corretamente, que, nesse conflito entre norma coletiva e contrato individual, não tem aplicabilidade, para os fins de tutela, as regras celetistas referentes à disciplina da alteração do contrato de trabalho, posto que a alteração, ainda que inicialmente considerada lesiva, não será decorrente de conduta perpetrada pelo empregador, mas de fonte diversa — a negociação coletiva[(758)].

O princípio do direito adquirido, cristalizado no art. 5º, XXXVI, da CRFB/1988, *in verbis*, *"a lei não prejudicará o direito adquirido, o ato jurídico perfeito e a coisa julgada"*, constituiu um subprincípio concretizador do princípio do Estado Democrático de Direito, cujo objetivo é garantir segurança jurídica e proteção da confiança dos cidadãos. Em sentido amplo, visa a resguardar o indivíduo, seus direitos e suas posições jurídicas perante ato de qualquer poder: legislativo, executivo e judiciário[(759)].

O principal meio de concreção do princípio do direito adquirido é a proibição da retroatividade das leis ou atos normativos para alcançar situações jurídicas já consolidadas. Esse princípio não é incompatível com a fixação de prazos nas obrigações contratuais, seja pela autonomia privada individual ou pela autonomia privada coletiva. Trata-se de princípio aplicável às relações com o poder público e não às relações privadas.

Ao tratarmos da integração das normas coletivas, estamos no campo da autonomia privada, poder pelo qual as partes fixam direitos e obrigações entre si, com a liberdade contratual, a qual permite a possibilidade de fixação de prazo para a vigência desses direitos e obrigações. Esta é a seara do ato jurídico perfeito e não do direito adquirido. A fixação de prazo é fruto da autonomia privada coletiva, assim como o termo *ad quem* nas relações individuais é fruto da autonomia privada individual, em nada significando desrespeito legal à regra do direito adquirido.

Gino Giugni, ao tratar da questão da modificação *in pejus* do contrato coletivo, deixa explícito que o novo contrato, ao alterar institutos de um contrato coletivo precedente, tem como único limite a intangibilidade daqueles direitos que já integraram o patrimônio do empregado, ou seja, daquelas obrigações já cumpridas, num ato ou

(758) LOPES, Mônica Sette. *Op. cit.*, p. 166-167.

(759) CANOTILHO, J. J. Gomes. *Op. cit.*, p. 257.

numa fase da relação de trabalho; a questão do direito adquirido não tem relação com a pretensão à estabilidade no tempo de normas coletivas mais favoráveis, e cita o seguinte exemplo: na sua atividade contratual, um sindicato não poderá dispor sobre o adicional de serviço extraordinário já prestado pelo trabalhador, pois este é determinado pelo contrato coletivo vigente à época do momento da prestação de serviço, mas não é legítima a pretensão que aquele adicional previsto na norma coletiva precedente permaneça, não obstante as futuras modificações[(760)].

Por outro lado, com relação ao preceito do art. 114, § 2º, da CRFB/1988 (com a redação dada pela EC n. 45/2004), que dispõe sobre a observação das disposições mínimas legais e das convencionadas anteriormente pelo órgão julgador do dissídio coletivo, o legislador nada mencionou a respeito da incorporação ou não de cláusulas normativas nas relações individuais de trabalho, mas simplesmente previu um limite para a atuação do poder normativo da Justiça do Trabalho, com a finalidade de garantir que a futura decisão não venha em desfavor de direitos dos trabalhadores previstos em normas coletivas. No exercício desse poder julgador, os Tribunais Trabalhistas não poderão ingressar na seara reservada à autonomia privada coletiva para reduzir direitos previstos em normas coletivas.

Conforme entendimento esposado pelo Supremo Tribunal Federal, por meio do voto do Ministro Octavio Gallotti, proferido no RE n. 197.911-9-PE, 1ª T., *DJU* 7.11.1997, o poder normativo deve atuar no "vazio legislativo", o que significa que no exercício desse poder, o Tribunal Trabalhista não poderá atuar na área reservada à lei, nas hipóteses de omissão legislativa e no âmbito reservado à autonomia privada coletiva.

Também não subsistia o pensamento de Arnaldo Süssekind que, ao interpretar o art. 114, § 2º, da CRFB/1988, na sua anterior redação, deduzia que, como o dissídio coletivo somente era instaurado após o fracasso da negociação coletiva, não haveria "disposições convencionais" em vigor quando da prolação da sentença normativa, de forma que a determinação constitucional somente poderia se referir às disposições das normas coletivas anteriores[(761)].

Quanto a este aspecto, embora a práxis tenha demonstrado que, geralmente, os dissídios coletivos são instaurados após o término da convenção coletiva (que, via de regra, coincide com a data-base da categoria, inclusive com a propositura de protesto judicial para o asseguramento da data-base), a análise sistemática da legislação demonstra que a regra da lei é no sentido de que os dissídios coletivos devam ser instaurados ainda quando vigente a norma coletiva da categoria, pois o art. 616, § 3º, da CLT, determina que o dissídio coletivo deve ser suscitado nos 60 (sessenta) dias anteriores ao respectivo termo final da norma coletiva vigente, sujeitando o termo *a quo* dos efeitos da sentença

---

(760) GIUGNI, Gino. *Diritto sindacale*. Bari: Cacucci, 2001. p. 170.

(761) SÜSSEKIND, Arnaldo. *Direito constitucional do trabalho...*, p. 422-423.

normativa à observância ou não desta regra. Assim, se o Judiciário Trabalhista julgasse rapidamente o dissídio coletivo, a sentença normativa seria prolatada ainda quando vigentes disposições convencionais, justificando a previsão anterior do art. 114, § 2º, da CRFB/1988.

Por outro lado, do mesmo modo que a legislação (art. 14, I e II, Lei n. 7.783/1989) consagra o direito de greve quando vigentes acordos ou convenções coletivas de trabalho, na hipótese em que se exige o cumprimento de suas próprias disposições *(exceptio non adimpleti contractus)*, ou pela superveniência de fato novo ou acontecimento imprevisto que modifique substancialmente a relação de trabalho *(rebus sic stantibus)*, consequentemente, se admite o dissídio coletivo de greve quando vigentes normas coletivas, suscitando a limitação imposta pelo atual § 2º do art. 114, da CRFB/1988, ao poder normativo da Justiça do Trabalho, pois as normas coletivas continuam vigentes.

Quanto a este aspecto, em resumo, o art. 114, § 2º, da CRFB/1988, diz respeito à fixação dos limites mínimos do poder normativo da Justiça do Trabalho, nada elucidando em relação à incorporação de normas coletivas aos contratos individuais de trabalho, mesmo após a alteração da redação deste dispositivo constitucional pela Emenda Constitucional n. 45/2004, que alterou o regime do dissídio coletivo, dispondo que:

> "§ 2º Recusando-se qualquer das partes à negociação coletiva ou à arbitragem, é facultado às mesmas, de comum acordo, ajuizar dissídio coletivo de natureza econômica, podendo a Justiça do Trabalho decidir o conflito, respeitadas as disposições mínimas legais de proteção ao trabalho, bem como as convencionadas anteriormente."

Neste diapasão, verifica-se um equívoco na doutrina e na jurisprudência ao equiparar o instituto do art. 114, § 2º, da CRFB/1988 com a questão da ultranormatividade das normas coletivas ou incorporação. A ultranormativa é um instituto de direito material coletivo do trabalho, dizendo respeito aos efeitos da autonomia privada coletiva sobre os contratos individuais de trabalho. Tem como destinatários os atores sociais no entabulamento da normas coletivas. Já o art. 114, § 2º, da CRFB/1988 é um instituto de direito processual do trabalho, uma vez que versa sobre os limites constitucionais mínimos do poder normativo da Justiça do Trabalho. Tem como destinatários os órgãos julgadores, sendo que a observância das cláusulas convencionadas anteriormente, na atuação do poder normativo da Justiça do Trabalho, é uma diretriz que não sofre qualquer alteração pelo advento de legislação sobre a ultratividade das normas coletivas, como a novel redação do art. 614, § 3º, da CLT, pois, repisa-se, é uma norma de direito material, direcionada à atuação dos atores sociais.

11.2. Teoria negativista ou da agregação

A teoria negativista considera que as cláusulas dos acordos e convenções coletivas não se incorporam aos contratos individuais de trabalho. Sob o crivo dessa teoria, observamos duas ordens de argumentos para justificar a não integração.

A primeira é formada por uma série de autores que intentam encontrar, entre os preceitos legais, dispositivos que respaldam a não incorporação das cláusulas normativas aos contratos individuais de trabalho.

Aludidos juristas sustentam que a própria previsão legal de prazo de vigência para as normas coletivas, *per se*, demonstra a intenção do legislador em não integrar, definitivamente, as cláusulas normativas aos contratos individuais de trabalho.

Embora pareça justificar a tese, esse argumento se apresenta inadequado, uma vez que incorre no mesmo equívoco de subordinar inteiramente o instituto da autonomia privada coletiva à vontade do legislador. Ainda que houvesse possibilidade legal de elaboração de normas coletivas por período indeterminado, a querela ainda continuaria instalada, tendo em vista a possibilidade de distrato e mesmo de resolução da norma coletiva ou da fixação de prazo volitivamente pelas próprias partes convenentes.

Numa segunda ordem de ideias, a teoria negativista é agasalhada pelos partidários do privilegiamento da autonomia privada coletiva dos grupos sociais, em cujo exercício vislumbram um instrumento de tutela do trabalhador, mesmo nas hipóteses de previsão temporária de direitos e vantagens individuais.

O italiano Gino Giugni aponta que as normas do contrato coletivo não se integram às relações individuais de trabalho e não geram direito adquirido à conservação das vantagens dispostas numa norma coletiva. Aduz que entendimento contrário levaria à conclusão da impossibilidade da alteração *in pejus* de alguns institutos mediante contratos coletivos sucessivos, o que deixaria como única possibilidade a fixação de condições *in mellius*.

Ressalta o autor que o contrato de trabalho é objeto de várias fontes de regulamentação — lei, contrato coletivo, contrato individual —, sendo que cada uma possui uma autonomia e uma lógica próprias. O contrato coletivo não perde a sua natureza de norma heterônoma em relação ao contrato individual e não se incorpora a este último. Assim, cada modificação efetivada na esfera da autonomia privada coletiva reflete-se sobre as relações individuais de trabalho, sem distinções entre modificações *in pejus* ou *in mellius*. Por último, lembra que nas épocas de crise é comum o sindicato operar concessões em troca de melhoramentos em outros aspectos da relação de emprego, atividade que estaria inibida pela tese da incorporação[(762)].

Jean-Claude Javillier assinala que, apesar da presença do efeito imperativo e automático das cláusulas normativas da convenção coletiva, a legislação francesa não consagra a integração das normas coletivas nos contratos individuais de trabalho, de modo que o trabalhador não pode beneficiar-se das normas de convenção precedente

(762) GIUGNI, Gino. *Diritto sindacale...*, p. 170-172.

que lhe sejam favoráveis, salvo a existência de uma cláusula de manutenção das vantagens adquiridas[(763)].

Também no direito francês, André Brun e Henri Galland assinalam que as disposições das normas coletivas não se integram aos contratos individuais de trabalho. A incorporação, segundo os autores, desconfiguraria o papel dos convênios coletivos, com a consequente destruição da autonomia das diversas fontes de direito, como o contrato e a convenção coletiva. Conforme os autores, dá-se uma agregação das normas coletivas aos contratos de trabalho, por isso, quando cessa a convenção coletiva, suas normas, definitivamente, deixam de viger[(764)].

Alfredo Ruprecht pondera que a tese atualmente dominante é a da teoria da agregação, pela qual as normas das convenções coletivas não se incorporam aos contratos individuais de trabalho, mas simplesmente agregam-se a ele, de modo que essas normas continuam acompanhando o destino da convenção que lhes deu origem, podendo ser alteradas ou, até mesmo, suprimidas[(765)].

Para Michel Despax, que também se contrapõe à teoria da incorporação, há uma recepção provisória das disposições da norma coletiva pelos contratos individuais de trabalho; tese que, segundo o autor, vem recebendo uma dupla consagração: na lei e na jurisprudência[(766)].

Ao analisar a nova lei alemã sobre contratos coletivos (*TVG — Tarifvertragsordnung)*, Kaskel elucida que a opinião dominante que sustentava que a norma da convenção se incorpora automaticamente aos contratos individuais de trabalho foi superada, prevalecendo atualmente o entendimento da não incorporação[(767)].

Américo Plá Rodriguez, que outrora defendera a teoria da incorporação, na última edição de seu *Princípios de Direito do Trabalho*, modificou seu entendimento para negar a integração das normas coletivas aos contratos individuais de trabalho nas hipóteses de extinção ou celebração de nova convenção ou acordo coletivo de trabalho[(768)].

---

(763) JAVILLIER, Jean-Claude, *apud* SÜSSEKIND, Arnaldo. *Direito constitucional do trabalho...*, p. 421.

(764) BRUN, André; GALLAND, Henri. *Droit du travail*, t. II, París, 1978. p. 125, *apud* PLÁ RODRIGUEZ, Américo. La revisión del convenio colectivo para disminuir los beneficios. In: OJEDA AVILÉS, Antonio; ERMIDA URIARTE, Oscar. *La negociación colectiva en América Latina*. Madrid: Editorial Trotta, 1993. p. 166.

(765) RUPRECHT, Alfredo J.. *Op. cit.*, p. 468.

(766) DESPAX, Michel. Negotiations, conventions et accords collectives. T. VIII du Traité de Droit du Travail, dirigido por G. H. Camerlynck, París, 1989. p. 107, *apud* PLÁ RODRIGUEZ, Américo. *La revisión del convenio colectivo para disminuir los beneficios...*, p. 166-167.

(767) KASKEL, *apud* SÜSSEKIND, Arnaldo. *Direito constitucional do trabalho...*, p. 421-422.

(768) PLÁ RODRIGUEZ, Américo. *Princípios de direito do trabalho*. Trad. Wagner D. Giglio. 3. ed. São Paulo: LTr, 2004. p. 137.

Em verdade, o mestre uruguaio manifestou pela primeira vez seu novo pensamento em obra coletiva, na qual expôs os seguintes fundamentos: a) as mesmas entidades sindicais legitimadas para a celebração de uma convenção coletiva igualmente o são para concertar outros convênios coletivos, em outros momentos, pois os convênios coletivos não são atos eternos e inalteráveis; b) todo organismo estatal ou privado com competências normativas ou resolutivas possui poder para modificar, substituir ou derrogar a norma ou a resolução que elaborou anteriormente; c) a não admissão da renúncia de vantagens outorgadas em norma coletiva pelo contrato individual assenta-se na situação de desigualdade entre as partes; mas essa possibilidade por meio de uma norma coletiva demonstra o restabelecimento da igualdade das partes[(769)].

Pedro Paulo Teixeira Manus elucida que a própria autonomia coletiva das partes pode dispor, numa convenção coletiva, que determinada vantagem se incorpore aos contratos individuais do trabalho; em não havendo disposição nesse sentido, as cláusulas normativas deixam de viger com o término do prazo da norma coletiva[(770)].

A Lei n.13.467/2017, entretanto, alterou a redação do art. 614, § 3º, da CLT, na intenção de vedar a ultratividade das normas coletivas, ficando assim redigido o referido preceito legal: *"§ 3º Não será permitido estipular duração de convenção coletiva ou acordo coletivo de trabalho superior a dois anos, sendo vedada a ultranormatividade."*

11.3. Teoria das cláusulas ultranormativas ou da vantagem individual adquirida

A respeito da incorporação das cláusulas coletivas nos contratos individuais de trabalho, certa corrente doutrinária parte da análise da natureza e do conteúdo de cada cláusula para inferir a existência ou não do efeito integrativo sobre os contratos individuais do trabalho, dando origem às concepções das cláusulas ultranormativas e da vantagem individual adquirida. Assim, a depender da natureza e do conteúdo das normas coletivas, haveria cláusulas normativas que se incorporariam aos contratos individuais de trabalho e outras que não se integrariam em virtude da característica dos direitos e obrigações nelas previstas.

Em verdade, embora parte da doutrina a considere uma terceira corrente, trata-se de um modo mais aprofundado da teoria negativista, ou um *tertium genus* entre a teoria integrativa e a teoria negativista. Muitos autores da teoria negativista não desconsideram que, excepcionalmente, determinadas cláusulas normativas, por sua natureza, incorporam-se aos contratos individuais de trabalho.

O prefixo ultra — originário do termo latino *ultra* — indica além de[(771)]. A expressão ultranormativa significa além da norma, sendo empregada para designar as cláusulas

(769) *Id. La revisión del convenio colectivo para disminuir los beneficios...*, p. 167.

(770) MANUS, Pedro Paulo Teixeira. *Negociação coletiva e contrato individual...*, 2004, p. 72.

(771) FERREIRA, Aurélio Buarque de Holanda. *Op. cit.*, p. 2026.

constantes de acordos e convenções coletivas que continuam a surtir efeitos, temporários ou permanentes, perante as partes do contrato individual de trabalho, mesmo após a extinção da norma coletiva que as previam.

São cláusulas que, embora sejam formalmente extintas com o término da norma coletiva, continuam operando efeitos nas relações individuais de trabalho, com garantia dos direitos nelas previstos aos trabalhadores que tenham preenchido as condições previstas para a sua aquisição.

A hipótese mais mencionada pela doutrina é a das cláusulas previsoras de estabilidade no emprego. Preenchidos os requisitos contidos na norma pelo empregado, o período de estabilidade não restará prejudicado pela extinção da norma coletiva. Por exemplo, cláusula de norma coletiva que fixa a estabilidade de dois anos para empregado que sofre acidente de trabalho; a extinção da norma coletiva, sem a sua renovação, no momento em que o empregado usufruía somente um ano da sua estabilidade, não obsta a continuidade da garantia de emprego até o prazo original de dois anos. Equivale à aplicação da máxima *tempus regit actum*, isto é, aplica-se a lei vigente à época dos fatos.

A não renovação da cláusula de estabilidade, *in casu*, alcançará somente os atuais empregados que não haviam se enquadrado na hipótese de incidência (sofrido acidente e adquirido a estabilidade) — com o preenchimento dos requisitos previstos na norma — e os novos contratos de trabalho.

Pedro Paulo Teixeira Manus, acompanhando Renato Rua de Almeida, situa as cláusulas ultranormativas sob a denominação de *vantagem individual adquirida*. Segundo o autor, trata-se de um benefício previsto em norma coletiva referente a trabalhador individualmente considerado e não à coletividade, cuja implementação das condições para o seu gozo concede ao empregado o direito de usufruí-la mesmo após a vigência da norma coletiva. Exemplifica com cláusulas que contemplam comissões de empregados e que garantem estabilidade no emprego[772].

Embora o autor não tenha se referido expressamente à denominação “cláusulas ultranormativas”, consideramos que, na essência, esta teoria coincide com a da “vantagem individual adquirida”, pois ambas sustentam-se na análise da natureza do direito concedido pela norma coletiva.

Além das cláusulas ultranormativas com fixação de prazo, há vantagens que se incorporam automaticamente aos contratos de trabalho, produzindo efeitos durante toda a relação de emprego, mesmo após a extinção das normas coletivas que as previu; o efeito integrador é retirado da natureza da vantagem prevista na norma coletiva que, por sua essência, é concedida a título permanente. Essa permanência é extraída da própria natureza

(772) MANUS, Pedro Paulo Teixeira. *Negociação coletiva e contrato individual...*, 2004, p. 73.

do direito e consciente e implicitamente aceita pelas partes convenentes quando da elaboração da norma coletiva.

Situa-se nessa condição a cláusula que prevê um aumento salarial, cuja natureza da concessão não permite que a majoração seja expurgada do salário do empregado, com a extinção da norma coletiva, uma vez que passou a integrá-lo definitivamente. Amauri Mascaro Nascimento cita o exemplo de um adicional de tempo de serviço que, por sua natureza, insere-se nos contratos individuais de trabalho, desde que as partes não tenham estipulado condições ou limitações à sua vigência(773).

A par das teorias da incorporação e da não incorporação, a práxis forense praticamente consagra a teoria das cláusulas ultranormativas, cuja tese foi consolidada pela Orientação Jurisprudencial n. 41, da SDI-I, do Tribunal Superior do Trabalho: *"Estabilidade. Instrumento normativo. Vigência. Eficácia. Preenchidos todos os pressupostos para a aquisição de estabilidade decorrente de acidente ou doença profissional, ainda durante a vigência do instrumento normativo, goza, o empregado, de estabilidade mesmo após o término de vigência deste."*

Na prática, a magistratura do trabalho comumente não aplica normas de acordos e convenções coletivas já extintas como forma de conferir a continuidade das obrigações, como o fornecimento de cestas básicas, abonos salariais mensais, percentuais maiores de adicional de horas extraordinárias, adicional de horas noturnas, adicionais de insalubridade e periculosidade etc., pois são considerados devidos somente enquanto vigente a norma coletiva que os consagram. Por outro lado, a jurisprudência trabalhista considera incorporadas cláusulas que versam sobre reajustes salariais ou sobre vantagens cujo preenchimento dos requisitos pelo trabalhador ocorreu durante o período de vigência da norma, ainda que os seus efeitos perdurem após o término desta.

12. Eficácia temporal das normas coletivas

12.1. Princípio da irretroatividade das leis

A questão da retroatividade ou irretroatividade das leis insere-se na temática da eficácia ou aplicação das leis no tempo, isto é, trata-se de uma questão de direito intertemporal, referente à sucessão de diplomas normativos que regulamentam de forma diferente a mesma relação jurídica(774).

---

(773) NASCIMENTO, Amauri Mascaro. *Compêndio de direito sindical...*, p. 316. Sobre a posição de *Amauri Mascaro Nascimento* nesta questão, parte dos estudiosos equivocadamente o insere na teoria da incorporação — *Vide* nesse sentido: PRINCÍPE, Carlos Eduardo. *A sobrevivência das cláusulas normativas aos contratos individuais de trabalho*. São Paulo: LTr, 2004. p. 68-69; DIAS, Cristiane Ferraz. *Op. cit.*, p. 359 — quando, na realidade, *Amauri Mascaro Nascimento é contundente ao assinalar que a incorporação ou não de determinada cláusula deve ser extraída em razão do prazo estabelecido e da sua natureza. O próprio autor assinala que "um adicional de horas extraordinárias é obrigação que, tendo em vista a sua natureza, vigora pelo prazo em que a convenção coletiva perdurou. Desse modo, a resposta depende da verificação, em cada caso concreto, da cláusula em questão"* (NASCIMENTO, Amauri Mascaro. *Compêndio de direito sindical...*, p. 316).

(774) MIRANDA, Custódio da Piedade U. *Teoria geral do direito privado*. Belo Horizonte: Del Rey, 2003. p. 162.

Cite-se, por exemplo, a alteração do art. 7º, XXXIII, da CRFB/1988, pela EC n. 20, de 15.12.1998, que elevou a capacidade para o trabalho de 14 para 16 anos, salvo na condição de aprendiz a partir dos 14 (anos), antes possibilitada a partir dos 12 anos. Se a norma fosse aplicada imediatamente às relações já constituídas, deveriam ser considerados nulos os contratos de trabalho dos trabalhadores que possuíam entre 14 e 16 anos à época da entrada em vigor da nova norma, não obstante a aquisição de capacidade para o trabalho conforme a norma constitucional anterior.

Com vistas à segurança e estabilização das relações jurídicas, são diversas as regras de direito intertemporal adotadas pelo legislador, bem como muitas as teorias e os princípios fixados pela doutrina para preenchimento das lacunas e solução das dúvidas a respeito da aplicação temporal das normas jurídicas(775). A CLT possui uma série de dispositivos sobre direito intertemporal (art. 911 a 922).

Entre as diversas soluções, nossa legislação consagra os princípios da irretroatividade das leis e da sua aplicação imediata. Consoante Tercio Sampaio Ferraz Júnior, o princípio da irretroatividade *"significa que a eficácia retroativa da lei nova, possível em tese, é inadmissível desde que a incidência da lei antiga tenha ocorrido plenamente"*(776).

O princípio da irretroatividade das leis constitui um princípio complementar ao da legalidade consagrado, em nosso ordenamento jurídico, no art. 5º, II, da CRFB/1988, segundo o qual *"ninguém será obrigado a fazer ou deixar de fazer alguma coisa senão em virtude de lei"*. Trata-se de princípio complementar que, ao lado da proteção constitucional do direito adquirido, do ato jurídico perfeito e da coisa julgada (art. 5º, XXXVI, CRFB/1988) e do princípio da inafastabilidade do controle judicial (art. 5º, XXXV, CRFB/1988), garante a permanência e a estabilidade do princípio da legalidade(777).

Constata-se que a conciliação entre os princípios da irretroatividade das leis e o da aplicação imediata exsurge com a aplicação dos conceitos de ato jurídico perfeito, direito adquirido e coisa julgada. Nesse sentido, dispõe o art. 6º da Lei de Introdução ao Código Civil Brasileiro: *"A Lei em vigor terá efeito imediato e geral, respeitados o ato jurídico perfeito, o direito adquirido e a coisa julgada."*

É reputado como ato jurídico perfeito aquele já consumado segundo a lei vigente ao tempo em que se efetuou (art. 6º, § 1º, Lei de Introdução às normas do Direito Brasileiro – LINDB). São considerados adquiridos os direitos passíveis de exercício imediato pelo seu titular, bem como aquele cujo exercício esteja sujeito a termo ou à condição preestabelecida e inalterável (art. 6º, § 2º, LINDB). A coisa julgada consiste na decisão judicial de mérito qualificada pela definitividade, não mais sujeita a recurso (art. 6º, § 3º, LINDB).

---

(775) MIRANDA, Custódio da Piedade U. *Teoria geral do direito privado*. Belo Horizonte: Del Rey, 2003. p. 163.

(776) FERRAZ JÚNIOR, Tercio Sampaio. *Introdução ao estudo do direito*. São Paulo: Atlas, 1991. p. 226.

(777) SILVA, José Afonso da. *Curso de direito constitucional positivo*. São Paulo: Malheiros, 1999. p. 430-431.

O princípio da irretroatividade das leis não é absoluto, pois conhece e permite exceções, como, *exempli gratia*, a lei penal que descriminaliza ato anteriormente considerado ilícito, cuja retroação da sua eficácia atinge a incidência da lei anterior, de forma que o ato já cometido e incriminado anteriormente por normas de conduta, cessa de ser considerado ilícito. Trata-se do fenômeno da retroatividade *in bonam partem*(778).

12.2. Eficácia imediata das convenções coletivas

Embora a CLT possua norma sobre a entrada em vigor de um instrumento normativo (art. 614, § 3º, CLT), ela não disciplina expressamente os efeitos decorrentes da eficácia temporal inicial dos acordos e convenções coletivas. A eficácia imediata das normas coletivas, entretanto, é extraída da norma do art. 619 da CLT, a qual consagra a regra da primazia da convenção coletiva de trabalho sobre os contratos individuais vigentes, ao preceituar que *"Nenhuma disposição de contrato individual de trabalho que contrarie normas de Conven*ção ou Acordo Coletivo de Trabalho poderá prevalecer na execução do mesmo, sendo considerada nula de pleno direito" (art. 619).

Já o art. 622 da CLT prevê a aplicação de multa tanto para os empregados quanto para os empregadores que celebrarem contratos individuais de trabalho com disposições contrárias ao previsto em acordo ou convenção coletiva(779). Ambos os dispositivos legais se complementam. Entretanto, há uma diferença entre os arts. 619 e 622 da CLT quanto ao momento em que confrontam a norma coletiva com o contrato individual de trabalho. O primeiro se refere aos contratos individuais preexistentes ao acordo ou convenção coletiva de trabalho, obstando a produção de efeitos da norma individual contrária à norma coletiva, durante o período de vigência desta; o segundo pressupõe a anterioridade da norma coletiva em relação ao contrato individual, com vistas a obstar a estipulação de disposições contrárias às da norma coletiva em vigor.

Desse modo, a princípio, salvo estipulação em contrário no pacto coletivo ou de critério diferenciado extraído da própria natureza da cláusula fixada, as suas normas possuem aplicabilidade imediata sobre as relações individuais de trabalho em curso.

12.3. Retroatividade e irretroatividade das normas coletivas

Não obstante a consagração implícita do princípio da aplicabilidade imediata das normas coletivas pela legislação trabalhista, resta aferir a possibilidade de concessão de efeitos retroativos ao conteúdo das normas coletivas.

Neste contexto, a possibilidade de retroação dos efeitos da norma coletiva será distinta em relação à natureza da cláusula. Como afirmarmos alhures, em decorrência do

---

(778) FERRAZ JÚNIOR, Tercio Sampaio. *Introdução ao estudo do direito*. São Paulo: Atlas, 1991. p. 227-228.

(779) Sobre a inconstitucionalidade da previsão de aplicação de multas aos empregados em acordos e convenções coletivas, nos reportamos ao item anterior desta obra sobre a temática.

seu caráter híbrido, a norma coletiva possui dois tipos essenciais de cláusulas, as obrigacionais e as normativas. As primeiras consubstanciam as cláusulas pelas quais as partes pactuantes estipulam obrigações para serem cumpridas entre si; as segundas, por sua vez, constituem o conjunto de cláusulas pelas quais se fixam normas e condições para reger as relações individuais de trabalho.

Como as cláusulas obrigacionais, os sujeitos convenentes estipulam direitos e obrigações recíprocas, sem conteúdo normativo — uma vez que não regulamentam as condições individuais de trabalho —, o que lhes confere natureza de típicas normas contratuais; a princípio, não há óbice para que os pactuantes — sindicato(s) ou sindicato e empresa — confiram efeitos retroativos a esta espécie de disposições.

As cláusulas normativas, por sua vez, por dirigirem-se às relações individuais de trabalho, a partir da previsão de regras e condições de trabalho que regerão as relações entre empregados e empregados, constituem verdadeiros preceitos heterônomos para os sujeitos da relação de emprego, atuando de forma geral e abstrata, do mesmo modo que as leis e outras regras de conduta, de modo que a questão da retroação ou não de seus efeitos aproxima-se da solução adotada pelas as leis em geral, qual seja: aplicação do princípio da irretroatividade, com respeito ao ato jurídico perfeito, à coisa julgada, ao direito adquirido e ao princípio da condição mais benéfica, sendo possível a retroação de efeitos *in bonam partem* ao trabalhador.

Cite-se, por exemplo, a retroação dos efeitos de uma cláusula previsora de aumento salarial, fazendo-o incidir num período anterior ao da vigência geral da norma coletiva, com aferimento de diferenças salariais pelos empregados. Nesse sentido, dispõe o Código de Trabalho de Portugal, o qual veda a estipulação de efeito retroativo a qualquer das cláusulas dos instrumentos de negociação coletiva, *"salvo tratando-se de cláusulas de natureza pecuniária"* (art. 533, alínea *c*).

12.3.1. Irretroatividade das cláusulas operacionais autorizativas

Como exposto em outro capítulo, as cláusulas operacionais autorizativas constituem o conjunto de cláusulas cujo objetivo nuclear é a procedimentalização de institutos jurídicos previstos em lei, cuja implementação no âmbito das relações de trabalho é delegada à autonomia privada coletiva, por meio dos acordos e convenções coletivas de trabalho, como a implementação de banco de horas (art. 59, § 2º, CLT), a adoção do regime de tempo parcial (art. 58-A, § 2º, CLT) e previsão da suspensão do contrato para qualificação profissional (art. 476-A, CLT).

Se o princípio da irretroatividade das normas coletivas conhece exceções para possibilitar a retroação de normas mais favoráveis aos trabalhadores, no que se refere às cláusulas autorizativas, não é possível a retroação de seus efeitos para sanear e/ou retificar situações de trabalho irregulares. Cite-se, por exemplo, a hipótese de o empregador que, não obstante o trabalho em sobrejornada de seus empregados, não paga os valores referentes a este labor extraordinário, vindo, posteriormente, firmar um acordo coletivo com sindicato profissional, no qual seja adotado o regime de banco de horas (art. 59, CLT) com efeitos retroativos aos períodos laborados em sobrejornada pelos empregados e não pagos. Esta cláusula é manifestamente ineficaz em relação ao período anterior, posto que as cláusulas operacionais autorizativas só possuem eficácia *ad futurum*, pois a previsão em norma coletiva constitui um pressuposto para implementação do instituto desejado, sendo ineficaz eventual previsão de retroação em norma coletiva e nula a sua adoção direta pelos sujeitos das relações individuais de trabalho — na ausência de norma coletiva autorizadora.

Capítulo VI

Interação dos Acordos e Convenções Coletivas com Outras Fontes Normativas

1. Hierarquia normativa

1.1. Hierarquia normativa na teoria das fontes

O estudo das fontes de direito é habitualmente aprofundado no campo da Teoria Geral do Direito ou da Filosofia do Direito; mas todo operador do mundo jurídico se depara com muitas das suas questões. O teórico ou estudioso, ao analisar qual corpo de normas regem determinado instituto jurídico em sua integridade; o advogado, ao argumentar porque determinada norma ou conjunto de normas deve ser aplicado no caso patrocinado; o juiz, quando decide qual norma deve ser aplicada para solução do conflito de interesses levado à sua apreciação.

Essa questão será tanto mais complexa quanto maior for o grau de democracia e a dimensão da pluralidade de uma sociedade. O pluralismo normativo não representa apenas a presença de diversos centros de positivação jurídica numa mesma sociedade (existência pluranormativa), ele envolve a possibilidade, quase sempre concretamente presente, dos mesmos indivíduos estarem submetidos a normas emanadas de fontes normativas distintas (coexistência plurinormativa). Equivale a dizer que uma mesma situação pode ser regida por mais de uma espécie de normas, o que leva à indagação sobre qual ou quais normas devam ser aplicadas em determinado caso concreto.

Exatamente porque haveria uma constante insegurança jurídica sobre qual o direito hegeria determinada situação que se desenvolveu a doutrina das fontes do direito. Assim, à constatação da coexistência de diversos ordenamentos jurídicos sucede o problema do seu inter-relacionamento, uma vez que à coexistência de ordenamentos jurídicos deve suceder uma regra de relacionamento, que pode basear-se em critérios de coordenação, subordinação, ou qualquer outro que forneça operacionalidade ao sistema jurídico. São essas regras de relacionamento que concedem coerência a um sistema ou ordenamento jurídico.

Para o neoempirista *Alf Ross*, que considera as fontes pelo prisma do papel que exercem sobre o julgador, é esta disposição das fontes que garante, ao operador do direito, que a escolha da norma aplicável à determinada situação não seja fruto de mero capricho ou arbitrariedade do juiz, mas sim de um processo determinado por uma ideologia normativa comum, que, presente e ativa na mente dos juízes, garanta maior previsibilidade e segurança jurídica. Para o autor, é esta ideologia normativa comum ao objeto da teoria das fontes. Consiste em regras que não se referem diretamente ao modo de solução de um litígio, mas indicam a maneira pela qual o julgador deverá proceder a fim de descobrir a norma aplicável a determinada situação[(780)].

Marcado por forte influência kelseniana, o pensamento jurídico nacional, de um modo geral, ordena as normas com base em critérios hierárquicos. Como elucida *Tercio Sampaio Ferraz Júnior*, a *"Hierarquia é um conjunto de relações, estabelecidas conforme regras de subordinação e coordenação. Estas regras não são normas jurídicas nem são elementos não normativos, isto é, não fazem parte do repertório, mas da estrutura do ordenamento"*[(781)].

Como lecionam Orlando Gomes e Elson Gottschalk, *"Entre as diversas fontes enumeradas há uma hierarquia, cujo conhecimento é de considerável utilidade prática. A diversidade de procedência das normas que preenchem o conteúdo do contrato de trabalho lhes enseja o choque, criando o problema da prevalência de uma regra sobre outra. Daí, a necessidade de hierarquizar cuidadosamente as várias fontes, a fim de obter segura orientação para solucionar os possíveis conflitos"*[(782)].

Como assinalamos alhures, é tarefa da ciência do direito descrever as relações entre as fontes em cada sistema jurídico. Por sua vez, cada ramo do ordenamento jurídico possui disciplina específica sobre as suas fontes, uma vez que elas apresentam dinâmicas distintas, conforme os princípios e regras que regem cada ramo do saber jurídico. Por exemplo, enquanto no direito comum prevalece o sistema de hierarquia estática, no Direito do Trabalho prepondera a denominada hierarquia dinâmica, mais condizente com os objetivos, regras e princípios desse ramo específico do direito.

Na Teoria Geral do Direito do Trabalho, encontra-se o cabedal teórico sobre o relacionamento entre as normas originárias das diversas fontes normativas — Constituição, lei, regulamento, sentença normativa, convenção ou acordo coletivo, regulamento de empresa e costume — quadro sob o qual analisaremos a relação entre os acordos e convenções coletivas e as demais fontes do Direito do Trabalho.

1.2. Hierarquia estática e hierarquia dinâmica no direito comum

De um modo geral, distinguem-se duas espécies de hierarquia normativa: a estática e a dinâmica. A hierarquia estática das normas jurídicas é aquela cujo prevalência de uma norma sobre outra é aferida a partir de critérios formais predefinidos no ordenamento jurídico, como os critérios da hierarquia formal na escala normativa, da especialidade

---

(780) ROSS, Alf. *Op. cit.*, p. 102.

(781) FERRAZ JÚNIOR, Tercio Sampaio. *Op. cit.*, p. 37.

(782) GOMES, Orlando; GOTTSCHALK, Elson. *Op. cit.*, p. 37.

e do caráter temporal e cronológico das normas. A hierarquia dinâmica, por sua vez, é aquela cujo conflito de normas pressupõe uma análise material do conteúdo da norma para a aferição da norma que deverá prevalecer numa determinada situação fático-jurídica, como a aplicação do princípio da norma mais favorável, não se estabelecendo por meio de critérios meramente formais, como na hierarquica estática.

A principal e mais conhecida construção hierárquica das normas jurídicas fundamenta-se no princípio da *lex superior*, pelo qual a norma que dispõe, formal e materialmente, sobre a edição de outras normas prevalece sobre estas em caso de conflito ou contradição[(783)].

Essa construção foi aprofundada por Hans Kelsen na sua obra *Teoria pura do Direito*, segundo a qual, o ordenamento jurídico se apresenta como um sistema escalonado e decrescente de normas jurídicas, em que as normas que estão na base da pirâmide normativa retiram sua validade das normas que lhes antecedem, sendo o ápice da pirâmide constituído pela norma fundamental, norma pressuposta que não encontra fundamento de validade em nenhuma outra norma do ordenamento jurídico.

Segundo as palavras do jurista alemão "*Entre uma norma de escalão superior e uma norma de escalão inferior, quer dizer, uma norma que determina a criação de uma outra, não pode existir qualquer conflito, pois a norma de escalão inferior tem o seu fundamento de validade na norma de escalão superior. Se uma norma de escalão inferior é considerada válida, tem de se considerar como estando em harmonia com uma norma do escalão superior*"[(784)].

No direito comum, em geral, as leis hierarquicamente são classificadas de acordo com a maior ou menor extensão da sua eficácia, e conforme a maior ou menor intensidade criadora do direito. Sob o aspecto da extensão, as leis são classificadas em federais, estaduais e municipais. Pelo segundo aspecto, a classificação hierárquica, de nítido caráter kelseniano, se baseia na conformidade das normas inferiores às de categoria superior, segundo os princípios da constitucionalidade e da legalidade[(785)].

No grau mais elevado de positivação e hierarquia, encontra-se a Constituição Federal, em relação à qual todas as demais normas devem se adaptar. Abaixo da Constituição, operam-se novos graus de hierarquia na ordem decrescente, de modo que as normas dos escalões inferiores não podem invadir a esfera das de níveis superiores, nem infirmar as suas disposições[(786)]. Eventual conflito entre duas normas resolve-se pela aplicação da norma de maior localização na escala hierárquica, uma vez que a regra inferior retira o seu fundamento de validade da norma superior.

---

(783) FERRAZ JÚNIOR, Tercio Sampaio, *op. cit.*, p. 165.

(784) KELSEN, Hans. *Op. cit.*, p. 232.

(785) RÁO, Vicente. *O direito e a vida dos direitos*. 5. ed. São Paulo: Revista dos Tribunais, 1999. p. 305.

(786) *Id. ibid.*, p. 305-306.

Esta é a denominada hierarquia estática das normas jurídicas. Por esse critério, a Constituição prevalece sobre as demais normas. Logo abaixo aparecem, num mesmo patamar, as leis complementares, as leis ordinárias, as leis delegadas, as medidas provisórias, pois todas elas retiram sua validade diretamente da Constituição Federal. Em seguida, surgem os decretos, seguidos pelas portarias e ordens de serviço.

Além do critério da *lex superior* que soluciona o conflito de normas que se encontram em escalas hierarquicamente distintas, também é adotado o critério da *lex posterior derogat priori*, segundo o qual, no conflito entre normas de um mesmo escalão, mas contraditórias entre si, há prevalência da norma posterior sobre a anterior.

Para resolução de conflitos normativos, há ainda a utilização de um terceiro critério, correspondente ao da *lex especialis*, pelo qual a norma geral é revogada pela norma especial no que esta dispõe de específico.

Assim, denomina-se hierarquia estática o procedimento que possui regras predefinidas para a resolução do conflito entre normas, tais como: a lei superior derroga a inferior (*lex superior derogat legi inferior); a lei posterior revoga a anterior* (*lex posterior derogat legi priori*), a lei especial prevalece sobre a lei geral (*lex specialis derogat legi generali*).

Esses três critérios, embora habitualmente aplicados para a resolução de conflitos normativos dentro de uma concepção de hierarquia estática, com relativa funcionalidade, não são suficientes para ilidir situações de injustiças decorrentes da sua aplicação, suscitando, em determinadas circunstâncias, a necessidade de elaboração de critérios mais equitativos, o que deu ensejo à concepção de hierarquia normativa dinâmica.

A hierarquia dinâmica se caracteriza pela presença de um elemento estrutural no ordenamento jurídico, ou em um dos seus ramos, que concede fluidez e elasticidade à hierarquia das respectivas normas e que permite, diante de um conflito normativo, a aplicação no caso concreto do preceito jurídico que melhor concretize os objetivos e princípios máximos do ordenamento ou de um ramo jurídico, mesmo que em prejuízo da observância dos critérios da *lex superior*, *lex posterior* e *lex especialis* adotados para a solução de conflitos normativos num sistema estático.

Não se trata de invalidade ou de derrogação de uma norma por outra, como ocorre nas hipóteses de aplicação dos critérios da hierarquia estática. Ambas as normas continuam em vigor; mas na solução de um caso concreto apenas uma delas será aplicável, com o afastamento simultâneo da outra, o que não obsta que esta última venha a ser aplicada em outra situação.

Geralmente, esse elemento estrutural consiste num princípio específico de determinado ramo do ordenamento jurídico. Por exemplo, como assinala *Fábio* Konder Comparato, no universo dos direitos humanos, no conflito entre regras internacionais e entre estas e regras internas, prevalece a regra mais favorável ao sujeito de direito, uma vez que é finalidade última e razão de ser de todo esse ordenamento jurídico a proteção da dignidade humana(787).

1.3. Hierarquia estática e hierarquia dinâmica no Direito do Trabalho

1.3.1. A presença das hierarquias estática e dinâmica no Direito do Trabalho

O Direito do Trabalho é concebido como um ramo do ordenamento jurídico caracterizado pela existência de uma hierarquia dinâmica entre as suas normas. Essa dinamicidade é possibilitada pela presença do "princípio da norma mais favorável" no vértice da pirâmide do ordenamento jurídico trabalhista, que atua como elemento estruturador da dinâmica hierárquica no Direito do Trabalho.

Como assinala Montoya Melgar, *"(...) a hierarquia das normas laborais estrutura-se de um modo peculiar: a existência de 'fontes' estritamente jurídico-laborais, como são os convênios coletivos, unida ao jogo do princípio da norma mais favorável, impregna de um sentido* sui generis *a ordem hierárquica das normas de Direito do Trabalho"*(788).

Essa questão, no entanto, apresenta diversas dificuldades no campo da aplicação das normas trabalhistas. Exemplificamos com um conflito entre determinada lei e o seu decreto regulamentador, que, por sua vez, apresenta-se mais benéfico ao trabalhador. Num litígio sobre qual norma deva ser aplicada, o trabalhador invocará o princípio da norma mais favorável e, consequentemente, a aplicação do decreto; o empregador, por sua vez, alegará que o decreto foi editado com extrapolação da norma legal, devendo ser considerado inválido e, consequentemente, aplicada a lei. A experiência judicial demonstra que o Judiciário Trabalhista dará uma atenção especial à validade do decreto e, uma vez que o considere extrapolador da norma legal regulamentada, aplicará os preceitos desta em detrimento do conteúdo daquele, ainda que este seja mais favorável ao empregado.

Assim, embora, comumente, sustente-se a presença de uma hierarquia dinâmica no Direito do Trabalho brasileiro, constata-se que não se deve descurar dos critérios norteadores da hierarquia estática, geralmente relacionados com a validade das normas, que prevalecem sobre a aplicação do princípio da norma mais favorável.

Assim, o Direito do Trabalho considera as duas espécies de hierarquia, sendo a questão ultrapassa a mera discussão a respeito de qual delas deva ser considerada no caso concreto, para a questão do grau de relação, e da qualidade desta, entre as duas formas de hierarquização normativa, cuja solução é essencial para o norteamento da resolução dos conflitos de normas trabalhistas.

---

(787) COMPARATO, Fábio Konder. *Op. cit.*, p. 61.

(788) MONTOYA MELGAR, Alfredo. *Derecho del Trabajo*. 5. ed. Madri: Tecnos, 1994. p. 210, *apud* LOPEZ GUERRA, Guillermo. *Op. cit.*, p. 77.

1.3.2. A relação de coordenação entre as hierarquias estática e dinâmica: hierarquia formal *x* princípio da norma mais favorável

O Direito do Trabalho brasileiro, embora adote o princípio da norma mais favorável como eixo central de um ordenamento jurídico dinâmico, credita igual importância à construção formal e escalonada do ordenamento jurídico, principalmente no que se refere à validade das normas.

A análise da atual estrutura do ordenamento trabalhista brasileiro demonstra a presença das duas formas de hierarquia, a estática (formal) e a dinâmica (material), de modo que o princípio da norma mais favorável não se apresenta como absoluto, mas tem aplicação dentro de um ordenamento que observa os dois modos de hierarquia. Há, em verdade, uma relação de coordenação entre os dois tipos de hierarquia, com o prevalecimento, ora de um, ora de outro, mas sem que a opção por um signifique a extinção do outro, que inclusive poderá ser admitido em outra situação.

No aspecto formal, relativo à validade da norma, prevalece o sistema escalonado kelseniano, pelo qual uma norma inferior encontra sua fonte de validade em norma superior. Desse modo, mesmo o Direito do Trabalho observa a escala hierárquica estática, onde no grau mais elevado de positivação e hierarquia encontra-se a Constituição Federal e, operando-se, abaixo dela, novos graus de hierarquia, em ordem normativa decrescente.

Jorge Luiz Souto Maior destacou a inverdade da difusão da ideia de inexistência de hierarquia no Direito do Trabalho, esclarecendo que esta ocorre nos mesmos moldes do direito civil, sendo que o Direito do Trabalho diverge somente na possibilidade da não aplicação da norma superior quando presente uma norma inferior que estabeleça maiores garantias ao trabalhador(789).

Somente após determinada a ordem formal das normas trabalhistas, e os seus respectivos campos de validade, é que se considerará, já no campo de aplicação da norma, a hierarquia dinâmica, estruturada pelo princípio da norma mais favorável.

Octavio Bueno Magano, por exemplo, apresentou claramente este caminho, ao analisar como se situava a convenção coletiva em face de outras fontes de direito. Segundo o autor, em princípio, deve-se entender que as fontes de maior hierarquia prevalecem sobre as de menor, de forma que umas normas se obliteram em face de outras e prevalece diante de algumas outras e, sem prejuízo dessa hierarquia, a convenção pode prevalecer sobre a norma de maior hierarquia quanto contiver condição mais favorável ao trabalhador e, nas mesmas condições, podem prevalecer normas inferiores a ela. Por fim, conclui que *"a*

---

(789) SOUTO MAIOR, Jorge Luiz. *O direito do trabalho como instrumento de justiça social.* São Paulo: LTr, 2000. p. 286.

aplicabilidade da convenção coletiva resulta da conjugação de dois princípios: o da prevalência da norma de maior hierarquia e o da condição mais favorável"(790).

O percurso elaborado por Octavio Bueno Magano somente possui sentido se se considerar que a subordinação da convenção coletiva a outras espécies normativas na hierarquia estática diga respeito tão somente às suas condições de validade, posto que no aspecto material prevalece o princípio da norma mais favorável, onde a hierarquia formal cede lugar à hierarquia dinâmica, estando a convenção coletiva tão apta quanto qualquer outra daquelas espécies normativas citadas a tutelar as relações de emprego.

Estabelecidas as premissas sobre a existência concomitante das hierarquias estática e dinâmica no ordenamento jurídico trabalhista, a relação de coordenação entre elas dá-se da seguinte maneira: primeiramente, observa-se a estruturação e o enquadramento das normas na estrutura hierárquica formal, isto é, se a norma inferior, que encontra seu fundamento de validade em certa norma superior, foi elaborada com observância dos preceitos estipulados por essa última.

Equivale a indagar se a norma é válida, isto é, se o processo de formação ou produção conformou-se com as determinações contidas no ordenamento(791). O atendimento de três requisitos essenciais é a condição precípua para que a norma seja considerada válida: ela deve ser emanada de um órgão competente; ter o órgão competência *ratione materiae* e que o poder seja exercido com obediência às exigências legais (legitimidade do procedimento)(792).

É pela análise da validade formal que se afere a conformidade da lei com a Constituição; do decreto com a lei etc. Como exemplifica Miguel Reale, *"A validade pressupõe o exame da competência dos órgãos. Imaginemos um decreto do Governador do Estado*

---

(790) MAGANO, Octavio Bueno. *Manual de direito do trabalho...*, v. 3, p. 163. O texto original está assim redigido: *"Em princípio, há de se entender que cede o lugar a fontes de maior hierarquia e prevalece sobre as de menor. Isso quer dizer, em outras palavras, que a convenção, em princípio, se oblitera em face da Constituição, da lei, em qualquer de suas modalidades (lei ordinária, lei complementar, lei delegada, medida provisória, decreto legislativo e dos acordos macros), mas prepondera sobre o acordo coletivo, o regulamento de fábrica e o contrato individual de trabalho.*

Sem prejuízo do princípio acima enunciado, a convenção pode prevalecer sobre a norma de maior hierarquia, quando na primeira se contiver disposição mais favorável ao trabalhador. Suposta a mesma condição, o acordo coletivo, o regulamento de fábrica e o contrato individual de trabalho podem sobre ela prevalecer, regra esta, aliás, expressamente prevista no art. 444, da CLT.

Conclui-se, em síntese, que a aplicabilidade da convenção coletiva resulta da conjugação de dois princípios: o da prevalência da norma de maior hierarquia e o da condição mais favorável."

Embora concordemos com o entendimento do autor sobre a existência tanto da hierarquia estática quanto da dinâmica no direito do trabalho, e da relação de coordenação entre elas, divergimos, como restará demonstrado, na análise da relação da convenção coletiva com as demais fontes do direito do trabalho, da ordem traçada pelo ilustre jurista no que se refere à posição da norma coletiva em relação às demais normas do ordenamento jurídico.

(791) FERRAZ JÚNIOR, Tercio Sampaio. *Op. cit.*, p. 180.

(792) REALE, Miguel. *Lições preliminares de direito...*, p. 110.

que não se contenha dentro das leis vigentes, mas inove na matéria, acrescentando um Direito novo, ou melhor, uma regra jurídica genérica ao Direito já existente. Pode o governo isoladamente inovar? Pode o Executivo constituir Direito novo à revelia do Legislativo local? Não. O decreto tem a finalidade de executar a lei, de tal modo que tudo o que ele acrescentar à lei não possui validade"[793].

Somente após a comprovação da validade formal da norma, é que atuará a hierarquia dinâmica do Direito do Trabalho, cujo elemento estruturador e propulsor é o princípio da norma mais favorável.

Segundo o princípio da norma mais favorável, entre duas normas igualmente válidas, vigentes e eficazes com aplicabilidade a uma mesma situação fática, tem preferência a norma que confere maiores garantias ao trabalhador. Exemplificando: entre uma lei inconstitucional e uma lei constitucional, não tem aplicação o princípio da norma mais favorável, pois prevalece a norma formalmente válida; assim também na confrontação entre uma lei e um decreto; nesse caso, o decreto prevalecerá sobre a lei se tiver sido validamente elaborado em conformidade com a lei que regulamenta, inclusive, nos limites materiais, posto que o decreto não pode inovar a lei.

A mesma *ratio* se aplica, por exemplo, na relação da portaria com a lei. Sabe-se que uma portaria, assim como um decreto regulamentador, deve se limitar a normatizar em complemento à norma principal, não podendo alterá-la em seu conteúdo, pois, nesta hipótese, o órgão competente para a edição da portaria estaria usurpando a competência do legislativo. Assim, diante de uma portaria que extrapole os lindes da lei a ser regulamentada, aquela é ilegal e, eventual resolução do conflito negativo sequer chega à aplicação da norma mais favorável, pois, repisa-se, este critério só se aplica a normas válidades, vigentes, eficazes e aplicáveis a uma mesma situação fática.

Outra hipótese de subversão da ordem hierárquica formal no Direito do Trabalho concerne às normas flexibilizadas, conforme permissivo previsto na própria norma instituidora do direito, como o art. 7º, VI, XIII e XIV da CRFB/1988 e o art. 444 da CLT; situação na qual a convenção coletiva, como fonte hierarquicamente inferior à Constituição prevalece no caso concreto[794].

Deve-se observar com prudência afirmações doutrinárias no sentido de não haver hierarquia formal no Direito do Trabalho, ou que a ordem hierárquica no Direito do Trabalho é invertida. Tal ilação não tem confirmação no campo da validade formal das regras jurídicas, caso contrário equivaleria a aceitar que uma norma inválida prevalecesse sobre uma norma válida, entre outros equívocos.

---

(793) *Id. ibid.*, p. 109-110.

(794) PIAS, Cristiane Ferraz. *Op. cit.*, p. 333.

A diferença entre os dois ramos do direito dá-se exatamente no momento da aplicação da norma, pois, diante de um conflito normativo prevalece o princípio da norma mais favorável no Direito do Trabalho. Esse princípio não inverte a ordem hierárquica formal, mas somente a torna inoperante numa determinada situação fática. Tecnicamente, sequer se trata de nova forma de hierarquia normativa.

1.4. Quadro sinóptico das hierarquias estática e dinâmica

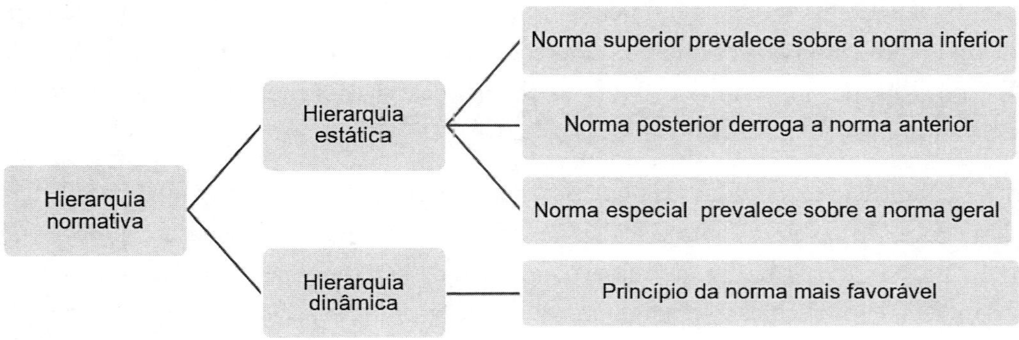

2. Convenção coletiva e lei

2.1. Modelos de relação entre a convenção coletiva e a lei

A relação entre a convenção coletiva e a legislação estatal depende das características de cada ordenamento jurídico, sendo influenciada por diversos fatores como a formação do ordenamento, os aspectos históricos, culturais, sociais e econômicos da nação, as raízes históricas e ideológicas da formação do movimento sindical, o tipo de modelo sindical adotado, o grau de autonomia e liberdade dos sindicatos e de intervencionismo estatal na sociedade, as características da democracia e o grau de participação popular.

No que se refere ao espaço ocupado pela convenção coletiva, há modelos legislados, em que a legislação estatal ocupa maior espaço que as normas convencionais, e modelos negociados, onde a autonomia dos particulares se apresenta maior que a legislação estatal, como nos Estados Unidos(795). No Brasil, normalmente, considera-se existir um predomínio da legislação estatal sobre o espaço ocupado pela autonomia privada coletiva, sendo por isso considerado um modelo eminentemente legislado, não obstante as alterações normativas advindas com a Lei n. 13.467/2017.

Segundo Ignácio Garcia Perronte Escartin, são quatro os modelos de relações entre as normas coletivas e a legislação estatal: a) de exclusividade, marcado pela reserva legal, pela qual a legislação estatal define o campo de atuação que lhe é próprio; b) de concorrência, em que tanto a lei quanto a convenção coletiva atuam num campo comum,

(795) NASCIMENTO, Amauri Mascaro. *Teoria geral do direito do trabalho...*, p. 140.

algumas vezes com a supremacia da lei e outras com a predominância da convenção; c) de complementaridade, pela qual a legislação estatal faz remissão à convenção coletiva, delegando-lhe a regulamentação de determinada matéria; e) de suplementaridade, onde a legislação estatal responsabiliza-se pela garantia de direitos mínimos, deixando à norma coletiva a função de melhorar essas condições de trabalho(796).

A práxis histórica demonstra que a maioria dos países não se limita à adoção de um modelo exclusivo, mas geralmente acolhe concomitantemente aspectos de cada um deles. Porém, observa-se sempre uma predominância de um ou outro modelo em cada Estado, o que possibilita uma análise mais objetiva das relações entre as normas autônomas e heterônomas.

Nos Estados Unidos da América, por exemplo, há uma marcante prevalência da negociação coletiva sobre a legislação estatal na regulamentação das condições de trabalho. Nesse país, houve um relativo desprezo da heteronomia estatal, até em virtude de muitas leis trabalhistas terem sido consideradas inconstitucionais, o que motivou a formação de um sistema de negociação coletiva sem paralelo em qualquer outro sistema jurídico(797). Prevalece o negociado sobre o legislado.

Na Itália, após o período corporativista, a importância das fontes normativas decorrentes da autonomia privada coletiva transcendeu a dimensão estatal. Com a redemocratização da nação, passou-se a considerar a autonomia privada coletiva como verdadeira expressão de uma complexa trama, cuja dinâmica decorre de subjacentes relações de forças sociais que não se compreendem exauridas numa perspectiva formalística e rigidamente estatal. Surgiu assim a teoria da pluralidade dos ordenamentos jurídicos, pela qual o ordenamento intersindical exsurge como independente e originário com referência ao estatal(798).

Assim, no país peninsular, s atores sociais passaram a se comportar segundo as normas jurídicas próprias do ordenamento intersindical, prescindindo da existência de normas estatais com igual objeto. As normas estatais intervêm para completar e confirmar o ordenamento jurídico intersindical, principalmente com a denominada legislação de sustento ou de embasamento das atividades dos sujeitos sindicais(799).

---

(796) ESCARTIN, Ignácio Garcia Perronte, *apud* NASCIMENTO, Amauri Mascaro. Perspectivas do direito do trabalho. In: FREDIANI, Yone; SILVA, Jane Granzoto Torres da. *O direito do trabalho na sociedade contemporânea.* São Paulo: Editora Jurídica Brasileira, 2001. p. 21.

(797) MALLET, Estêvão. A negociação coletiva nos Estados Unidos da América. In: VIDOTTI, Tárcio José; GIORDANI, Francisco Alberto da Motta Peixoto (Coords.). *Direito coletivo do trabalho em uma sociedade pós--industrial.* São Paulo: LTr, 2003. p. 388.

(798) PERONE, Giancarlo. A liberdade sindical na Itália. In: FREDIANI, Yone; ZAINAGHI, Domingos Sávio (Coords.), p. 42.

(799) *Id. ibid.*, p. 43.

Na Itália redemocratizada, as normas decorrentes da autonomia privada coletiva e as normas estatais são consideradas como pertencentes a um mesmo patamar hierárquico. Na relação entre o ordenamento estatal e o sindical, substituiu-se o princípio da norma mais favorável pelo da inderrogabilidade bilateral, proibindo explicitamente a derrogação *in mellius* e admitindo-se a flexibilização das normas legais ou convencionais por meio da negociação coletiva e pelo método da derrogação *in pejus*(800).

Em diversos modelos, a regra é a relação entre as normas coletivas e a legislação estatal estruturar-se de forma que à norma estatal compete o estabelecimento de um tratamento normativo mínimo, a cuja observância está obrigada a convenção coletiva, que poderá prever condições mais favoráveis aos trabalhadores. Por esta dinâmica, não se permite à autonomia privada coletiva a derrogação das disposições estatais por normas menos favoráveis aos trabalhadores; este modelo se esteia na premissa de que a legislação estatal contém um repositório de condições mínimas de trabalho, insuscetíveis de derrogação *in pejus* pela convenção, mas que são derrogáveis *in mellius* por este instrumento normativo(801).

2.2. A relação entre a convenção coletiva e a lei no pensamento doutrinário brasileiro

No Brasil, a questão da relação entre as normas coletivas e a legislação estatal inclui-se entre os temas mais debatidos do direito coletivo do trabalho e, paradoxalmente, um dos mais controvertidos.

O modelo brasileiro se caracteriza pela convivência de uma minuciosa legislação trabalhista estatal com normas decorrentes da autonomia privada coletiva. Historicamente, observou-se uma manifesta predominância da legislação estatal sobre o espaço ocupado pelas normas autonomamente produzidas pelos atores sociais.

Até então, uma análise do posicionamento doutrinário e jurisprudencial sobre o assunto demonstra a preponderância no Brasil de um sistema no qual as normas estatais têm prevalência sobre as regras oriundas da autonomia privada coletiva.

Prevalece o entendimento de que a legislação estatal estabelece condições mínimas de trabalho, não derrogáveis, em princípio, pelos acordos e convenções coletivas de trabalho. A norma estatal conteria, assim, garantias mínimas não derrogáveis *in pejus* pelas normas coletivas, mas somente substituíveis por disposições mais favoráveis.

Um argumento utilizado para justificar a prevalência da lei sobre a convenção coletiva era norma do art. 623 da CLT, que prescreve: "*Será* nula de pleno direito disposição

(800) SILVA, Walküre Lopes Ribeiro da. *Autonomia privada coletiva e o direito do trabalho...*, p. 31.

(801) ESCARTIN, Ignacio Garcia Perrote, *apud* NASCIMENTO, Amauri Mascaro. *Perspectivas do Direito do Trabalho...*, p. 21-22.

de Convenção ou Acordo que, direta ou indiretamente, contrarie proibição ou norma disciplinadora da política econômico-financeira do Governo ou concernente à política salarial vigente, não produzindo quaisquer efeitos per*ante autoridades e repartições públicas, inclusive para fins de revisão de preços e tarifas de mercadorias e serviços. Parágrafo único. Na hipótese deste artigo, a nulidade será declarada, de ofício ou mediante representação, pelo Ministério do Trabalho, ou pela Justiça do Trabalho em processo submetido ao seu julgamento*".

Para Carlos Moreira De Luca, o convênio coletivo deve se submeter aos comandos legais que possuam disposições de ordem pública, podendo, por sua vez, pactuar em torno de matérias constantes de regras dispositivas. Para o autor, a cogência da norma pode ser proclamada pela própria lei, como o faz o art. 623 da CLT, ou ser extraída da natureza das questões tratadas pela lei, como o caráter cogente das normas de proteção ao trabalho[(802)].

Outra fonte de argumentação para justificação da prevalência da lei sobre as normas coletivas reside no conceito de ordem pública. Para Amauri Mascaro Nascimento, por exemplo, as normas de ordem pública prevalecem sobre a convenção coletiva e não podem ser por estas derrogadas[(803)].

Segundo o autor, trata-se de uma submissão decorrente de um imperativo de intangibilidade das estruturas institucionais e um corolário do princípio da graduação da positividade jurídica. Pode, entretanto, a convenção coletiva dispor mais favoravelmente que as leis e regulamentos não revestidos do caráter de norma de ordem pública[(804)].

Em outro trabalho, após elucidar que a legislação é o veículo de concretização do princípio protetor, cabendo-lhe assegurar os direitos fundamentais do trabalhador, o autor esclarece que a ordem pública suscita direitos que não podem ser objeto da liberdade convencional, porque interessam a toda a sociedade, entre os quais se incluem o direito à integridade física, à saúde, ao descanso, à liberdade de trabalho, de consciência, de convicção política, os quais são garantidos pela legislação[(805)].

Mesmo *Amauri Mascaro Nascimento*, que se refere somente à prevalência das leis de ordem pública, reconhece que o tema é de difícil compreensão, assinalando que a convenção é liberada para atuar nos campos em que a lei não proíbe, mas que essas proibições nem sempre não são tão claras e literais, havendo situações em que as proibições estão implícitas[(806)].

(802) DE LUCA, Carlos Moreira. *Op. cit.*, p. 150.

(803) NASCIMENTO, Amauri Mascaro. *Curso de direito do trabalho...*, p. 742.

(804) *Id., loc. cit.*

(805) *Id. Compêndio de direito sindical...*, p. 270-271.

(806) *Id. ibid.*, p. 742. *Id. ibid.*, p. 273.

Outra construção doutrinária refere-se à diferenciação entre normas proibitivas e normas dispositivas. As primeiras não autorizam disposição diversa pela autonomia privada coletiva; tal proibição pode ser expressa, quando a própria norma comina de nulidade o ajuste contrário ao seu teor, ou implícita, quando se tratar de lei de ordem pública. As segundas constituem leis que não vedam ajustes oriundos da autonomia coletiva dos particulares(807).

Sergio Pinto Martins diferencia entre: a) normas de ordem pública absoluta, insuscetíveis de serem derrogadas por convenções das partes, como as normas de segurança e medicina do trabalho etc.; b) normas de ordem pública relativa, aquelas que, embora haja um interesse do Estado no cumprimento de suas prescrições, são passíveis de flexibilização por meio dos acordos e convenções coletivas (art. 7º, VI, XIII e XIV, CRFB/1988); c) normas dispositivas, em que há um interesse menor do Estado na tutela do empregado, podendo haver estabelecimento de outras disposições pela autonomia das partes; e d) normas autônomas, que são as normas convencionais que atuam no vazio da lei, na criação de direitos não consagrados legalmente, como a concessão de cestas básicas, a complementação de aposentadoria etc.(808).

Para Antônio Álvares da Silva, a relação entre a convenção coletiva e a legislação estatal dá-se da seguinte forma: a) a Constituição e as leis imperativas só podem ser modificadas para se aumentar as garantias e os deveres nelas consagrados; b) a convenção coletiva pode dispor de modo integralmente diverso das leis dispositivas amplas, salvo na hipótese de a lei fixar parâmetros máximos ou mínimos; c) a convenção coletiva não se subordina a fontes inferiores, como decretos, atos normativos, portarias e circulares, salvo se estas normas regularem leis imperativas; d) na ausência de norma imperativa ou de preceito constitucional proibitivo, a convenção coletiva pode atuar livremente no espaço em branco, mas dentro dos limites da Constituição e das normas imperativas(809).

Essa construção que diferencia entre normas de ordem pública, normas proibitivas e normas dispositivas, encontra-se em uma relativa penumbra; primeiro, porque se confunde o conceito de normas de ordem pública com o de normas cogentes; segundo, porque os próprios autores que a adotam reconhecem a dificuldade em distinguir-se quais sejam essas normas; sendo que essa dificuldade é retratada pelos próprios exemplos de normas de ordem pública inderrogáveis citadas pelos autores (normas sobre Medicina e Segurança, férias, repouso etc.), mas que, em determinadas hipóteses, são por eles mesmos admitidas como suscetíveis de constarem de convenções e acordos coletivos(810);

---

(807) NASCIMENTO, Amauri Mascaro. *Compêndio de direito sindical...*, p. 273.

(808) MARTINS, Sergio Pinto. *Direito do trabalho...*, p. 67.

(809) SILVA, Antônio Álvares da. *Flexibilização das relações de trabalho*. São Paulo: LTr, 2002. p. 82-83.

(810) Em relação à possibilidade de a autonomia privada coletiva dispor sobre as denominadas "normas de ordem pública", dissertaremos no próximo capítulo, ao analisarmos a composição em matéria de interesses transindividuais.

terceiro, porque o entendimento ordinário, mesmo em relação a normas dispositivas é de que, inclusive em relação a elas, a convenção coletiva só pode dispor de forma mais favorável aos trabalhadores, não se admitindo a derrogação *in pejus*(811).

A par da diferenciação entre normas de ordem pública e normas dispositivas, há posicionamentos doutrinários que consideram que as normas jurídicas trabalhistas são todas de ordem pública. Jorge Luiz Souto Maior, por exemplo, ao analisar os princípios do Direito do Trabalho, parece assinalar que todas as normas jurídicas trabalhistas são de ordem pública. O autor aponta que a ordem jurídica trabalhista é norteada pelo princípio da dignidade humana, preceito de ordem pública, que faz prevalecer o interesse coletivo, presente nas normas trabalhistas, sobre os interesses de classe, conforme expresso no art. 8º da CLT, o que impossibilita aos sindicatos negociarem *in pejus*, mesmo em conjuntura de crise econômica, pois tal possibilidade levaria ao desaparecimento de todo o Direito do Trabalho(812).

Desta mesma opinião, desfruta Arion Sayão Romita, que, após esclarecer que a atividade estatal se inspira na realização do bem comum, aponta que o direito positivo do trabalho se apresenta fundamentalmente composto por normas de ordem pública, admitindo não ser desarrazoável afirmar que não existem leis dispositivas no Direito do Trabalho(813).

Arnaldo Süssekind, ao discorrer sobre a flexibilização dos direitos trabalhistas em nosso país, destacou que nesse momento de oportuna atualização da legislação nacional, o nosso regime legal é constituído por regras gerais indisponíveis, estabelecedoras de um mínimo de proteção do trabalhador, abaixo do qual não se concebe a existência da dignidade da pessoa humana(814).

---

(811) Amauri Mascaro Nascimento, por sua vez, ao reportar-se às normas dispositivas, cita como único exemplo, uma hipótese de melhoria *in medios*, qual seja, o ajustamento de férias superior à lei, não se referindo exatamente a nenhum exemplo de disposição derrogatória de normas legais "dispositivas" (NASCIMENTO, Amauri Mascaro. *Compêndio de direito sindical...*, p. 273). No exemplo fornecido por Antônio Álvares da Silva, de norma dispositiva ampla que pode ser integralmente substituída pela convenção coletiva, observa-se que a concessão decorre da linguagem da norma e não da sua natureza, isto é, a norma torna-se dispositiva porque declara que a convenção pode dispor. Segundo suas palavras: "*b) as leis dispositivas amplas podem ser integralmente substituídas pela convenção coletiva. Por exemplo, uma lei que fixasse um recesso anual para uma determinada categoria, segundo o que for determinado em convenção coletiva. Aqui, o poder da negociação seria ilimitado; c) se, porém, delegasse à convenção coletiva a fixação deste recesso, fixando um mínimo ou máximo de dias, a negociação operaria restritamente, dentro do parâmetro fixado. Teríamos uma lei dispositiva restrita.*" Aqui, percebe-se claramente a supremacia da "norma dispositiva" sobre a convenção coletiva, de forma que a norma dispositiva consiste naquela que assim se autodetermina, caso contrário, deixa de ser dispositiva, devendo a convenção coletiva atuar nos limites traçados. *"Se a norma é dispositiva e fixa um mínimo, o máximo está em aberto. Se fixa o máximo, o limite de negociação vai até o teto estabelecido. Aqui, embora de forma mais reduzida, há ainda espaço para a negociação coletiva."* (SILVA, Antônio Álvares da Silva. *Op. cit.*, p. 83.)

(812) SOUTO MAIOR, Jorge Luiz. *Op. cit.*, p. 289.

(813) ROMITA, Arion Sayão. *Sindicalismo, economia, estado democrático:* estudos. São Paulo: LTr, 1993. p. 99.

(814) SÜSSEKIND, Arnaldo. Alcance e objeto da flexibilização do direito do trabalho. In: *A transição do direito do trabalho no Brasil:* estudos em homenagem a Eduardo Gabriel Saad..., p. 37.

Na realidade, o ponto de vista doutrinário a respeito da relação entre a lei e as normas coletivas pode ser sintetizado da seguinte forma: *"do ponto de vista hierárquico, a lei está colocada em posição de superioridade com relação aos pactos coletivos, de forma que estes, de regra, não podem estabelecer normas que diminuam os direitos previstos em lei, salvo quando ela própria permitir. Por outro lado, essa postura hierarquicamente superior é quebrada para dar lugar ao princípio da norma mais favorável, que faz com que os pactos coletivos, hierarquicamente inferiores, prevaleçam sobre as leis dotadas de toda sua pujança conferida por sua origem estatal"*[(815)].

Octavio Bueno Magano já demonstrava a predominância desse entendimento doutrinário, ao afirmar que *"Nas relações entre a lei e a convenção, tem prevalecido o entendimento de que, na primeira, se encerra o mínimo de garantias atribuídas aos trabalhadores, o qual pode ser alterado* in mellius *pela última. A apontada diretriz tem, no entanto, sofrido alguns desmentidos, sobretudo nos últimos tempos, a que corresponde a fase da crise do Direito do Trabalho. Antes do advento da Constituição de 1988,* já havia a regra do art. 623, da CLT. Agora, há as regras do art. 7º, *VI, XIII e XIV, da mesma Constituição, possibilitando claramente alterações* in pejus *das condições de trabalho"*[(816)].

Assim, predominana no pensamento doutrinário a seguinte construção: a) a lei é considerada hierarquicamente superior aos acordos e convenções coletivas; b) as normas coletivas não podem estabelecer disposições menos favoráveis aos trabalhadores que as contidas na lei *(reformatio in pejus)*; c) as normas coletivas só podem estabelecer condições menos favoráveis quando a própria lei instituidora do direito o permitir, como as hipóteses previstas no art. 7º, VI, XIII, XIV, XXVI, da CRFB/1988; d) as normas coletivas têm prevalência quando preveem condições mais favoráveis que as previstas em lei (*in mellius*).

2.3. Origens da noção de supremacia da lei sobre a autonomia privada coletiva no Brasil

Apesar de deitar raízes no direito italiano, as instituições do Direito do Trabalho brasileiro não acompanharam o desenvolvimento dos institutos daquele país. No Brasil, jamais a autonomia privada coletiva se consagrou como um ordenamento intersindical originário, autônomo e paralelo ao ordenamento estatal, como no direito italiano da redemocratização.

Como enfatiza Otavio Pinto e Silva, não se trata de pregar a simples transposição do modelo italiano, mas da utilização da experiência italiana como paradigma para o Brasil, para, a partir da avaliação das vantagens e desvantagens do sistema de relações de trabalho da Itália, redefinir-se o sistema brasileiro, observadas as nossas especificidades políticas, econômicas e culturais[(817)].

---

(815) PIAS, Cristiane Ferraz. *Op. cit.*, p. 335.

(816) MAGANO, Octavio Bueno. *Manual de direito do trabalho...*, v. 3. p. 21.

(817) SILVA, Otavio Pinto e. *A contratação coletiva como fonte do direito do trabalho*. São Paulo: LTr, 1998. p. 130.

São diversos os fatores de ordem jurídica, histórica, sociológica e cultural que contribuíram para o privilegiamento do ordenamento estatal em relação aos acordos e convenções coletivas. Trata-se de uma análise bastante complexa, cuja imersão daria ensejo a diversas teses sobre o assunto, e em relação à qual discorreremos sobre alguns aspectos.

Em decorrência da tradição romano-germânica do direito brasileiro, com a consequente relevância dada à lei estatal escrita sobre as demais fontes do direito, concedeu-se um papel predominante à lei na regulamentação das condições de trabalho. Esta predominância se acentuou com a importação do modelo sindical extraído da experiência corporativista italiana, que fez com que, durante muito tempo se considerasse a autonomia privada coletiva como um poder derivado do Estado e, por isso, subordinado à lei[(818)].

Embora nos países com grande desenvolvimento sindical as convenções coletivas de trabalho sejam vistas como normas autônomas, nascidas de um poder originário e autêntico dos grupos sociais, o que as caracteriza como verdadeiras fontes reconhecidas pelo Estado, no Brasil, prevalece a ideia de fonte delegada, subordinada à lei estatal. Basta, para isso, observar-se as ordens hierárquicas nas diversas obras de Direito do Trabalho, onde os acordos e convenções coletivas aparecem num grau inferior à lei, e até mesmo em patamar inferior ao das sentenças normativas[(819)].

---

(818) SILVA, Walküre Lopes Ribeiro da. *Autonomia privada coletiva e o direito do trabalho...*, p. 31. Essa característica foi ressaltada por Arnaldo Süssekind, que, ao discorrer sobre a flexibilização dos direitos trabalhistas no Brasil, apontou que *"No caso brasileiro, desnecessário é enfatizar que as raízes do seu Direito são romano-germânicas, da lei escrita. Por seu turno, é incontestável que ainda somos desigualmente desenvolvidos, com algumas regiões e categorias profissionais destituídas de sindicatos capazes de obterem, por meio da negociação coletiva, razoáveis condições de trabalho para seus representados"* (SÜSSEKIND, Arnaldo. *Alcance e objeto da flexibilização do direito do trabalho...*, p. 37).

(819) Jorge Luiz Souto Maior cita a seguinte ordem hierárquica: *"Constituição, lei em sentido amplo, sentença normativa; convenção coletiva, acordo coletivo, regulamento de empresa; costumes etc."* (SOUTO MAIOR, Jorge Luiz. *Op. cit.*, p. 286). Para Octavio Bueno Magano, é esta a ordem: Constituição, leis (em qualquer das suas modalidades), convenção coletiva, regulamento de fábrica e contrato individual de trabalho (MAGANO, Octavio Bueno. *Manual de direito do trabalho...*, v. 3, p. 163). Segundo Délio Maranhão, *"Consitituição, lei, regulamento, sentença normativa, convenção ou acordo coletivo, regulamento de empresa e costume — esta a ordem hierárquica das fontes do Direito do Trabalho"* (MARANHÃO, Délio. *Op. cit.*, p. 24.). Evaristo de Moraes Filho e Antonio Carlos Flores de Moraes assim hierarquizam as normas de direito do trabalho: Constituição, lei, atos emanados do Poder Executivo com caráter de lei material (decreto, portaria, instruções, circulares etc.), sentença normativa, convenção coletiva, usos e costumes, regulamento de empresa (MORAES FILHO, Evaristo de; MORAES, Antonio Carlos Flores de. *Op. cit.*, p. 166). Para Sergio Pinto Martins, a ordem hierárquica resume-se em: Constituição, leis, decretos, normas internas da Administração Pública, e, no mesmo patamar, acordos, convenções e sentenças normativas (MARTINS, Sergio Pinto. *Direito do trabalho...*, p. 66). No entendimento de Francisco Meton Marques de Lima, a ordem hierárquica fica assim estabelecida: Constituição, normas de produção internacional, normas imperativas de produção estatal, contrato, convenção e acordos coletivos de trabalho, sentença normativa, contrato individual e regulamento de empresa, usos e costumes (LIMA, Francisco Meton Marques de. *Elementos de direito do trabalho e processo trabalhista*. 10. ed. São Paulo: LTr, 2004. p. 55).

Assim, há aqueles que veem a convenção coletiva como uma delegação legislativa do Estado aos atores sociais, de modo que ela estaria subordinada aos limites objetivos e subjetivos traçados pela lei. Adepto dessa teoria, Segadas Vianna considera que, por delegação estatal, a convenção coletiva obriga a todos inominadamente, mas não tem o poder de derrogar as normas estatais, podendo, entretanto, criar condições mais favoráveis aos trabalhadores(820).

Para Antônio Álvares da Silva, as normas da convenção coletiva só se tornam cogentes e obrigatórias porque recebem legitimidade de uma outra norma do sistema jurídico, de forma que *"a convenção coletiva obriga porque a lei assim o diz"*(821).

Arion Sayão Romita assinala que a convenção coletiva se subordina à lei e que *"Por maior que seja a importância assumida nos tempos atuais pela autonomia coletiva privada, é fora de dúvida que, se a Constituição não reconhecesse a convenção coletiva de trabalho (art. 7º, XXVI), os instrumentos coletivos não teriam razão de existir"*(822).

Esse pensamento deita raízes na fase histórica do corporativismo, em que os sindicatos eram considerados pessoas jurídicas de direito público, com o exercício de funções delegadas pelo Estado. Assim, por esta linha de pensamento, a força normativa de uma convenção coletiva só existiria se houvesse um respaldo numa legislação estatal.

A supremacia do ordenamento jurídico estatal também tem fundamento na própria história do sindicalismo brasileiro que, estruturado sob o regime do Estado Novo, com fundamento na *"Carta del Lavoro"* do corporativismo italiano, impediu o desenvolvimento espontâneo da autonomia privada coletiva, além de obstar o surgimento de uma verdadeira consciência coletiva entre os trabalhadores, de modo que a estrutura sindical — centrada no sindicato único monopolizante e organizado por categorias — ocasionou em algumas situações a dissociação entre a representação sindical e a base de trabalhadores, o que leva à sempre desconfiança da existência de relação entre a vontade manifestada pelo "sindicato" e a vontade coletiva dos trabalhadores.

Como bem observou Daniela Murada Reis, os sindicatos, *"mesmo durante os períodos democráticos mantiveram-se sob as bases corporativistas do Direito do Trabalho brasileiro. Embora a autonomia sindical e a valorização da negociação coletiva, consagradas na Constituição de 1988, tenham marcado os avanços democráticos juslaborais brasileiros, ainda não se implementaram a erradicação de institutos e normas típicas do autoritarismo, o que indelevelmente vem contribuindo para um sistema sindical inadequado à instigação em alguns grupos*

(820) SÜSSEKIND, Arnaldo Lopes; TEIXEIRA FILHO, João de Lima; MARANHÃO, Délio; VIANNA, Segadas. *Op. cit.*, p. 1.162.

(821) SILVA, Antônio Álvares da Silva. *Op. cit.*, p. 79.

(822) ROMITA, Arion Sayão. *Sindicalismo, economia, estado democrático...*, p. 92.

e menos em outros segmentos, o que impede o fluxo próprio da afirmação ética da negociação coletiva"[(823)].

Por outro lado, a dificuldade da discussão da questão no Brasil reside no fato de a autonomia privada coletiva ser vista com desconfiança em face de uma suposta falta de representatividade por parte dos sindicatos brasileiros, constantemente perpetuada pela estrutura sindical vigente.

Em países como a Itália, nos quais a autonomia privada coletiva renasceu com uma nova roupagem, num sistema sindical reorganizado em torno dos princípios da liberdade sindical, o exercício da vontade coletiva é visto com maior credibilidade e como elemento de tutela dos interesses dos trabalhadores, ainda quando os sindicatos fixam cláusulas *in pejus*, com a redução ou a supressão de direitos.

Os acordos e convenções coletivas surgiram espontaneamente no denominado berço do sindicalismo: as grandes nações industrializadas da Europa, como Inglaterra, França e Alemanha. Esse surgimento foi marcado pela confluência de uma série de fatores, cuja propulsão principal foi a autenticidade do movimento sindical, plenamente alicerçado na consciência coletiva dos grupos de trabalhadores, formada em virtude da uniformidade de condições de vida e da consciência de classe que se seguiu após o advento da Revolução Industrial.

É muito elucidativa a colocação de Mozart Victor Russomano de que nas nações industrializadas, as convenções coletivas foram criadas de *"baixo para cima"*, originando-se da prática popular e chegando às leis por obra do costume. Já nas nações subdesenvolvidas, deu-se um processo inverso: as convenções nasceram *"de cima para baixo"*, pois foram criadas por obra do legislador. Foram oferecidas pela lei aos sindicatos. Saíram dos códigos para os fatos. Nas nações industrializadas, as convenções coletivas contam com a marca da autenticidade; já nas nações subdesenvolvidas, durante muito tempo, constituíram apenas um esforço legislativo para dotar os países de um conveniente sistema jurídico de proteção ao trabalho[(824)].

Em síntese, pode-se afirmar que, no Brasil, a autonomia privada coletiva jamais obteve o *status* de ordenamento originário, autônomo e independente do ordenamento estatal, o que faz prevalecer o entendimento, até o presente momento, da sua subordinação à lei.

---

(823) REIS, Daniela Muradas. Crise do Estado Social e negociação coletiva. In: PIMENTA, Roberto Freire *et al.* (Coords.). *Direito do trabalho:* evolução, crise, perspectivas. São Paulo: LTr, 2004. p. 191.

(824) RUSSOMANO, Mozart Victor. *Op. cit.*, p. 149.

Em resumo, a tese da prevalência das normas estatais sobre os acordos e convenções coletivas decorre dos seguintes fatores:

a) a origem românico-germânica do nosso sistema jurídico, onde a lei ocupa um espaço privilegiado;

b) o predomínio da noção de autonomia privada coletiva como poder derivado do Estado e, consequentemente, subordinada à lei estatal;

c) as origens históricas dos acordos e convenções coletivas no ordenamento jurídico brasileiro, pois decorreram mais de imposição legislativa do que de uma prática costumeira dos sindicatos;

d) o sistema sindical artificial delineado durante o Estado Novo, com base no modelo corporativista italiano;

e) a suposta falta de representatividade por parte dos sindicatos perante as coletividades de trabalhadores, que faz transparecer a ideia de dissociação entre vontade sindical e vontade coletiva, de forma que a doutrina e a jurisprudência tutelam os trabalhadores contra as suas próprias entidades representativas;

f) a falta de credibilidade das entidades sindicais como verdadeiros veículos de tutela dos interesses dos trabalhadores;

g) a baixa participação dos trabalhadores nas decisões sindicais, que leva à desidentificação entre interesse coletivo e interesse dos sindicatos (pessoa jurídica);

h) as mazelas do modelo sindical brasileiro que, ainda assentado sobre o modelo corporativista — piramidal limitado (dividido em sindicatos, federações e confederações), unicidade sindical, divisão por categorias, previsão legal de base territorial mínima, contribuição sindical compulsória — impossibilitou o surgimento de um sindicalismo autêntico e verdadeiramente representativo dos interesses dos grupos de trabalhadores.

2.4. Os arts. 611-A e 611 -B da CLT, inseridos pela Lei n. 13.467/2027. Inconstitucionalidade ou interpretação conforme a Constituição

Como vimos, a relação entre a convenção coletiva e a legislação estatal depende das características de cada ordenamento jurídico, sendo influenciada por diversos fatores como a formação histórica do ordenamento, os aspectos históricos, culturais, sociais e econômicos da nação, as raízes históricas e ideológicas da formação do movimento sindical, o tipo de modelo sindical adotado, o grau de autonomia e liberdade dos sindicatos e do intervencionismo estatal na sociedade, as características da democracia e o grau de participação popular.

No Brasil, os acordos e convenções coletivas do trabalho estão submetidos aos princípios da vedação do retrocesso social e da progressividade dos direitos sociais, esculpido no art. 7º, *caput*, da CRFB/1988. Deste modo, por imperativo constitucional, a autonomia privada coletiva está adstrita à sua função social, constituindo um verdadeiro direito função, o qual só deve ser exercido para a tutela da coletividade representada.

Como elucida J. J. Gomes Canotilho, o princípio da proibição de retrocesso social possem assim ser formulado: *"(...) o núcleo essencial dos direitos sociais já realizado e efectivado através de medidas legislativas ('lei da segurança social', 'lei do subsídio de desemprego', 'lei do serviço de saúde'), deve considerar-se constitucionalmente garantido, sendo inconstitucionais quaisquer medidas estaduais, que, sem a criação de outros esquemas alternativos ou compensatórios, se traduzam, na prática, numa 'anulação', 'revogação' ou 'aniquilação' pura e simples desse núcleo essencial"*[(825)].

Assim, tanto a elaboração da cláusula convencional quanto a sua interpretação devem se pautar pelo conferimento da solução que melhor realize o valor contido na norma objeto da operacionalização, pois, como acentua J. J. Gomes Canotilho, *"(...) os direitos sociais e econômicos (ex.: direito dos trabalhadores, direito à assistência, direito à educação), uma vez obtido um determinado grau de realização, passam a constituir, simultaneamente, um garantia institucional e um direito subjectivo"*[(826)].

De fato, a autonomia privada coletiva, no ordenamento jurídico brasileiro, estabeleceu-se, por imperativo constitucional, como um direito-função, que tem objetivo previamente estatuído na Carta Constitucional a melhoria das condições de vida dos trabalhadores. Qualquer norma infraconstitucional que disponha sobre a autonomia privada coletiva deve ser interpretada conforme a Constituição ou declarada inconstitucional na hipótese de violar as diretrizes constitucionais.

No esteio da denominada Reforma Trabalhista, a Lei n. 13.467/2017 inseriu o art. 611-A na CLT com vistas a regulamentar a hierarquia entre as normas coletivas e a legislação estatal, dispondo, *ipsis litteris*:

> "Art. 611-A. A convenção coletiva e o acordo coletivo de trabalho têm prevalência sobre a lei quando, entre outros, dispuserem sobre:
>
> I – pacto quanto à jornada de trabalho, observados os limites constitucionais;
>
> II – banco de horas anual;
>
> III – intervalo intrajornada, respeitado o limite mínimo de trinta minutos para jornadas superiores a seis horas;
>
> IV – adesão ao Programa Seguro-Emprego (PSE), de que trata a Lei n. 13.189, de 19 de novembro de 2015;

---

(825) CANOTILHO, J. J. Gomes. op. cit., p. 339-340.

(826) *Id. Ibid.*, p. 338.

V – plano de cargos, salários e funções compatíveis com a condição pessoal do empregado, bem como identificação dos cargos que se enquadram como funções de confiança;

VI – regulamento empresarial;

VII – representante dos trabalhadores no local de trabalho;

VIII – teletrabalho, regime de sobreaviso, e trabalho intermitente;

IX – remuneração por produtividade, incluídas as gorjetas percebidas pelo empregado, e remuneração por desempenho individual;

X – modalidade de registro de jornada de trabalho;

XI – troca do dia de feriado;

XII – enquadramento do grau de insalubridade;

XIII – prorrogação de jornada em ambientes insalubres, sem licença prévia das autoridades competentes do Ministério do Trabalho;

XIV – prêmios de incentivo em bens ou serviços, eventualmente concedidos em programas de incentivo;

XV – participação nos lucros ou resultados da empresa."

Por meio do citado art. 611-A pretendeu-se alterar os parâmetros da hierarquia normativa do ordenamento jurídico brasileiro para adotar-se um sistema estático, predefinido, de prevalência da norma coletiva sobre a legislação estatal em relação às matérias previstas no próprio art. 611-A.

No entanto, o art. 611-A da CLT é flagrantemente inconstitucional uma vez que viola o princípio da progressividade dos direitos sociais trabalhistas insculpido no *caput* do art. 7º da CRFB/1988. No ordenamento jurídico brasileiro, as normas decorrentes da autonomia privada coletiva somente podem fixar regras e condições de trabalho *in mellius* aos trabalhadores, não se admitindo a fixação de condições *in pejus* por meio de acordos e convenções coletivas, sendo inconstitucional qualquer norma pela qual se pretenda inverter a diretriz constitucional da progressividade dos direitos sociais trabalhistas e da vedação do retrocesso social. Não se deve confundir, entretanto, alteração meramente *in pejus* com eventuais concessões recíprocas entre as partes, principalmente em períodos de crise. outro

Não se pode olvidar, outrossim, que os direitos sociais fundamentais trabalhistas previstos no art. 7º da CRFB/1988 constituem cláusulas pétreas impassíveis de abolição pelo poder constituinte derivado (art. 60, § 4º, CRFB/1988), de forma que a norma do art. 611-A, numa verdadeira teratologia jurídica, releva à mera autonomia privada coletiva, por meio de acordos e convenções coletivas, um poder que somente poderia exercido pelo poder constituinte originário.

Deste modo, por violar o princípio da progressividade dos direitos sociais trabalhistas e da vedação do retrocesso social, cristalizados no art. 7º, *caput*, da CRFB/1988, a norma do art. 611-A é manifestamente inconstitucional, não podendo surtir efeitos no mundo jurídico.

Por outro lado, *ad argumentandum tantum*, ainda que a norma do art. 611-A tivesse alguma possibilidade de ultrapassar o juízo de constitucionalidade, referida norma, numa interpretação conforme a Constituição, somente poderia ser considerada com sobrevida à luz da hierarquia dinâmica que rege o ordenamento jurídico trabalhista, regida pelo princípio da norma mais favorável, de forma que eventual acordo ou convenção coletiva só poderia ter prevalência sobre o legislado nas hipóteses em que se comprovasse ser mais vantajoso ao empregado que a legislação estatal.

Verifica-se, neste diapasão, que o próprio legislador considerou que as alterações das matérias enunciadas no art. 611-A da CLT só teriam prevalência sobre a respectiva lei se delas adviessem vantagens aos trabalhadores, ainda que a referida vantagem não estivesse prevista expressamente no instrumento coletivo, como se infere do art. 611-A, § 2º, *in verbis*: *"§ 2º A inexistência de expressa indicação de contrapartidas recíprocas em convenção coletiva ou acordo coletivo de trabalho não ensejará sua nulidade por não caracterizar um vício do negócio jurídico"*.

Deste modo, deve-se interpretar que, consoante o art. 611 –A da CLT, os acordos e convenções coletivas só possuem prevalência sobre a lei quando dispuserem de modo mais favorável ao trabalhador, por meio de contrapartidas recíprocas, ainda que estas não estejam previstas expressamente no instrumento normativo. Não se deve confundir inexistência de contrapartida expressa (equivale à contrapartida implícita) com a ausência da própria contrapartida. Em ambas as situações, deve haver uma condição mais favorável aos trabalhadores para a validade da alteração; a facultatividade diz respeito apenas à previsão expressa ou não no próprio instrumento normativo da contrapartida, mas não à inexistência de contrapartida material, ainda que não formalizada no instrumento.

Até mesmo o § 3º do mesmo art. 611-A da CLT, também com redação conferida pela Lei n. 13.467/2017, não somente corrobora a adoção do princípio da progressividade dos direitos sociais trabalhistas pelo legislador infraconstitucional, como determina que a contrapartida aos trabalhadores esteja expressamente prevista no instrumento normativo, como se observa do seu teor: *"§ 3º Se for pactuada cláusula que reduza o salário ou a jornada, a convenção coletiva ou o acordo coletivo de trabalho deverão prever a proteção dos empregados contra dispensa imotivada durante o prazo de vigência do instrumento coletivo."*

Para elucidar o disposto acima, deve-se resenhar que o art. 611-A não necessariamente introduziu a mera prevalência do negociado sobre o legislado, pois mesmo na dinâmica da denominada "reforma trabalhista", o mesmo art. 611-A, em seu § 2º, prevê a exigência de contrapartidas, ainda que elas não estejam expressas no instrumento normativo. A faculdade diz respeito somente à demonstração ou não das contrapartidas na redação da própria norma coletiva. Corroborando a interpretação sistemática, o § 3º do art. 611-A prevê a obrigatoriedade de contrapartida recíproca que, embora tenha exemplificado com uma hipótese, não retira a necessidade de contrapartida nas demais situações, mas somente a corrobora.

Como se observa, não se pode interpretar que, com o advento do novel art. 611-A da CLT, há uma prevalência do legislado sobre o negociado com a possibilidade de mera *reformatio in pejus*, em virtude dos princípios da progressividade dos direitos sociais e da vedação ao retrocesso social (art. 7º, *caput*, CRFB/1988), devendo o art. 611-A, no mínimo, ser interpretado conforme a Constituição.

À guisa de conclusão, o art. 611-A, com redação dada pela Lei n. 13.467/2017, é manifestamente inconstitucional por violar o princípio da progressividade dos direitos trabalhistas e da vedação do retrocesso social insculpido no *caput* do art. 7º da CRFB/1988. *Ad argumentandum tantum*, ainda que houvesse possibilidade de sua sobrevivência ao juízo de constitucionalidade, referida alteração seria totalmente ineficaz, pois, interpretado conforme à Constituição e à luz da hierarquia dinâmica que rege o ordenamento jurídico trabalhista, movida pelo princípio da norma mais favorável, eventual acordo ou convenção coletiva só poderia ter prevalência sobre o legislado nas hipóteses em que se comprovasse ser mais vantajoso ao empregado que a legislação estatal, tanto que o próprio legislador impôs a necessidade de concessões recíprocas nos §§ 2º e 3º do art. 611-A, as quais podem ser expressas ou implícitas, mas deve estar sempre presentes. Aplicação do princípio da primazia da realidade.

No entanto, como veremos a seguir, o STF, no Tema n. 1.046 de Repercussão Geral, fixou tese no sentido da constitucionalidade de acordos e convenções coletivas que pactuam limitações ou afastamento de direitos trabalhistas, observadas certas condições, sendo preconizado por determinados setores da doutrina e da jurisprudência como a prevalência do negociado sobre o legislado.

2.5. A decisão do STF a respeito do negociado sobre o legislado (art. 611-A, CLT)

Consoante antecipamos acima, o Supremo Tribunal Federal, em decisão plenária de 02.06.2022, ao tratar do tema da prevalência do negociado sobre o legislado (ARE n. 1.121.633), Tema n. 1.046 de Repercussão Geral, fixou a seguinte tese:

> "São constitucionais os acordos e as convenções coletivos que, ao considerarem a adequação setorial negociada, pactuam limitações ou afastamentos de direitos trabalhistas, independentemente da explicitação especificada de vantagens compensatórias, desde que respeitados os direitos absolutamente indisponíveis."

No entanto, a questão não fora inteiramente definida com a firmação da tese de repercussão geral pelo STF, tendo em vista que seu conteúdo fundamenta-se em conceitos jurídicos interpretados, os quais possibilitam amplo grau de interpretação quanto ao alcance de seu significado.

De fato, em suas razões de julgamento, o Ministro Relator considerou que, diferentemente da autonomia privada individual, a autonomia coletiva não estaria abrangida pelo princípio da irrenunciabilidade de direitos. Evidentemente que, embora ambas constituam expressão da vontade em dimensões distintas da vida social, suas balizas podem ser diferentes, mas a autonomia privada coletiva, no ordenamento jurídico brasileiro, por imperativo constitucional, é balizada pelos princípios da vedação do retrocesso social e da progressividade dos direitos humanos (art. 7, *caput*, CRFB/1988).

Por outro lado, considerou-se ainda, nas razões de julgamento, que as relações coletivas não possuiriam a assimetria de poder presente nas relações individuais, o que justificaria a diferença de tratamento. Assim como a autonomia privada individual é diferente e de dimensão diversa da autonomia privada coletiva, é indubitável que a assimetria nas relações individuais também é distinta daquela que se verifica nas relações coletivas, porém, não significa que não exista.

De fato, o preconizado princípio de equiparação de armas é uma ficção jurídica que não pode negar o princípio da primazia da realidade no âmbito das relações materiais e reais de trabalho, inclusive as coletivas. Evidente que, mesmo que organizados coletivamente, os trabalhadores não detêm o poder sobre o empregador. O poder real continua com o capital, tendo em vista a dependência e subordinação inerente às relações individuais de trabalho que se irradiam para a coletividade. É próprio do sistema capitalista de produção a assimetria entre capital e trabalho, com supremacia do primeiro sobre o segundo. Se alguma possibilidade houvesse de verdadeira equiparação de armas, evidentemente que o conflito não seria resolvido por negociação coletiva.

Além disso, o suposto princípio da equiparação de armas não teria qualquer sentido em regimes jurídicos sindicais, como o brasileiro, em que se reconhece a existência de sindicato de empregadores. Trata-se de uma contradição lógica, ou um *reductio ad absurdum*, pois se algum tipo de equiparação fosse possível entre capital e trabalho, a circunstância de o empregador se coletivizar em sindicato, atuando de forma coletiva, equivale a total desequiparação com os trabalhadores. Por isso que, durante a criação da Organização Internacional de Trabalho, discutiu-se muito sobre a possibilidade de existência de sindicatos de empregadores.

E esse foi o parâmetro do legislador constituinte. Ao prever a observância dos princípios da progressividade dos direitos humanos e da vedação do retrocesso social no campo dos direitos sociais (art. 7º, *caput*, CRFB/1988), o poder constituinte originário submeteu a autonomia privada coletiva aos referidos princípios, dispondo, inclusive, em *numerus clausus*, quais os institutos que poderiam ser objetivo de flexibilização, como se verifica do art. 7º, VI, XIII, XIV, CRFB/1988. Para que a autonomia privada coletiva tivesse uma amplitude maior, bastaria inserir no *caput*, de forma geral, a expressão salvo convenção ou acordo coletivo, para que os demais direitos fossem passíveis de flexibilização. Em termos de interpretação jurídica, apresenta-se equivocada a tese de transformar o extraordinário em ordinário, a exceção em regra, numa verdadeira inversão, *in casu*, de valores constitucionais.

Como se verifica ainda das razões de julgamento, todas as hipóteses exemplificativas citadas são situações de concessões recíprocas, não de mera *reformatio in pejus*, sendo que há uma alusão à dispensa das especificações das vantagens compensatórias, mas não da sua inexistência.

Por fim, a tese de repercussão geral em comento, longe de solucionar o problema, *mutatis mutandis*, padece dos mesmos vícios e deficiências do art. 611-A da CLT, sendo a principal que o texto do tema 1.046 do STF também possibilita a interpretação de que os acordos e convenções coletivas só possuem prevalência sobre a lei quando dispuserem de modo mais favorável ao trabalhador, por meio de contrapartidas recíprocas, ainda que estas não estejam previstas expressamente no instrumento normativo. Não se deve confundir inexistência de contrapartida expressa (equivale à contrapartida implícita) com a ausência da própria contrapartida. Em ambas as situações, deve haver uma condição mais favorável aos trabalhadores para a validade da alteração; a facultatividade diz respeito apenas à previsão expressa ou não no próprio instrumento normativo da contrapartida, mas não à inexistência de contrapartida material, ainda que não formalizada no instrumento.

2.6. Matérias não suprimíveis ou redutíveis por meio de acordos e convenções coletivas

Os direitos sociais fundamentais constituem cláusulas pétreas de nosso ordenamento jurídico, os quais não podem ser abolidos pelo poder constituinte derivado, consoante o art. 60 da CRFB/1988, o qual veda expressamente qualquer tentativa de emenda constitucional com vistas à supressão dos direitos e garantias fundamentais (art. 60, IV, CRFB/1988).

Assim, se ao poder constituinte derivado é vedada qualquer tentativa de supressão, total ou parcial (redução) de direitos e garantias fundamentais, por meio de emenda constitucional, evidentemente que a todas as demais normas do ordenamento jurídico pátrio (leis complementares, leis ordinárias, leis delegadas, medidas provisórias, decretos legislativos, resoluções e outras) que se situam em grau hierárquico inferior, devem preservam integralmente os direitos e garantias fundamentais.

Deste modo, a norma do art. 611-B[(827)], assim como o próprio art. 611-A, na atual redação conferida pela Lei n. 13.467/2017, apresenta-se como um preceito teratológico ao considerar-se a teoria geral do direito e o constitucionalismo moderno, uma vez que, por meio dela pretende-se uma subversão na hierarquia normativa em relação à Constituição Federal, como se a lei infraconstitucional pudesse determinar a natureza das normas constitucionais e dos direitos constitucionalmente protegidos.

De fato, o art. 611-B da CLT é inócuo, uma vez que referidos direitos não podem ser suprimidos ou reduzidos sequer por emenda constitucional, quanto mais por normas infraconstitucionais ou acordos e convenções coletivas, diante da égide do art. 60 da CRFB/1988 que cristaliza referidos direitos e garantias sociais como cláusulas pétreas, bem como pela observância do princípio constitucional da progressividade dos direitos humanos sociais, consagrado no art. 7º, *caput*, da CRFB/1988.

Na realidade, pretendeu-se, por meio da inserção dos arts. 611-A e 611-B na CLT, classificar os direitos e garantias sociais previstos nos arts. 6º, 7º, 8º e 9º da CRFB/1988, em direitos sociais disponíveis e indisponíveis, como se a legislação infraconstitucional tivesse o condão de discriminar direitos fundamentais de mesma natureza, grau e intensidade constitucional.

---

(827) "Art. 611-B. Constituem objeto ilícito de convenção coletiva ou de acordo coletivo de trabalho, exclusivamente, a supressão ou a redução dos seguintes direitos: I – normas de identificação profissional, inclusive as anotações na Carteira de Trabalho e Previdência Social; II – seguro-desemprego, em caso de desemprego involuntário; III – valor dos depósitos mensais e da indenização rescisória do Fundo de Garantia do Tempo de Serviço (FGTS); IV – salário mínimo; V – valor nominal do décimo terceiro salário; VI – remuneração do trabalho noturno superior à do diurno; VII – proteção do salário na forma da lei, constituindo crime sua retenção dolosa; VIII – salário-família; IX – repouso semanal remunerado; X – remuneração do serviço extraordinário superior, no mínimo, em 50% (cinquenta por cento) à do normal; XI – número de dias de férias devidas ao empregado; XII – gozo de férias anuais remuneradas com, pelo menos, um terço a mais do que o salário normal; XIII – licença-maternidade com a duração mínima de cento e vinte dias; XIV – licença-paternidade nos termos fixados em lei; XV – proteção do mercado de trabalho da mulher, mediante incentivos específicos, nos termos da lei; XVI – aviso prévio proporcional ao tempo de serviço, sendo no mínimo de trinta dias, nos termos da lei; XVII – normas de saúde, higiene e segurança do trabalho previstas em lei ou em normas regulamentadoras do Ministério do Trabalho; XVIII – adicional de remuneração para as atividades penosas, insalubres ou perigosas; XIX – aposentadoria; XX – seguro contra acidentes de trabalho, a cargo do empregador; XXI – ação, quanto aos créditos resultantes das relações de trabalho, com prazo prescricional de cinco anos para os trabalhadores urbanos e rurais, até o limite de dois anos após a extinção do contrato de trabalho; XXII – proibição de qualquer discriminação no tocante a salário e critérios de admissão do trabalhador com deficiência; XXIII – proibição de trabalho noturno, perigoso ou insalubre a menores de dezoito anos e de qualquer trabalho a menores de dezesseis anos, salvo na condição de aprendiz, a partir de quatorze anos; XXIV – medidas de proteção legal de crianças e adolescentes; XXV – igualdade de direitos entre o trabalhador com vínculo empregatício permanente e o trabalhador avulso; XXVI – liberdade de associação profissional ou sindical do trabalhador, inclusive o direito de não sofrer, sem sua expressa e prévia anuência, qualquer cobrança ou desconto salarial estabelecidos em convenção coletiva ou acordo coletivo de trabalho; XXVII – direito de greve, competindo aos trabalhadores decidir sobre a oportunidade de exercê-lo e sobre os interesses que devam por meio dele defender; XXVIII – definição legal sobre os serviços ou atividades essenciais e disposições legais sobre o atendimento das necessidades inadiáveis da comunidade em caso de greve; XXIX – tributos e outros créditos de terceiros; XXX – as disposições previstas nos arts. 373-A, 390, 392, 392-A, 394, 394-A, 395, 396 e 400 desta Consolidação. *Parágrafo único*. Regras sobre duração do trabalho e intervalos não são consideradas como normas de saúde, higiene e segurança do trabalho para os fins do disposto neste artigo."

Pretende-se pela via oblíqua do art. 611-B legitimar a inconstitucionalidade do art. 611-A, pois a menção expressa do legislador à ilicitude de supressão ou redução exclusiva dos direitos elencados no art. 611-B não possui o condão de legitimar a pretensão de supressão, redução ou alteração *in pejus* dos direitos mencionados no art. 611-A da CLT, uma vez que possuem a mesma natureza, cogência e indisponibilidade conferidas pelo legislador constituinte originário, estando sob o manto da petrealidade constitucional (art. 60, IV, CRFB/1988) e submetidos ao princípio constitucional da progressividade dos direitos humanos sociais (art. 7º, *caput*, CRFB/1988).

2.7. Relação (hierarquia) normativa entre acordo e convenção coletiva de trabalho

Como expusemos anteriormente, a legislação brasileira consagrou a utilização de duas denominações para designar as espécies de normas coletivas elaboradas pelos atores sociais: acordo coletivo de trabalho e convenção coletiva de trabalho. Essa distinção é típica e exclusiva do direito brasileiro. No direito comparado, a regra é a utilização de uma mesma denominação para as normas coletivas, sendo que a sua diferenciação dá-se pelos sujeitos pactuantes, conteúdo ou o papel reservado a cada norma no ordenamento jurídico.

Considera-se que o acordo coletivo possui maior especificidade que uma convenção coletiva, pois é firmado por um sindicato profissional com uma ou mais empresas, ao contrário da convenção coletiva que possui caráter intersindical, aplicando-se às categorias profissional e patronal representadas. No ordenamento jurídico brasileiro, não há uma diferença essencial quanto ao conteúdo entre ambas as normas coletivas, sendo que inclusive podem tratar das mesmas matérias. Como visto, elas se diferem apenas quanto aos sujeitos pactuantes e em relação à sua abrangência.

Os acordos e as convenções coletivas de trabalho figuram no mesmo grau na pirâmide hierárquica normativa, não havendo correlação lógica de superioridade e inferioridade entre eles. Ambos os convênios retiram seu fundamento de validade da própria CRFB/1988, inclusive dos mesmos dispositivos constitucionais (art. 7º, VI, XIII, XIV XXVI). Não existe, *a priori*, hierarquia normativa entre acordos e convenções coletivas de trabalho, pois nenhuma dessas normas retira seu fundamento de validade da outra.

Em sua antiga redação, o art. 620 da CLT sobre a aplicação da norma mais favorável para solucionar o conflito entre convenção e acordo coletivo, ao prescrever que *"As condições estabelecidas em Convenção, quando mais favoráveis, prevalecerão sobre as estipuladas em Acordo"*.

A Lei n. 13.467/2017 alterou o art. 620 da CLT para dispor, *in verbis*: *"As condições estabelecidas em acordo coletivo de trabalho sempre prevalecerão sobre as estipuladas em convenção coletiva de trabalho"*.

A tendência moderna é a conjugação do princípio da norma mais favorável com as circunstâncias específicas solucionadas por normas coletivas de menor abrangência. Por esse prisma, o princípio da norma mais favorável, geralmente aplicado no cotejamento da convenção com o acordo coletivo, não deve ser aplicado *in abstracto*, mas considerando-se as condições fático-jurídicas que levaram à elaboração de cada norma e as implicações da aplicação de cada uma delas no caso concreto.

Desse modo, um acordo coletivo que, em princípio, apresenta-se menos favorável para os trabalhadores de determinada empresa em comparação com a convenção coletiva da categoria, pode apresentar-se mais idôneo para reger as peculiaridades da realidade da coletividade de trabalhadores para a qual foi elaborada. Um acordo nesse sentido pode tornar-se mediata e efetivamente mais favorável para a coletividade de trabalhadores, obstando os prejuízos que poderiam advir de uma convenção coletiva que se apresentaria imediata e nominalmente mais vantajosa.

Por esse critério, aplica-se a norma mais favorável, salvo se a norma mais específica reger uma situação peculiar de determinada coletividade de trabalhadores, que viriam a ser prejudicados pela aplicação de uma norma geral. Em síntese, a vantagem deve ser aferida concretamente em se tratando de conflito entre acordo e convenção coletiva.

Deste modo, a disposição do art. 620 da CLT, com a redação conferida pela Lei n. 13.467/2017, deve ser interpretada à luz dos princípios da norma mais favorável e da primazia da realidade, de forma que o acordo coletivo somente prevalece sobre uma convenção coletiva quando concreta e comprovadamente mais favorável aos trabalhadores. A norma não estipula uma hierarquia normativa, mas, no máximo, cria uma presunção favorável ao acordo, a qual pode ser elidida por verdade dos fatos.

2.8. Aplicação da técnica da ponderação de interesses no conflito entre a lei e as normas coletivas

Um verdadeiro pluralismo sistêmico pressupõe a adoção de novos critérios que garantam a homeostase do sistema jurídico. Como assinalamos alhures, um autêntico pluralismo jurídico resolve-se pelo equilíbrio entre os diversos centros de produção jurídica, sendo que a norma estatal mantém intercâmbio com todas as demais normas do sistema, adquirindo uma posição no sistema, equiparável com a de qualquer outra norma, e com elas estabelecendo relações recíprocas. Esse posicionamento da norma estatal no sistema jurídico aberto pressupõe a construção de novos paradigmas para a manutenção do equilíbrio do sistema, com a elaboração de novas regras de calibração.

Entre esses novos paradigmas para a solução de conflitos normativos, principalmente no pertinente aos conflitos entre a legislação estatal e as normas decorrentes da autonomia privada coletiva, tem aplicação a técnica da ponderação de interesses.

Concebida inicialmente como método para a solução de conflitos entre princípios constitucionais que se tornam colidentes diante de um caso concreto, a técnica da ponderação de interesses passou a ser concebida como de aplicabilidade no âmbito das regras jurídicas, quando estas concretizam princípios dos quais são materialmente dependentes(828).

A ponderação de interesses pauta-se pelo princípio da proporcionalidade. Ela possui uma estrutura tridimensional, por compreender fato, valor e norma, pois, sem desconsiderar o dado normativo, é guiada pelos valores constitucionais e caracteriza-se pela preocupação com a análise do caso concreto em que surge o conflito, sendo que as variáveis fáticas nele presentes são determinantes para o conferimento do peso específico a cada princípio em confronto(829).

Um maior aprofundamento sobre a técnica da ponderação de interesses pode ser alcançado por meio da leitura da obra de Daniel Sarmento, *A ponderação de interesses na Constituição Federal.*

Para as finalidades do nosso trabalho, anotaremos um resumo do seu procedimento:

a) a constatação da existência de conflito entre princípios, à medida que estes apontem para soluções distintas, diante de uma mesma realidade concreta;

b) a análise do peso genérico conferido pela ordem constitucional a cada um dos interesses envolvidos; o peso genérico é indiciário do peso específico que cada interesse assumirá na resolução do caso concreto;

c) deve-se efetuar uma ponderação *ad hoc* (diante de determinado caso concreto) e não uma ponderação abstrata;

d) a aferição do peso específico de cada princípio no caso concreto; o que dependerá da intensidade em que foram afetados os interesses tutelados pelos princípios em confronto;

e) as restrições a cada um dos interesses devem ser efetuadas com base no princípio da proporcionalidade, em sua tríplice dimensão — adequação, necessidade e proporcionalidade em sentido estrito;

f) o grau de restrição de cada interesse será inversamente proporcional ao peso específico que for conferido, no caso, ao princípio do qual ele for deduzido, e diretamente proporcional ao peso que for atribuído ao princípio protetor do bem jurídico concorrente;

---

(828) SARMENTO, Daniel. *A ponderação de interesses na Constituição Federal*. 3. ed. Rio de Janeiro: Lumen Juris, 2003, *passim*.

(829) *Id. ibid.*, p. 97-99.

g) a ponderação deve nortear-se no sentido da proteção e promoção do princípio da dignidade da pessoa humana;

h) a ponderação deve respeitar o núcleo essencial do direito fundamental[(830)].

Diante de uma colisão de princípios, a aplicação do princípio da proporcionalidade suscita a busca de um ponto de equilíbrio entre os interesses conflitantes, com o atendimento dos seguintes imperativos: a) a restrição a cada um dos interesses deve ser adequada para a garantia da sobrevivência do outro; b) essa restrição deve dar-se no grau mais diminuto possível com vistas à proteção do interesse contraposto; c) o benefício decorrente da restrição de um interesse deve ser compensador em relação ao sacrifício imposto ao interesse antagônico[(831)].

Um exemplo emblemático da aplicação do princípio da proporcionalidade por meio da técnica da ponderação de interesses na relação entre a lei e a norma coletiva consiste exatamente na atenuação dos rigores do art. 623 da CLT pela jurisprudência (dispositivo legal considerado simbólico pela doutrina justrabalhista da supremacia da legislação estatal sobre as normas decorrentes da autonomia privada coletiva).

De fato, em virtude da promulgação de diversas leis sobre política econômica e de controle da inflação que proibiam a concessão de majorações salariais aos trabalhadores, a jurisprudência dos Tribunais Trabalhistas prolatou diversas decisões considerando válidas as normas convencionais que, contrariando essas normas, dispunham sobre reajustes salariais para a reposição das perdas inflacionárias.

Os Tribunais do Trabalho consideraram que o interesse geral contido nas leis de política salarial deveria ser ponderado com o princípio da dignidade da pessoa humana, que não admite o aviltamento do trabalhador por meio de constantes perdas salariais. Essas decisões ponderaram interesses relevantes e em conflito, fornecendo soluções equitativas aos casos concretos, sem que os núcleos dos direitos fundamentais em conflito fossem afetados.

Como se observa, mesmo no ordenamento jurídico brasileiro, a relação entre as regras legais e as normas decorrentes da autonomia privada coletiva pode ser equacionada pela aplicação de diversos métodos e princípios jurídicos, como a técnica da ponderação de interesses.

3. Convenção coletiva e sentença normativa

O dissídio coletivo é ação judicial por meio da qual a Justiça do Trabalho aprecia e julga um conflito coletivo de trabalho, primordialmente, com fulcro no poder normativo,

---

(830) SARMENTO, Daniel. *Op. cit.*, p. 99-105.

(831) *Id. ibid.*, p. 104-105.

isto é, mediante uma atividade regulamentar consistente na faculdade de estabelecimento de normas e condições de trabalho para reger as relações individuais e coletivas de trabalho entre trabalhadores e empregadores representados, como também decide controvérsia sobre a aplicação ou interpretação de determinada norma jurídica de aplicação às coletividades e sujeitos representados, ou resolve questões jurídico-materiais decorrentes de um movimento grevista.

O dissídio coletivo encontra previsão no art. 114 da CRFB/1988, que trata da competência da Justiça do Trabalho, cuja redação foi alterada pela Emenda Constitucional n. 45/2004. Trata-se de uma competência regulamentar atribuída ao Judiciário Trabalhista para solucionar conflitos coletivos do trabalho. A decisão do dissídio coletivo é denominada "sentença normativa", e é por meio dela que o Judiciário trabalhista exerce o denominado poder normativo, consistente no estabelecimento de normas e condições de trabalho para as categorias representadas, respeitadas as disposições mínimas legais de proteção ao trabalho e as normas coletivas convencionadas anteriormente (art. 114, § 2º, CRFB/1988). Por meio do poder normativo, o órgão julgador exerce uma atividade.

Convenção coletiva e sentença normativa são fontes do Direito do Trabalho. A primeira é fonte autônoma, pois tem origem no exercício da autonomia privada coletiva dos grupos sociais, mais especificamente, das coletividades de trabalhadores e empregadores; a segunda é fonte heterônoma, porque decorre de um pronunciamento estatal, por meio do julgamento dos dissídios coletivos pela Justiça do Trabalho, cujo objetivo é solucionar os impasses decorrentes de uma negociação coletiva frustrada.

Em princípio, não há uma concorrência entre normas coletivas e sentença normativa. As primeiras se localizam na esfera da autonomia privada coletiva, ao passo que a segunda decorre da heteronomia normativa estatal. Usualmente elas guardam uma relação de sucessividade entre si, porque a sentença normativa, na maioria das vezes, é sucedâneo de uma negociação coletiva frustrada(832).

Entretanto, em virtude de conflitos práticos entre o conteúdo das sentenças normativas e o dos acordos e convenções coletivas, a doutrina e a jurisprudência se debruçam sobre a existência ou não de hierarquia entre essas duas espécies de normas, sendo encontradas diversas soluções para esta questão.

Para Délio Maranhão, os acordos e as convenções coletivas encontram-se em grau inferior na hierarquia normativa em relação à sentença normativa(833).

Orlando Gomes e Elson Gottschalk consideram que as fontes de produção mistas — sentenças normativas — prevalecem sobre as fontes de produção profissional pura — os acordos e convenções coletivas(834).

(832) NASCIMENTO, Amauri Mascaro. *Compêndio de direito sindical...*, p. 275.

(833) MARANHÃO, Délio. *Op. cit.*, p. 24.

(834) GOMES, Orlando; GOTTSCHALK, Elson. *Op. cit.*, p. 58.

Já Mônica Sette Lopes sinaliza com o art. 114 da CRFB/1988 para concluir que a norma coletiva negociada prevalece sobre a sentença normativa. Segundo a autora, essa prevalência fica clara na medida em que a sentença judicial não possui o condão de modificar ou ab-rogar a norma coletiva, uma vez que o § 2º do art. 114 da CRFB/1988 determina que a decisão judicial deve observar as disposições convencionais e legais mínimas de proteção ao trabalho. Assinala, ainda, que a necessária precedência da negociação em relação ao dissídio coletivo, do qual é um pressuposto, demonstra a prevalência da norma coletiva sobre a sentença normativa[(835)].

Francisco Meton Marques de Lima também parte do § 2º do art. 114 da CRFB/1988, para assinalar que no conflito entre as fontes de produção mista e as de produção profissional, há o prevalecimento das segundas[(836)].

A relação entre as normas coletivas e a sentença normativa inclui-se entre as mais árduas no estudo das fontes do Direito do Trabalho, pois abrange questões de teoria geral e de direito material e processual do trabalho, de forma que a prevalência de uma fonte sobre outra dependerá, não somente da análise de diversos institutos dessas áreas do conhecimento jurídico como também da consideração do elemento temporal.

3.1. Inexistência de hierarquia formal entre convenção coletiva e sentença normativa

Considerando-se a construção piramidal e escalonada do ordenamento jurídico prevalecente no pensamento jurídico brasileiro, de cunho kelseniano, pela qual a norma inferior retira a sua validade de uma norma superior, deve-se assinalar que não há hierarquia entre normas coletivas originárias da autonomia privada dos particulares (acordos e convenções coletivas) e a norma heterônoma proferida pelo Judiciário Trabalhista (sentença normativa), porque nenhuma delas retira o seu fundamento de validade da outra, estando ambas no mesmo patamar na escala hierárquica normativa.

---

(835) LOPES, Mônica Sette. *Op. cit.*, p. 164-165. O Tribunal Superior do Trabalho já se pronunciou no sentido da prevalência das normas coletivas sobre a sentença normativa: "*Dissídio coletivo. Prevalência dos acordos coletivos celebrados com parte da categoria profissional sobre a sentença normativa. Dispõe o art. 114 da Constituição Federal, em seu § 2º, que 'recusando-se qualquer das partes à negociação ou à arbitragem, é facultado aos respectivos sindicatos ajuizar dissídio coletivo, podendo a Justiça do Trabalho estabelecer normas e condições, respeitadas as disposições convencionais e legais mínimas de proteção ao trabalho'. À luz da norma constitucional em exame, o ajuizamento de dissídio coletivo tem por pressuposto o exaurimento das tentativas de negociação entre as partes. Nesse contexto, constata-se que o legislador constituinte de 1988 sinalizou no sentido de prestigiar a autocomposição dos conflitos trabalhistas, estimulando, sempre que possível, a sua solução pela via negocial. Por essa razão, aliás, a Constituição Federal é expressa ao dispor, em seu art. 8º, III e VI, que 'ao sindicato cabe a defesa dos direitos e interesses coletivos e individuais da categoria, inclusive em questões judiciais ou administrativas', sendo obrigatória a sua participação nas negociações coletivas de trabalho. Fixadas essas premissas, não há como se atribuir à sentença normativa prevalência sobre acordos coletivos, extrajudicialmente celebrados com entidades sindicais representativas de parte da categoria profissional, sob pena de se estar decidindo na contramão dos princípios agasalhados pelo ordenamento constitucional em vigor. Recurso ordinário do sindicato parcialmente provido*" (TST, RODC n. 709.468/2000, j. 11-10-2001, SDC, rel. Ministro Milton de Moura França, *DJ* 9.11.2001).

(836) LIMA, Francisco Meton Marques de. *Op. cit.*, p. 55.

Assim, ambas as normas estão no mesmo patamar hierárquico, sendo que a diferença entre elas refere-se somente à fonte de produção, pois as primeiras são elaboradas pelos próprios interessados, ao passo que a última decorre de intervenção do Poder Judiciário(837).

Nesse sentido, também se pronuncia Amauri Mascaro Nascimento, ao assinalar que apesar da convenção coletiva e da sentença normativa serem tipos diferentes de normas jurídicas, na linguagem kelseniana, ambas constituem espécies de normas individualizadas(838).

Tanto a sentença normativa como as normas coletivas retiram seu fundamento de validade diretamente da Constituição; a primeira é prevista no art. 114, § 2º, da CRFB/1988, ao passo que as segundas são previstas em vários dispositivos dos arts. 7º e 8º da CRFB/1988, destacando-se o inciso XXVI do art. 7º, que reconheceu as convenções e os acordos coletivos de trabalho como um direito dos trabalhadores.

Desse modo, atribuir uma supremacia da sentença normativa sobre as normas convencionais não produz respaldo no escalonamento normativo do ordenamento jurídico brasileiro. Essa ilação mais origem na cultura jurídica brasileira de atribuir aos atos do Poder Judiciário uma certa reverência à autoridade do que propriamente de sua força normativa. As normas coletivas, repisa-se, não retiram seu âmbito de validade e seu fundamento de uma sentença normativa. Aliás, neste aspecto, não se pode olvidar, inclusive que a sentença normativa possui limites formais e materiais muito maiores do que os acordos e convenções coletivas.

3.2. Momento da prevalência das normas coletivas sobre a sentença normativa

Por ambas retirarem o seu fundamento de validade da própria Constituição Federal, não há predominância hierárquica entre as normas coletivas e a sentença normativa; no entanto, dependendo do momento, há uma relativa prevalência de uma ou outra dessas espécies normativas. Não se trata de hierarquização, mas de operacionalização da plurinormatividade do ordenamento jurídico.

Como exposto alhures, a CRFB/1988, no esteio da garantia de uma democracia participativa, reconheceu a autonomia privada coletiva dos sindicatos para o estabelecimento de normas e condições de trabalho por meio dos acordos e convenções coletivas de trabalho (art. 7º, XXVI, art. 8º, VI); mas, embora tenha incentivado o desenvolvimento da negociação coletiva, o legislador manteve o poder normativo da Justiça do Trabalho, o qual, como elucidamos anteriormente, é exercido nos processos de dissídio coletivo, por meio do proferimento de uma sentença normativa (art. 114, § 2º, CRFB/1988).

(837) MARTINS, Sergio Pinto. *Direito do trabalho..*., p. 744.

(838) NASCIMENTO, Amauri Mascaro. *Compêndio de direito sindical...*, p. 275.

O legislador constituinte objetivou que o dissídio coletivo fosse um processo de cunho extraordinário, com caráter substitutivo de uma negociação coletiva frustrada; para tanto, além de prescrever a negociação coletiva como um de seus pressupostos, previu a necessidade do comum acordo para a sua suscitação e limitou a atuação do poder normativo à observância das disposições legais mínimas de proteção ao trabalho e das normas coletivas anteriormente convencionadas, destoando das Cartas Constitucionais anteriores, que restringiam o poder normativo aos limites previstos em lei infraconstitucional.

No exercício do poder normativo, as normas convencionais e as estatais atuam como balizas mínimas, que prevalecem sobre a disposição normativa do Judiciário Trabalhista. Assim, nesse primeiro momento, as normas coletivas autônomas possuem uma relativa prevalência sobre a sentença normativa, posto que esta não poderá modificar, derrogar ou ab-rogar as disposições convencionais.

3.3. Momento da prevalência da sentença normativa — Efeitos da coisa julgada da sentença normativa sobre as convenções coletivas

Se não podemos falar em hierarquia normativa entre normas convencionais e sentença normativa, dado que ambas retiram sua fonte de validade da mesma norma superior, a Constituição Federal, isso não equivale a dizer que não possa haver momentos de prevalência de uma norma sobre outra, a depender das peculiaridades de um caso concreto e do conflito normativo.

Nessa perspectiva, o operador do direito deverá resolver o conflito entre normas que, não obstante não estejam em patamares distintos na hierarquia normativa, ainda assim colidem em diversos aspectos, sendo que os critérios normativos estáticos (*lex superior derogat legi inferiori; lex specialis derogat legi generali; lex specialis derogat legi generali*) podem sofrer modulação ou mesmo relativização em relação ao tempo, modo e local do conflito normativo. Porém esta modulação não retira a validade da hierarquia normativa estática, mas somente a adequa a outras peculiaridades do caso concreto.

As normas convencionais comumente prevalecem sobre o conteúdo da sentença normativa quando precedem a esta, salvo situações especiais nas quais o conteúdo de uma norma coletiva é apreciado num dissídio coletivo, quando então o Tribunal Trabalhista deliberará sobre a questão, dando concretude específica ao preceito convencional, ou mesmo expurgando uma cláusula normativa do mundo jurídico, como numa anulação. Veja-se, por exemplo, o denominado dissídio coletivo de natureza jurídica, pelo qual o Tribunal do Trabalho decide controvérsia sobre a aplicação ou a interpretação de determinada cláusula de acordo ou convenção coletiva ou de ato normativo ou preceito legal restrito às categorias ou às partes em conflito.

Evidente que, nesta hipótese, a interpretação concedida pelo Poder Judiciário, por meio de uma sentença normativa, prevalece sobre a norma coletiva anterior, dando-lhe concretude jurídica. O resultado da atividade normativa do julgador se torna a norma por excelência. A interpretação judiciária consagrada numa sentença substitui o texto normativo anterior e passa a ser a norma convencional judicialmente interpretada e aplicável ao caso concreto. Nasce assim como fonte convencional e transmuta-se em fonte judicial.

A questão se agrava na hipótese em que a sentença normativa precede a uma norma coletiva autônoma, ambas com aplicação a um mesmo âmbito de validade espacial, temporal e subjetivo. Equivale a indagar: em havendo sentença normativa em vigor, podem os sindicatos celebrar um acordo ou uma convenção coletiva dispondo sobre matérias já inclusas na decisão judicial antecedente?

Embora peculiar, a sentença normativa evidentemente possui natureza jurídica de ato jurisdicional. Consiste numa decisão judicial proferida nos processos de dissídios coletivos. Origina-se de uma atividade jurisdicional provocada, que se desenvolve mediante um processo judicial sujeito aos princípios do contraditório e da ampla defesa.

Nos dizeres de *Carnelutti*, a sentença normativa *"tem alma de lei em corpo de sentença"*. Ela atua como ato jurisdicional proferido nos dissídios coletivos, atingindo uma zona limítrofe do ato legislativo[(839)].

Como resumiu Piero Calamandrei, as sentenças normativas *"... não são nem apenas sentenças, nem apenas leis; mas são sentenças ou leis, segundo sejam consideradas do ponto de vista das associações sindicais, que são parte no dissídio, ou do ponto de vista dos trabalhadores ou dos empregadores, que, da solução do dissídio coletivo entre os sindicatos, esperam, a sua lei"*[(840)].

Por ser uma decisão judicial, a sentença normativa sujeita-se aos efeitos da coisa julgada e à sua garantia constitucional, prevista no art. 5º, XXXVI, *"a lei não prejudicará o direito adquirido, o ato jurídico perfeito e a coisa julgada"*.

A sentença normativa forma um tipo peculiar de coisa julgada, tendo em vista que possui prazo legal máximo de 4 (quatro) anos (art. 868, parágrafo único, CLT), além de ser passível de revisão pelo denominado "dissídio coletivo de revisão", quando, decorrido mais de um ano de sua vigência, *"se tiverem modificado as circunstâncias que as ditaram, de modo que tais condições se hajam tornado injustas ou inaplicáveis"* (art. 873, CLT). É a aplicação da teoria da imprevisão (cláusula *rebus sic stantibus*) ao processo, dando origem

(839) SÜSSEKIND, Arnaldo Lopes; TEIXEIRA FILHO, João de Lima; MARANHÃO, Délio; VIANNA, Segadas. *Op. cit.*, v. 1, p. 166.

(840) CALAMANDREI, Piero, *apud id., loc. cit.*

à coisa julgada *rebus sic stantibus*, isto é, a decisão judicial que, por resolver situação continuativa, torna-se suscetível de revisão quando haja modificação nos pressupostos de fato e de direito que ditaram o seu conteúdo.

No processo civil, ela encontra fundamento no art. 505, I, do CPC, que dispõe: *"Art. 505. Nenhum juiz decidirá novamente as questões já decididas, relativas à mesma lide, salvo: I – se, tratando-se de relação jurídica continuativa, sobreveio modificação no estado de fato ou de direito; caso em que poderá a parte pedir a revisão do que foi estatuído na sentença"*.

Assim, apesar de decidir relação jurídica continuativa, de ter prazo de vigência e de estar sujeita à revisão, a sentença normativa produz coisa julgada até a extinção do seu prazo de vigência ou a prolação de sentença normativa em dissídio coletivo de revisão (sentença normativa revisional).

Durante o seu período de vigência, a eficácia da coisa julgada protege a sentença normativa, de modo que posterior acordo ou convenção coletiva firmada pelos representantes dos empregados e dos empregadores não poderá dispor de modo contrário ao conteúdo da sentença normativa, fixar condições mais vantajosas, cuja aplicabilidade estará fundamentada no princípio da norma mais favorável.

Essa circunstância não se antagoniza com a autonomia privada coletiva, posto que o poder normativo da Justiça do Trabalho é exercido por delegação das próprias entidades sindicais que, ao depararem-se com uma negociação coletiva frustrada, submetem a solução do litígio ao Judiciário (art. 114, § 2º, CRFB/1988), isto é, transferem a um terceiro a solução do conflito que poderiam ter encontrado por si mesmos, devendo, assim, submeter-se aos efeitos decorrentes da decisão proferida em um processo judicial, de antemão conhecidos, entre os quais se inclui a formação da coisa julgada e dos efeitos dela decorrentes.

Essa transferência é mais clara com a alteração do § 2º do art. 114 pela Emenda Constitucional n. 45/2004, denominada de Reforma do Poder Judiciário, que dispôs que o dissídio coletivo somente poderá ser suscitado conjuntamente por ambas as partes.

Enquanto viger a sentença normativa, eventual insurgência dos representantes dos empregados e dos empregadores deverá ser exercida com a interposição de recurso ordinário no dissídio coletivo em que ela foi proferida ou com a suscitação do dissídio coletivo de revisão. É o momento da relativa imperatividade da sentença normativa sobre as normas convencionais. Essa imperatividade decorre dos efeitos da coisa julgada e não de eventual desnível na hierarquia normativa entre a sentença normativa e os acordos e convenções coletivas.

Em virtude da impropriedade de entendimento deve-se esta conclusão ser bem elucidada: eventual prevalência da sentença normativa sobre os acordos e convenções coletivas não decorrente da supremacia hierárquica daquela sobre estas, mas dos efeitos da coisa julgada formal e material; a questão não é hierarquia formal, mas de efeitos processuais, subjetivos e objetivos, da coisa julgada.

4. Convenção coletiva e acordo coletivo

É plenamente possível, e até comum, a incidência concomitante de uma convenção e de um acordo coletivo sobre um mesmo conjunto de empregados e empresa(s), como nas hipóteses em que são elaboradas convenções coletivas para reger as relações de trabalho das categorias profissional e econômica e acordos coletivos dispondo sobre questões específicas de determinadas empresas, de uma empresa ou de um ou mais setores de algumas dessas empresas, pertencentes àquela categoria já regida por uma convenção coletiva.

Os acordos e as convenções coletivas de trabalho figuram no mesmo grau na pirâmide hierárquica normativa, não havendo correlação lógica de superioridade e inferioridade entre eles. Ambos os convênios retiram seu fundamento de validade da própria Constituição Federal de 1988, inclusive dos mesmos dispositivos constitucionais (art. 7º, VI, XIII, XIV e XXVI).

Assim, não existe, *a priori*, hierarquia normativa entre acordos e convenções coletivas de trabalho, pois nenhuma dessas normas retira seu fundamento de validade da outra. Na pirâmide normativa, acordos e convenções coletivas estão no mesmo patamar hierárquico. Assim, é equivocado falar-se em hierarquia normativa entre normas coletivas (acordos e convenções coletivas de trabalho) e, consequentemente, na aplicação da regra *lex superior derogat legi inferiori* no conflito entre acordo e convenção coletiva.

Acordo e convenção coletiva possuem a mesma natureza jurídica e, no ordenamento jurídico brasileiro, podem dispor das mesmas matérias, não havendo restrição de conteúdo de um em relação ao outro. As diferenças entre eles residem nos sujeitos pactuantes (sindicatos na convenção coletiva, e sindicato profissional e uma ou mais empresas nos acordos coletivos); no grau de abrangência (toda a categoria de empregados e empregadores na convenção coletiva, e trabalhadores da(s) empresa(s) pactuante(s), ou conforme delimitado pelas partes, nos acordos coletivos); no grau de concreção (os acordos tendem a ser mais específicos que as convenções, pois aqueles levam em consideração a realidade de uma ou mais empresas e as condições de trabalho dos respectivos trabalhadores).

A grande questão se refere a eventual conflito entre acordo coletivo e convenção coletiva. Evidente que, se não há hierarquia normativa entre ambas as normas coletivas, não se poderia falar na regra da norma superior prevalece sobre a inferior. Essa circunstância conduz o intérprete à necessidade de adoção de outras regras de hermenêutica para a determinação da norma coletiva que deve ser aplicada num caso concreto.

A figuração num mesmo patamar hierárquico e o princípio da norma mais favorável obstam a aplicação das regras da *lex superior* — que soluciona o conflito de normas que se encontram em escalas distintas na ordem hierárquica —, como também, a princípio, do critério da *lex posterior derogat priori* — pelo qual há prevalência da norma posterior sobre a anterior, pois em sede de convênios coletivos, não há derrogação de um pelo outro pelos critérios de anterioridade e sucessividade, porque ambos continuam vigendo nos respectivos prazos e nos seus âmbitos de aplicação.

O art. 615 da CLT exige que o processo de revogação siga o mesmo procedimento do processo de elaboração da norma coletiva, de forma que não há, em nosso ordenamento jurídico, revogação tácita ou por sucessividade. Equivale a dizer que o advento de uma norma coletiva após a formulação de outra, no caso de cotejo entre acordo e convenção coletiva, não teria o condão de impor uma revogação tácita ou por sucessividade, pois a revogação é um procedimento solene regido pelo art. 615 da CLT.

O critério da *lex posterior derogat priori*, em princípio, teria aplicação na hipótese de instrumentos normativos do mesmo nível, firmado entre as mesmas partes, como também nos regimes que admitem esse tipo de revogação tácita ou por sucessividade, como nos países que dispõem sobre essa matéria em sua legislação. Nessa circunstância, teria aplicabilidade a hipótese preconizada por Amauri Mascaro Nascimento de aplicação do princípio cronológico para solucionar o problema da sucessividade dos contratos coletivos[(841)].

Também não tem aplicação o critério da *lex especialis*, pelo qual a norma geral é revogada pela norma especial no que esta dispõe de específico. Na hipótese de conflito entre convenção coletiva e acordo coletivo, não há exatamente uma derrogação da norma geral pela específica, uma vez que o acordo coletivo é limitado aos empregados de determinada empresa ou grupo de empresas, ao passo que a convenção coletiva é aplicável a toda a categoria profissional e econômica, subsistindo como norma mesmo quando é preterida pela aplicação de um acordo coletivo. O acordo coletivo atua como norma específica e não como lei especial.

Prevalecem nas diversas legislações dois critérios específicos para a comparação de convênios coletivos de níveis diferentes: o da prevalência do convênio mais favorável, hipótese em que se observa a denominada hierarquia dinâmica entre as diversas normas, e o da especialidade, segundo o qual o acordo firmado no âmbito da empresa, por sua especificidade, em relação aos problemas internos daquela, que exigem soluções próprias para os problemas dos interessados, prevalecem sobre os convênios definidores de direitos e obrigações para todo o grupo representado pelo sindicato[(842)].

---

(841) NASCIMENTO, Amauri Mascaro. *Compêndio de direito sindical...*, p. 318-319.

(842) NASCIMENTO, Amauri Mascaro. *Teoria geral do Direito do Trabalho...*, p. 78-79.

O *Estatuto de los Trabajadores* da Espanha disciplina a concorrência entre convênios coletivos consagrando a autonomia de cada um deles ao prever que um convênio coletivo não poderá, durante a sua vigência, ser afetado pelo disposto em convênios de âmbitos distintos, salvo pacto em sentido contrário mediante acordos interprofissionais ou convênios coletivos firmados pelas organizações sindicais mais representativas, de caráter estatal ou de Comunidade Autônoma, que disponham sobre a estrutura da negociação coletiva, regras sobre conflitos entre convênios de âmbitos distintos e princípios de complementaridade entre as diversas unidades de contratação, com a fixação das matérias que não podem ser objeto de negociação em âmbitos inferiores (arts. 83 e 84), ou nas hipóteses em que os sindicatos e associações empresariais, que preencham os critérios de legitimação para uma atuação num âmbito maior que o da empresa, podem negociar acordos ou convênios coletivos que afetem o disposto no âmbito superior, desde que obtenham o respaldo das maiorias exigidas para estabelecer a comissão negociadora na correspondente unidade de negociação (art. 85).

O Código do Trabalho de Portugal possui regras específicas sobre a concorrência entre normas coletivas negociais: a) o acordo de empresa afasta a aplicação do acordo coletivo ou do contrato coletivo; b) o acordo colectivo afasta a aplicação do contrato coletivo; c) o acordo coletivo afasta a aplicação do contrato coletivo; d) nos demais casos, compete aos trabalhadores da empresa escolher, por maioria, no prazo de 30 dias, o convênio aplicável, comunicando a decisão ao empregador e ao ministério responsável pelo setor de trabalho, sendo que na ausência de escolha pelos trabalhadores, será aplicável o instrumento de publicação mais recente ou, sendo os instrumentos em concorrência publicados na mesma data, o que regular a principal atividade da empresa (art. 482); e) os critérios previstos nos itens "a" e "b" acima podem ser afastados por instrumento de negociação coletiva negocial, por meio de cláusulas de convenções coletivas de diferente nível, nomeadamente interconfederal, setorial ou de empresa ou por meio de contrato coletivo que estabeleça que determinadas matérias, como sejam a mobilidade geográfica e funcional, a organização do tempo de trabalho e a retribuição, sejam reguladas por convenção coletiva. O Código de Trabalho ainda traça regras sobre a concorrência entre instrumentos de negociação coletiva de trabalho não negociais (laudo arbitral, regulamento de extensão etc.) e entre instrumentos de regulamentação coletiva negociais e não negociais, prevendo a supremacia e derrogabilidade destas por aquelas.

Em nosso ordenamento, o art. 620 da CLT (posteriormente alterado pela Lei n. 13.467/2017, com veremos adiante)previa a aplicação do critério da norma mais favorável para o conflito entre convenção e acordo coletivo, ao prescrever que *"As condições estabelecidas em Convenção, quando mais favoráveis, prevalecerão sobre as estipuladas em Acordo"*.

Esse dispositivo legal, no entanto, apenas replicava o princípio da norma mais favorável, o qual já norteia as relações entre as normas jurídicas trabalhistas, sejam autônomas ou heterônomas, sendo prescindível essa previsão legal, no tocante aos acordos e convenções coletivas de trabalho.

Referida norma possibilitava uma multiplicidade de interpretações. Mauricio Godinho Delgado, por exemplo, com fulcro nela assinala que *"a Consolidação determina a preponderância da convenção coletiva sobre o acordo coletivo, como fórmula para cumprir o princípio da norma mais favorável, afastando-se o critério geral oriundo do Direito Civil. Porém, se o acordo coletivo for mais favorável, ele há de prevalecer, evidentemente"*.

Por outro lado, poder-se-ia compreender que a necessidade de indicar que a convenção coletiva, quando mais favorável, prevalece sobre o acordo, seria porque, em condições de igualdade, o acordo prevalecesse sobre a convenção coletiva.

Nesse sentido, é o posicionamento de Carlos Moreira De Luca ao apontar que *"a norma do art. 620, interpretada a contrario sensu, leva a que tenha prevalência a cláusula do acordo coletivo sobre a da convenção, quando esta não seja mais favorável ao trabalhador. É o princípio da especialização que faz prevalecer a norma especial sobre a geral, havendo conflito entre elas"*. Por fim, igualmente, conclui o autor que a prevalência da norma mais favorável é realmente o princípio fundamental para a resolução de conflitos entre contratos coletivos(843).

Na realidade, a norma do art. 620 era meramente tautológica, não se podendo extrair dela nem a prevalência da convenção sobre o acordo coletivo e vice-versa. Leituras que invocavam o art. 620 da CLT para estabelecer a prevalência do acordo coletivo ou da convenção pareciam mais se enquadrar em projeções dos operadores do direito do que propriamente da literalidade da norma.

A solução da questão dependeria de uma maior especificação dos objetivos dos diversos níveis de negociação no ordenamento jurídico brasileiro, como ocorre na legislação de outros países. No nosso ordenamento, acordos e convenções coletivas desempenham a mesma função, sendo que os primeiros apresentam tendência mais contingente e específica que os segundos; por isso que, após a análise de alguns posicionamentos, Mônica Sette Lopes aponta como mais idôneo o privilegiamento da norma mais concreta (específica) sobre a norma geral, pois o acordo coletivo estaria mais próximo da contingência especial da relação jurídico-trabalhista, uma vez que retém uma posição mais condizente com a realidade operacional-produtiva das partes(844).

A tendência moderna é a conjugação do princípio da norma mais favorável com as circunstâncias específicas solucionadas por normas coletivas de menor abrangência. Por esse prisma, o princípio da norma mais favorável, geralmente aplicado no cotejamento da convenção com o acordo coletivo, não deve ser aplicado *in abstracto*, mas considerando-se as condições fático-jurídicas que levaram à elaboração de cada norma e as implicações da aplicação de cada uma delas no caso concreto.

---

(843) DE LUCA, Carlos Moreira. *Op. cit.*, p. 151.

(844) LOPES, Mônica Sette. *Op. cit.*, p. 164.

Desse modo, um acordo coletivo que, em princípio, apresenta-se menos favorável para os trabalhadores de determinada empresa em comparação com a convenção coletiva da categoria, pode apresentar-se mais idôneo para reger as peculiaridades da realidade da coletividade de trabalhadores para a qual foi elaborada. Um acordo nesse sentido pode tornar-se mediata e efetivamente mais favorável para a coletividade de trabalhadores, obstando os prejuízos que poderiam advir de uma convenção coletiva que se apresentaria imediata e nominalmente mais vantajosa.

Por esse critério, aplica-se a norma mais favorável, salvo se a norma mais específica reger uma situação peculiar de determinada coletividade de trabalhadores, que viriam a ser prejudicados pela aplicação de uma norma geral. Em síntese, a vantagem deve ser aferida concretamente em se tratando de conflito entre acordo e convenção coletiva.

Essa ponderação é extremamente necessária para que uma norma, em princípio mais vantajosa, não se volte exatamente contra aqueles a quem deveria beneficiar. E, aqui, não se trata de uma questão de flexibilização ou regulamentação, mas de uma ponderação de bens e princípios em face da complexa realidade nas quais são observados.

Não obstante as considerações acima lançadas, a Lei n. 13.467/2017 alterou o art. 620 da CLT para dispor, *in verbis*: *"As condições estabelecidas em acordo coletivo de trabalho sempre prevalecerão sobre as estipuladas em convenção coletiva de trabalho"*.

Na linha da denominada Reforma Trabalhista, pretendeu-se criar uma suposta prevalência estática do acordo coletivo sobre as convenções coletivas. Na realidade, na perspectiva das classes presentes nas relações de trabalho, a fragmentação da negociação coletiva tende a ser mais favorável aos empregadores, pois os trabalhadores aspiram a âmbitos mais amplos de diálogo e negociação, pois que pende para o fortalecimento da luta coletiva, ao passo que os empregadores inclinam-se para campos menores, com maior atomização dos trabalhadores.

Deste modo, não se pode desconsiderar, no campo sociopolítico, que, por meio da denominada Reforma Trabalhista, que, deve-se ressaltar, não foi devidamente precedida de um diálogo social para a sua elaboração, nos moldes preconizados pela OIT, houve uma tendência de atomização dos trabalhadores, com prejuízo à sua força coletiva.

No entanto, a disposição do art. 620 da CLT, com a redação conferida pela Lei n. 13.467/2017, deve ser interpretada à luz dos princípios da norma mais favorável e da primazia da realidade, de forma que o acordo coletivo somente prevalece sobre uma convenção coletiva quando concreta e comprovadamente mais favorável aos trabalhadores. A norma não estipula uma hierarquia normativa, mas, no máximo, cria uma presunção favorável ao acordo, a qual pode ser elidida pela verdade dos fatos.

A tendência moderna é a conjugação do princípio da norma mais favorável com as circunstâncias específicas solucionadas por normas coletivas de menor abrangência. Por esse prisma, o princípio da norma mais favorável, comumente aplicado no cotejamento da convenção com o acordo coletivo, não deve ser aplicado *in abstracto*, mas considerando-se as condições fático-jurídicas que levaram à elaboração de cada norma e as implicações da aplicação de cada uma delas no caso concreto.

Desse modo, um acordo coletivo que, em princípio, apresenta-se menos favorável para os trabalhadores de determinada empresa em comparação com a convenção coletiva da categoria, pode apresentar-se mais idôneo para reger as peculiaridades da realidade da coletividade de trabalhadores para a qual foi elaborada. Um acordo nesse sentido pode tornar-se mediata e efetivamente mais favorável para a coletividade de trabalhadores, obstando os prejuízos que poderiam advir de uma convenção coletiva que se apresentaria imediata e nominalmente mais vantajosa.

Por esse critério, aplica-se a norma mais favorável, salvo se a norma mais específica reger uma situação peculiar de determinada coletividade de trabalhadores, que viriam a ser prejudicados pela aplicação de uma norma geral. Em síntese, a vantagem deve ser aferida concretamente em se tratando de conflito entre acordo e convenção coletiva.

5. Convenção coletiva e convenção coletiva

A estrutura sindical brasileira é organizada com base no princípio da unicidade sindical, pelo qual só pode haver um sindicato representativo de determinada categoria profissional ou econômica numa mesma base territorial (art. 8º, II, CRFB/1988). O critério da unicidade sindical garante ao sindicato a representação e a defesa dos direitos e interesses coletivos e individuais da respectiva categoria, tanto nas questões judiciais como nas administrativas (art. 8º, II, CRFB/1988).

Nessa estrutura sindical, haveria, em princípio, relativa impossibilidade de conflitos entre convenções coletivas, já que dois sindicatos não podem representar uma mesma categoria numa idêntica base territorial; porém, a complexidade das relações de trabalho demonstra, na prática, a possibilidade de controvérsias sobre a aplicação concomitante de duas convenções coletivas a uma mesma situação.

Essa circunstância decorre do fato de o legislador possibilitar, além da criação de sindicatos por categorias econômica e profissional puras também a criação de categorias similares, conexas ou diferenciadas.

Nesse regime de unicidade sindical, em princípio, não haverá um verdadeiro conflito de convenções coletivas, pois só pode haver um sindicato representativo da categoria profissional em determinado âmbito territorial; assim deverá ser aplicada a norma coletiva elaborada pelo sindicato profissional que detém a efetiva representação sindical ou, nos dizeres de Mônica Sette Lopes, não haverá a aferição da norma mais favorável, mas a definição de qual norma se aplica naquele determinado âmbito de validade, considerando elementos de ordem material, pessoal e territorial[(845)].

(845) LOPES, Mônica Sette. *Op. cit.*, p. 165.

O conflito entre convenções coletivas é comumente observado quando presentes numa mesma empresa trabalhadores vinculados a sindicatos distintos, como nas hipóteses de categorias diferenciadas. Em se tratando de categoria diferenciada (músicos profissionais, aeronautas, professores, vendedores etc.), por exemplo, é comum o empregado invocar em juízo a aplicação da convenção coletiva elaborada pelo sindicato da categoria diferenciada e o empregador requerer a aplicação da convenção coletiva elaborada pelas respectivas categorias econômica e profissional aferidas pela natureza da atividade econômica preponderante exercida pela empresa. *In casu*, em não havendo participação da empresa na elaboração da norma referente à categoria diferenciada, o empregado não terá o direito de haver do empregador as vantagens previstas na respectiva norma coletiva (Súmula n. 374 do TST(846)), tendo aplicabilidade, na situação, a norma da categoria profissional correspondente à atividade econômica da empresa.

Uma outra possibilidade de conflito entre convenções coletivas surge nas situações em que há controvérsia a respeito do enquadramento dos trabalhadores, quando o empregador exerce atividades diversificadas; nesta hipótese, é aplicável a convenção coletiva elaborada pelos sindicatos profissional e econômico aferidos a partir da atividade econômica preponderante da empresa.

6. Convenção coletiva e contrato individual de trabalho

6.1. Prevalência da convenção coletiva sobre o contrato individual

Embora constituam fontes autônomas do Direito do Trabalho, uma vez que os acordos e convenções coletivas são elaboradas pelos próprios atores sociais, por meio da autonomia privada coletiva exercida por suas representações ou com participação direta de uma ou mais empresas, as normas coletivas assemelham-se a fontes heterônomas quanto aos sujeitos dos contratos individuais de trabalho.

Ordinariamente predomina o entendimento pela prevalência dos acordos e convenções coletivas sobre os contratos individuais de trabalho. Os sujeitos dos contratos individuais devem obrigatoriamente observar as regras constantes das normas coletivas, não podendo fixar condições de trabalho que sejam menos favoráveis ou contrariem o conteúdo destas normas.

A CLT consagra a regra da primazia da convenção coletiva de trabalho sobre os contratos individuais, ao preceituar que *"Nenhuma disposição de contrato individual de trabalho que contrarie normas de Convenção ou Acordo Coletivo de Trabalho poderá prevalecer na execução do mesmo, sendo considerada nula de pleno direito"* (art. 619).

---

(846) Súmula n. 374 do TST: NORMA COLETIVA. CATEGORIA DIFERENCIADA. ABRANGÊNCIA (conversão da Orientação Jurisprudencial n. 55 da SBDI-1) – Res. n. 129/2005, *DJ* 20, 22 e 25.04.2005. *"Empregado integrante de categoria profissional diferenciada não tem o direito de haver de seu empregador vantagens previstas em instrumento coletivo no qual a empresa não foi representada por órgão de classe de sua categoria"* (ex-OJ n. 55 da SBDI-1 – inserida em 25.11.1996).

O art. 622 da CLT prevê a aplicação de multa tanto para os empregados quanto para os empregadores que celebrarem contratos individuais de trabalho com disposições contrárias ao previsto em acordo ou convenção coletiva. Evidentemente que referido dispositivo possui aplicabilidade somente em relação aos empregadores, uma vez que os empregados, em razão do seu estado de subordinação, não podem ser submetidos a multas normativas, já que a responsabilidade pelas regras e condições de trabalho é primordialmente do empregador. No entanto, não se pode negar o caráter simbólico de tal norma sobre a prevalência da norma coletiva sobre as regras e condições de trabalho fixadas pelos sujeitos da relação de emprego.

Ambos os dispositivos legais se complementam. Entretanto, há uma diferença entre os arts. 619 e 622 da CLT quanto ao momento em que confrontam a norma coletiva com o contrato individual de trabalho. O primeiro se refere essencialmente aos contratos individuais preexistentes ao acordo ou convenção coletiva de trabalho, obstando a produção de efeitos da norma individual contrária à norma coletiva, durante o período de vigência desta; o segundo pressupõe a anterioridade da norma coletiva em relação ao contrato individual, com vistas a obstar a estipulação de disposições contrárias às da norma coletiva em vigor.

A CLT também trata da limitação da autonomia da vontade de empregados e empregadores em face das disposições legais e das normas coletivas ao prescrever que *"As relações contratuais de trabalho podem ser objeto de livre estipulação das partes interessadas em tudo quanto não contravenha às disposições de proteção ao trabalho, aos contratos coletivos (atualmente convenções coletivas) e às decisões das autoridades competentes"* (art. 444). Mas, como veremos adiante, a Lei n. 13.467/2017 inseriu o parágrafo único ao art. 444 da CLT, com a pretensão de conceder maior autonomia individual a determinados trabalhadores.

O *Codice Civile* italiano consagra o princípio da inderrogabilidade das normas coletivas pelo contrato individual de trabalho, considerando inválida a renúncia e a transação sobre matéria objeto de lei ou norma coletiva (art. 2.113): "*As renúncias e as transações, que têm por objeto direitos do trabalhador decorrentes das disposições inderrogáveis por lei e pelos contratos ou acordos coletivos concernentes às relações a que se refere o art. 409 do Código de Processo Civil, não são válidas*".

O *Estatuto de los Trabajadores* espanhol proíbe a fixação de disposições menos favoráveis que as previstas nos convênios coletivos, como considera inválida disposição de direitos reconhecidos como indisponíveis pelo convênio coletivo (art. 3º). No mesmo sentido, é o Código do Trabalho de Portugal, ao dispor que *"As disposições dos instrumentos de regulamentação colectiva de trabalho só podem ser afastadas por contrato de trabalho quando este estabeleça condições mais favoráveis para o trabalhador e se daquelas disposições não resultar o contrário"* (art. 471).

O *Code du Travail* (Código do Trabalho francês) caminha no mesmo sentido, ao prevê que "Quando o empregador estiver vinculado por cláusulas de convenção ou acordo, essas cláusulas aplicam-se aos contratos de trabalho com ele celebrados, salvo estipulação mais favorável" (artigo L2254-1). Prevê ainda que as estipulações coletivas substituem automaticamente as cláusulas contrárias e incompatíveis do contrato de trabalho, inclusive em termos de remuneração, horário de trabalho e mobilidade profissional ou geográfica dentro da empresa (art. L2254-1, III).

A Recomendação n. 91, de 1951, da Organização Internacional do Trabalho, sobre os contratos coletivos, prescreve que os empregadores e os trabalhadores que estejam obrigados por um contrato coletivo não devem ter o poder de estipular disposições que lhes sejam contrárias, determinando que *"as disposições em tais contratos de trabalho devem ser consideradas nulas e substituídas de ofício pelas disposições correspondentes do contrato coletivo"*, excetuando-se as regras individuais que sejam mais favoráveis aos trabalhadores.

Trata-se da regra da imperatividade dos acordos e convenções coletivas sobre os contratos individuais de trabalho, à qual Alfredo Ruprecht, denomina de inderrogabilidade, definindo-a como a impossibilidade de derrogação das cláusulas da convenção coletiva pela vontade autônoma dos que estão obrigados ao seu cumprimento[(847)].

A Recomendação n. 91 da OIT ressalvou expressamente o princípio da norma mais favorável, no entrave entre convenção e contrato individual, de forma que as disposições do contrato individual de trabalho, quando mais vantajosas, prevalecem sobre as das convenções coletivas, tornando estas últimas inoperantes.

6.2. A inserção do parágrafo único do art. 444 da CLT pela Lei n. 13.467/2017. Inconstitucionalidade

Um dos princípios norteadores do Direito do Trabalho é o princípio da irrenunciabilidade dos direitos trabalhistas. Trata-se de princípio nuclear do Direito do Trabalho, sendo um dos vértices do caráter tuitivo da legislação trabalhista, limitador da autonomia vontade nas relações individuais de trabalho.

De fato, ao absorver os dogmas liberais da igualdade formal e da liberdade contratual sujeita à lei da oferta e da procura, a legislação civil mostrou-se incongruente para a regulamentação de uma nova categoria de relação jurídica advinda com o novo modo de produção capitalista — o trabalho subordinado, pessoal, habitual e assalariado —, marcada por sua natureza assimétrica e autocrática; o que suscitou a formação de novas categorias dogmáticas para a regulamentação dos conflitos entre trabalhadores e empregadores, cujo centro de gravidade consiste na própria canalização para o âmbito das relações de trabalho do desigual conflito de classes emergente na sociedade capitalista.

(847) RUPRECHT, Alfredo J. *Op. cit.*, p. 473.

Nasce, neste contexto, não somente um corpo legislativo regulamentador dos conflitos individuais e coletivos do trabalho, mas também um sistema de regulamentação com um claro objetivo tuitivo e promocional de um dos polos da relação de trabalho: a figura do empregado; sendo que um dos veículos principais para essa proteção consistiu exatamente na relativização dos dogmas da autonomia da vontade e da igualdade formal entre as partes, consagrando-se os direitos sociais fundamentais dos trabalhadores, com vistas a impedir a sua coisificação e preservar a sua condição humana numa relação jurídico-material na qual a sua pessoa ocupa uma posição central.

A limitação da autonomia da vontade é consagrada pelo princípio da irrenunciabilidade dos direitos trabalhistas e da inalterabilidade das condições de trabalho. Princípios supralegais, informadores da legislação trabalhista, mas também cristalizados em diversos dispositivos legais, como os arts. 9º, 444 e 468 da CLT. Seu objetivo é tutelar a parte hipossuficiente da relação de emprego — o empregado —, em virtude do seu estado de subordinação jurídica ao empregador e, consequentemente, de vulnerabilidade.

A Lei n. 13.467/2017 inseriu um parágrafo único ao art. 444 da CLT, *in verbis*:

> Art. 444 – As relações contratuais de trabalho podem ser objeto de livre estipulação das partes interessadas em tudo quanto não contravenha às disposições de proteção ao trabalho, aos contratos coletivos que lhes sejam aplicáveis e às decisões das autoridades competentes.
>
> Parágrafo único. A livre estipulação a que se refere o *caput* deste artigo aplica-se às hipóteses previstas no art. 611-A desta Consolidação, com a mesma eficácia legal e preponderância sobre os instrumentos coletivos, no caso de empregado portador de diploma de nível superior e que perceba salário mensal igual ou superior a duas vezes o limite máximo dos benefícios do Regime Geral de Previdência Social. (NR)

O parágrafo único do art. 444 da CLT, inserido pela Lei n. 13.467/2017, é a síntese da diretriz da "reforma trabalhista": a supremacia do econômico sobre o social; a desconsideração da pessoa humana do trabalhador pelo mecanismo da monetização, como se o fato de o trabalhador ter curso superior e perceber salário mensal igual ou superior a duas vezes o limite máximo perdesse seu estado de subordinação jurídica perante o empregador. Desde muito se consagrou o entendimento de que a subordinação do contrato de trabalho, denominada de "dependência" no art. 3º, *caput*, da CLT, não é técnica, nem hierárquica e muito menos econômica, e sim jurídica. Deste modo, é irrelevante o grau de qualificação do trabalhador ou o valor dos seus rendimentos.

Assim, o parágrafo único do art. 444 da CLT, com redação dada pela Lei n. 13.467/2017, é manifestamente inconstitucional, pois, além violar o princípio constitucional da igualdade, ao conferir um tratamento discriminatório entre trabalhadores que estão em um mesmo estado: o de subordinação; negao caráter humano destes mesmos trabalhadores, violando flagrantemente o princípio da dignidade da pessoa humana, esculpido no art. 1º, III, da CRFB/1988 e os princípios da igualdade e da prevalência dos direitos humanos, também cristalizados em diversos dispositivos constitucionais.

6.3. Prevalência das disposições individuais sobre as coletivas

A imperatividade dos acordos e convenções coletivas sobre os contratos individuais de trabalho tem como objetivo resguardar o empregado do cerceamento da sua autonomia individual, uma vez que se a incidência das normas coletivas ficasse na dependência de manifestação ou autorização expressa do trabalhador, elas seriam praticamente ineficazes, diante da ínfima liberdade contratual do empregado nas relações de trabalho.

No entanto, ainda que limitada, é inegável a presença da autonomia privada individual como fonte normativa no Direito do Trabalho. Por meio dela, empregados e empregadores possuem o poder de determinação e regramento das suas relações, com vistas à satisfação das suas necessidades e das suas pretensões concretas, divisíveis e determinadas. Essa autonomia privada individual, embora restrita, não se apresenta destituída de força jurídica, de modo que, em algumas situações, ela poderá ter prevalência sobre os acordos e convenções coletivas de trabalho, em benefício do trabalhador.

A primeira hipótese de prevalência da norma individualizada sobre a coletiva incide na aplicação do princípio da norma mais favorável, quando as regras do contrato individual de trabalho fornecem uma situação mais vantajosa ao trabalhador que aquela prevista na norma coletiva.

A Recomendação n. 91 da Organização Internacional do Trabalho, ao tratar dos efeitos dos contratos coletivos, dispõe, em seu art. 3º, item 3, que *"As disposições dos contratos de trabalho que sejam mais favoráveis aos trabalhadores que aquelas previstas pelo contrato coletivo não deveriam ser consideradas contrárias ao contrato coletivo"*.

Uma outra situação de prevalência da situação individual sobre as disposições coletivas reside na aplicação do princípio da condição mais benéfica.

Conforme elucida Américo Plá Rodriguez, *"A regra da condição mais benéfica pressupõe a existência de uma situação concreta, anteriormente reconhecida, e determina que ela deve ser respeitada, na medida em que seja mais favorável ao trabalhador que a norma aplicável"*(848).

A diferença entre o princípio da norma mais favorável e o princípio da condição mais benéfica está em que o primeiro tem aplicação aos casos de concorrência concomitante de normas, ao passo que o segundo incide sobre os problemas de direito transitório trabalhista, sendo aplicável aos casos de sucessão derrogatória de normas. Um representa uma garantia coletiva, o outro uma proteção *ad personam*(849).

A regra da condição mais benéfica protege aquela situação particular, de fato, que se refere concretamente a determinado empregado *(ad personam)*, outorgada voluntariamente pela empresa, ou concedida por lei não mais existente, mas que se incorporou

(848) PLÁ RODRIGUEZ, Américo. *Princípios de direito do trabalho...*, 3. ed., p. 131.

(849) *Id.*, p. 133.

à condição jurídica do trabalhador. Esta regra garante o trabalhador nas hipóteses de sucessão normativa, mantendo as condições mais benéficas obtidas pela norma anterior, mesmo que não contempladas pela regra sucessora[(850)].

Esta regra não é absoluta; ela possui exceções, algumas no âmbito do direito coletivo, como na hipótese da previsão de regras de compensação nos acordos e convenções coletivas de trabalho. Essa compensação pode ser vertical ou horizontal. Será vertical na hipótese em que a compensação dá-se pela anulação da condição anterior pela previsão da condição melhorada na nova norma coletiva, como na hipótese de o pagamento do salário tornar-se maior pela simples mudança da sua forma de cálculo por uma norma coletiva superveniente; será horizontal ou qualitativa na situação em que a condição sofre anulação pela aplicação de outras condições de espécies diferentes, mas que pertencem ao mesmo gênero trabalhista[(851)].

Luis Joaquín de La Lama Rivera diferencia entre as condições mais benéficas com caráter definitivo, ou estabelecidas com tal caráter, e as condições mais benéficas outorgadas, tácita ou expressamente, em caráter provisório; nesse último caso, finda a situação que a criou, pode ser tornada sem efeito[(852)].

Alfredo Ruprecht aponta uma outra forma de compensação que concede relativa prevalência às disposições individuais sobre as coletivas; trata-se da hipótese em que o empregador modifique uma disposição da convenção coletiva em relação a determinado empregado, compensando-o com benefícios maiores, embora diferentes. A compensação deve dar-se no mesmo instituto, como a compensação de um salário diurno por um noturno, e não em instituições diferentes, como a substituição de um aumento de salários pela redução das férias. Nestes casos, a apreciação da norma mais favorável ao empregado deve pautar-se em critérios objetivos, considerando-se o interesse do trabalhador individualmente considerado e não o da totalidade dos empregados[(853)].

7. Convenção coletiva e regulamento de empresa

7.1. Regulamento de empresa: conceito e natureza jurídica

Consiste o regulamento de empresa num conjunto de normas e regras, impessoais e abstratas, regulamentadoras de direitos e obrigações para os sujeitos da relação de

(850) *Id. ibid.*, p. 132-133. Não se deve confundir os direitos adquiridos por via individual, não derrogáveis por via coletiva, com a teoria integrativa das cláusulas de acordos e convenções coletivas nos contratos individuais de trabalho, pois, aqui, não se trata de derrogação de situação individualmente adquirida por norma coletiva posterior, mas da questão sobre se as disposições conferidas pela autonomia privada coletiva integram-se ou não aos contratos individuais de trabalho, ou se seguem os ditames da fonte que as elaborou.

(851) *Id. ibid.*, p. 134-139.

(852) RIVERA, Luis Joaquin de La Lama. Valor de las condiciones más beneficiosas otorgadas por el empleador en relación con el principio tuituivo pro asalariado. *Boletín de Divulgación Social*, 1954, p. 483, *apud* PLÁ RODRIGUEZ, Américo. *Princípios de direito do trabalho...*, 3. ed., p. 138-139.

(853) RUPRECHT, Alfredo J.. *Op. cit.*, p. 478.

emprego e de condições gerais e especiais de trabalho no âmbito da empresa, como normas técnicas sobre a realização dos serviços, regras disciplinares, regras sobre promoção e ascensão na carreira, disposições sobre salários, jornada de trabalho, complementação dos proventos de aposentadoria, convênios médicos e odontológicos etc. O regulamento de empresa, assim como os acordos e convenções coletivas, é fonte formal de Direito do Trabalho.

O regulamento de empresa configura uma forma de direito caracterizada pelo seu âmbito de validez, consistente no ordenamento jurídico concreto da empresa. Nele, os trabalhadores são considerados *ut universi* e não *ut singuli*[(854)]. Não obstante essa circunstância, que lhe confere o caráter de norma jurídica geral, abstrata e impessoal, regente de situações jurídicas trabalhistas *ad futurum*, o regulamento de empresa não recebe o tratamento de lei em sentido material, em virtude do da sua origem e do seu processo de criação[(855)].

Quanto à sua origem, o regulamento de empresa pode ser unilateral, bilateral ou multilateral. Unilateral é o regulamento de empresa elaborado singularmente pelo empregador, sem participação dos empregados ou seus representantes. Bilateral é o regulamento cujas disposições são resultado da vontade comum do empregador e dos empregados da empresa, representados ou não pela entidade sindical profissional. Multilateral é o regulamento cujo conteúdo é discutido e elaborado conjuntamente pelos empregados (conselho de empresa, representante), pelo sindicato e pelo empregador.

No ordenamento jurídico brasileiro, não existe uma disciplinamento legal do regulamento de empresa, havendo, inclusive discussões sobre a sua natureza jurídica, isto é, se constitui fonte autônoma ou heterônoma de direito do trabalho[(856)]. Para uns, seria fonte heterônoma, quando elaborado unilateralmente pelo empregador; e fonte autônoma, quando resultado da participação dos empregados na sua elaboração. Para outros, seria sempre fonte autônoma, uma vez que decorrente da autonomia privada dos particulares, seja empregador ou empregados. Para outros, tratar-se-ia de fonte mista autônoma-heterônoma. Por fim, há posições que o consideram um ato de vontade unilateral.

Em nosso ordenamento, em razão da frequente origem unilateral do regulamento de empresa, a jurisprudência tem-lhe negado o caráter de fonte normativa autônoma,

---

(854) NASCIMENTO, Amauri Mascaro. *Curso de direito do trabalho...*, p.170.

(855) DELGADO, Mauricio Godinho. *Curso de direito do trabalho.* 6. ed. São Paulo: LTr, 2007. p. 168.

(856) Amauri Mascaro Nascimento aponta inclusive juristas de nomeada que não reconhecem o caráter de fonte de direito ao regulamento de empresa, como Hueck-Nipperdey, Maus, Denecke, Herschel. (NASCIMENTO, Amauri Mascaro. *Curso de direito do trabalho...*, p. 171). No entanto, é predominante e praticamente pacífico, o entendimento segundo o qual o regulamento de trabalho constitui fonte formal do Direito do Trabalho, de forma que a posição dos autores citados merece somente reconhecimento didático e histórico a respeito da evolução do instituto.

conferindo-lhe eficácia de ato de vontade unilateral, de forma que os dispositivos do regulamento aderem aos contratos individuais de trabalho como se fosse cláusulas destes, não podendo ser suprimidos, mesmo que alterado o regulamento, sendo-lhe aplicável o princípio da inalterabilidade das condições de trabalho (art. 468 da CLT)[(857)].

Sobre o conflito temporal de regulamentos de empresa e seus efeitos sobre os contratos individuais de trabalho, o Tribunal Superior do Trabalho editou a Súmula n. 51, *in verbis*:

> Súmula n. 51. NORMA REGULAMENTAR. VANTAGENS E OPÇÃO PELO NOVO REGULAMENTO. ART. 468 DA CLT (incorporada à Orientação Jurisprudencial n. 163 da SBDI-I) – Res. n. 129/2005, *DJ* 20, 22 e 25.04.2005.
>
> I – As cláusulas regulamentares, que revoguem ou alterem vantagens deferidas anteriormente, só atingirão os trabalhadores admitidos após a revogação ou alteração do regulamento. (ex-Súmula n. 51 – RA n. 41/1973, *DJ* 14.06.1973)
>
> II – Havendo a coexistência de dois regulamentos da empresa, a opção do empregado por um deles tem efeito jurídico de renúncia às regras do sistema do outro. (ex-OJ n. 163 da SBDI-I – inserida em 26.03.1999)

Na linha da CLT, o item II da Súmula n. 51 do TST deve ser interpretado em consonância com o art. 468 da CLT, de forma que a opção do empregado por um dado regulamento de empresa só seja válida se não advier prejuízos, direto ou indiretos a ele, tendo em vista que, sob o estado de subordinação, o trabalhador pode ser ou sentir-se coagido a aderir um regulamento que lhe seja mais prejudicial.

Também sobre o regulamento de empresa e sua relação com os contratos individuais de trabalho tem-se a Súmula n. 288 do TST, *ipsis litteris*:

> Súmula n. 288. COMPLEMENTAÇÃO DOS PROVENTOS DA APOSENTADORIA (nova redação para o item I e acrescidos os itens III e IV em decorrência do julgamento do processo TST-E-ED-RR-235-20.2010.5.20.0006 pelo Tribunal Pleno em 12.04.2016) – Res. n. 207/2016, *DEJT* divulgado em 18, 19 e 20.04.2016.
>
> I – A complementação dos proventos de aposentadoria, instituída, regulamentada e paga diretamente pelo empregador, sem vínculo com as entidades de previdência privada fechada, é regida pelas normas em vigor na data de admissão do empregado, ressalvadas as alterações que forem mais benéficas (art. 468 da CLT).

---

(857) DELGADO, Mauricio Godinho. *Curso de direito do trabalho...*, p. 168. Nesse sentido, as Súmulas ns. 51 e 288 do TST: Súmula n. 51. *"Norma regulamentar. Vantagens e opção pelo novo regulamento. Art. 468 da CLT. I – As cláusulas regulamentares, que revoguem ou alterem vantagens deferidas anteriormente, só atingirão os trabalhadores admitidos após a revogação ou alteração do regulamento. II – Havendo coexistência de dois regulamentos da empresa, a opção do empregado por um deles tem efeito de renúncia às regras do sistema do outro."* Súmula n. 288: *"A complementação dos proventos de aposentadoria é regida pelas normas em vigor na data de admissão do empregado, observando-se as alterações posteriores desde que mais favoráveis ao beneficiário do direito."*

II – Na hipótese de coexistência de dois regulamentos de planos de previdência complementar, instituídos pelo empregador ou por entidade de previdência privada, a opção do beneficiário por um deles tem efeito jurídico de renúncia às regras do outro. (...)

7.2. Interação hierárquica do regulamento com as normas coletivas

Em virtude da comumente origem unilateral dos regulamentos de empresa em nosso país e da teoria da integração das disposições regulamentares empresariais aos contratos de trabalho, aos quais aquelas passam a incorporar-se, tem prevalecido o entendimento segundo o qual as normas coletivas prevalecem sobre as disposições do regulamento de empresa.

Nesse sentido, pondera *Paulo Eduardo Vieira de Oliveira* que *"a norma de convênio coletivo é superior hierarquicamente à de um regulamento de empresa; sendo ela negociada, presume-se que as partes efetivamente quiseram alterar, prevalecendo, portanto, a norma coletiva"*[(858)].

Também Mônica Sette Lopes possui este mesmo entendimento, assinalando que *"O regulamento de empresa adere ao contrato individual e, por isto, o caráter inderrogável da convenção coletiva e a sua vinculação automática a ele se sobrepõem, maiormente quando se trata de introdução de norma mais favorável"*[(859)].

Embora com origem e natureza distintas, ao considerar-se o regulamento de empresa como integrante das disposições individuais de trabalho, está-se inserindo-o no mesmo degrau hierárquico dos contratos individuais na escala normativa, de modo que, num primeiro momento, os regulamentos de empresa ficam sujeitos à observância das disposições dos convênios normativos, nos termos do art. 444 da CLT, aplicando-se analogicamente para fins de hierarquia os preceitos dos arts. 619 e 622 da CLT.

Nesse diapasão, o art. 619 da CLT poderia ser lido no sentido que nenhuma disposição de regulamento de empresa que contrarie normas de convenção ou acordo coletivo de trabalho poderá prevalecer na execução dos contratos individuais de trabalho, sendo considerada nula de pleno direito. O art. 444 da CLT, ao não fazer distinção entre normas decorrentes da autonomia privada das partes contratantes e aquelas oriundas de regulamento de empresa, suscita a sua aplicação na seara deste último.

Por outro lado, como exposto no item sobre a prevalência das disposições individuais sobre as coletivas, ao qual remetemos o leitor, *mutatis mutandis*, o regulamento de empresa prevalecerá sobre o convênio coletivo nas seguintes hipóteses: a) aplicação do princípio da norma mais favorável, quando as regras do regulamento de empresa fixarem condição mais vantajosa ao trabalhador que aquela prevista na norma coletiva; b) aplicação

(858) OLIVEIRA, Paulo Eduardo Vieira de. *Convenção coletiva de trabalho...*, p. 120.

(859) LOPES, Mônica Sette. *A convenção coletiva e sua força...*, p. 161

do princípio da condição mais benéfica; c) compensação mais vantajosa em relação a determinado direito ou condição previsto em norma coletiva, desde que os direitos possuam a mesma natureza.

8. Aferição da norma mais favorável

8.1. Princípio da norma mais favorável

Como mencionado alhures, uma das formas de solução de conflitos entre as normas decorrentes das diversas fontes do Direito do Trabalho se resolve pela aplicação do princípio da norma mais favorável. Trata-se de um elemento estruturador presente no ordenamento jurídico trabalhista e que estabelece uma hierarquia dinâmica entre as suas normas.

Coube a Américo Plá Rodriguez a operacionalização da aplicação do princípio da proteção, que rege o ordenamento jurídico trabalhista, a partir da construção tripartida da sua forma de expressão em três outros princípios nas seguintes regras:

a) princípio do *in dubio pro operario*, pela qual, na interpretação da norma jurídica trabalhista, entre os vários sentidos possíveis, deve o intérprete se pautar pela interpretação mais favorável ao trabalhador;

b) princípio da norma mais favorável, o qual determina que, na hipótese da existência de duas ou mais normas aplicáveis a uma mesma situação concreta, deve-se aplicar a que seja mais favorável ao trabalhador, independentemente da sua localização na hierarquia normativa clássica;

c) princípio da condição mais benéfica, em razão do qual, diante do advento de uma nova norma trabalhista, devem ser garantidas ao trabalhador as condições de trabalho que lhe sejam mais benéficas, mesmo que não consagradas na nova regulamentação[(860)].

A tripartição do princípio-mor do Direito do Trabalho estatuída pelo mestre uruguaio consagrou-se a tal ponto de ser acolhida e divulgada nos diversos ordenamentos jurídicos.

8.2. Aferição da norma mais favorável: definição do critério e da unidade de medida

A aplicação do princípio da norma mais favorável é seguida de dúvidas quanto à forma de sua aferição e ao critério para o cotejamento das normas[(861)].

(860) PLÁ RODRIGUEZ, Américo. *Princípios de direito do trabalho...*, 3. ed. p. 107.

(861) *Id. ibid.*, p. 127.

A aferição do critério para a definição da norma mais favorável corresponde à determinação do parâmetro de comparação para o cotejamento entre as normas, isto é, *v.g.*, a norma mais favorável deve ser aferida com a análise do conteúdo de cada regra ou deve-se levar em consideração as suas repercussões fático-econômicas, ainda que longínquas? A aferição da norma mais favorável tem como foco o indivíduo ou a coletividade? A aferição deve ser efetuada de forma abstrata ou considerando-se a situação concreta?

Em relação à unidade de medida, isto é, se a comparação entre as normas deve se pautar pelo conjunto das normas ou pelo confronto norma a norma, surgiram duas correntes preponderantes: da atomização e do conglobamento.(862)

Na realidade, os conceitos de cúmulo ou conglobamento não foram criados com vistas à solução da questão da concorrência entre duas ou mais normas; a problemática que as originou consistiu na crescente inadmissibilidade da acumulação de vantagens de diversas normas, o que levou à sua substituição por um critério de exclusão, de forma que o direito previsto em uma norma sobrepõe-se ao de outra, com a inaceitabilidade da soma indiscriminada de vantagens previstas em diferentes âmbitos normativos e contratuais, com prejuízo para o equilíbrio das situações(863).

8.2.1. Definição do critério

Paul Durand é um dos juristas que enfrentaram com mais precisão e clareza a questão do caminho a ser observado para a determinação da norma mais favorável. Conforme a sua proposta, essa definição deve observar os aspectos a seguir enunciados.

A comparação entre as normas deve considerar o conteúdo das regras jurídicas, tais como elas se apresentam, sem perquirir das consequências econômicas longínquas que podem decorrer da aplicação dessa regra, como na hipótese de uma convenção coletiva que venha a causar uma perturbação econômica aos trabalhadores, inclusive com futura geração de desemprego.

O cotejo das normas deve ter como base a situação da coletividade dos trabalhadores interessados e não a situação singular de determinado trabalhador, individualmente considerado(864).

---

(862) PLÁ RODRIGUEZ, Américo. *Princípios de direito do trabalho...*, 3. ed. p. 128.

(863) NASCIMENTO, Amauri Mascaro. *Teoria geral do Direito do Trabalho...*, p. 80.

(864) Esse é o entendimento prevalecente na doutrina. Mauricio Godinho Delgado, por exemplo, assinala que *"(...) o parâmetro para se proceder à comparação da norma mais favorável não será o indivíduo, tomado isoladamente, mas a coletividade interessada (categoria, por exemplo) ou o trabalhador objetivamente considerado como membro de uma categoria ou segmento, inserido em um quadro de natureza global"* (DELGADO, Mauricio Godinho. *Op. cit.*, p. 155). António Menezes Cordeiro, com fulcro na jurisprudência alemã, adota posição intermédia, asseverando que o cotejo é feito *"à luz dos interesses dos trabalhadores singulares, estando em causa situações jurídicas laborais"*, mas com observância de "parâmetros objetivos — e logo iguais para todos os trabalhadores em circunstâncias; laborais idênticas; de outra forma, pôr-se-iam em causa vectores primordiais como a igualdade (....)" (CORDEIRO, António Menezes. *Op. cit.*, p. 211).

A aferição da norma mais favorável aos trabalhadores deve ser resolvida objetivamente, em razão dos motivos que tenham inspirado as normas, não dependendo da apreciação subjetiva dos interessados.

A confrontação entre as normas deve ser efetuada de modo concreto, a partir da indagação se a regra inferior é ou não efetivamente mais favorável aos trabalhadores, considerando-se a presença de diversos outros elementos que influenciam ou determinam a situação. Por exemplo, a presença de uma cláusula de escala móvel que prevê que os salários sejam revistos, no caso do custo de vida variar em 10%, na alta ou na baixa, ao lado de um coeficiente legal de 5%, apresentar-se-á prejudicial em caso de alta do custo de vida, por impedir a revisão dos salários, mas a mesma cláusula seria mais favorável em caso de baixa, por retardar a diminuição dos salários. António Menezes Cordeiro reporta-se a uma *"comparação de resultados"*, porque o cotejo deve ser realizado com relevo em soluções materiais(865).

Segundo este autor, em havendo dúvidas sobre a regra inferior ser efetivamente mais favorável aos trabalhadores, não se pode admitir a sua eficácia diante da imperatividade de uma regra superior, uma vez que a possibilidade de melhoria das condições dos trabalhadores é uma exceção ao princípio da intangibilidade da regra imperativa hierarquicamente superior(866).

8.2.2. Definição da unidade de medida

8.2.2.1. Teoria da acumulação

A teoria da acumulação esteve inicialmente presente no juslaboralismo francês(867). Por essa tese, a norma mais favorável deve ser aferida a partir do cotejamento dos vários elementos das regras jurídicas, considerados independente e isoladamente, por meio do fracionamento do conteúdo dos textos normativos.

Essa corrente propõe que o procedimento de seleção, análise e classificação das normas tomadas para comparação paute-se pelo fracionamento do conteúdo dos textos normativos, a partir da retirada de preceitos e institutos singulares de cada um deles que se apresentem mais favoráveis aos trabalhadores(868).

Segundo essa tese, a comparação deve ser feita regra a regra, isoladamente, de forma que o regime aplicável à relação de trabalho seja um somatório de normas extraídas de diversas fontes, cujo único critério comum é o de serem mais favoráveis aos trabalhadores(869).

---

(865) CORDEIRO, António Menezes. *Op. cit.*, p. 210.

(866) Paul Durand, *apud* PLÁ RODRIGUEZ, Américo. *Princípios de direito do trabalho...*, 3. ed. p. 127-128.

(867) CORDEIRO, António Menezes. *Op. cit.*, p. 208.

(868) DELGADO, Mauricio Godinho. *Op. cit.*, p. 153.

(869) CORDEIRO, António Menezes. *Op. cit.*, p. 208.

A forma mais radical desse pensamento preconiza que as normas jurídicas podem ser secionadas, destacando-se partes de um mesmo texto legal (*caput*, parágrafos, alíneas), mais favoráveis ao trabalhador que, conjugados com fragmentos de outras regras, criam normas superfavoráveis.

Ilustramos com a hipótese de um artigo legal que, em seu *caput*, prevê uma jornada diária de 6 (seis) horas, prescrevendo em seu parágrafo primeiro que a jornada extraordinária às seis horas será acrescida do pagamento de um adicional de 50%, sobre a hora normal e, de uma norma constante de uma outra fonte normativa que prevê uma jornada diária de 8 (oito) horas e o pagamento do adicional de horas extraordinárias no percentual de 100%, sobre a hora normal, para a jornada excedente à oitava hora diária. Para os adeptos da acumulação, a norma mais favorável formar-se-ia com a cisão das duas normas, e praticamente com a criação de uma terceira regra, formada pela previsão da jornada de 6 (seis) horas, com um adicional de 100% para as horas excedentes à 6ª diária.

A acumulação, assim, se resolve numa postura analítico-atomista, conferindo aos trabalhadores a somatória de vantagens extraídas da fragmentação de diferentes diplomas normativos; essa postura contraria as regras de interpretação, integração e aplicação das normas do sistema jurídico[(870)].

São poucos os adeptos desse pensamento no Direito do Trabalho, e mesmo estes demonstram preocupação com os percalços decorrentes da sua aplicação. Ferrucio Pergolesi, que acolhe essa tese, por considerá-la mais consentânea com o espírito do Direito do Trabalho, reconhece que a sua aplicação não encontra espaço naquelas situações em que resulte da própria vontade das partes a intenção de acordar uma solução indivisível e de conjunto[(871)].

8.2.2.2. Teoria do conglobamento

Pela teoria do conglobamento, também conhecida como teoria da incindibilidade ou do critério orgânico, as normas devem ser comparadas em seu conjunto[(872)].

Não se admite o fracionamento de dispositivos ou de conteúdos de normas distintas; cada estatuto deve ser apreendido globalmente em relação à mesma matéria e desta forma comparado. O cotejo dá-se pelo conjunto de normas, organizando-se o instrumental normativo *ratione materiae*, para extrair-se a norma mais favorável a partir da unidade do conjunto[(873)].

---

(870) DELGADO, Mauricio Godinho. *Op. cit.*, p. 153.

(871) BORSI, Humberto; PERGOLESI, Ferrucio. *Trattato de Diritto del Lavoro*. 1. ed., Pádua, 1939, p. 828, *apud* PLÁ RODRIGUEZ, Américo. *Princípios de direito do trabalho...*, 3. ed. p. 128.

(872) PLÁ RODRIGUEZ, Américo. *Princípios de direito do trabalho...*, 3. ed. p. 128.

(873) DELGADO, Mauricio Godinho. *Op. cit.*, p. 154.

8.2.2.2.1. Conceito de conglobamento: cotejo global, comparação entre preceitos isolados ou confronto de institutos

A tese do conglobamento não é uníssona, pois há uma diversidade de entendimentos sobre o significado da expressão "conjunto normativo". A elucidação da questão depende da determinação da unidade de medida que o intérprete deve considerar para o cotejo entre as diversas normas, igualmente válidas, e aplicáveis a uma mesma situação, concretamente considerada.

Octavio Bueno Magano deita algumas posições sobre o conglobamento, no seu trabalho sobre o conflito de leis trabalhistas no espaço(874). Embora o autor discorra sobre aplicação da Lei n. 7.064/1982, as ponderações lançadas refletem diretrizes esclarecedoras sobre a tese do conglobamento, que podem ser transportadas para o cotejo de normas internas.

Segundo o autor, a comparação entre as legislações dos diversos países suscita a possibilidade de adoção de três critérios distintos para a determinação da norma mais favorável: a) cotejo global; b) comparação entre preceitos isolados; e c) confronto de institutos(875).

O cotejo global invoca, por exemplo, a comparação global da legislação de dois países, adotando-se inteiramente uma ou outra; sua dificuldade reside na impossibilidade de aferição, em abstrato, de qual sistema de proteção social é mais favorável, uma vez que cada ordenamento possui alguns aspectos mais favoráveis e outros menos.

No âmbito interno, o cotejo global cria dificuldades de comparação em virtude de pressupor a comparação de dispositivos inteiramente diversos, podendo provocar retrocessos em aspectos mais favoráveis aos trabalhadores. Foi a tese inicialmente adotada no direito italiano e no espanhol como um contraponto à da acumulação(876).

A comparação entre preceitos isolados aproxima-se da teoria da acumulação, mesmo quando o cotejamento seja efetuado com base em microconjuntos, como artigos de lei, considerados na sua unidade e no seu conjunto. Magano considera preceito qualquer fragmento de lei, referindo-se, nesse caso, à acumulação de preceitos(877).

---

(874) MAGANO, Octavio Bueno. Conflitos de leis trabalhistas no espaço (lineamentos). *LTr:* Revista legislação do trabalho, São Paulo, v. 51, n. 8, p. 917-920, ago. 1987.

(875) *Id. ibid.*, p. 919.

(876) CORDEIRO, António Menezes. *Op. cit.*, p. 208-209.

(877) O autor cita um exemplo de cumulação: *"No Brasil, as horas extras trabalhadas além do limite de quarenta e oito horas semanais remuneram-se com o adicional de 20%. Em Angola, onde se encontram trabalhando inúmeros brasileiros, as horas extras tornam-se devidas depois de quarenta e quatro horas semanais e se remunera com o adicional de 50%. Contudo, ao passo que no Brasil o adicional de horas extras incide sobre a totalidade da remuneração, em Angola, a incidência se verifica apenas sobre o salário-base. Se a comparação das duas legislações houvesse de ser feita preceito por preceito, o trabalhador deveria ser cumulativamente aquinhoado com a vantagem da semana de quarenta e quatro horas; com o benefício do adicional de 50%; e com o proveito do cálculo do*

O confronto de institutos considera como unidade de medida o conjunto de normas em relação a cada matéria[(878)]. Ele foi inicialmente defendido no direito alemão e, posteriormente, adotado pela doutrina italiana; é considerado por muitos, como António Cordeiro Menezes, uma posição intermédia e autônoma entre o conglobamento total e a teoria da acumulação, sendo também conhecido como tese da conexão ou conglobamento limitado[(879)].

Um instituto jurídico identifica-se com as matérias disciplinadas por um conjunto de normas. Os institutos jurídicos também são conhecidos como os complexos de normas que disciplinam determinadas matérias, formando um agrupamento que se fundamenta pela afinidade de conteúdos progressivos e de crescente compreensão, *v. g.*, o matrimônio, a filiação, institutos que, por sua vez, inserem-se num instituto jurídico mais amplo que corresponde à família[(880)].

No Direito do Trabalho, temos diversos institutos jurídicos como o das horas extras, o do trabalho noturno, dos períodos de descanso, todos abrangidos por um instituto jurídico maior correspondente ao de duração do trabalho[(881)].

Essa é a concepção do conglobamento predominante nos pensamentos nacional e estrangeiro.

Mauricio Godinho Delgado considera a tese do conglobamento mais adequada à operacionalização do critério hierárquico normativo do Direito do Trabalho, por harmonizar a flexibilidade da regra da norma mais favorável com a ideia de sistema inerente ao Direito e à Ciência[(882)]. António Menezes Cordeiro opta por esta tese, por considerar que ela possibilita resultados mais adequados à solução de problemas juslaborais[(883)].

À guisa de exemplificação, retornamos ao exemplo anterior e ilustramos com a hipótese de um artigo legal que, em seu *caput*, prevê uma jornada diária de 6 (seis) horas, prescrevendo em seu § 1º que a jornada extraordinária às seis horas será acrescida do pagamento de um adicional de 50%, sobre a hora normal e de outra norma constante de uma outra fonte normativa que prevê uma jornada diária de 8 (oito) horas e o pagamento do adicional de horas extraordinárias no percentual de 100%, sobre a hora normal, para a jornada excedente à oitava hora diária.

---

adicional referido não sobre o seu salário-base e sim sobre o total de sua remuneração. Mas, em tal hipótese, não se estaria fazendo aplicação nem da legislação brasileira nem da angolana e sim de um sistema extravagante de normas." (MAGANO, Octavio Bueno. *Conflitos de leis trabalhistas no espaço* (lineamentos), p. 920).

(878) MESSINEO, Francisco. Manuale di diritto civile e comerciale. v 1, Milano: Giuffrè, p. 53, *apud* MAGANO, Octavio Bueno. *Conflitos de leis trabalhistas no espaço* (lineamentos), p. 920.

(879) CORDEIRO, António Menezes. *Op. cit.*, p. 209.

(880) MESSINEO, Francesco. Manuale di diritto civile e commerciale. v. 1, Milano: Giuffrè. p. 53, *apud* MAGANO, Octavio Bueno. *Conflitos de leis trabalhistas no espaço* (lineamentos), p. 920.

(881) MAGANO, Octavio Bueno. *Conflitos de leis trabalhistas no espaço* (lineamentos), p. 920.

(882) DELGADO, Mauricio Godinho. *Op. cit.*, p. 154.

(883) CORDEIRO, António Menezes. *Op. cit.*, p. 210.

Como vimos, para os adeptos da acumulação, a norma mais favorável formar-se-ia com a cisão das duas normas, e praticamente com a criação de uma terceira regra, formada pela previsão da jornada de 6 (seis) horas, com um adicional de 100% para as horas excedentes à 6ª diária.

Segundo a tese do conglobamento, ambas as normas tratam de um mesmo instituto jurídico — jornada de trabalho — devendo o intérprete aferir qual das duas é a mais favorável no caso concreto, aplicando-a inteiramente em detrimento da outra, ou seja, deverá optar pela jornada de 6 horas com adicional de 50% (primeira norma) ou jornada de 8 horas com adicional de 100%, fazendo-se o cotejo por institutos, podendo-se aplicar as normas sobre jornada previstas em uma das normas e, *v. g.*, as normas sobre férias previstas na outra, porque mais favoráveis quanto a este último instituto.

A teoria do conglobamento foi consagrada na Lei n. 7.064/1982, que dispõe sobre a situação de trabalhadores contratados ou transferidos para prestar serviços no exterior, ao prescrever que a empresa responsável pelo contrato de trabalho de empregado transferido para o exterior deverá assegurar, além dos direitos decorrentes da legislação local, os previstos nesta própria lei, determinando *"a aplicação da legislação brasileira de proteção ao trabalho, naquilo que não for incompatível com o disposto nesta Lei, quando mais favorável do que a legislação territorial, no conjunto de normas em relação a cada matéria"* (art. 3º, Lei n. 7.064/1982).

8.3. Teoria do conglobamento no âmbito das normas convencionais

Diante da constatação do predomínio da teoria do conglobamento no pensamento jurídico, para a aferição da norma mais favorável, com o cotejamento do conjunto de normas em relação a cada matéria, ou seja, a partir do confronto de institutos jurídicos, apresentar-se-ia desnecessária a análise da tese do conglobamento em sede de normas convencionais, pois a ilação lógica é no sentido de que, *v. g.*, no confronto entre uma convenção coletiva e um acordo coletivo, a unidade de medida é o conjunto de normas de cada instituto jurídico; entretanto, a questão não se apresenta precisada no plano das normas convencionais.

Em relação às normas convencionais, a doutrina e a jurisprudência juslaborais ainda oscilam entre o cotejamento global das normas coletivas e o confronto em relação a cada instituto. A comparação de cláusula por cláusula não encontra grande ressonância nelas, em face do seu direcionamento para a tese do conglobamento.

Pela tese do cotejo global, deve ser aplicada somente uma norma coletiva, conjuntamente considerada, no caso concreto, não se admitindo a conjugação de cláusulas isoladas de uma e de outra norma coletiva para aplicação simultânea a uma mesma situação. A aferição da norma mais favorável deve conduzir à aplicação de somente um diploma normativo (acordo ou convenção), considerado no seu conjunto.

Considera-se que na elaboração de cada norma coletiva as partes operam concessões recíprocas em troca de vantagens outras, razão pela qual o cotejo por instituto desvirtuaria o conteúdo intencional da negociação, ocasionando a quebra do equilíbrio negocial. Essa é a posição predominante na jurisprudência dos Tribunais do Trabalho(884).

---

(884) Nesse sentido, são diversas as decisões dos Tribunais Trabalhistas: *"... segundo a teoria do conglobamento, o cotejo entre duas fontes formais de direito deve ser feito levando-se em conta a totalidade dos dispositivos que a integram, considerando-se a que seja mais favorável como um todo"* (TST, AIRR 34410/2002.900.01.00, Rel. Milton de Moura França, Ac. 4ª Turma, 114763, DJ 19.11.2004). *"A convenção ou o acordo coletivo resulta de uma negociação na qual são feitas concessões em troca de vantagens outras, pelo que hão de ser consideradas em seu todo. É a teoria da conglobalização dos pactos coletivos"* (TST, RR n. 88.551/93.8, Vantuil Abdala, Ac. 2ª T. 688/*96). "CONVENÇÃO COLETIVA. NÃO PREVALÊNCIA SOBRE DISPOSIÇÃO DE ACORDO COLETIVO. TEORIA DO CONGLOBAMENTO. EXEGESE DO ART. 620 DA CLT. 1. O art. 620 da CLT fala em prevalência das condições estabelecidas em convenção coletiva quando mais favoráveis àquelas previstas em acordo coletivo. O uso do plural leva iniludivelmente à conclusão de que o legislador não se afastou da teoria do conglobamento, segundo a qual cada instrumento normativo deve ser considerado no seu todo, e não cláusula a cláusula isoladamente. 2. O fundamento racional da teoria (as boas razões de* Norberto Bobbio *para a positivação do Direito) está no fato de que as condições de trabalho estatuídas em instrumento normativo são objeto de negociação global, na qual determinada vantagem é concedida pela empresa ou sindicato patronal como compensação pela não inclusão de outra, de tal forma que o conjunto das condições de trabalho e remuneração passam a ser aceitáveis por ambas as partes. 3. Pinçar isoladamente, de instrumentos normativos diversos, as cláusulas mais benéficas para o empregado ou reputar inválidas cláusulas flexibilizadoras de direitos concernentes à remuneração ou jornada (passíveis de flexibilização, na esteira do art. 7º, VI, XIII e XIV), olvidando que a cláusula vantajosa ou desvantajosa para o empregado somente é instituída em face de compensação com outras vantagens ou desvantagens, seria quebrar o equilíbrio negocial, desestimulando a concessão de vantagens alternativas, desconsideradas em face do que se consubstanciaria em superlativo protecionismo por parte do Estado-Juiz. 4. Exegese diversa dada ao art. 620 da CLT (como também ao art. 7º, VI, XIII, XIV e XXVI, da CF), com desconsideração da teoria do conglobamento, apenas contribuiria para o desestímulo à negociação coletiva, implicando a substituição das soluções autônomas pelas heterônomas para os conflitos coletivos do trabalho, pela multiplicação dos dissídios coletivos e retorno ao paternalismo estatal, incompatível com o atual estágio de evolução das relações capital-trabalho. 5. Assim sendo, não se admite a aplicação isolada de norma de CCT, quando reguladas as relações de trabalho, no âmbito da empresa, por ACT, a menos que se adote a CCT por completo, o que não foi pretendido pelo Reclamante, que apenas postulou o pagamento de abono e do reajuste da complementação de aposentadoria segundo os moldes da CCT que juntou ao processo. Recurso de revista conhecido e desprovido."* (TST, RR n. 1322/2002-122-15-00, Rel. Ives Gandra Martins Filho, Ac. 4ª T. 108316, DJ 22.10.2004). *"ACORDO COLETIVO DE TRABALHO X CONVENÇÃO COLETIVA DE TRABALHO. NORMA APLICÁVEL. ART. 620 DA CLT. Pela teoria da incindibilidade ou conglobamento as normas devem ser consideradas em seu conjunto,* é certo *que não deve haver a cisão do instrumento que contém as normas aplicáveis. Deverá, portanto, por essa teoria, haver a consideração global ou do conjunto das normas aplicáveis, ou seja, o princípio da norma mais benéfica em seu conjunto, já que a norma coletiva deve ser analisada sistemicamente e não particularmente, sob pena de sua descaracterização. Deve a norma coletiva ser interpretada levando-se em conta a teoria do conglobamento ou da incindibilidade, a qual não admite a invocação de prejuízo como objeção a uma cláusula, abstraindo-a do conjunto que compõe a totalidade da negociação coletiva. Intacto o art. 620 da CLT em sua literalidade. Incidência da Súmula n. 221 do TST (...)."* (TST, AIRR n. 1114/2000-521-04-40, rel. Juiz Convocado Ricardo Machado, Ac. 3ª T. 105552, *DJ* 15.10.2004).

"HORAS IN ITINERE. *PREFIXAÇÃO EM NEGOCIAÇÃO COLETIVA. PRINCÍPIO DO CONGLOBAMENTO. CONCESSÕES MÚTUAS. INADMISSIBILIDADE DE INVOCAÇÃO DE PREJUÍZO. O envolvimento de interesses recíprocos leva a concessões mútuas e à crença de que nenhum sindicato, em sã consciência, iria aceitar determinada cláusula supostamente desfavorável se, no contexto geral, a negociação não tivesse redundado em efetivo proveito para a categoria profissional representada. Esse modo de ver representa a observância do princípio do conglobamento, autêntica norma técnica que não admite invocação de prejuízo como objeção a uma cláusula sem a demonstração de que tal prejuízo também seja resultado da negociação globalmente considerada em seu resultado final, proposto e aceito. Sentença que se mantém."* (TRT/15ª Reg., ROS n. 036661/ 2000, Olga Aida Joaquim Gomieri, Ac. 5ª T. 044836/2001, *DOE* 22.10.2001).

Nesse sentido, Tereza Asta Gemignani destaca que uma negociação coletiva deve ser apreciada na sua totalidade. Segundo a autora, no movimento de negociação, as partes cedem em pontos considerados menos importantes para avançar naqueles tidos como essenciais no momento da elaboração da norma coletiva, que é dotada de natureza transitória. A comparação título por título desautoriza a negociação coletiva; a *reformatio in pejus* deve ser admitida à medida que a norma coletiva se apresente mais benéfica em outros pontos, uma vez que a CRFB/1988 reconheceu aos corpos intermediários o poder de elaboração de juízos de valor sobre a readequação do conteúdo normativo nas relações privadas, desde que não violem princípios de ordem pública e do bem comum[(885)].

Mônica Sette Lopes considera impossível a cisão parcial das normas coletivas, para se extrair e fazer incidir os pontos mais favoráveis de cada norma, uma vez que a negociação coletiva traz implícita a possibilidade de adequação das contingências fáticas e de livre valoração, de forma que a subtração de parcelas valoradas em cada norma leva à composição de outra regra em que não estão integrados os valores que determinaram o resultado das negociações[(886)].

Além dessa tese, na jurisprudência, também são encontradas decisões que aplicam o conglobamento com base no confronto de institutos em sede de normas convencionais[(887)].

Amauri Mascaro Nascimento, ao analisar as relações entre normas coletivas de diferentes níveis, adota a solução de Américo Plá Rodriguez, apontando que o conjunto tomado para o estabelecimento da comparação é integrado pelas normas referentes a uma mesma matéria, de modo que cabe ao intérprete cotejar o tratamento dispensado a uma mesma matéria pelas diferentes normas, elegendo a disciplina do instituto mais favorável ao trabalhador[(888)].

Octavio Bueno Magano, após elucidar que o cotejamento da convenção coletiva com outros instrumentos normativos pode seguir três posições: a) comparação cláusula por cláusula; b) prevalecimento do instrumento mais vantajoso em seu conjunto; c) análise do conjunto de cláusulas pertencentes a um mesmo instituto, posiciona-se pela aplicação deste último critério, de modo que a aferição da norma mais favorável faz-se pelo cotejo separado dos conjuntos de normas, isto é, em relação a cada instituto[(889)].

---

(885) GEMIGNANI, Tereza Aparecida Asta. *Op. cit.*, p. 39.

(886) LOPES, Mônica Sette. *Op. cit.*, p. 164.

(887))*"Acordo. Norma mais favorável. A convenção coletiva de trabalho sobrepaira ao acordo coletivo, se mais vantajosa ao empregado (CLT, art. 620), mediante confronto instituto por instituto e não pelo critério do conglobamento."* (TRT/PR, RO n. 5.238/95, João Oreste Dalazen, Ac. 3ª T. 7.294/1996). Ressalvamos o equívoco da decisão mencionada em considerar que o cotejo entre institutos não faça parte da teoria do conglobamento.

(888) NASCIMENTO, Amauri Mascaro. *Teoria geral do Direito do Trabalho...*, p. 81.

(889) MAGANO, Octavio Bueno. *Manual de direito do trabalho...*, v. 3. p. 164.

A ilação de que o processo de negociação coletiva é fundamentado em pontos de concessões recíprocas entre os atores do diálogo social consiste numa presunção que não se coaduna com a realidade da negociação coletiva em nosso país, em que as discussões dão-se pontualmente, instituto por instituto, sendo raras as negociações coletivas que se pautam por critérios globais. Trata-se de uma presunção cuja aferição é praticamente impossível no caso concreto, pois cada norma coletiva possui cláusulas mais favoráveis e menos favoráveis aos trabalhadores em cotejo com outra norma coletiva.

A comparação entre as normas coletivas para a aferição da norma mais favorável deve considerar o conjunto de regras em relação a cada matéria; a afirmação de que a norma coletiva compreende concessões recíprocas e mantém um equilíbrio negocial, incompatível com o cotejamento por institutos, não pode ser considerada em abstrato ou presumida; pois, como exceção ao princípio da proteção, na sua tríplice vertente, a justificativa de que a fixação de uma cláusula de conteúdo menos favorável ao trabalhador decorreu de outras concessões constantes do mesmo diploma normativo, deve advir da natureza da negociação e do conteúdo do diploma normativo, sendo que os motivos devem emergir diretamente do contexto social da negociação ou constar como causa expressa do acordo ou da convenção coletiva, que passam a constituir negócios jurídicos causais, de modo a possibilitar o controle pelo Poder Judiciário.

8.4. O princípio da norma mais favorável no plano dos direitos humanos e os interesses transindividuais trabalhistas

Atualmente, o Direito do Trabalho vem sendo reformulado por meio da afluência dos princípios e regras do direito dos direitos humanos, o qual tem nos direitos sociais uma das dimensões dos direitos humanos. Esse influxo, embora venha se perfazendo paulatinamente, já surte efeitos como fator de remodelação de algumas regras, princípios e institutos do Direito do Trabalho.

A inserção do Direito do Trabalho na teoria dos direitos humanos suscita uma reformulação a respeito da unidade de medida para a aferição da norma mais favorável. Como aponta Flávia Piovesan, no plano dos direitos humanos, regido pela primazia da pessoa humana, os conflitos de normas se resolvem pela aplicação do princípio da norma mais favorável à vítima ou ao titular do direito, principalmente no embate entre o direito interno de determinado país e o direito internacional dos direitos humanos. Este princípio é consagrado tanto pelos tratados internacionais de direitos humanos como pela prática ou jurisprudência dos órgãos de supervisão internacionais[(890)].

No âmbito dos direitos humanos, o princípio da norma mais favorável tem como função precípua o aprimoramento e o fortalecimento da proteção da pessoa humana,

(890) PIOVESAN, Flávia. *Direitos humanos e o direito constitucional internacional*. 6. ed. São Paulo: Max Limonad, 2004. p. 115.

jamais justificando a restrição ou a debilidade do grau de proteção consagrado aos indivíduos, razão pela qual a aferição da norma mais favorável dá-se por preceito, nos termos concebidos pela teoria da acumulação.

Flávia Piovesan aponta uma hipótese ilustrativa da aplicação do princípio da norma mais favorável. O Brasil ratificou o Pacto Internacional dos Direitos Civis e Políticos de 1966, que proíbe a prisão por dívidas, dispondo que *"Ninguém poderá ser preso apenas por não poder cumprir com uma obrigação contratual"* (art. 11); também ratificou a Convenção Americana de Direitos Humanos que possui igual vedação (art. 7º); porém, a CRFB/1988, após prescrever que *"não haverá prisão civil por dívida"*, prevê duas exceções: o descumprimento de obrigação alimentícia e a do depositário infiel. A primeira exceção está também prevista na Convenção Americana, ao passo que o Pacto Internacional não excetua qualquer situação[891], sendo esta a norma mais favorável.

Em se tratando de direitos humanos, a primazia da pessoa humana invoca a máxima proteção e, considerando-se que a maior parte dos interesses transindividuais trabalhistas são direitos humanos fundamentais, a aferição da norma mais favorável deve ser a mais efetiva possível, ensejando a observância desse princípio no cotejo com as normas estatais.

8.5. Direitos fundamentais nas relações privadas: a teoria do conglobamento por institutos no cotejo de normas coletivas

A aplicação da teoria da acumulação para a aferição da norma mais favorável em sede de direitos humanos invoca a questão da eficácia horizontal dos direitos fundamentais ao se analisar a relação entre convênios coletivos.

Há uma ampla e profunda doutrina sobre a temática dos direitos fundamentais nas relações privadas, denominada de eficácia horizontal dos direitos fundamentais, que, pela sua complexidade, não poderá ser minuciosamente examinada nesta obra. No momento, impende analisar como essa eficácia horizontal justifica a aplicação da concepção do conglobamento por institutos no plano da aferição da norma mais favorável no cotejo de normas coletivas.

Para adentrarmos ao cerne da questão, partimos do reconhecimento da vinculação direta dos particulares aos direitos fundamentais, tornando-os aplicáveis às relações interprivadas.

Atualmente é consenso na doutrina dos direitos humanos que se pugna pela tese da eficácia direta e imediata dos direitos fundamentais nas relações entre particulares,

---

(891) PIOVESAN, Flávia. *Op. cit.*, p. 118-119. No seu exemplo, Flávia Piovesan, em verdade, não conclui qual a norma mais favorável, apenas levanta questionamento sobre a possibilidade jurídica da prisão civil do depositário infiel, prevista na Constituição Federal de 1988, já que nenhuma das outras duas normas internacionais apontadas prevê essa exceção. A possibilidade da prisão por dívida alimentícia está contida na Convenção Americana dos Direitos Humanos; talvez, por isso, o silêncio da autora quanto a essa possibilidade.

que a intensidade dos direitos fundamentais nas relações interprivadas não é a mesma das relações entre cidadãos e Estado. A circunstância de os particulares também serem titulares de direitos fundamentais, e desfrutarem de uma autonomia privada constitucionalmente assegurada, impõe adaptações e especificidades na incidência dos direitos humanos nas relações privadas[(892)].

A delimitação dos limites para a incidência dos direitos fundamentais nas relações privadas abrange a problemática da sua ponderação com a autonomia privada, consoante as circunstâncias específicas do caso concreto. Um dos elementos precípuos para essa ponderação é a verificação do grau de desigualdade fática entre os envolvidos. Quanto maior for a desigualdade, mais intensa será a proteção ao direito material invocado e menor a tutela da autonomia privada; quanto menor for a desigualdade, mais intensa será a tutela da autonomia privada. Por isso, nem todas as manifestações da autonomia privada são tuteladas com a mesma intensidade[(893)].

A ponderação de direitos fundamentais dá-se numa variedade de relações interprivadas, cujos resultados dependem das peculiaridades de cada uma, da natureza do liame existente entre os envolvidos e dos tipos de relação de poder entre eles[(894)].

Além do grau de desigualdade, o peso da autonomia privada numa ponderação de interesses diversifica-se em proporção com a natureza da matéria regulamentada. Por exemplo, nas questões eminentemente econômico-patrimoniais, a autonomia privada terá maior espaço, sendo a sua importância menor para a ponderação dos interesses; se o interesse incidir sobre algum bem jurídico essencial à vida, a autonomia privada terá um peso maior a ser considerado[(895)].

8.6. Quadro sinóptico dos critérios de aferição da norma mais favorável

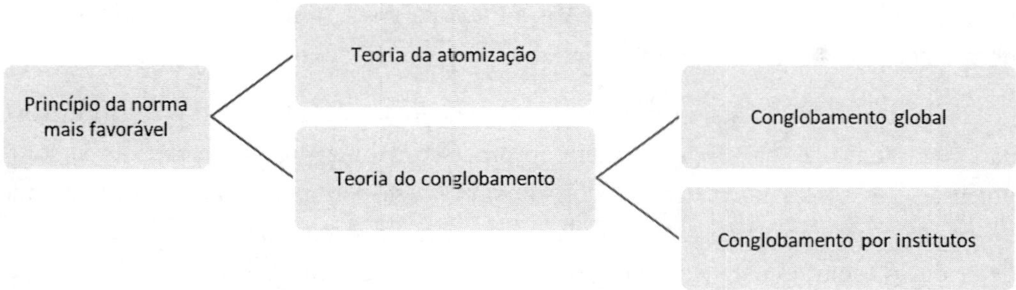

(892) SARMENTO, Daniel. *Direitos fundamentais e relações privadas*. Rio de Janeiro: Lumen Juris, 2004. p. 301.

(893) SARMENTO, Daniel. *Direitos fundamentais e relações privadas*. Rio de Janeiro: Lumen Juris, 2004. p. 303-308.

(894) *Id. ibid.*, p. 308.

(895) *Id. ibid.*, p. 309.

Capítulo VII

Interpretação das Normas Coletivas

1. Interpretação

É lugar-comum descrever a interpretação do direito como a mera atividade de compreensão do significado das normas jurídicas. Prevalece a ideia fundamental de que o ato de interpretação consiste na identificação ou determinação (compreensão) de algo (norma) que não se encontra claro, de forma que, na ausência de ambiguidade ou imprecisão das palavras e expressões jurídicas, despicienda seria a interpretação[(896)].

A interpretação é praticada não apenas porque a linguagem jurídica seja ambígua e imprecisa, mas porque interpretação e aplicação do direito constituem uma só operação, de modo que se interpreta para aplicar o direito, não se limitando a interpretar (compreender) os textos normativos, mas também compreender (interpretar) os fatos, uma vez que o modo como os acontecimentos se apresentam também é determinante para a produção da(s) norma(s) aplicável(is) ao caso[(897)].

A interpretação da norma coletiva está intimamente ligada à questão da sua aplicação, uma vez que não existe descumprimento de norma coletiva se aqueles responsáveis pela sua aplicação a interpretam erroneamente. Por outro lado, uma norma somente pode ser considerada violada quando se age em sentido diverso ao que resulta da interpretação do seu texto normativo[(898)]. Em outras palavras, o que se viola não é o texto normativo, mas a regra de decisão resultante do processo de interpretação.

Ao contrário do que geralmente propagado, o ato de interpretar é constitutivo, e não meramente declaratório. Por meio do processo de interpretação, parte-se da compreensão dos textos normativos e dos fatos, passa-se pela produção das normas que devem ser ponderadas para a solução da questão e finda-se com o ato de escolha de uma determinada solução para ela, consignada na norma de decisão[(899)].

A despeito do equívoco de se supor que as normas são interpretadas, o que na realidade se interpreta são os textos normativos. Da interpretação desses textos resultam

(896) GRAU, Eros Roberto. *Ensaio e discurso sobre a interpretação/aplicação do direito*. 2. ed. São Paulo: Malheiros, 2003. p. I.

(897) *Id. ibid*, p. II.

(898) RUSSOMANO, Mozart Victor. *Princípios gerais...*, p. 195.

(899) GRAU, Eros Roberto. *Op. cit.*, p. II.

as normas. Texto e norma não confundem, pois, a segunda (norma) é resultado da interpretação do primeiro (texto normativo). A atividade de interpretar se presta à transformação dos textos (disposições, preceitos, enunciados) em normas(900).

Os textos normativos necessitam de interpretação, não somente por não serem unívocos ou evidentes, mas sim porque devem ser aplicados a casos concretos, reais ou fictícios, de modo que a norma tem a sua construção pelo intérprete no desenvolvimento do processo de concretização do direito(901).

Um texto normativo é considerado qualquer documento oriundo de uma autoridade normativa, identificável, *prima facie*, como fonte de direito num determinado ordenamento jurídico. Um texto normativo (fonte de direito) consiste num conjunto de enunciados do discurso prescritivo, isto é, o discurso elaborado para modificar o comportamento dos homens(902).

O processo de concretização implica um caminhar do texto normativo para a norma concreta (norma jurídica), realizando-se plenamente com a definição da norma de decisão, idônea para dar solução ao caso concreto(903). A aplicação da norma jurídica constituiu o momento final do processo de interpretação a sua concretização, pela efetiva incidência do preceito sobre a realidade fática(904). A concretização consiste numa verdadeira construção da norma jurídica(905).

Desse modo, interpretar é conceder concreção (concretizar) ao direito, operando a inserção do direito na realidade, com a mediação entre o caráter geral do texto normativo e a sua aplicação particular(906). Como define Eros Roberto Grau, *"A interpretação, pois, é um processo intelectivo através do qual, partindo de fórmulas linguísticas contidas nos textos, enunciados, preceitos, disposições, alcançamos a determinação de um conteúdo normativo. Atividade voltada ao discernimento de enunciados semânticos veiculados por preceitos (enunciados, disposições, textos). O intérprete desvencilha a norma do seu invólucro (o texto); neste sentido, o intérprete produz a norma"*(907).

1.1. Interpretação e hermenêutica

Embora constituam institutos visceralmente coligados, interpretação e hermenêutica não se confundem. A interpretação consiste no processo de concreção da norma

(900) *Id. ibid.*, p. III.

(901) GRAU, Eros Roberto. *Op. cit.*, p. V.

(902) CANOTILHO, J. J. Gomes. *Direito constitucional...*, p. 1.188.

(903) GRAU, Eros Roberto. *Op. cit.*, p. V.

(904) BARROSO, Luís Roberto. *Interpretação e aplicação da Constituição*. 5. ed. São Paulo: Saraiva, 2003. p. 103.

(905) CANOTILHO, J. J. Gomes. *Op. cit.*, p. 1.187.

(906) GRAU, Eros Roberto. *Op. cit.*, p. XIII.

(907) *Id. ibid.*, p. 78.

jurídica, que se desenvolve a partir da compreensão e da significação dos textos normativos e das circunstâncias fáticas a eles subjacentes, com vistas à definição da norma de decisão e à sua aplicação a determinada situação. A hermenêutica é a ciência da interpretação. É a parte da ciência jurídica que tem como objeto a análise e a sistematização dos métodos, tipos e formas da conduta jurídica interpretativa.

Como acentua Luís Roberto Barroso, *"A hermenêutica jurídica é um domínio teórico, especulativo, cujo objeto é a formulação, o estudo e a sistematização dos princípios e regras de interpretação do direito. A interpretação é atividade prática de revelar o conteúdo, o significado e o alcance de uma norma, tendo por finalidade fazê-la incidir em um caso concreto"*[(908)]. A interpretação consiste no processo de aplicação das regras que a hermenêutica perquire e ordena[(909)].

Constitui um equívoco o emprego como sinônimo dos vocábulos hermenêutica e interpretação. Esta é a aplicação daquela; aquela descobre e define os princípios que regem a interpretação. *"A Hermenêutica é a teoria científica da arte de interpretar."* Tem por objeto o estudo e a sistematização dos processos, técnicas, métodos e tipos de interpretação utilizáveis para a determinação do conteúdo e do alcance das expressões do Direito[(910)].

1.2. Métodos e técnicas de interpretação

1.2.1. Interpretação gramatical

A interpretação gramatical — também denominada de textual, literal, filológica, verbal ou semântica — consiste na técnica interpretativa que procura o significado do texto normativo por meio da análise da ordem das palavras e do modo como elas se encontram conectadas. Também é denominada de interpretação literal.

Seu ponto de partida é o exame do significado e do alcance de cada um dos vocábulos contidos no preceito legal dentro do contexto conectivo entre eles. É a mais antiga das espécies de interpretação, sendo que, em determinada época, no direito romano, foi considerado o único modo de interpretação[(911)].

A opção pela interpretação literal ou gramatical não se revela como uma escolha isenta de ideologia ou interesse. A própria opção por esse método interpretativo já se encontra permeada por um certo direcionamento querido pelo intérprete. Como acentua Alf Ross, *"Também aqui o sentido natural é condicionado por fatores não linguísticos: o desejo de descobrir um significado bom ou razoável que se harmonize com aquele que o contexto e a situação indicam como tais"*[(912)].

---

(908) BARROSO, Luís Roberto. *Op. cit.*, p. 103.

(909) FRANÇA, Rubens Limongi. *Hermenêutica jurídica*. 4. ed. São Paulo: Saraiva, 1995. p. 4.

(910) MAXIMILIANO, Carlos. *Hermenêutica e interpretação do direito*. 19. ed. Rio de Janeiro: Forense, 2006. p. 1.

(911) FRANÇA, Rubens Limongi. *Op. cit.*, p. 8-9.

(912) ROSS, Alf. *Direito e justiça*. Trad. Edson Bini. São Paulo: Edipro, 2003. p. 151.

A escolha pela interpretação gramatical também tem como função a defesa de determinado interesse ou ponto de vista. Como todo método interpretativo, ela não é isenta de ideologia.

Veja-se, como exemplo, a interpretação do art. 7º, XIII, da CRFB/1988, que dispõe que se faculta a compensação de horários e a redução de jornada mediante *"acordo ou convenção coletiva de trabalho"*; aqueles que defendem a possibilidade de acordo individual para compensação de jornada utilizam a interpretação literal, para consignar que o adjetivo "coletiva", por estar no feminino, refere-se apenas ao vocábulo convenção e não à palavra acordo, que assim poderia ser o individual; já aqueles que apregoavam a impossibilidade de compensação de jornada por acordo individual, empregavam outros métodos de interpretação (histórico, teológico, sistemático etc.) e, até mesmo o gramatical, nesta última hipótese, para assinalar que, na presença de dois substantivos de gêneros distintos, faculta-se a colocação do adjetivo no plural ou a sua concordância com o substantivo propínquo (próximo, vizinho).

1.2.2. Interpretação lógica

A interpretação lógica tem como objetivo a obtenção do significado da norma a partir da análise da sua relação e conexidade com o conteúdo de outros textos normativos, cujo instrumento principal consiste na identificação de inconsistências.

Por meio da interpretação lógica deve-se pressupor que o legislador exprimiu seu pensamento com toda a prudência com o método, com cautela e segurança, devendo antever uma unidade de pensamento e coerência de ideias, com todas as expressões combinando e harmonizando-se entre si, com a probabilidade lógica de não existirem, sobre o mesmo objeto, disposições contraditórias ou incompatíveis entre si, em determinado repositório, tratado ou sistema jurídico.(913) A interpretação lógica é a arte de conciliação de normas aparentemente antinômicas.

A inconsistência revela-se na imputação de efeitos jurídicos, em princípios incompatíveis, às mesmas condições fatuais. Essa inconsistência pode dar-se de três modos distintos: a) total-total: nas hipóteses em que nenhuma das normas pode ser aplicada sob circunstância alguma sem que entre em conflito com a outra; b) total-parcial: nas situações em que a totalidade de uma norma não pode ser aplicada sem que entre em conflito com parte de outra norma que, por isso, possui um campo parcial de aplicação que não colide com a primeira; c) parcial-parcial: observada nas circunstâncias em que as normas colidem parcialmente nos seus campos de aplicação, ambas possuindo um campo parcial de aplicação que não colide com a outra(914).

---

(913) MAXIMILIANO, Carlos. *Op. Cit.*, p. 110.

(914) ROSS, Alf. *Direito e justiça*. Trad. Edson Bini. São Paulo: Edipro, 2003. p. 158.

Como forma de solucionar as inconsistências normativas, o intérprete pode se valer de determinadas regras, como o prevalecimento da lei superior sobre a inferior e a aplicação da lei específica em detrimento da geral. Na seara do Direito do Trabalho, diversas inconsistências são solucionadas pelo princípio da proteção, com a aplicação dos subprincípios do *in dubio pro misero*, da norma mais favorável e da condição mais benéfica.

O processo lógico fundamenta-se na *ratio legis*. Visa a descobrir o sentido e o alcance da lei a partir da aplicação de um conjunto de regras clássicas e precisas, extraídas da lógica formal. Refuta o auxílio de qualquer elemento exterior, baseando-se no brocardo *ubi eadem ratio, ibi eadem legis dispositio* (onde está o racional, está a correta disposição legislativa). A base deste método interpretativo é a lógica formal, que parte do pressuposto de que *ratio legis* consagra os valores dominantes e, que por isso, deve prevalecer sobre o sentido literal da lei(915).

1.2.3. Interpretação sistemática

O método de interpretação sistemática ou orgânica consiste na técnica interpretativa que extrai o significado da norma jurídica a partir da sua conexão com os demais institutos presentes no estatuto normativo, por meio da compatibilização da norma com um todo estrutural.

A proposição hermenêutica, nesse caso, é a da unidade do sistema jurídico do ordenamento, que exige que os preceitos sejam interpretados em harmonia com os princípios gerais do sistema, com vistas à preservação da coerência do todo, de modo que o preceito não deve ser interpretado isoladamente do seu contexto (o diploma normativo em que se insere, os princípios regentes do instituto etc.) e sem a sua concatenação imediata com as demais normas(916).

A interpretação sistemática pode ser processada de dois modos: o primeiro consiste na análise do texto normativo com relação ao próprio diploma normativo ao qual pertence; nesse caso, releva-se o caráter geral do diploma normativo, o livro, o título ou o parágrafo em que se encontra o texto normativo, bem como o sentido tecnológico-jurídico com que as palavras são empregadas no diploma; o segundo considera a norma no ordenamento jurídico nacional, com relação às matérias semelhantes e aos institutos afins ao do texto interpretado, bem como o regime jurídico do país, o costume, a jurisprudência e a doutrina, no que diz respeito à temática do preceito interpretado(917).

A interpretação sistemática não se confunde com a interpretação lógica. A primeira considera a norma jurídica num todo normativo sistematizado, retirando a sua

(915) HERKENHOFF, João Baptista. *Como aplicar o direito*. 9. ed. Rio de Janeiro: Forense, 2004. p. 17-8.

(916) FERRAZ JÚNIOR, Tercio *Sampaio. Introdução ao...*, p. 262.

(917) FRANÇA, Rubens Limongi. *Hermenêutica...*, p. 11.

significação em consonância com as demais partes do sistema ou com o sistema considerado organicamente. A segunda extrai a norma de decisão a partir do confronto da norma interpretada com os demais textos normativos do sistema, para, com base na superação de inconsistências e antinomias, concretizar o texto normativo. A interpretação sistemática tem como pressuposto a harmonização, ao passo que a interpretação lógica se fundamenta no confronto de normas.

Em virtude da afinidade técnica, parte da doutrina chega a considerar um mesmo método interpretativo. André Franco Montoro, por exemplo, denomina de interpretação lógico-sistemática aquela que *"leva em conta o sistema em que se insere o texto e procura estabelecer a concatenação entre os demais elementos da própria lei, do respectivo campo do direito ou do ordenamento jurídico em geral. Em suas diversas modalidades, o método lógico supõe sempre a unidade e coerência do sistema jurídico"*[(918)].

Miguel Reale também não diferencia entre as interpretações lógica e sistemática. Segundo o jusfilósofo, denomina-se interpretação lógico-sistemática o trabalho interpretativo que parte da compreensão de um preceito, em sua correlação com todos aqueles outros que com ele se articulam logicamente, considerando que a interpretação das leis deve situá-las no conjunto do sistema, uma vez que nenhum dispositivo está isolado dos demais, os artigos inserem-se nos capítulos, estes nos títulos etc., de forma que seus valores dependem de sua colocação sistemática. Para o jurista, é impossível separar a interpretação lógica da sistemática, pois *"Interpretar logicamente um texto de Direito é situá-lo ao mesmo tempo no sistema geral do ordenamento jurídico"*[(919)].

1.2.4. Interpretação histórica

A interpretação histórica consiste na técnica interpretativa que parte das circunstâncias sociais, políticas, jurídicas e econômicas do momento da elaboração do texto normativo, bem como da análise da evolução histórica de determinado instituto, com vistas à definição do significado de certo texto normativo.

Ela se baseia na investigação dos antecedentes da norma, por meio da análise do processo legislativo, considerando-se o projeto de lei, a sua justificativa, a exposição de motivos, as discussões que antecederam a aprovação da norma, as emendas, a aprovação e a promulgação, os antecedentes históricos e as condições que precederam a elaboração do texto normativo[(920)].

A interpretação histórica perquire igualmente o processo de continuidade ou de modificação dos institutos jurídicos, a partir da análise das suas disposições precedentes, da sua origem e do seu desenvolvimento histórico, tudo com vistas a apreender o significado das leis existentes. Nesse diapasão, a legislação comparada também é utilizada

---

(918) MONTORO, André Franco. *Introdução* à..., p. 373.

(919) REALE, Miguel. *Lições preliminares de direito*. São Paulo: Saraiva, 2003. p. 279-80.

(920) MONTORO, André Franco. *Op. cit.*, p. 374.

como fonte, para se constatar como as legislações estrangeiras influenciaram, direta ou indiretamente, a lei a ser interpretada[(921)].

A interpretação histórica pode ser remota ou próxima. Será remota quando se dirigir a *origo legis*, às origens da lei, cujas raízes se revelam nas primeiras manifestações da instituição regulada. Será próxima, quando se basear na *occasio legis*, isto é, no material concernente ao momento de criação da norma, sem necessidade do concurso da Sociologia, da Economia, da Política e de outras ciências afins[(922)].

1.2.5. Interpretação sociológica

A interpretação sociológica dá-se pela condução do intérprete pela análise do contexto e das necessidades sociais a serem preenchidas pela aplicação do texto normativo, de modo que a norma de decisão seja definida a partir dos elementos sociais presentes no momento de aplicação da norma jurídica.

O processo interpretativo sociológico conduz à investigação dos motivos e dos efeitos sociais da norma, com vistas a aplicar o texto normativo em conformidade com as necessidades contemporâneas, com prospectiva para o futuro, e não para o passado. Considera os elementos presentes na consciência coletiva da sociedade e as aspirações do meio social, no momento de aplicação da norma[(923)].

O processo interpretativo sociológico norteia-se pelos seguintes objetivos pragmáticos: a) preocupação com a aplicabilidade da norma às relações sociais que fundamentaram o seu nascimento (origem); b) extensão do sentido da norma às relações novas e emergentes, não existentes ao tempo da sua criação; c) temperamento do alcance do texto normativo, com a finalidade de fazê-lo corresponder às necessidades reais e atuais da sociedade[(924)].

A interpretação sociológica pressupõe a conexão do fenômeno jurídico com a realidade social, implicando a cooperação da Economia, da Sociologia, da Ciência Política, da Psicologia Social, da Antropologia etc.[(925)].

1.2.6. Interpretação teleológica

O método interpretativo teleológico objetiva a determinação da regra de decisão a partir da análise das finalidades contidas no texto normativo ou por ele direcionadas. Nas palavras de Luís Roberto Barroso, "*Chama-se teleológico o método interpretativo que procura revelar o fim da norma, o valor ou bem jurídico visado pelo ordenamento com a edição de dado preceito*"[(926)].

---

(921) *Id. Ibid.*, p. 374.

(922) FRANÇA, Rubens Limongi. *Hermenêutica...*, p. 10.

(923) HERKENHOFF, João Baptista. *Op. cit.*, p. 27.

(924) NETO, Machado, *apud* HERKENHOFF, João Baptista. *Op. cit.*, p. 28.

(925) HERKENHOFF, João Baptista. *Op. cit.*, p. 28.

(926) BARROSO, Luís Roberto. *Interpretação e aplicação...*, p. 138.

Pela pesquisa teleológica, almeja-se descobrir o fim da lei, ou seja, o resultado que o texto normativo procura atingir em sua atuação prática, com vistas a assegurar a tutela do interesse para o qual fora estabelecido, ou de outro que deva substituí-lo. Em princípio, a interpretação teleológica intenta estabelecer os valores que a lei tenciona servir(927). A formulação teórica da interpretação teleológica é decorrente dos estudos de Philipp Heck *(Interpretação da lei e jurisprudência de interesses)*, François Gény (*Méthode d'interprétation en droit privé positif)* e Rudolf von Ihering (A finalidade do direito)(928).

A interpretação teleológica não se limita a descobrir os fins almejados pela lei no momento da sua elaboração, mas também busca o objeto atual das suas disposições, na medida em que interesses novos e emergentes possam ser abrangidos pelo texto primitivo(929).

O art. 5º da Lei de Introdução ao Código Civil Brasileiro constitui um exemplo de aplicação da interpretação teleológica, ao determinar que *"Na aplicação da lei, o juiz atenderá aos fins sociais a que ela se dirige e às exigências do bem comum"*. Trata-se de um preceito normativo que traça a teleologia da interpretação judicial, determinando-se os fins para os quais deva se direcionar.

É comum, no entanto, encontrar-se referência a esse dispositivo legal como sendo caso de interpretação sociológica. Nesse sentido, é a posição de André Franco Montoro, para quem *"A interpretação sociológica baseia-se na adaptação do sentido da lei às realidades e necessidades sociais. Essa adaptação está prevista no art. 5º da Lei de Introdução ao Código Civil ..."*.

A circunstância dos fins almejados pelo legislador serem os sociais, não permite concluir que a interpretação seja sociológica, pois ao direcionar-se para um determinado fim ela é essencialmente teleológica. Nesse mesmo sentido, é o pensamento de Silvio Rodrigues(930), João Baptista Herkenhoff(931), Custódio da Piedade U. Miranda(932) e Tercio Sampaio Ferraz Júnior(933).

A CLT contém uma série de normas que consagram regras interpretativas. A interpretação teleológica vem prevista na parte final do art. 8º da CLT, ao dispor que a legislação trabalhista deve ser interpretada e aplicada com direcionamento para a prevalência do interesse público sobre os interesses de classe ou particulares.

---

(927) HERKENHOFF, João Baptista. *Como aplicar...*, p. 24.

(928) BARROSO, Luís Roberto. *Op. cit.*, p. 138.

(929) HERKENHOFF, João Baptista. *Op. cit.*, p. 24.

(930) RODRIGUES, Silvio. *Direito civil:* parte geral. V. 1, 27. ed., São Paulo: Saraiva, 1997. p. 27.

(931) HERKENHOFF, João Baptista. *Op. cit.*, p. 25.

(932) MIRANDA, Custódio da Piedade U. *Teoria geral do direito privado*. Belo Horizonte: Del Rey, 2003. p. 144.

(933) FERRAZ JÚNIOR, Tercio *Sampaio. Introdução ao...*, p. 265.

1.3. Tipos de interpretação quanto à extensão

1.3.1. Inexistência ontológica de tipos de interpretação quanto à extensão

Costuma-se a distinguir, quanto à extensão, interpretação especificadora ou declarativa, interpretação restritiva e interpretação extensiva, conforme o conteúdo da norma de decisão seja mais elástico ou abrangente que o teor originário que se deduz do texto normativo.

Em verdade, a apreensão do fenômeno jurídico aponta para a inexistência ontológica desses tipos de interpretação. Só poder-se-ia falar em interpretação declarativa, restritiva ou extensiva se o texto normativo contivesse, *per se*, um significado originário unanimemente acolhido, claro e isento de dúvidas. A determinação do sentido originário ou primevo que se entende compreendido no texto normativo já é objeto de interpretação ou suposição do intérprete; equivale a afirmar que o enunciado tomado como parâmetro para a averiguação da declaração, restrição ou extensão é um texto previamente deduzido pelo intérprete, sendo ele mesmo, por isso, já fruto de interpretação.

Esses tipos de interpretação condizem mais precisamente com a intenção do intérprete do que com uma verdadeira declaração, restrição ou extensão do alcance da norma jurídica. Desse modo, se a intenção do intérprete é incluir determinada hipótese fática sob o âmbito de incidência do texto normativo, valer-se-á da interpretação extensiva; em sentido contrário, se o interesse consistir na retirada de determinada situação fática do alcance da norma jurídica interpretada, utilizar-se-á da interpretação restritiva; por fim, se o intérprete estiver satisfeito com o texto normativo, principalmente nas situações em que não haja dúvidas sobre o enquadramento do caso, empregará a interpretação declarativa.

1.3.2. Interpretação especificadora ou declarativa

A denominada interpretação declarativa consiste no processo interpretativo em que o intérprete considera que o texto normativo alcança devidamente todas as situações fáticas inicialmente previstas, de forma que o alcance da norma encontra plenas balizas nos limites do enunciado do texto normativo, não havendo necessidade de extensão da norma de decisão a casos inicialmente não contidos no enunciado do texto normativo ou restrição de sua aplicação a determinadas situações possivelmente compreendidas no referido texto.

Como define André Franco Montoro, *"A interpretação é declarativa quando se limita a declarar o pensamento expresso na lei, sem ter necessidade de estendê-la a casos não previstos ou restringi-la mediante a exclusão de casos inadmissíveis"*(934).

---

(934) MONTORO, André Franco. *Introdução* à..., p. 374.

A interpretação declarativa pressupõe que o legislador se expressou convenientemente[(935)]. Parte do pressuposto que o enunciado coincide com aquele que, à primeira vista, parece ser o expressado pelo texto normativo. Nesse caso, o intérprete pressupõe que a *mens legislatoris* está devidamente declarada, de forma que não há necessidade de outros parâmetros ou balizas além daqueles que se depreendem do texto da lei[(936)].

Francesco Ferrara considera que a interpretação declarativa resulta da concordância da interpretação lógica com a gramatical. Essa concordância dá-se de duas formas: a) na hipótese em que o sentido da lei, como resulta da interpretação lógica, é congruente com o que o texto da lei exprime, isto é, quando haja perfeita consonância entre o texto normativo e o pensamento da lei; b) na situação em que a interpretação lógica colabora para a fixação do real sentido da lei, quando se constata que o sentido das palavras é dúbio e equívoco, em virtude do emprego de expressões gerais ou anfibiológicas, cabendo ao intérprete determinar o sentido que melhor se ajuste à vontade da lei[(937)].

1.3.3. Interpretação restritiva

A interpretação restritiva consiste no processo interpretativo pelo qual o intérprete restringe o alcance do texto normativo a situações que considera não compreendidas na finalidade almejada pelo legislador quando da elaboração da norma.

Parte do pressuposto que o legislador, ao elaborar a norma, usou expressões aparentemente mais amplas para expressar o seu pensamento[(938)]. O intérprete se obriga a restringir o alcance da lei, para dar-lhe aplicação razoável e justa, pois pressupõe que o legislador escrevera mais do que realmente pretendia (*plus scripsit quam voluit*)[(939)]. Considera a restrição do alcance da norma uma forma de adequar o texto normativo aos casos originária e exclusivamente contidos na *mens legislatoris*, concedendo-lhe aplicação equânime.

A interpretação restritiva fundamenta-se na existência de uma imperfeição linguística no texto normativo que, pelo emprego de uma linguagem demasiado genérica, passa a compreender relações que conceitualmente dele estão excluídas[(940)].

A interpretação restritiva tem cabimento nas seguintes situações: a) quando o entendimento do texto, no modo geral como está redigido, contradizer outra norma; b) quando a norma contiver em si uma contradição íntima (argumento *ad absurdum);* c) quando a aplicação sem limites do princípio ultrapassa os fins colimados; pois um

(935) *Ib. ibid.*, p. 374.

(936) FRANÇA, Rubens Limongi. *Hermenêutica...*, p. 12.

(937) FERRARA, Francesco. *Como aplicar e interpretar as leis.* Belo Horizonte: Líder, 2005. p. 40-1.

(938) FRANÇA, Rubens Limongi. *Op. cit.* p. 12.

(939) MONTORO, André Franco. *Op. cit.*, p. 374.

(940) FERRARA, Francesco. *Como aplicar...*, p. 42.

princípio estabelecido em favor de determinadas pessoas não pode retorcer-se em prejuízo delas[941].

Um exemplo de interpretação restritiva na seara do direito coletivo do trabalho resulta da compatibilização lógica da regra da obrigatoriedade dos sindicatos nas negociações coletivas (art. 8º, VI, CF/1988) com a permissão do entabulamento direto da negociação coletiva pelos próprios trabalhadores no caso de recusa injustificada das entidades sindicais (art. 617, CLT), pois a *mens legis* constitucional exige a participação dos sindicatos nas negociações coletivas em favor da coletividade, não para o seu prejuízo ou como forma de mantê-la refém da pessoa jurídica do sindicato.

Como exposto alhures, a obrigatoriedade de participação dos sindicatos na negociação coletiva foi estabelecida com vistas à proteção dos empregados em face dos empregadores, para que não ficassem sujeitos a acordos coletivos que fossem coercitivamente impostos por estes últimos; a presença obrigatória da entidade sindical não pode ser interpretada em desfavor daqueles a quem visa a proteger; entendimento diverso equivale a tornar a coletividade de trabalhadores verdadeira titular da autonomia privada coletiva.

1.3.4. Interpretação extensiva

A interpretação extensiva caracteriza-se pela ampliação do enunciado normativo para abranger situações cujas características indicam estarem contidas na hipótese normativa, de forma que os termos do texto normativo são menos amplos que o alcance da norma.

Pela interpretação extensiva, o intérprete conclui que a norma possui um alcance mais amplo do que aquele inicialmente apontado pelo seu enunciado, considerando que o legislador escreveu menos do que almejava dizer *(minus scripsit quam voluit)*, de modo que a lei deva ser aplicada a situações não previstas expressamente[942]. Parte do pressuposto que o texto normativo é menos amplo que a *mens legislatoris* deduzida[943].

Possibilita-se a atualização sociológica, histórica e teleológica do texto normativo por meio da interpretação extensiva, adaptando-se o texto normativo à realidade social, com vistas a abranger os novos e emergentes interesses.

Um exemplo de interpretação extensiva na seara sindical, com vistas à adaptação teológica, histórica, sociológica e sistemática de determinado preceito, consiste na extensão da expressão "interesses coletivos", contida no art. 8º, III, da CF/1988, para abranger os interesses coletivos *lato sensu* (também denominados interesses transindividuais), cujas

(941) *Id. ibid.*, p. 43.

(942) FERRARA, Francesco. *Como aplicar...*, p. 42.

(943) NASCIMENTO, Amauri Mascaro. *Curso de direito...*, p. 198.

espécies são os interesses difusos, coletivos *stricto sensu* e os individuais homogêneos, com vistas à tutela destes novos e emergentes interesses pelas entidades sindicais.

Como assinalamos em nossa obra "Sindicatos e Ações Coletivas"(944) *"a previsão de que ao sindicato cabe a defesa dos direitos e interesses coletivos ou individuais da categoria (art. 8º, inciso III, da CF/88) em nenhuma hipótese contém locução restritiva ou proibitiva da possibilidade de os sindicatos atuarem na defesa de direitos outros, além daqueles estritamente referentes à categoria. A circunstância de a lei dispor sobre a permissão de um fato, não significa a proibição de todos os fatos que daquele se distinguem. O sentido da norma foi de expandir a ação sindical para esfera maior que o círculo dos meros associados, e não de restringir a ação sindical. A interpretação do art. 8º, inciso III, de acordo com os valores da própria Carta Magna remete à ilação de que a expressão "interesses coletivos" foi utilizada no sentido amplo, para designar a defesa de interesses transindividuais. Somente essa interpretação justifica o fato de o constituinte ter utilizado duas expressões distintas, "direitos" e "interesses", de forma a demonstrar o conteúdo ontologicamente diverso de ambos os vocábulos".*

1.3.5. Interpretações ab-rogante e derrogante

A ab-rogação consiste no ato de ab-rogar, colocar em desuso, anular, suprimir, revogar, derrogar. No âmbito jurídico, indica o ato de fazer cessar a existência ou a obrigatoriedade de uma lei em sua totalidade(945).

A derrogação indica a revogação parcial de uma lei; produção de uma alteração essencial; a fixação de disposições contrárias a alguma lei ou uso(946). Por extensão, o vocábulo derrogação também é empregado para designar a revogação parcial de uma convenção ou de uma sentença(947).

Compreende-se como interpretação ab-rogante o método interpretativo cujo resultado ocasiona uma ab-rogação de fato do preceito interpretado. Por sua vez, a interpretação derrogante indica a revogação parcial do texto normativo. Em ambos os casos, nega-se sentido ao texto normativo e obsta-se a sua produção de efeitos.

Trata-se de uma interpretação que nega sentido e valor a uma disposição normativa, quando esta se apresenta em absoluta contradição e incompatibilidade com outra norma superior e principal. Diante da presença de uma antinomia entre duas normas contraditórias, sem a existência de um meio alternativo de conciliação, o intérprete opta, por meio da lógica, pela eliminação da norma "contraditora", reputando-a letra morta, vazia de conteúdo(948).

---

(944) SANTOS, Ronaldo Lima dos. *Sindicatos e ações...*, p. 294.

(945) FERREIRA, Aurélio Buarque de Holanda. *Novo Aurélio século XXI...*, p. 16.

(946) FERREIRA, Aurélio Buarque de Holanda. *Op. cit.*, p. 628.

(947) SILVA, Oscar José de Plácido e. *Vocabulário...*, p. 255.

(948) FERRARA, Francesco. *Como aplicar...*, p. 45.

À guisa de exemplificação, citamos o entendimento prevalecente na doutrina e na jurisprudência da ineficácia e inoperância da alteração do art. 16 da Lei n. 7.347/1985 (Lei da Ação Civil Pública), na parte alterada pela Medida Provisória n. 9.494/1997, com o intuito de restringir os efeitos subjetivos da coisa julgada coletiva aos limites da competência territorial do órgão julgador, em virtude da sua contradição com as demais normas, constitucionais e infraconstitucionais, referentes à tutela dos interesses transindividuais.

2. Interpretação legal e interpretação contratual

Embora haja uma unidade substancial do procedimento interpretativo, cuja função é sempre determinar a instância de decidibilidade jurídica da norma interpretada, geralmente são estabelecidas regras distintas para a interpretação das leis e dos contratos. Essa diversidade de tratamento decorre do fato de que a lei integra um ordenamento jurídico, de forma que a sua relevância jurídica deva ser extraída do quadro dinâmico do ordenamento, pois a lei, em geral, possui como destinatários sujeitos indeterminados, que encontram garantia na objetividade do texto legal; já os contratos são elaborados pelas próprias partes, ganhando relevo a pesquisa com relação à vontade comum dos contratantes(949).

Com base em tais parâmetros, tornou-se frequente a distinção entre interpretação subjetiva e interpretação objetiva. A primeira tem como meta a descoberta do significado que os autores almejaram expressar e comunicar; a segunda visa a estabelecer o significado do comunicado em si, na comunicação considerada como fato objetivo(950). Essa distinção entre interpretação subjetiva e objetiva é empregada para referir-se à interpretação, respectivamente, dos contratos e das leis.

Segundo Alf Ross, a intenção do autor é fundamentalmente inacessível, por constituir um fenômeno de sua consciência interna; desse modo, a interpretação subjetiva indica que se deve tomar em consideração não somente a expressão linguística, como outros dados importantes: o contexto, a situação, as opiniões políticas e filosóficas das partes, o propósito declarado e o propósito presumido(951).

A diferença entre interpretação subjetiva e objetiva não resulta do contraste entre o significado tencionado em oposição ao significado comunicado, pois toda interpretação parte da comunicação para alcançar a intenção; a distinção resulta dos dados considerados pelo intérprete. A interpretação subjetiva se utiliza de todas as circunstâncias pessoais e de fato relacionadas com a composição da expressão, que possam colaborar

(949) DE LUCA, Carlos Moreira. *Convenção coletiva...*, p. 79/80.

(950) ROSS, Alf. *Direito e...*, p. 149.

(951) *Id. ibid.*, p. 149-150.

para a elucidação do significado. A interpretação objetiva restringe-se aos elementos discerníveis pelos destinatários no momento da apreensão da expressão[(952)].

Entre a interpretação da lei e a dos atos de autonomia privada, como os negócios jurídicos, a diferença não reside na função geral da interpretação, que é a mesma em ambas as circunstâncias, mas no modo de ser do preceito que é o seu objeto, pois a interpretação legal esgota-se no texto normativo expressado; no negócio jurídico, o preceito pode ser reconstruído, além da sua expressão verbal, sempre que se possa interpretá-lo por outras circunstâncias relacionadas[(953)]. Assim, atualmente a interpretação do negócio jurídico é um híbrido de elementos subjetivos e objetivos, como se extrai dos arts. 113 e 114 do CCB.[(954)]

Embora haja uma unidade interpretativa de todos os tipos de normas, existem diferenças fundamentais na interpretação dos contratos e das leis, em virtude da diversidade normativa, entre as quais se destacam: a) a interpretação legal é primeira e principalmente compromissada com o justo político, enquanto que a interpretação contratual tem por objeto direto o justo comutativo e, somente indireto, o justo político; b) a norma legal, uma vez vigente, independe, em grande medida, do seu autor; já o negócio jurídico vincula-se à subjetividade das partes; c) na seara contratual, as questões interpretativas decorrem dos dissensos de seus autores, com repercussão em direitos e deveres; em relação à lei, o problema hermenêutico apresenta-se num caso concreto, cuja solução requer a interpretação do texto normativo geral e abstrato; d) na interpretação legal não tem tanta relevância os comportamentos dos seus elaboradores, ao passo que nos negócios jurídicos eles cumprem um papel revelador; e) a interpretação contratual pode ter por objeto a retificação da norma, sendo que esta tarefa não é própria do intérprete da lei[(955)].

Na seara contratual, após a constatação da existência da declaração ou do comportamento das partes em torno de determinado negócio jurídico, a interpretação constitui

---

(952) ROSS, Alf. *Op. cit.*, p. 150.

(953) BETTI, Emilio. *Teoria general del negocio jurídico*. Granada: Ed. Comares, 2001. p. 275.

(954) Art. 113. Os negócios jurídicos devem ser interpretados conforme a boa-fé e os usos do lugar de sua celebração.§ 1º A interpretação do negócio jurídico deve lhe atribuir o sentido que:

I – for confirmado pelo comportamento das partes posterior à celebração do negócio;

II – corresponder aos usos, costumes e práticas do mercado relativas ao tipo de negócio;

III – corresponder à boa-fé;

IV – for mais benéfico à parte que não redigiu o dispositivo, se identificável; e

V – corresponder a qual seria a razoável negociação das partes sobre a questão discutida, inferida das demais disposições do negócio e da racionalidade econômica das partes, consideradas as informações disponíveis no momento de sua celebração.

§ 2º As partes poderão livremente pactuar regras de interpretação, de preenchimento de lacunas e de integração dos negócios jurídicos diversas daquelas previstas em lei.

Art. 114. Os negócios jurídicos benéficos e a renúncia interpretam-se estritamente.

(955) VIGO, Luis Rodolfo. *Interpretação jurídica:* do modelo juspositivista-legalista do século XIX às novas perspectivas. Trad. Susana Elena Dalle Mura. São Paulo: Revista dos Tribunais, 2005. p. 170-1.

a primeira operação que lhe segue. Como é de competência dos indivíduos fixar os fins práticos perseguidos no negócio jurídico, utilizando-se das palavras para este objetivo, é tarefa do intérprete reconstruir no conteúdo do negócio aqueles fins práticos e aclarar aquele significado[956].

Não obstante seja fruto da vontade das partes, não é a vontade interna destas o objeto da interpretação, mas a declaração ou o comportamento expressado, considerados no conjunto das circunstâncias que lhes confere significado e valor, e onde adquirem seu significado e relevância[957]. Não se trata de uma questão vinculada apenas à constatação de fatos ou de análise psicológica, de indagação de opinião e motivação; na análise do conteúdo da declaração de vontade expressada, participa a apreciação eminentemente jurídica, a respeito das consequências jurídicas decorrentes do ajuste[958].

Consoante Rodolfo Luis Vigo, a doutrina e a jurisprudência prática consagraram uma série de regras com vistas à interpretação da norma jurídica contratual. São elas: a) recorrência ao comportamento das partes, antes, durante e depois da celebração do negócio jurídico; b) compreensão do caráter gramatical do contrato segundo o sentido que lhes concede o uso geral, e o emprego pelo homem médio comum, ficando a cargo das partes demonstrar que o uso foi técnico-jurídico ou com significado distinto do uso comum; c) consideração do marco social, isto é, das múltiplas dimensões da sociedade em que se verifica o ajuste, com apreensão dos seus problemas, esperanças, características, usos e costumes etc.; d) apreensão de uma visão totalizadora do contrato, pela qual uma cláusula deva ser interpretada pelas demais cláusulas do negócio, sejam as presentes ou as que a precederam; e) precisão da natureza jurídica do contrato; f) observância da boa-fé[959].

Na interpretação do contrato, tem relevância o justo comutativo. É por exigência da justiça comutativa que se reclama a equivalência das prestações. Essa equivalência não comporta uma obsessão por uma igualdade absoluta e ideal entre o devido e o recebido; ela tem fundamento no sinalagma original, sobre o qual as partes acordaram. Consiste numa equivalência prudente, possível e concreta[960].

3. Interpretação das normas coletivas

3.1. Natureza híbrida das normas coletivas

Como elucidamos alhures, prevalece na doutrina justrabalhista (Kaskel-Dersch, Nipperdey, Nikish, Krotoschin, Paul Durand, Jaussaud, Rivero, Savatier, Octavio Bueno

(956) BETTI, Emilio. *Op. cit.*, p. 278.

(957) *Id. ibid.*, p. 289.

(958) LARENZ, Karl. *Metodologia da ciência do direito*. Trad. José Lamego. 4. ed. Lisboa: Fundação Calouste Gulbenkian, 2005. p. 421.

(959) VIGO, Luis Rodolfo. *Op. cit.*, p. 162-3.

(960) *Id. ibid.*, p. 166.

Magano, Carlos Moreira de Luca e Mozart Victor Russomano) a concepção segundo a qual os acordos e convenções coletivas constituem um *tertium genus* entre o contrato e a lei, com características de ambos os institutos (contrato e lei): quanto à formação, identifica-se com um contrato; por seu conteúdo, equivale a uma norma jurídica.

A problemática da interpretação dos acordos e convenções coletivas decorre da concepção que tenha da própria natureza jurídica desses instrumentos jurídicos, isto é, ao considerá-la um contrato, os métodos de interpretação a serem observados serão os relativos ao negócio jurídico; em sendo considerada uma norma, ser-lhe-ão aplicadas as regras hermenêuticas concernentes à interpretação das leis; no caso de se admitir a natureza híbrida, surge a questão de qual o método a ser adotado: dos contratos, das leis ou um *tertium genus* interpretativo.

Como aponta Paulo Eduardo de Oliveira, *"Os manuais clássicos apontam critérios diversos para a interpretação da lei e dos contratos. Se a natureza da convenção coletiva é híbrida e tem, na expressão de Carnelutti, 'corpo de contrato' e 'alma de lei' pode-se perguntar quais seriam os princípios de sua interpretação"*(961). Como resposta a esta questão, surgiram três correntes interpretativas das normas coletivas: contratualista, normativa e mista.

3.2. Corrente contratualista

A corrente interpretativa contratualista das normas coletivas considera que os acordos e convenções coletivas são normas contratuais, razão pela qual a sua interpretação deve seguir as regras de hermenêutica dos contratos, com ênfase à vontade subjetiva das partes.

Adepto desta tese, Giorgio De Semo considera que, em virtude dos caracteres contratuais da norma coletiva, a sua interpretação deve obedecer às regras interpretativas próprias dos contratos e das obrigações, e não àquelas pertinentes à interpretação das leis, pois, uma vez que se trata de um negócio jurídico contratual, resta excluída a aplicação analógica do contrato coletivo, regra interpretativa própria das leis, de forma que suas disposições não podem estender-se às relações de trabalho semelhantes às que contempla, devendo obstar-se a sua aplicação a casos não previstos, salvo se demonstrada que essa fora a intenção das partes(962).

Para Giuliano Mazzoni, a interpretação das cláusulas dos instrumentos normativos deve observar as mesmas regras do Código Civil referentes à interpretação dos contratos(963).

---

(961) OLIVEIRA, Paulo Eduardo Vieira. *Convenção coletiva de trabalho...*, p. 71.

(962) DE SEMO, Giorgio. *Contratto collettivo di lavoro:* natura giuridica ed effetti. 2. ed. Padova: Cedam, 1935. p. 127.

(963) MAZZONI, Giuliano. *Teoria dei limiti di applicabilità dei contratti collettivi di lavoro*. 2. ed. Milano: Giuffrè, 1939. p. 127.

3.3. Corrente normativa

A corrente interpretativa normativa das normas coletivas considera que os acordos e convenções coletivas são verdadeiras leis, como as estatais, razão pela qual a sua interpretação deve seguir as regras de hermenêutica das leis, com ênfase ao caráter objetivo das suas disposições.

Adepto dessa corrente, Amauri Mascaro Nascimento assinala que é *"despicienda a discussão desde que se admita a natureza normativa das convenções coletivas de trabalho, como na lei brasileira. Se essa é a sua característica, se as convenções coletivas são normas jurídicas de Direito do Trabalho, com efeitos obrigatórios sobre a categoria profissional, aplicadas sem discriminações ou individualizações; se são abstratas e gerais, não subsistem razões para a duplicidade de critérios interpretativos. Assim, tanto a lei como a convenção coletiva devem ser interpretadas à luz dos mesmos critérios gerais do Direito do Trabalho"*[(964)].

Mário de La Cueva parte do pressuposto de que o contrato coletivo é uma fonte autônoma de direito objetivo, para concluir pela evidência de que o método de interpretação a ser observado é o correspondente ao das normas jurídicas e não o dos contratos[(965)].

Alfredo Ruprecht, após analisar, minuciosamente, as correntes contratual, eclética e normativa, deixou clara a sua inclinação para esta última, assinalando que, no caso de dúvida, a convenção coletiva deve ser analisada como uma lei, devendo-se buscar o seu sentido em seu próprio texto; somente na impossibilidade desse sentido ser retirado das próprias palavras da convenção, é que ele deverá ser procurado, como última *ratio* e com suma circunspecção, na intenção dos legisladores expressa nas reuniões da Comissão, não podendo ultrapassar o que permite a elasticidade das palavras. Os casos omissos devem ser resolvidos com o conteúdo da própria convenção, com a recorrência à interpretação legal. A aplicação analógica da norma coletiva deve restringir-se aos estabelecimentos para os quais fora instituída e para as profissões nela contempladas, sem extensão a outras empresas, profissões e zonas[(966)].

3.4. Corrente mista: distinção entre cláusulas obrigacionais e normativas

A corrente interpretativa mista apregoa que, em virtude da natureza híbrida das normas coletivas, a sua interpretação não é uniforme, devendo variar em consonância com a natureza de cada cláusula normativa, de forma que a interpretação das cláusulas obrigacionais deva ser efetuada de acordo com os métodos interpretativos próprios dos contratos, ao passo que às cláusulas normativas aplicam-se as regras de interpretação das leis.

---

(964) NASCIMENTO, Amauri Mascaro. *Curso de direito...*, p. 215.

(965) LA CUEVA, Mario de. *Derecho Mexicano del trabajo*. v. 2, México: Porruá, 1959. p. 630.

(966) RUPRECHT, Alfredo J. *Relações coletivas...*, p. 518.

Carlos Moreira De Luca, após discorrer sobre os princípios interpretativos das normas coletivas, elucida que "*na interpretação dos contratos coletivos o intérprete deve fazer distinção entre cláusulas obrigacionais e normativas, pois a aplicação dos princípios enunciados variará em razão da diversa natureza de uma e outra*"[(967)].

Mozart Victor Russomano admite a divisibilidade interna das convenções coletivas, para distinguir as cláusulas obrigacionais das normativas, sem que tal fator, ao seu ver, implique a quebra da unidade orgânica das convenções coletivas, já que essas normas se compõem de cláusulas diversas naturezas e, inclusive, autônomas, quer quanto à sua natureza, quer quanto a seus fins e à sua exequibilidade, ressaltando como regra central de hermenêutica das convenções coletivas a observância da interpretação teleológica, tanto para as cláusulas obrigacionais quanto para as normativas, ajustada à natureza da convenção que se interpreta[(968)].

Rovelli, por sua vez, não distingue entre cláusulas obrigacionais e cláusula normativa, mas apregoa a dualidade de interpretação conforme se trate de controvérsias coletivas ou individuais. Segundo o autor, nas controvérsias coletivas, figuram no processo judicial, como reclamante e reclamado, os mesmos autores da norma coletiva (um e outro sindicato), que a estabeleceram de forma contratual, de forma que figura como natural a aplicação das mesmas regras interpretativas do Código Civil para a interpretação dos contratos. Nas controvérsias individuais, porém, as partes não constituem as mesmas pessoas que elaboraram a norma, e sim terceiros, de modo que as suas declarações não servem como parâmetro para a interpretação do contrato mediante o reconhecimento da vontade dos pactuantes[(969)].

3.5. Obsolescência das correntes contratualista, normativa e mista

3.5.1. Críticas à teoria contratualista

A teoria contratualista interpretativa das normas coletivas incorre no mesmo equívoco das teses contratualistas fundamentadoras da natureza jurídica das normas coletivas. Seus partidários olvidam-se do caráter ultrapartes da norma coletiva, cujos preceitos são aplicados às relações individuais de trabalho, cujos sujeitos não participaram da relação jurídica coletiva, recebendo as normas coletivas como preceitos heterônomos.

Além do caráter contratual da sua origem, as normas coletivas possuem um evidente e essencial caráter normativo, cuja natureza não pode ser olvidada no momento de interpretação da norma.

---

(967) DE LUCA, Carlos Moreira. *Convenção coletiva...*, p. 79-80.

(968) RUSSOMANO, Mozart Victor. *Princípios gerais...*, p. 200.

(969) ROVELLI, *apud* RUPRECHT, Alfredo J. *Relações coletivas...*, p. 511-512.

A tese contratualista, outrossim, apresenta-se insuficiente para a solução dos casos omissos, uma vez que, nestas situações, é de difícil conhecimento a vontade das partes, principalmente nas situações de casos omissos intencionais[970].

A questão se agrava na medida em que a maior parte dos adeptos da tese contratualista creditam o elemento subjetivo da norma à vontade dos sindicatos, quando, em realidade, a subjetividade intencional das disposições das normas coletivas decorre da vontade coletiva dos representados, e não dos seus representantes. Equivale a dizer que o elemento subjetivo da norma coletiva é representado pela vontade da coletividade abstratamente considerada, sendo os sindicatos meros representantes dessa coletivamente.

Esse pensamento não é o que melhor se coaduna com o mundo do trabalho. Os acordos e convenções coletivas de trabalho possuem natureza totalmente distinta de um mero negócio jurídico. Conquanto haja um relativo conteúdo negocial na sua formação e nas denominadas cláusulas obrigacionais, é evidente o caráter normativo do seu conteúdo, para além dos sujeitos pactuantes, o que não sói acontecer num negócio jurídico.

Não devemos olvidar que o Direito do Trabalho, mesmo na dimensão individual, surgiu, entre outros motivos históricos, econômicos e sociais, por seu substrato material, a relação de emprego, não se enquadrar nos princípios, regras e dogmas do direito civil. Mas ainda se aplica essa incompatibilidade ao direito coletivo do trabalho, como no caso em comento, da interpretação das normas coletivas, que sequer encontra similaridade em algum instituto do direito civil, com exceção da quase impraticável convenção coletiva de consumo.

Transferir institutos contratuais do direito civil para o direito do trabalho é um retorno a um estado de coisas já negado pelo ordenamento jurídico trabalhista, muito mais em se tratando de questões coletivas.

3.5.2. Críticas à teoria normativa

A teoria interpretativa normativa dos acordos e convenções coletivas, *mutatis mutandis*, padece do mesmo mal da contratualista. Se os séquitos da concepção contratual se olvidam do caráter normativo das normas coletivas, os partidários da tese normativa incorrem no equívoco de desconsiderar o aspecto subjetivo presente na formação dos acordos e convenções coletivas de trabalho, como se as normas coletivas não fossem fruto da autonomia privada coletiva. As normas coletivas constituem normas subjetivadas.

Ao retirar totalmente a subjetividade das normas coletivas, a o pensamento normativista descontextualiza a norma coletiva do seu substrato social, transformando-a em direito estatal, não contingencial e específico, com notórios prejuízos para a técnica interpretativa e a aplicação da norma coletiva.

(970) RUPRECHT, Alfredo J... *Op. cit.*, p. 535.

Ao negar-se o caráter contratual da norma coletiva e, consequentemente, a vontade coletiva expressa nas suas disposições, a sua especificidade e sua contingencialidade, desvinculando-a do substrato social e das relações jurídicas que lhe são objeto, a interpretação da norma coletiva poderá levar a resultados extremos, com a negação do seu sentido e do seu valor quando da sua aplicação, dando azo à denominada interpretação ab-rogante.

Porém, é próprio do ser humano tentar enquadrar um fato novo nas roupagens imagéticas da sua vivência, ocorrendo o mesmo com o fenômeno jurídico. O caráter normativo de um acordo ou convenção coletiva não necessariamente os equipara às demais leis gerais e abstratas. Se é evidente que há um elemento comum — a normatividade —, ambos os institutos não se confundem, em suas dimensões objetivas e subjetivas. Diferentemente das leis, as normas coletivas são fenômenos de classe, ou melhor, de categorias; assim, não possuem o mesmo grau de abstração e generacidade das leis.

Por outro lado, se não possuem natureza eminentemente contratual, é inequívoco que, diferentemente das leis, as normas coletivas nascem da convergência de vontade dos atores sociais, não obstante seu caráter normativo em relação aos sujeitos da relação de emprego. Sob pena de ignorar a realidade, não se pode desconsiderar esse elemento presente nas normas coletivas, mais presente nas cláusulas obrigacionais e menos intenso nas cláusulas normativas, mas igualmente existente. Elementos objetivos e subjetivos pertinentes à formação da norma coletiva, evidentemente deverão ser considerados, não obstante nada semelhantes àqueles dos contratos do direito civil.

Ter caráter normativo não equivale a equipar-se à lei geral, abstrata e impessoal das normas estatais. Toda fonte do direito possui caráter normativo. Acordos e convenções coletivos são fenômenos grupais, coletivos, de amplitude mais ampla que os contratos e menos ampla que as leis em geral, com exceção, talvez, de determinadas leis de efeitos concretos.

3.5.3. Críticas à teoria mista

Com relação à corrente mista, Antônio Álvares da Silva já havia assinalado a sua inconsistência, ao predizer que *"Dizer que a parte normativa é lei e a parte obrigacional contrato, é só se referir a uma divisão didática que pouco esclarece sua natureza e perde sua visão de conjunto num critério interpretativo que nada produz, pois se se admite a parte contratual, ela será composta de normas, e se se destaca a parte normativa, o nome já diz tudo. A Convenção será, portanto, interpretada como norma, isto é, como vontade que se expressa normativamente, regula um aspecto externo da realidade. A ela se aplicam os métodos gerais da hermenêutica jurídica"*[(971)].

---

(971) SILVA, Antônio Álvares. A convenção coletiva como instituto central do direito coletivo do trabalho. In: GONÇALVES, Nair Lemos; ROMITA, Arion Sayão (Orgs.). *Curso de Direito do Trabalho:* homenagem a Evaristo de Moraes Filho. São Paulo: LTr, 1983. p. 182.

Por outro lado, outra crítica sofrida pelo ecletismo consiste na dificuldade de distinção entre cláusulas normativas e obrigacionais, sem o rompimento do princípio da unidade que rege as convenções coletivas de trabalho, pois, para o cumprimento da paz social, a convenção deve ser uniforme em todas as suas cláusulas. A aplicação de distintos métodos de interpretação para cada parte da norma coletiva põe em risco a unidade e a essência da convenção coletiva(972).

O equívoco da teoria mista reside na desconsideração de que tanto as cláusulas obrigacionais quanto as normativas são elaboradas em função da vontade coletiva dos particulares, sendo que ambas possuem o mesmo fundamento de existência: a tutela de interesses gerais da coletividade.

As cláusulas obrigacionais, embora possuam preceitos de aplicação às pessoas das entidades pactuantes, também são elaboradas em razão da tutela dos interesses coletivos dos trabalhadores. Ao considerar-se que as cláusulas obrigacionais são de interesses restritos dos sindicatos ou empresas pactuantes, sem conexão com a regulamentação coletiva das relações de trabalho, estar-se-ia diante de um contrato bilateral, e não de uma norma coletiva.

Diante da circunstância de todas as cláusulas de uma norma coletiva serem estipuladas em razão de interesses da coletividade de trabalhadores, o tratamento diferenciado das cláusulas normativas e obrigacionais quebra o princípio da unidade orgânica das normas coletivas e do seu processo interpretativo, além de desconsiderar o aspecto coletivo das cláusulas obrigacionais.

4. Interpretação pela autonomia privada coletiva: *tertium genus* interpretativo

Assim como nos negócios jurídicos fundamentados na autonomia privada individual, a interpretação dá-se com base na vontade dos pactuantes; no âmbito das normas coletivas, a interpretação das cláusulas, obrigacionais ou normativas, deve ser elaborada considerando-se sempre a autonomia coletiva dos grupos envolvidos, o que equivale a dizer que também nas normas coletivas, o aspecto subjetivo dos contratantes deve ser considerado, a partir da vontade dos grupos sociais representados, o que não se confunde com a vontade das pessoas jurídicas que os representam, mas em princípio de unidade com o caráter normativo.

O caráter híbrido das normas coletivas exige que o intérprete adote um *tertium genus* interpretativo, não podendo se desconsiderar que na norma coletiva estão presentes, concomitantemente, o aspecto contratual coletivo e o normativo, portanto, o subjetivo e o objetivo.

---

(972) RUPRECHT, Alfredo J... *Op. cit.*, p. 517.

O aspecto subjetivo das normas coletivas decorre da confluência das vontades coletivas dos grupos contrapostos, que não podem ser olvidadas no momento de aplicação da norma coletiva. Por outro lado, embora resulte da conjunção de vontades coletivas, a normatização coletiva atua como norma heterônoma em relação aos sujeitos da relação jurídica de emprego, o que confere importância ao elemento objetivo da norma coletiva, com relativa despersonalização da sua origem. Não se deve olvidar que o caráter subjetivo contratual não se refere às pessoas das entidades sindicais envolvidas, mas à vontade do grupo, da coletividade, a verdadeira detentora da autonomia privada coletiva.

Por esse prisma, a interpretação das normas coletivas deve observar tanto o caráter subjetivo (coletivo) — que cerca as vontades coletivas —, quanto o elemento objetivo — a norma em si mesma considerada como abstrata e genericamente aplicada a uma coletividade —, devendo ser interpretada como "norma subjetivada", tal como se apresenta no mundo jurídico.

A própria natureza privada e contingencial das normas coletivas exige que na sua aplicação sejam considerados os elementos que influenciaram a sua elaboração. A aplicação rigorosa das regras de interpretação das leis retiraria a equanimidade das normas coletivas, pela desconsideração das condições fáticas, jurídicas, sociais, políticas e econômicas que influenciaram no comportamento dos grupos sociais e determinaram o conteúdo da norma coletiva.

Por seu turno, uma vez elaborada a norma coletiva, não se pode desconsiderar a relativa autonomia existencial, com força normativa com relação a terceiros não pactuantes, cuja segurança jurídica não pode ficar à mercê do aspecto subjetivo da norma, exigindo para a segurança dos seus destinatários relativa segurança na sua aplicação, a qual é alcançada com os elementos objetivos da norma.

Como expõe Tereza Aparecida Asta Gemignani, deve haver uma preocupação por ocasião da interpretação da aplicação das normas coletivas, constituindo um flagrante equívoco a utilização dos mesmos critérios de hermenêutica para normas negociadas e legisladas, uma vez que possuem naturezas distintas, estrutura e duração diferentes. A interpretação da norma coletiva deve considerar questões como o critério de especialidade, com prevalência da fonte mais próxima da situação a ser regulada, fatores circunstanciais, adequabilidade, permeabilidade, razoabilidade e equanimidade, requisitos nem sempre exigidos para a hermenêutica da norma legislada, apontando um novo enfoque que abandona a antiga concepção hierárquica[(973)].

A despeito da pluralidade de métodos e tipos interpretativos, e em razão da própria complexidade das normas coletivas, decorrente da sua hibridez, a interpretação dos

(973) GEMIGNANI, Tereza Aparecida Asta. Autonomia privada coletiva e intervenção estatal. *Revista do Tribunal Regional do Trabalho*, n. 12, p. 39-40, 2000.

acordos e convenções coletivas reflete essa complexidão, sem que, por isso, perca a nota da sua unidade, não se mostrando adequada ou necessária a absolutização de nenhum método. Nas palavras de Raúl Canosa Usera, a missão transcendental do intérprete consiste na ordenação da pluralidade dos elementos interpretativos que se encontram à sua disposição(974).

Em nosso país, como assinalamos alhures, a doutrina da autonomia privada coletiva é incipiente, de modo que, em geral, ainda vê no sindicato o detentor da vontade da coletividade, quando aquele somente representa essa vontade. O elemento subjetivo nuclear da autonomia privada coletiva é a vontade coletiva do grupo social, e não a vontade dos seus representantes (entidades sindicais).

Desse modo, diversamente de Carlos Moreira De Luca que pondera que *"No que se refere à parte normativa dos contratos coletivos, aquele pressuposto lógico e fundamental que leva à valorização da pesquisa do intento comum das partes (qual seja, que elas assumem obrigações em nome próprio) não se realiza, pois terceiros os destinatários da norma"*(975), deve ser apreendido com reservas, uma vez que o elemento subjetivo igualmente impera na interpretação das normas coletivas, devendo-se atentar que esse elemento subjetivo é composto pelas vontades das coletividades envolvidas e não dos seus representantes.

Em síntese, a natureza híbrida das normas coletivas determina que na sua aplicação seja observado um *tertium genus* interpretativo, com a conjunção de métodos interpretativos pertinentes à legislação e aos negócios jurídicos, naquilo que for compatível com a sua natureza peculiar, uma vez que constituem, em essência, "normas jurídicas subjetivadas". A subjetivação não será tão acentuada como nas relações jurídicas individuais, mas tampouco a objetivação alcançará o mesmo grau da legislação estatal.

A unidade interpretativa das normas coletivas pressupõe uma redefinição de alguns critérios interpretativos próprios das leis e dos contratos. A analogia, por exemplo, método de integração das leis, na seara das normas coletivas, deverá compatibilizar-se com a natureza contratual destas e a sua especificidade, de modo que não se admita analogia ou interpretação extensiva de norma coletiva para abranger relações de trabalho além dos limites territoriais e subjetivos das próprias normas; entretanto, a analogia poderá ser empregada quando se tratar de situações jurídicas abrangidas pelos limites das normas coletivas, mas não claramente expressas no texto normativo.

Essa espécie de analogia, perfeitamente cabível no que se refere aos textos legais, encontra limites outros na seara das normas coletivas, em virtude do direcionamento destas, desde a sua origem, para uma situação concreta (determinadas relações de trabalho).

(974) USERA, Raúl Castro *apud* BARROSO, Luís Roberto. *Interpretação e aplicação...*, p. 125.

(975) DE LUCA, Carlos Moreira. *Convenção coletiva...*, p. 80.

A interpretação histórica, embora comumente aplicada em relação aos textos legais, tendo em vista o caráter instantâneo da maior parte dos negócios jurídicos, possui aplicabilidade no âmbito das normas coletivas que, embora possuam um conteúdo contratual e contingencial, não deixam de ser fruto de uma constante prática negociativa, cujos antecedentes históricos, mediatos e imediatos, podem contribuir para a elucidação do sentido da norma.

A interpretação histórica, *in casu*, deverá ser compatibilizada com a regra hermenêutica dos contratos pela qual a interpretação do negócio jurídico deva realizar-se com o contexto geral do contrato, de modo que cada cláusula deva ser interpretada pelas outras cláusulas contidas no instrumento negocial, sejam as atuais ou as que a precederam. Trata-se de ater-se a uma visão totalizadora do negócio jurídico.

Muitos juristas, embora não assumam expressamente essa posição, demonstram por meio dos exemplos concedidos, uma conjugação de ambas as regras interpretativas. Embora não tenha se referido expressamente à autonomia privada coletiva no processo de interpretação das normas coletivas, Antônio Álvares da Silva indica diversos princípios de orientação do intérprete da norma coletiva, muitos dos quais têm como objetivo a identificação da vontade real da coletividade no momento da elaboração da norma coletiva. Consoante o autor, a interpretação da norma coletiva deve pautar-se pelas seguintes diretrizes:

a) a persecução do objeto próprio da convenção coletiva, isto é, da relação de trabalho, torna mais técnico e preciso o conteúdo das suas normas, devendo em função desta constante variável ser interpretada;

b) a contingencialidade da norma coletiva decorrente da sua natureza temporária; fator direcionador da norma coletiva para questões circunstanciais e problemas específicos das partes interessadas, cuja motivação se baseia em interesses próprios, distintos de qualquer outra relação jurídica;

c) a bilateralidade da norma coletiva, decorrente da natureza contratual do seu nascimento, que exige que o intérprete considere a existência de uma compensação de interesses, e não uma imposição unilateral de vontade, como ocorre no âmbito das normas estatais;

d) a observância dos usos e costumes industriais vigentes ou verificáveis na conclusão da convenção coletiva;

e) a analogia com outras normas coletivas que, de âmbitos mais amplos ou restritos, tenham semelhança com a norma coletiva a ser interpretada com relação à matéria regida;

f) a referência a protocolos como a pré-forma da norma coletiva, com relação às discussões, reuniões, troca de opiniões e debates que antecederam a elaboração do conteúdo jurídico da norma coletiva;

g) interpretação *a posteriori* por meio de outra norma coletiva em que se disponha sobre o sentido da norma anterior;

h) aferição do elemento definidor da vontade mediante a análise das declarações das partes convenentes perante terceiros, imprensa, conferências etc.;

i) utilização de meios auxiliares e indiretos de esclarecimento de um aspecto ou de um detalhe controvertido, como a utilização do depoimento de testemunhas(976).

O processo interpretativo enunciado por Antônio Álvares da Silva consagra métodos e técnicas interpretativas dos contratos e das leis. Na construção, estão presentes os aspectos teleológicos, os elementos subjetivos decorrentes das circunstâncias que rodeiam a norma jurídica; os fatores subjetivos decorrentes da vontade coletiva; os vetores sistemáticos; a analogia; os fatores históricos, e a interpretação autêntica.

A unidade da interpretação da norma coletiva pressupõe a aplicação das regras interpretativas dos contratos e das leis, naquilo que se compatibiliza com o caráter híbrido desses instrumentos normativos, exigindo, inclusive, a reconfiguração de determinados institutos interpretativos. Ultrapassada a fase da compatibilidade, na eventualidade de dúvida quanto ao método a ser aplicado, a questão se resolve pela aplicação dos princípios do Direito do Trabalho, como o do *in dubio pro misero* e a regra de interpretação teleológica do art. 8º da CLT, de forma que, no âmbito das normas coletivas, nenhum interesse particular ou de classe prevaleça sobre o interesse coletivo.

Por fim, como conclui Mozart Victor Russomano, em matéria de interpretação da norma coletiva, *"Em última análise, é a favor do trabalhador que o Estado admitiu a negociação coletiva e, dentro das realidades trabalhistas, a progressiva ascensão do seu* standard *de vida constitui a mola principal que põe em movimento o vasto e complexo mecanismo do Direito do Trabalho"*(977).

(976) SILVA, Antônio Álvares. *Op. cit.*, p. 182-3.

(977) RUSSOMANO, Mozart Victor. *Princípios gerais...*, p. 205.

Bibliografia

ALMEIDA, Amador Paes de. *CLT comentada*. 2. ed. São Paulo: Saraiva, 2004.

ALONSO OLEA, Manuel. *Pactos colectivos y contratos de grupo*. Granada: Comares, 2000.

AMARAL, Francisco. *Direito civil:* introdução. Rio de Janeiro: Renovar, 2000.

AMARAL NETO, Francisco dos Santos. Autonomia privada. *Revista CEJ*, Brasília, n. 1, 1997.

ANTUNES, José Engrácia. Prefácio. GUNTHER, Teubner. *O direito como sistema autopoiético*. Trad. José Engrácia Antunes. Lisboa: Fundação Calouste Gulbenkian, 1993.

ARENDT, Hannah. *A condição humana*. 10. ed. Rio de Janeiro: Forense, 2000.

ARENHART, Sérgio Cruz. *Perfis da tutela inibitória coletiva*. São Paulo: Revista dos Tribunais, 2003.

ARNAUD, André-Jean. Prefácio. In: ARNAUD, André-Jean; LOPES JUNIOR, Dalmir (Orgs.). *Niklas Luhmann:* do sistema social à sociologia jurídica. Trad. Dalmir Lopes Jr., Daniele Andreia da Silva Manão, Flávio Elias Riche. Rio de Janeiro: Lumen Juris, 2004.

AZEVEDO, Antonio Junqueira de. *Estudos e pareceres de direito privado*. São Paulo: Saraiva, 2004.

______. *Negócio jurídico e declaração negocial*. 1986. Tese (Titular) — Faculdade de Direito da Universidade de São Paulo, São Paulo, 1986.

______. *Negócio jurídico:* existência, validade e eficácia. 4. ed. São Paulo: Saraiva, 2002.

BARCELONA, Pietro. *Diritto privato e società moderna*. Napoli: Jovene Editore, 1996.

BARREIRA, Wagner. *Liberdade e dirigismo no contrato*. Ceará: Ed. "Instituto do Ceará", 1955.

BARROS, Alice Monteiro de. Noções de direito sindical. In: BARROS. Alice Monteiro de (Coord.). *Estudos em memória de Célio Goyatá*. 3. ed. São Paulo: LTr, 1997, v. 2.

BARROS JÚNIOR, Cássio de Mesquita. Defesa do pluralismo. In: MAKSOUD, H. (Ed.). *Proposta de Constituição para o Brasil*. São Paulo: Visão, 1988.

BARROSO, Luís Roberto. *Interpretação e aplicação da Constituição*. 5. ed. São Paulo: Saraiva, 2003.

BELTRAN, Ari Possidonio. *A autotutela nas relações do trabalho*. São Paulo: LTr, 1996.

BENITES FILHO, Flávio Antonello. Autonomia coletiva e estado democrático de direito. *Revista de Direito do Trabalho,* São Paulo, ano 28, n. 106, p. 28-54, abr./jun. 2002.

______. *Direito sindical espanhol:* a transição do franquismo à democracia. São Paulo: LTr, 1997.

BETTI, Emilio. *Teoria general del negocio jurídico*. Granada: Ed. Comares, 2001.

BOBBIO, Norberto. *A era dos direitos*. Trad. Carlos Nelson Coutinho. Rio de Janeiro: Campus, 1992.

______. *O futuro da democracia*. 7. ed. São Paulo: Paz e Terra, 2000.

______. *O positivismo jurídico:* lições de filosofia de direito. Trad. Márcio Pugliesi, Edson Bini, Carlos E. Rodrigues. São Paulo: Icone, 1999.

______. *Teoria da norma jurídica*. Trad. Fernando Pavan Baptista e Ariani Bueno Sudatti. São Paulo: Edipro, 2003.

______. *Teoria do ordenamento jurídico*. Trad. Maria Celeste Cordeiro Leite dos Santos. Brasília: Ed. da UnB, 1990.

BRITO FILHO, José Cláudio Monteiro. *Direito sindical*. São Paulo: LTr, 2007.

CAMINHA, Marco Aurélio Lustosa. Um estudo crítico sobre as fontes do direito do trabalho no Brasil e sua aplicação. *Revista do Tribunal Regional do Trabalho da 22ª Região*, Teresina, PI, v. 2, n. 1, p. 54-100, dez. 1998/dez. 2000.

CAMPILONGO, Celso Fernandes. *O direito na sociedade complexa*. São Paulo: Max Limonad, 2000.

______. *Política, sistema jurídico e decisão judicial*. São Paulo: Max Limonad, 2002.

CANARIS, Claus-Wilhelm. *Pensamento sistemático e conceito de sistema na ciência do direito*. Trad. Antonio Menezes Cordeiro. 3. ed. Lisboa: Fundação Calouste Gulbenkian, 2002.

CANOTILHO, J. J. Gomes. *Direito constitucional e teoria da constituição*. 6. ed. Coimbra: Almedina, 2002.

COMPARATO, Fábio Konder. *A afirmação histórica dos direitos humanos*. São Paulo: Saraiva, 2003.

CORDEIRO, António Menezes. *Manual de direito do trabalho*. Coimbra: Almedina, 1991.

COSMÓPOLIS, Mario Pasco. L'autonomia colectiva. *Roma e América:* diritto romano comune: rivista di diritto dell'integrazione e unificazione del diritto in Europa e in América Latina, n. 2, p. 125-144, 1996.

COSTA, Mário Júlio de Almeida. *Direito das obrigações*. 7. ed. Coimbra: Almedina, 1999.

COUTURIER, Gérard. *Traité de droit du travail 2:* les relations collectives de travail. Presses Universitaires de France, 2001.

DE LUCA, Carlos Moreira. *Convenção coletiva de trabalho:* um estudo comparativo. São Paulo: LTr, 1991.

DELGADO, Mauricio Godinho. *Curso de direito do trabalho*. 6. ed. São Paulo: LTr, 2007.

______. *Direito coletivo do trabalho*. 2. ed. São Paulo: LTr, 2003.

DE SEMO, Giorgio. *Contratto collettivo di lavoro:* natura giuridica ed effetti. 2. ed. Padova: Cedam, 1935.

DEL VECCHIO, Giorgio. *Direito, Estado e filosofia.* Trad. Luiz Luiggi. Rio de Janeiro: Livraria Ed. Politécnica, 1952.

______. *Lições de filosofia do direito.* Trad. Antonio José Brandão. Coimbra: Armênio Amado Editor, 1951.

D'EUFEMIA, Giuseppe. *Diritto sindacale.* Napoli: Morano, 1967.

DI MARZIO, Fabrizio. *La nullità del contratto.* Padova: Cedam, 1999.

DI PIETRO, Maria Sylvia Zanella. *Direito administrativo.* 12. ed. São Paulo: Atlas, 2000.

DOBROWOLSKI, Silvio. O pluralismo jurídico na Constituição de 1988. *Revista de Informação Legislativa,* Brasília, v. 28, n. 109, p. 127-136, jan./mar. 1991.

DUGUIT, Leon. *Fundamentos do direito.* Trad. Eduardo Salgueiro. Lisboa: Editorial Inquérito, 1939.

EHRLICH, Eugen. *Fundamentos da sociologia do direito.* Brasília: UNB, 1986.

ERMIDA URIARTE, Oscar. Introducción al estudio de la concertación social. In: ERMIDA URIARTE, Oscar *et al. La concertación social:* estudios en homenaje al profesor Américo Plá Rodriguez. Montevideo: Amalio, Fernandez, 1985.

______ *et al. La concertación social:* estudios en homenaje al profesor Américo Plá Rodriguez. Montevideo: Amalio, Fernandez, 1985.

ESTRADA, Juan Antonio. *A impossível teodiceia:* a crise da fé em Deus e o problema do mal. São Paulo: Paulinas, 2004.

FERNANDES, Antonio de Lemos Monteiro. *Direito do trabalho:* relações colectivas de trabalho. 3. ed. Coimbra: Almedina, 1994. v. 1.

FERRARA, Francesco. *Como aplicar e interpretar as leis.* Belo Horizonte: Líder, 2005.

FERRARA, Luigi Carota. *Il negozio giuridico*: nel diritto privato italiano. Napoli: Morano.

FERRAZ JÚNIOR, Tercio Sampaio. *Introdução ao estudo do direito.* São Paulo: Atlas, 1991.

______. *Teoria da norma jurídica.* 3. ed. Rio de Janeiro: Forense, 1999.

FERREIRA, Aurélio Buarque de Holanda. *Novo Aurélio século XXI:* o dicionário da língua portuguesa. Rio de Janeiro: Nova Fronteira, 1999.

FERRI, Luigi. *La autonomía privada.* Granada: Editorial Comares, 2001.

FINK, Daniel Roberto. Convenção coletiva de consumo. In: GRINOVER, Ada Pellegrini *et al. Código de defesa do consumidor comentado pelos autores do anteprojeto.* Rio de Janeiro: Forense, 2001.

FRANÇA, Rubens Limongi. *Hermenêutica jurídica.* 4. ed. São Paulo: Saraiva, 1995.

FRANCES, Anuar; DIESTE, Juan Francisco. La concertación en la transición uruguaia. In: FREDIANI, Yone; SILVA, Jane Granzoto Torres da. *O direito do trabalho na sociedade contemporânea.* São Paulo: Editora Jurídica Brasileira, 2001.

FREITAS JÚNIOR, Antônio Rodrigues de. *Conteúdo dos pactos sociais*. São Paulo: LTr, 1993.

GAROFALO, Mario G. Naturaleza jurídica de la concertación social. In: OJEDA AVILÉS, Antonio (Coord.). *La concertación social tras la crisis*. Barcelona: Ariel Derecho, 1990.

GEMIGNANI, Tereza Aparecida Asta. "Autonomia privada coletiva e intervenção estatal". *Revista do Tribunal Regional do Trabalho*, n. 12, p. 25-42, 2000.

GIUGNI, Gino. *Diritto sindacale*. Bari: Cacucci, 2001.

______. Gobierno privado y parlamentarismo. In: OJEDA AVILÉS, Antonio (Coord.). *La concertación social tras la crisis*. Barcelona: Ariel Derecho, 1990.

GOMES, Orlando. *Contratos*. 25. ed. Rio de Janeiro: Forense, 2002.

______. *Transformações gerais do direito das obrigações*. São Paulo: Revista dos Tribunais, 1980.

______; GOTTSCHALK, Elson. *Curso de direito do trabalho*. 14. ed. Rio de Janeiro: Forense, 1998.

GOTTSCHALK, Egon Felix. *Norma pública e privada no direito do trabalho*. São Paulo: LTr, 1995.

GRAU, Eros Roberto. *Ensaio e discurso sobre a interpretação/aplicação do direito*. 2. ed. São Paulo: Malheiros, 2003.

HAURIOU, Maurice. *La teoría de la institución y de la fundación*. Trad. Arturo Enrique Sampay. Buenos Aires: Abeledo-Perrot, 1968.

HEGEL, Georg Wilhelm Friedrich. *Princípios da filosofia do direito*. Trad. Orlando Vitorino. São Paulo: Martins Fontes, 2003.

HERKENHOFF, João Baptista. *Como aplicar o direito*. 9. ed. Rio de Janeiro: Forense, 2004.

HESSE, Konrad. *A força normativa da Constituição*. Trad. Gilmar Ferreira Mendes. Porto Alegre: Sérgio Antonio Fabris Editor, 1991.

INTERNATIONAL LABOUR ORGANIZATION. Disponível em: <http://www.ilo.org/br/ilolex/cgi-lex/convds.pl?R09114/04/04>.

JORGE NETO, Francisco Ferreira; CAVALCANTI, Jouberto de Quadros Pessoa. *Manual de direito do trabalho*. Rio de Janeiro: Lumen Juris, 2003.

KANT, Immanuel. *Crítica da razão pura*. Trad. Manuel Pinto dos Santos e Alexandre Fradique Morujão. 5. ed. Lisboa: Fundação Calouste Gulbenkian, 2001.

______. *A metafísica dos costumes*. Trad. Edson Bini. São Paulo: Edipro, 2003.

KELSEN, Hans. *Teoria geral do direito e do Estado*. Trad. Luís Carlos Borges. São Paulo: Martins Fontes, 2000.

LAFER, Celso. *A reconstrução dos direitos humanos*: um diálogo com o pensamento de Hannah Arendt. São Paulo: Companhia das Letras, 1999.

LARENZ, Karl. *Metodologia da ciência do direito*. Trad. José Lamego. 4. ed. Lisboa: Fundação Calouste Gulbenkian, 2005.

______. *Derecho civil:* parte general. Traducción y notas de Miguel Izquierdo y Macías-Picavea. Madrid: Editorial Revista de Derecho Privado, 1978.

LESSA, Pedro. *Estudos de filosofia do direito*. Rio de Janeiro: Tip. do Jornal do Commercio, 1912.

LIMA, Francisco Meton Marques de. *Elementos de direito do trabalho e processo trabalhista*. 10. ed. São Paulo: LTr, 2004.

LOGUERCIO, José Eymard. *Pluralidade sindical:* da legalidade à legitimidade no sistema sindical brasileiro. São Paulo: LTr, 2000.

LOPES, Mônica Sette. *A convenção coletiva e sua força vinculante*. São Paulo: LTr, 1998.

LOPES JR., Dalmir. Introdução. In: ARNAUD, André-Jean; LOPES JUNIOR, Dalmir (Orgs.). *Niklas Luhmann:* do sistema social à sociologia jurídica. Trad. Dalmir Lopes Jr., Daniele Andreia da Silva Manão, Flávio Elias Riche. Rio de Janeiro: Lumen Juris, 2004.

LOPEZ GUERRA, Guillermo. Fuentes del derecho del trabajo: ley e autonomía privada. *Roma e America:* diritto romano comune: rivista di diritto dell'integrazione e unificazione del diritto in Europa e in América Latina, Roma, n. 2, p. 71-98, 1996.

LUHMANN, Niklas. A restituição do décimo segundo camelo: do sentido de uma análise sociológica do do direito. In: ARNAUD, André-Jean; LOPES JUNIOR, Dalmir (Orgs.). *Niklas Luhmann:* do sistema social à sociologia jurídica. Trad. Dalmir Lopes Jr., Daniele Andreia da Silva Manão, Flávio Elias Riche. Rio de Janeiro: Lumen Juris, 2004.

______. *Sociologia do Direito I*. Trad. Gustavo Bayer. Rio de Janeiro: Edições Tempo Brasileiro, 1983.

MACIEL JÚNIOR, Vicente de Paula. *Convenção coletiva de consumo*. Belo Horizonte: Del Rey, 1996.

MAGANO, Octavio Bueno. Conflitos de leis trabalhistas no espaço (lineamentos). *LTr:* Revista Legislação do Trabalho, São Paulo, v. 51, n. 8, p. 917-920, ago. 1987.

______. *Convenção coletiva de trabalho*. São Paulo: LTr, 1972.

______. *Manual de direito do trabalho*: direito coletivo do trabalho. 3. ed. São Paulo: LTr, 1993. v. 3.

______. *Política do trabalho*. São Paulo: LTr, 1995. v. 2.

______. *Política do trabalho*. São Paulo: LTr, 2001. v. 4 e 5.

______; MALLET, Estêvão. *O direito do trabalho na constituição*. Rio de Janeiro: Forense, 1993.

MALLET, Estêvão. A negociação coletiva nos Estados Unidos da América. In: VIDOTTI, Tárcio José; GIORDANI, Francisco Alberto da Motta Peixoto (Coords.). *Direito coletivo do trabalho em uma sociedade pós-industrial*. São Paulo: LTr, 2003.

MANNRICH, Nelson. Pluralismo jurídico e direito do trabalho. *Revista do Advogado*, São Paulo, n. 66, ano 22, p. 7-18, jun. 2002.

MANOÏLESCO, Mihail. *O século do corporativismo*. Trad. Azevedo Amaral. Rio de Janeiro: José Olympio Ed. 1938.

MANUS, Pedro Paulo Teixeira. "Negociação coletiva e contrato individual no direito do trabalho brasileiro". In: FREDIANI, Yone; ZAINAGHI, Domingos Sávio (Coords.). *Relações de direito coletivo Brasil-Itália*. São Paulo: LTr, 2004.

______. *Negociação coletiva e contrato individual de trabalho*. São Paulo: Atlas, 2001.

MARANHÃO, Délio. *Direito do trabalho*. 13. ed. São Paulo: Ed. da Fundação Getúlio Vargas, 1985.

MARQUES, Maria Manuel Leitão; FERREIRA, Antônio Casimiro. A concertação económica e social: a construção do diálogo social em Portugal. *Revista Crítica de Ciências Sociais*, Coimbra, p. 11-39, 1991.

MARTINS, Sergio Pinto. *Direito processual do trabalho*. São Paulo: Atlas, 2004.

______. *Direito do trabalho*. São Paulo: Atlas, 2001.

______. *O pluralismo no direito do trabalho*. São Paulo: Atlas, 2001.

MAXIMILIANO, Carlos. *Hermenêutica e interpretação do direito*. 19. ed. Rio de Janeiro: Forense, 2006.

MAZZONI, Giuliano. *Relações coletivas de trabalho*. Trad. Antônio Lamarca. São Paulo: Revista dos Tribunais, 1972.

______. *Teoria dei limiti di applicabilità dei contratti collettivi di lavoro*. 2. ed. Milano: Giuffrè, 1939.

MEIRELLES, Hely Lopes. *Direito administrativo brasileiro*. 26. ed. São Paulo: Malheiros, 2001.

MELLO, Celso Antônio Bandeira de. *Curso de direito administrativo*. 11. ed. São Paulo: Malheiros, 1999.

MIRANDA, Custódio da Piedade U. *Teoria geral do direito privado*. Belo Horizonte: Del Rey, 2003.

MONTORO, André Franco. *Introdução à ciência do direito*. 25. ed. São Paulo: Revista dos Tribunais, 2000.

MORA, José Ferrater. *Dicionário de filosofia*. São Paulo: Edições Loyola, 2000.

______. *Dicionário de filosofia*. São Paulo: Edições Loyola, 2001, v. 2.

MORAES FILHO, Evaristo de; MORAES, Antonio Carlos Flores de. *Introdução ao direito do trabalho*. 9. ed. São Paulo: LTr, 2003.

MORENO VIDA, Maria Nieves. La naturaleza jurídica de los pactos sociales. In: OJEDA AVILÉS, Antonio (Coord.). *La concertación social tras la crisis*. Barcelona: Ariel Derecho, 1990.

MOZOS, Jose Luis de los. *El negocio jurídico*: estudios de derecho civil. Madrid: Montecorvo, 1987.

NASCIMENTO, Amauri Mascaro. A autonomia coletiva como fonte do direito do trabalho na América Latina. *Roma e America:* diritto romano comune: rivista di diritto dell'integrazione e unificazione del diritto in Europa e in América Latina, n. 2, p. 111-124, 1996.

______. *Compêndio de direito sindical.* 2. ed. São Paulo: LTr, 2000.

______. *Curso de direito do trabalho.* São Paulo: Saraiva, 1996.

______. Do corporativismo para a autonomia coletiva. LTr: legislação do trabalho. *Suplemento Trabalhista*, São Paulo, v. 31, n. 1, p. 1-2, 1995.

______. *Iniciação ao direito do trabalho.* 27. ed. São Paulo: LTr, 2001.

______. Perspectivas do direito do trabalho. In: FREDIANI, Yone; SILVA, Jane Granzoto Torres da (Orgs.). *O direito do trabalho na sociedade contemporânea.* São Paulo: Editora Jurídica Brasileira, 2001.

______. *Teoria geral do direito do trabalho.* São Paulo: LTr, 1998.

NERY JUNIOR, Nelson; NERY, Rosa Maria Andrade. *Código de Processo Civil comentado e legislação processual civil em vigor.* 4. ed. São Paulo: Revista dos Tribunais, 1999.

NICOLINI, Giovanni. A contratação coletiva no ordenamento italiano. In: FREDIANI, Yone; ZAINAGHI, Domingos Sávio (Coords.). *Relações de direito coletivo Brasil-Itália.* São Paulo: LTr, 2004.

NOGUEIRA, Paulo Lúcio. *Instrumentos de tutela e direitos constitucionais.* São Paulo: Saraiva, 1994.

OJEDA AVILÉS, Antonio; ERMIDA URIARTE, Oscar. *La negociación colectiva en América Latina.* Madrid: Editorial Trotta, 1993.

OLIVEIRA, Darcy Bessone de. *Do contrato.* Rio de Janeiro: Forense, 1960.

OLIVEIRA, Paulo Eduardo Vieira. *Convenção coletiva de trabalho no direito brasileiro:* setor privado. São Paulo: LTr, 1996.

OLIVEIRA, Sebastião Geraldo de. *Proteção jurídica à saúde do trabalhador.* 4. ed. São Paulo: LTr, 2002.

ORTEGA Y GASSET, José. *A rebelião das massas.* Trad. Marylene Pinto Michael. São Paulo: Martins Fontes, 2002.

PERLINGIERI, Pietro. *Autonomia negoziale e autonomia contrattuale.* 2. ed. Napoli: Edizioni Scientifiche Italiane, 2000.

PERONE, Giancarlo. A liberdade sindical na Itália. In: FREDIANI, Yone; ZAINAGHI, Domingos Sávio (Coords.). *Relações de direito coletivo Brasil-Itália.* São Paulo: LTr, 2004.

PIAS, Cristiane Ferraz. Das normas previstas em acordos e convenções coletivas de trabalho e a possibilidade de sua integração nos contratos individuais de emprego. In: DALLEGRAVE NETO, José Affonso (Coord.). *Direito do trabalho contemporâneo:* flexibilização e efetividade. São Paulo: LTr, 2003.

PINTO, José Augusto Rodrigues. *Direito sindical e coletivo do trabalho.* São Paulo: LTr, 1998.

PIOVESAN, Flávia. *Direitos humanos e o direito constitucional internacional.* 6. ed. São Paulo: Max Limonad, 2004.

PLÁ RODRIGUEZ, Américo. *Princípios de direito do trabalho*. Trad. Wagner D. Giglio. São Paulo: LTr, 1997.

______. *Princípios de direito do trabalho*. Trad. Wagner D. Giglio. 3. ed. São Paulo: LTr, 2004.

______. La revisión del convenio colectivo para disminuir los beneficios. In: OJEDA AVILÉS, Antonio; ERMIDA URIARTE, Oscar. *La negociación colectiva en América Latina*. Madrid: Editorial Trotta, 1993.

PRÍNCIPE, Carlos Eduardo. *A sobrevigência das cláusulas normativas aos contratos individuais de trabalho*. São Paulo: LTr, 2004.

RADBRUCH, Gustav. *Filosofia do direito*. Trad. Prof. L. Cabral de Moncada. Coimbra: Arménio Amado de Moncada, 1997.

RÁO, Vicente. *O direito e a vida dos direitos*. 5. ed. São Paulo: Revista dos Tribunais, 1999.

REALE, Miguel. *Lições preliminares de direito*. São Paulo: Saraiva, 2003.

______. *Pluralismo e liberdade*. Rio de Janeiro: Expressão e Cultura, 1998.

______. *Teoria do direito e do Estado*. São Paulo: Saraiva, 2000.

REGINI, Marino. El declinar del intercambio político centralizado y la emergencia de formas nuevas de concertación. In: OJEDA AVILÉS, Antonio (Coord.). *La concertación social tras la crisis*. Barcelona: Ariel Derecho, 1990.

REIS, Daniela Muradas. Crise do Estado Social e negociação coletiva. In: PIMENTA, Roberto Freire *et al.* (Coord.). *Direito do trabalho:* evolução, crise, perspectivas. São Paulo: LTr, 2004.

REZENDE, Roberto Vieira de Almeida. *Delineamento constitucional do poder diretivo do empregador*. 2004. Tese (Doutorado) — Faculdade de Direito, Universidade de São Paulo, São Paulo, 2004.

RIBEIRO, Joaquim de Sousa. *O problema do contrato*: as cláusulas contratuais gerais e o princípio da liberdade contratual. Coimbra: Almedina, 1999.

RODRIGUES, Silvio. *Direito civil:* dos contratos e das declarações unilaterais da vontade. 23. ed. São Paulo: Saraiva, 1995. v. 3.

______. *Direito civil:* parte geral das obrigações. 23. ed. São Paulo: Saraiva, 1995. v. 2.

______. *Direito civil:* parte geral. 27. ed. São Paulo: Saraiva, 1997. v. 1.

ROMANO, Salvatore. Autonomia privata (appunti). In: *Studi in onore di Francesco Messineo*. Milano: Giuffrè, 1959.

ROMANO, Santi. *Fragmentos de un diccionario jurídico*. Buenos Aires: Ejea, 1964.

______. *L'ordinamento giuridico*. Firenze: Sansoni, 1951.

ROMITA, Arion Sayão. Efeitos da cessação de vigência da convenção coletiva de trabalho. *Trabalho & Doutrina*, n. 23, dez. 1999.

______. *Sindicalismo, economia, estado democrático*: estudos. São Paulo: LTr, 1993.

ROSS, Alf. *Direito e justiça*. Trad. Edson Bini. São Paulo: Edipro, 2003.

ROUSSEAU, Jean-Jacques. *O contrato social.* Trad. Antonio de Pádua Danesi. São Paulo: Martins Fontes, 1998.

RÜDIGER, Dorothee Susanne. *Contrato coletivo no direito privado:* contribuições do direito do trabalho para a teoria geral do contrato. São Paulo: LTr, 1999.

______. A teoria da autonomia privada coletiva: do direito sindical ao direito dos grupos intermediários. *Revista dos Tribunais,* São Paulo, ano 85, v. 727, p. 17-28, maio 1996.

RUPRECHT, Alfredo J. *Relações coletivas de trabalho.* São Paulo: LTr, 1995.

RUSSOMANO, Mozart Victor. *Princípios gerais de direito sindical.* Rio de Janeiro: Forense, 1995.

SABADELL, Ana Lucia. *Manual de sociologia jurídica.* 2. ed. São Paulo: Revista dos Tribunais, 2003.

SANTORO-PASSARELLI, Francesco. Autonomia collettiva. In: SANTORO-PASSARELLI. *Saggi di diritto civile.* Napoli: Eugenio Jovene, 1961.

______. Autonomia collettiva, giurisdizione, diritto di sciopero. In: SANTORO-PASSARELLI. *Saggi di diritto civile.* Napoli: Eugene Jovene, 1961. v. 1.

______. *Noções de direito do trabalho.* Trad. Mozart Victor Russomano e Carlos Alberto G. Chiarelli. São Paulo: Revista dos Tribunais, 1973.

SANTOS, Ronaldo Lima dos. A escravidão por dívidas nas relações de trabalho no Brasil contemporâneo. *Revista do Ministério Público do Trabalho*, São Paulo, ano 13, n. 26, p. 47-66, set. 2003.

______. Modalidades da coisa julgada coletiva. *Revista do Ministério Público do Trabalho*, São Paulo, ano 14, n. 27, p. 37-54, mar. 2004.

______. *Sindicatos e ações coletivas:* acesso à justiça, jurisdição coletiva e tutela dos direitos difusos, coletivos e individuais homogêneos. São Paulo, LTr, 2008.

SARMENTO, Daniel. *Direitos fundamentais e relações privadas.* Rio de Janeiro: Lumen Juris, 2004.

______. *A ponderação de interesses na Constituição Federal.* 3. ed. Rio de Janeiro: Lumen Juris, 2003.

______. Os princípios constitucionais da liberdade e da autonomia privada. In: LEITE, George Salomão (Org.). *Dos princípios constitucionais:* considerações em torno das normas principiológicas da Constituição. São Paulo: Malheiros, 2003.

SCOGNAMIGLIO, Renato. *Contributo alla teoria del negozio giuridico.* Napoli: Casa Editrice Eugenio Jovene, 1950.

SILVA, Antônio Álvares da Silva. *Flexibilização das relações de trabalho.* São Paulo: LTr, 2002.

______. A convenção coletiva como instituto central do direito coletivo do trabalho. In: GONÇALVES, Nair Lemos; ROMITAA, Arion Sayão (Orgs.). *Curso de direito do trabalho:* homenagem a Evaristo de Moraes Filho. São Paulo: LTr, 1983, p. 182-3. *Curso de Direito do Trabalho.* São Paulo: LTr, 1983.

SILVA, José Afonso da. *Curso de direito constitucional positivo*. São Paulo: Malheiros, 1999.

SILVA, Oscar José de Plácido e. *Vocabulário jurídico*. 18. ed. Rio de Janeiro: Forense, 2001.

SILVA, Otavio Pinto e. *A contratação coletiva como fonte do direito do trabalho*. São Paulo: LTr, 1998.

______. Fontes do direito do trabalho. *Revista da Faculdade de Direito da Universidade de São Paulo*, São Paulo, v. 96, 2001.

______. Abrangência dos contratos coletivos do trabalho. In: *A transição do direito do trabalho no Brasil:* estudos em homenagem a Eduardo Gabriel Saad. São Paulo: LTr, 1999.

SILVA, Walküre Lopes Ribeiro da. Autonomia privada coletiva e o direito do trabalho. *Revista de Direito do Trabalho*, São Paulo, p. 27-39, jan./mar. 2000.

SOARES, Guido Fernando Silva. *Direito internacional do meio ambiente*. 2. ed. São Paulo: Atlas, 2003.

SOUTO MAIOR, Jorge Luiz. *O direito do trabalho como instrumento de justiça social*. São Paulo: LTr, 2000.

STRENGER, Irineu. *Da autonomia da vontade*. São Paulo: LTr, 2000.

SÜSSEKIND, Arnaldo. Alcance e objeto da flexibilização do direito do trabalho. In: *A transição do direito do trabalho no Brasil:* estudos em homenagem a Eduardo Gabriel Saad. São Paulo: LTr, 1999.

______. *Convenções da OIT*. 2. ed. São Paulo: LTr, 1998.

______. *Direito constitucional do trabalho*. Rio de Janeiro: Renovar, 1999.

______; TEIXEIRA FILHO, João de Lima; MARANHÃO, Délio; VIANNA, Segadas. *Instituições de direito do trabalho*. 18. ed. atual. por Arnaldo Süssekind e João de Lima Teixeira Filho. São Paulo: LTr, 1997.

TARELLO, Giovanni. *Teorías e ideologías en el derecho sindical*. Granada: Comares, 2002.

TAVARES, André Ramos. *Direito constitucional econômico*. São Paulo: Método, 2003.

TELLES JÚNIOR, Goffredo. *A criação do direito*. São Paulo: Calil, 1953, v. 2.

______. *O povo e o poder*. São Paulo: Malheiros, 2003.

TEUBNER, Gunther. *O direito como sistema autopoiético*. Trad. José Engrácia Antunes. Lisboa: Fundação Calouste Gulbenkian, 1989.

VIANA, Márcio Túlio. *Direito de resistência*. São Paulo: LTr, 1996.

VIDAL NETO, Pedro. *Do poder normativo da Justiça do Trabalho*. São Paulo: LTr, 1983.

VIEIRA, Evaldo Amaro de. *Oliveira Vianna & o Estado corporativo*: um estudo sobre corporativismo e autoritarismo. São Paulo: Grijalbo, 1978.

VIGO, Luis Rodolfo. *Interpretação jurídica:* do modelo juspositivista-legalista do século XIX às novas perspectivas. Trad. Susana Elena Dalle Mura. São Paulo: Revista dos Tribunais, 2005.

WATZLAWICK, Paul; BEAVIN, Janet Helmick; JACKSON, Don D. *Pragmática da comunicação humana.* Trad. Álvaro Cabral. 8. ed. São Paulo: Cultrix, 1996.

WOLKMER, Antônio Carlos. *Ideologia, Estado e direito.* 4. ed. São Paulo: Revista dos Tribunais, 2003.

______. *Introdução ao pensamento jurídico crítico.* 3. ed. São Paulo: Saraiva, 2001.

______. *Pluralismo jurídico:* fundamentos de uma nova cultura no direito. São Paulo: Alfa-Omega, 1997.